ライブラリ 法学基本講義=12

基本講義

刑法総論

齋野彦弥 著

新世社

本書は単なる**入門書**ではありませんが，法科大学院・法学部に進学を考えている方，裁判員制度等をきっかけに刑事司法に関心をお持ちになった方にも，設例等を通じてお考えいただくことにより，一層，興味をもって読んでいただけるものと確信しています。

　本書の完成については多くの方々のお教えとお力添えを頂きました。内藤謙先生・西田典之先生・山口厚先生には，研究を始めてから今日に至るまでの深い学恩に心から感謝し，小書を捧げます。また本書には，わたくしの拙い講義・講演を聴いてくださった，さまざまな大学の学生・院生等の方々の貴重なご意見が反映されています。本来ならばそれらの方々のお名前を記すべき所，あまりに多数にわたるため省かざるを得ません。とりわけ各段階で本書の原稿に丹念に目を通し，的確なご指摘を頂いた20名を超える方々にこの場をかりてお礼を申し上げます。また，新世社の御園生晴彦氏とは企画から原稿完成に至るまで綿密な打合せを重ねてきました。本書がより読みやすく使いやすいものとなったとすれば，それは同氏のお力添えによるものです。

　　現行刑法典の新世紀（ミレニアム）を控え
　　　　　心からの感謝と共に

著者識

目　次

第1章　刑法学の基礎　　1

1.1　刑法総論の対象領域 …………………………………………………… 1
総説（1）／本書の構成（5）

1.2　刑法の目的 …………………………………………………………… 6
応報と予防——刑罰の目的（6）／法益の保護（10）／刑法の消極主義と積極主義（11）

1.3　日本の刑法 ………………………………………………………… 14
日本の刑法（14）／刑法改正（15）／刑事司法の実態（16）

1.4　刑法・刑法学の歴史 ……………………………………………… 19
総説（19）／刑法学史（19）／ドイツ刑法学の現状（23）／日本の刑法学（24）

第2章　罪刑法定主義　　27

2.1　総　　説 …………………………………………………………… 27
罪刑法定主義の沿革と内容（27）／罪刑法定主義の根拠（29）

2.2　①法律主義 ………………………………………………………… 30
総説（30）／委任命令（31）／条例による処罰（33）／明確性の原則（34）／合憲的限定解釈（36）／拡張解釈と類推解釈（37）／絶対的不定期刑の禁止（40）

2.3　②事後法の禁止 …………………………………………………… 41
総説（41）／「刑の変更」の意義（43）／限時法（44）／判例変更と不利益変更禁止原則（45）

2.4　罪刑法定主義の派生原理 ………………………………………… 46
総説（46）／実体的デュー・プロセス（46）／罪刑の均衡（49）

2.5　場所的適用範囲 …………………………………………………… 49
総説（49）

第 3 章　犯罪論の体系　　　　　　　　　　　　　　　55

3.1　犯罪論の体系 …………………………………………………… 55
総説（55）

3.2　行 為 論 …………………………………………………………… 58
総説（58）／行為性（59）

第 4 章　構成要件論　　　　　　　　　　　　　　　　　61

4.1　総　　説 …………………………………………………………… 61
総説（61）／構成要件の意義（63）

4.2　構成要件の基本構造 …………………………………………… 64
構成要件の内容（64）／主観的違法要素（65）／構成要件の構造（66）／犯罪行為の主体（67）／実行行為（69）／早すぎた結果実現（70）／構成要件的結果（74）／侵害犯と危険犯（74）／結果的加重犯と客観的処罰条件（78）

4.3　因 果 関 係 ………………………………………………………… 80
総説（80）／条件説（81）／相当因果関係説（83）／客観的帰属論（86）／最近の判例の判断構造（87）／因果関係の個別的検討（90）／結果回避可能性（95）／疫学的因果関係（98）

4.4　不 作 為 犯 ………………………………………………………… 99
総説（99）／判例（100）／作為義務とその発生根拠（103）／発生根拠——その Ⅰ ——規範的方法（104）／発生根拠——その Ⅱ ——事実的方法（105）／不作為の因果関係（107）

第 5 章　違 法 論　　　　　　　　　　　　　　　　　　111

5.1　総　　説 ………………………………………………………… 111
違法論の体系的意味（111）／違法の実質論——行為無価値・結果無価値（112）／可罰的違法性論（115）／違法性阻却事由の基本類型（119）

5.2 正当行為 ……………………………………………………………… 119
総説（119）／正当化の形式的根拠（120）

5.3 被害者の同意 …………………………………………………… 122
総説（122）／違法性阻却の根拠（123）／同意殺（125）／同意傷害（126）／同意の要件（128）／危険引き受け（131）／医療行為（132）

5.4 正当防衛 ………………………………………………………… 136
根拠と要件（136）／急迫性——成立要件①（138）／自招侵害——いわゆる「原因において違法な行為」（140）／侵害行為——成立要件②（142）／保全法益——成立要件③（143）／防衛の意思——成立要件④（144）／必要性——成立要件⑤その1（147）／相当性と過剰防衛——成立要件⑤その2（148）／誤想防衛（155）／盗犯等防止法の特例（158）

5.5 緊急避難 ………………………………………………………… 159
根拠と要件（159）／緊急避難状況——要件その①（161）／避難意思——要件その②（162）／補充性——要件その③（163）／法益の均衡——要件その④（164）／過剰避難（165）／特別義務者と緊急避難（167）／義務衝突（167）／自招危難（168）

5.6 超法規的違法性阻却事由 ……………………………………… 169
超法規的違法性阻却事由（169）／自救行為（170）

第6章　責任論　　　　　　　　　　　　　　　　　　　　173

6.1 責任の基礎 ……………………………………………………… 173
総説（173）

6.2 責任能力 ………………………………………………………… 175
総説（175）／狭義の責任能力（175）／心神喪失（177）／心神耗弱（177）／刑事責任年齢（178）

6.3 自ら招いた責任無能力状況
　　——いわゆる「原因において自由な行為」…………………… 179
総説（179）／自ら招いた限定責任能力状況（183）

6.4 故　　意 …………………………………………………………… 184

　　総説（184）／認識の対象としての《事実》（186）／事実の錯誤――総説（187）／抽象的事実の錯誤（188）／方法の錯誤（191）／因果関係の錯誤（194）／表象説・認識説（未必の故意）（194）／不確定な故意の類型（197）／意味の認識（200）

6.5 違法性の意識 …………………………………………………………… 202

　　総説（202）／学説（203）／判例の立場（206）／違法性の意識の内容（207）／違法性の意識と意味の認識の区別（209）／違法性阻却事由の錯誤（212）

6.6 過　　失 …………………………………………………………… 214

　　総説（214）／過失犯の基本構造（214）／結果の予見可能性――過失の要件Ⅰ（218）／予見可能性に関する特別類型（221）／結果の回避可能性――過失の要件Ⅱ（222）／信頼の原則（224）／自動車運転と過失（225）／監督過失（227）／過去の「実行行為」（228）

6.7 期待可能性 …………………………………………………………… 229

　　総論（229）

第 7 章　未　遂　論　　　　　　　　　　　　　　　　　　　　　　233

7.1 総　　説 …………………………………………………………… 233

　　総説（233）／未遂の概念（234）／未遂処罰規定（237）

7.2 未遂罪の成立要件 …………………………………………………… 237

　　総説（237）／実行の着手――要件Ⅰ（238）／実行の着手時期（239）／結合犯と実行の着手（241）／早すぎた結果実現（243）／結果の危険性――要件Ⅱ（243）／構成要件欠缺の理論（247）

7.3 中止未遂 …………………………………………………………… 249

　　概説（249）／中止未遂の成立要件（251）

7.4 予備・陰謀等 ……………………………………………………… 255

　　概説（255）／予備と中止未遂（258）

第 8 章　共　犯　論　　261

8.1　共犯の概念　　261

共犯とは何か（261）／その他の共犯の類型（263）／正犯概念（264）／共謀共同正犯理論（266）／共犯の処罰根拠（270）

8.2　共犯の従属性　　273

総説（273）／実行従属性（274）／要素従属性（275）／罪名従属性（278）／共犯と錯誤（282）

8.3　共犯と身分　　286

共犯と身分（286）／共同正犯と 65 条（288）／重層的身分犯の場合（289）／65 条と逆の場合（290）

8.4　間接正犯　　290

総説（290）

8.5　必要的共犯　　295

総説（295）

8.6　共犯成立の限界　　297

総説（297）／共犯からの離脱（298）／共犯と中止（301）／承継的共犯（302）／片面的共犯（305）／不作為の共犯（306）／予備の共犯（309）／過失の共犯（310）

第 9 章　罪　数　論　　313

9.1　罪数論の体系的地位　　313

9.2　本位的一罪——犯罪論としての罪数論　　313

総説（313）／単純一罪（314）／法条競合（315）／包括一罪（316）／吸収一罪（316）／狭義の包括一罪（317）

9.3　数罪論——刑罰論としての罪数論　　318

総説（318）／科刑上一罪（319）／観念的競合（320）／牽連犯（320）／併合罪（321）

9.4　個別的問題　　324

かすがい理論（324）／共犯と罪数（326）

第10章 刑罰論 ... 327

10.1 刑罰の種類とその内容 ... 327

刑罰の種類――現行日本刑法（327）／死刑（327）／自由刑（328）／財産刑（329）／その他の不利益（332）

10.2 刑の適用 ... 332

総説（332）／処罰阻却事由（333）／刑の適用の段階（334）／刑の宣告（337）／刑の執行猶予（338）／未決勾留算入（342）／労役場留置（342）

10.3 刑の執行 ... 342

総説（342）／刑の執行の開始（343）／刑の執行の終了（345）／仮釈放（346）／復権（348）

事項索引 ... 349
条文索引 ... 361
判例索引 ... 368
最後までお読みいただいた方へ ... 378

Hikoya Saino, *Criminal Law. Text book. General Part*. Shinsei-sha Co., Ltd., Tokyo, 2007.

本書の使い方

1．本書の読み方について

本書は全部で 10 章からなります。原則として第 1 章から最後までお読みいただきたいのですが，目的に応じて以下のようにお読みになることをおすすめします。

（1） 法科大学院・大学法学部における刑法総論講義の教材・独習としては，通常，刑罰論に触れないことがほとんどですから，第 1 章から第 9 章まで，とりわけ，解釈論にかかわる，第 2 章と第 4 章〜第 9 章まで，を繰り返し読んで下さい。「繰り返し」とはおおむね 10 回を意味します。最初はとにかく通読し，次第にノートを取りながらお読み下さい。なお，第 9 章の罪数論は，抽象論だけでは理解しにくいかもしれません。刑法各論の学習後に再びこれに戻ってくると，より分かりやすいと思います。

（2） 社会人や法科大学院・法学部以外の学生には，むしろ第 1 章をよく読んで，歴史的背景・理論的基礎を把握することから始める方が興味がわくかもしれません。その上で，通読してみてご興味がわいたところから理解するので構いません。たとえば，錯誤論に興味がわけば，まず第 6 章の責任論から始めればよいのです。順番もあまり気にする必要はありません。ただ，刑法総論が，**構成要件該当性→違法性→有責性**という体系的な構造をとっていることだけは理解しておいてください。

2．解釈論の学び方について

刑法総論は，その中心は解釈論です。

（1） 解釈論は，まず**条文**から始まります。条文は，刑法総論の場合，刑法典の 14 か条（⇨1.1.1）が，中心です。たったこれだけの条文が刑法総論では扱われるだけだと考えれば，少しは気が楽になるでしょう。本書では論述の冒頭にその対象となる条文を囲みで示しています。もっとも，分量の制約から全文を掲載できずに省略している場合もあります。また条文の前後関係も理解していただきたいと思います。したがって，なるべく六法（**法令集**）を傍に置いて常に現物の条文で確かめることを忘れないでください。

（2） 条文の解釈を補うのが**判例**です。判例とは，裁判所が具体的な事例について判断したものの集積です。特に最高裁判所のそれが重要ですが，それ以外にも，下級審（高等裁判所・地方裁判所・簡易裁判所等）や戦前の裁判所（大審院等）の判例の

中にもいまだに重要なものがあります。本書は，学習上必要と思われる重要判例を網羅し，それらについて，＊印による**重要度のランクづけ**を試みています。

　　＊＊：特に著名かつ重要な判例。事例の内容を把握しその結論とその前提となっている理論的状況についても把握しておくべきもの（36 判例）。
　　＊＊：重要な判例。事例と共に結論を把握しておくべきもの（72 判例）。
　　＊：判例の立場として常に引用されるものであって学習上理解しておくべきもの（84 判例）。
　　無印：その他本書の記述に必要な判例。

　判例の引用は，なるべく原文のままにしました。数字等，本来縦書きの原典を横書き表記にしたために不自然に思える部分もあります。また漢字の書体・カナ文字についても，場合によっては忠実に再現できないものもあります。引用文中の「……」や「(中略)」は，引用者において省略したものです。

　なお，判例の事件名は俗称であって，正式には判決年月日と公刊判例集の登載場所を併用して記述するのが正式ですが，研究・学習上，特に重要な判例については，その事件名があるのは簡便です。本書では，なるべく一般に使われているものに従うようにしました。ただし，新しい判例であって通称の事件名がないものについては，本書でその特徴が判るような名前をつけました。その際には，今後一般的な名称として定着することを期待するような普遍的な名称であると同時に，被告人・被害者その他関係者等のプライバシーの侵害がなるべく小さくなるように配慮しました。ただし，従来からの事件名では，それが熟していたり，イニシャルにすることによってかえって混乱する場合もあるためにそのままとしました。そのために，統一がとれていないと感じられるかも知れませんが，ご容赦下さい（例：東大ポポロ事件・薬害エイズ事件 T 大学ルート）。

　また，実際の判例の事案については内外のものを問わずに「事件」（例：トレーラー事件），講壇設例（＝説明のための架空の設例）については，「事例」（例：死刑囚事例・カルネアデスの板事例）としました。

（3）　本書では，重要な概念や理論を説明するにあたって，必ず冒頭に囲みで**設例**を示してあります。

　解釈論では，抽象的な命題・理論を具体的事例にあてはめること，またその逆に，具体的事例から抽象的命題・理論を構築することが求められます。理論・概念を暗記するのではなく，自分の言葉で説明することができるようになれば，本当に理解できたことになりますが，それには，具体例が必須です。法科大学院・法学部の講義においては，「具体的にはどういうことなのか」という説明が求められ，また設例による演習が必須であるのはこのことによります。最初にこの設例から，どういった点が問

題になるかを予想し，本文の説明を理解した上で，再びこの設例についての結論を自分なりに導くことができるかどうかを，理解の検証に活用してください。この場合，結論（究極的には有罪であるか無罪であるか）は，あまり重要ではないのです。というより，多くの重要な問題は，まさにそのいずれの結論をとるかが判断が分かれるところであり，そのどちらの見解もありうるからです。結論が「当たった」とか，判例と同じ結論でなければならない，というものでもありません。そこに「自分で考えること」の神髄があります。

（4） 刑法総論に限られず，法律解釈論は，自分の頭で考えることが大事です。しかし，初学者にとっては，すべてにわたって「自分で考える」ことは土台無理なことです。多くの場合には，講義を行う教師や教材として使用した著者の見解に従うことになるのはやむを得ないでしょう。本書でも，見解が分かれる場合には，その異なるいくつかの主要な立場についてなるべく客観的に説明した上で，本書としては，どの見解をとるべきかを示しています。ただし，本書では，判例や学説を紹介した上で，本書の立場（結論）を明らかにしていない場合があります。このような場合であって，ご自分で迷うことがあったときには，**判例の立場**に従うことをおすすめします。そのような場合とは，実は本書の著者であるわたくしは，紹介した主要な学説のいずれの立場にも立たないか，ないしは，さらには，そもそもそういった問題を設定すること自体を懐疑的に考えている場合なのです。しかし，それを説明することは教科書としての範囲を超えます。また，特殊な見解を，主要な見解に混在させて，初学者に刷り込むことが学術的にフェアとも思われません。著者の独自の見解にご興味を抱いてくださった方には，別途論文や著書等を参照いただくことで，ご満足いただければと思います。

3．概念・理論について

「解釈論は暗記ではない」といっても，一般的な**概念・理論**については，多くの人が使っている用法・定義に従う必要があるでしょう。本書では，学習上必要な新しい概念・理論がでてきた箇所では，その用語や概念はゴシック体にした上で，その定義・内容を簡潔な文章で記述することに努めています。概念の成立要件があれば，①②…，12…，ⅠⅡ… 等の数字でそれを示して，以下の記述が容易に理解できるようにしています。これらを一字一句そのまま丸暗記する必要はないかもしれませんが，正確な理解に努めるようにしてください。それらの習得のチェックには，索引を活用されることをおすすめします。これは判例や条文の理解についても同様です。

4．判例・学説の理解について

　判例についても場合によって，複数の異なる考え方がありえますが，基本的には，最上級審（最高裁・大審院）の判例が，また，時間的にはより最近のものが優先されるという原則に従うべきでしょう。それでも優劣がつかなければ，判例が統一されていない状況として理解するべきです。

　これに対して，**学説**はさまざまなものがありえます。極端にいえば，刑法の研究者の数だけ理論があるといってもよいかもしれません。この場合，それらすべてを理解するのは事実上困難です。本書では，学説について主要なもののみを網羅しました。判例とこれら主要な学説の対比，ならびに主要な学説相互の長短を把握し，ご自分なりの立場を明確にできるようにすれば充分だと考えるからです。○○先生がとられる説がすべて「○○説」とは限りません。○○説といえるには，オリジナリティー（先主張性）だけでなく，モノグラフィー等で充分な論証を経て一定の評価を得ているものに限ります。本書で，特に引用しているような「学説」とは，まさにそのようなものです。

　なお，参考文献の引用は，教科書であることに鑑み，重要かつ入手・参照の容易なものに限っています。広く学説において知られている海外（特にドイツ）やかなり古い日本の学説については，原則として引用の明示を行いませんでした。より高度な研究のためには，脚注の文献等を手掛かりに，さらに海外文献や古典的研究の原典をご自分でご参照いだだくことが望ましいといえます。

5．体系とクロスレファレンスについて

　（1）　刑法総論は，他の法律解釈論にくらべるとかなり体系がはっきりしています。つまり，構成要件該当性→違法性→有責性という順序，さらに，未遂と共犯という構成自体は，どんな教科書でもほとんどかわりません。本書ではそれを意識してもらいたいとの意図から，全体を10章に絞り，簡潔な構成としました。

　（2）　各章以下には，3ケタの通し番号（1.1.1…）がつけられます。最初の番号は章に対応しています。次の番号は，通常の本では，「節」に，最後の番号は，「項」に相当します。「節」・「項」は，原則として1ケタの数字に限定しています（例外は，5.4.10の「10」だけです）。また頁下には，その節の名称を示しています。これらは，とにかく，全体の見通しを分かりやすく，ご自分がいったい全体のどの辺りを読んでいるのかということを常に意識していただきたいと思ったからです。

　（3）　刑法総論にかぎられないことですが，Aを理解するには，Bの理解が前提だが，Bを説明するにはAが分かっていなければならないということがあります（たとえば，誤想防衛を理解するには錯誤論と，正当防衛論の両方の知識が必要です）。

繰り返し読んでいただきたいというのは，そのような循環的構造を脱却するには，螺旋状に学習するしかないことによるのですが，その場合に**クロスレファレンス**が重要です。クロスレファレンスについては，頁数ではなくこの3ケタの通し番号によります（例：⇨4.2.6　早すぎた結果実現）。記述中にクロスレファレンスが示されている場合にはある程度学習がすすんできた段階で，面倒がらずに，どうか関連箇所をご参照下さい。

6．活字の大きさ・括弧の表記について

　本書では，活字はその大きさが3種類使われています。本文は，**大活字**と，中活字に分けて書いてあります。最初の段階では，この大活字の部分を読み，基本的な概念・理論の習得に努めて下さい。その上で，さらに中活字の部分を読んで，判例の理解やその理論的背景を理解すれば，学習としては充分です。注は最も小さな活字を使い，わたくしの見解を示したり，さらにやや高度だと思われる事項について敷衍してありますが，学習を始めたばかりの方は，読み飛ばしていただいてかまいません。

　なお，本文中において，［　］は代替可能な語，（　）は省略可能な語を，また《　》は強調を意味します。

7．図表・二色刷について

　大学研究者の執筆による刑法の教材については，現在でも**図表**をいれる場合はむしろ例外に属するかもしれません。それには，学術書としての矜持からだけでなく，①図表がかならずしも実体を反映しているとはいえず，むしろミスリーディングになる危険すらあること，②刑法解釈論は，究極には実務家教育・啓蒙であり，それは，弁論と書類作成の技術である以上，文章を読解して文章で書く（話す）ことに資するものでなければならないから，図表による理解は正当ではない，等の理由が考えられます。たしかに，①の点は，錯誤論や犯罪共同説における「構成要件の実質的重なり合い」論などでは，あてはまります。「構成要件の実質的な重なり合い」は，数学の集合論で使われる概念図のような関係には《ない》のであって，その実体を反映しているとはいえない，のです。また，②の点についても，確かに，起案実習に際して，箇条書きや図表で表現する学生が見受けられるなどの弊害がないではありません。

　しかし，反面では，図によって抽象的な概念を視覚的に理解し，表によって諸理論を整理することは，それが適切に使われれば教育効果を上げえるものであることは，それぞれの教師が実際にも板書や補助教材等によって活用して実感するところでもあります。本来，教科書の名宛人は初学者であり，その読者にとって正確かつ効率的に理解できるならば，どんな手段方法を用いてもかまわないはずです。活字の使い分け

や判例の重要度の表示等はそのためのものです。ただし，その方法手段には自ずから限定もあります。たとえば，マンガは感銘力は強いかもしれませんが情報量は限られます。何よりも，読み手の側に記述の信頼性に対する心理的抵抗が生じては元も子もありません。教科書には学術的権威はむしろ夾雑以外の何ものでもないと思いますが，書き手と読み手の間の信頼に直結する《品格》はきわめて重要だと考えています。そこで本書では，必要と考える限度で図表を入れることとしました。二色刷による効果についても同旨です。お読みになる方は，上記の趣旨をお酌み取りいただき，これらをあくまでも補助的に用いて本文の理解の便に役立ててください。

8. そして最後に

　教科書は，浮気をせずに，いったん決めた教科書をとことん繰り返し読むことが大切です。どんな教科書にもその著者のクセや記述が足りない部分があります。それは他の教科書・参考書などで部分的に補うことにすればよいのです。

　また，それぞれの論点を，機械的に頭に叩き込んでも能率は上がりません。将棋差しが自分のかつての棋譜を憶えているのは，物語のように前後関係が一定の連関を保っているからです。刑法も全体の構造の中で，有機的関係を念頭におけば，丸暗記しなければならないことは，自ずと限られてきます。ご自分で，ご自分なりの「教科書」の目次の項目がすらすらと書き出すことができるようになれば，その体系が理解できたことになるのです。

凡　例

1．法令の条文の引用は，「○○法○○条第○項○号」とします。項についてだけ，「第」○項とするのは，「刑法208条の2第1項」のように，条文に枝番がついている場合に表記が困難だからです。法令によっては，稀にではありますが，「項」に枝番が付いていることがないわけではありませんが，本書の記述の範囲ではそれに該当することがなかったために，このようにしています。
2．「ただし書き」については，法令の正文でひらがらの「ただし……」となっている場合であっても一律に「但書」としています。
3．条文を囲みで引用する場合には，「項」を丸数字（①，②，③……）で表記しています。多くの六法（法令集）では，第1項については省略するのが通例ですが，ここでは①からはじめています。
4．年号については，原則として，判例を表記・引用する場合には慣行に従い元号によります。その他の場合には，国際的な比較の便から西暦を用います。
5．法令名，判例名，判例集・雑誌の略称については，下記の通りとなっています。

⑴　法 令 名

　　斡旋利得行為処罰　公職にある者等のあっせん行為による利得等の処罰に関する法律
　　医　　師　　医師法
　　恩　　赦　　恩赦法
　　恩赦規　　恩赦法施行規則
　　会　　社　　会社法
　　改正草　　刑法改正草案
　　旧○○条　　現行刑法旧規定
　　旧　　刑　　旧刑法
　　旧　　憲　　大日本帝国憲法
　　金融商品取引　金融商品取引法
　　刑　　　　刑法
　　刑事収容処遇　刑事収容施設及び被収容者等の処遇に関する法律
　　刑　　訴　　刑事訴訟法
　　軽　　犯　　軽犯罪法
　　憲　　　　日本国憲法
　　検察庁　　検察庁法
　　公害罪　　人の健康に係る公害犯罪の処罰に関する法律
　　公　　選　　公職選挙法
　　公認会計士　公認会計士法
　　国　　公　　国家公務員法
　　裁判員　　裁判員の参加する刑事裁判に関する法律
　　裁判所　　裁判所法
　　執行猶予者保護観察　執行猶予者保護観察法
　　司法書士　　司法書士法
　　出入国管理　出入国管理及び難民認定法
　　少　　年　　少年法
　　心神喪失者医療観察　心神喪失等の状態で重大な他害行為を行った者の医療及び観察等に関する法律
　　生活保護　　生活保護法
　　組織犯罪対策　組織的な犯罪の処罰及び犯罪収益の規制等に関する法律

xv

地　公	地方公務員法
道　交	道路交通法
盗犯等防止	盗犯等ノ防止及処分ニ関スル法律
動物愛護	動物の愛護及び管理に関する法律
独　禁	私的独占の禁止及び公正取引の確保に関する法律
売春防止	売春防止法
破　防	破壊活動防止法
風俗営業	風俗営業等の規制及び業務の適正化等に関する法律
弁護士	弁護士法
暴力行為等処罰	暴力行為等処罰ニ関スル法律
母体保護	母体保護法
麻薬特例	国際的な協力の下に規制薬物に係る不正行為を助長する行為等の防止を図るための麻薬及び向精神薬取締法等の特例等に関する法律
民	民法
民　訴	民事訴訟法
薬剤師	薬剤師法
薬　事	薬事法
予防更正	犯罪者予防更正法
労　基	労働基準法

(2) 判　例

大判（決）	大審院判決（決定）
大連判	大審院連合部判決
最判（決）	最高裁判所判決（決定）
最大判	最高裁判所大法廷判決
高　判	高等裁判所判決
地　判	地方裁判所判決
支　判	支部判決
簡　判	簡易裁判所判決

(3) 判例集・雑誌

刑　録	大審院刑事判決録
刑　集	大審院刑事判例集・最高裁判所刑事判例集
民　集	大審院民事判例集・最高裁判所民事判例集
裁判集	最高裁判所裁判集刑事
高刑集	高等裁判所刑事判例集
高裁特報	高等裁判所刑事裁判特報
高刑判特	高等裁判所刑事判決特報
高刑裁特	高等裁判所刑事裁判特報
東高刑時報	東京高等裁判所刑事判決時報
一審刑集	第一審刑事判例集
下刑集	下級裁判所刑事裁判例集
新　聞	法律新聞
刑　月	刑事裁判月報
判　時	判例時報
判　タ	判例タイムズ

第1章

刑法学の基礎

1.1 刑法総論の対象領域

1.1.1 総　説

刑法の定義　　刑法学は刑法を対象とする法律学である。刑法とは犯罪と刑罰に関する法である。

　日本には現在，「刑法」という表題をもつ法律，すなわち「明治40年法律第45号」がある。これを**形式的意義の刑法**という。形式的意義の刑法を，特に「**刑法典**」と呼ぶこともある。この形式的意義の刑法以外にも，犯罪と刑罰に関する法は多数存在する。これらを**特別刑法**という。

　形式的意義の刑法と特別刑法を合わせて実質的意義の刑法ということができる。ただし，単に「刑法○○条」というときには，形式的意義の刑法を意味している。

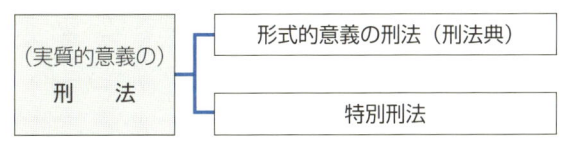

刑法典　　刑法典は，2つの内容からなる。第1編　総則（1条～72条）と第2編　罪（77条～264条）である。

　総則には，犯罪と刑罰の一般原理が規定されている。この一般原理は，特別刑法の犯罪にも原則として適用される（8条）。第2編罪は，個別犯罪類型であり，おおむね重要な犯罪を規定している。殺人（199条）・傷害（204条），窃盗（235条）・強盗（236条），強姦（177条），放火（108条）等の古典的かつ重大な犯罪は，

1

この刑法典において規定されている。ただし，刑法典に規定されていても，実例が極めてまれなものもある（内乱罪（77条～），あへん煙に関する罪（136条～），重婚罪（184条）等）。

特別刑法　特別刑法の例としては，軽犯罪法，盗犯等防止法，暴力行為等処罰に関する法律，銃砲刀剣類所持等取締法，決闘ニ関スル件，爆発物取締罰則，組織犯罪対策法等，刑法典と同様に，犯罪と刑罰に関する規定がその中心であるものと，独占禁止法（89条の私的独占・不当な取引制限の罪）や著作権法（119条以下）等のように，行政法的な法規に犯罪刑罰規定が含まれているものとがある。会社法960条の会社取締役等の特別背任罪の規定，議院証言法6条の偽証罪の規定，等も，それらの規定自体が単独で実質的意義の刑法である。

　行政法における犯罪罰則規定（たとえば風俗営業法49条以下）を特に行政刑法と呼ぶ場合もある。

　特別刑法は，道路交通法，薬物犯罪（麻薬向精神薬取締法・覚せい剤取締法），のように，その処罰件数において刑法典犯罪に匹敵するものもあるが，その以外の特別刑法の多くは，現実の適用件数は少なく，中には実際にはほとんど適用されていないものも少なくない。

刑法学の内容　刑法学は，法律学であり，それには「現にある法（*lege lata*）」だけでなく，「あるべき法（*lege ferenda*）」を論じることも含まれる。「現にある法」を論じるのが，**解釈論**（Hermeneutik）であり，「あるべき法」について論じるのが，**立法論**である。

　解釈といっても価値判断から自由ではない。また，逆に立法論も一定の価値体系との整合性が要求される。それらの価値基準について論じるのが，刑法学における基礎理論である。基礎理論には，「事物の本性」論と「政策」論が含まれる。事物の本性が形而上学であるのに対して，政策は歴史的・文化的・社会的制約をもつ。犯罪には，因果論や人の行為・意思がかかわる。それらの本質抜きには犯罪を論じることはできないが，その本質が，そのまま「刑法」という実定法の制度ないし機構を導き出すのではない。現行の刑法ないし刑罰制度は，その本質理解を前提とした，ありうる政策上の1つの選択肢（オルタナティブ）にすぎない，のである。言い換えれば，基礎理論なしに実定法の解釈論ないし立法論はありえないが，解釈論・立法論が基礎理論から正当化されるのには一定の制約がある，ということである。

　刑法は「犯罪と刑罰に関する法」であり，内容的に，犯罪論と刑罰論に分ける

ことができる。犯罪論はさらに犯罪成立の一般原理について（犯罪論総則）と，犯罪の個別類型（犯罪論各則）とに分けられる。

刑法総論　　刑法総論は，本来は犯罪論総則と刑罰論の両方を含むものである。しかし，日本において通常「刑法総論」は，解釈論としての犯罪論総則がその中心であり，具体的には，もっぱら刑法典第1編総則の解釈にあてられる[†]。つまり，刑法総論とは，「刑法典総則のうちの犯罪論の解釈論」とほぼ同視されてきた[††]。そして，その前提として必要な限度で，刑法ないし刑罰の目的等についての刑法学の基礎理論が論じられることになる。罪数論は，犯罪論と刑罰論の両方の側面をもつが，これも刑法総論に含められるのが通常である。

なお刑法各論も，本来は，特別法における犯罪を含む犯罪論各則全般を含みうるはずだが，これも伝統的に，刑法典に規定する第2編「罪」の解釈論が中心であり，特別刑法の犯罪については，比較対照のために必要な限度で論じることがあるにすぎない。

刑法総論の対象条文　　刑法総論が扱う刑法典の条文は，したがって，第一編総則のうち，特に犯罪論に関するものであることになる。

具体的には，刑法典総則は1条から始まり，72条で終わっている。しかしこのすべてが犯罪論に関するものではない。

表から明らかなように，刑法総則において犯罪論に関するもののうち，特に，その解釈論の中心となる規定は，35条〜41条，43条・44条，60条〜65条のわずか14か条だけであり，それ以外に，場所的適用範囲（1条〜4条の2），罪刑法定主義（6条），定義規定（7条・7条の2），一般原則性（8条），罪数論（45条〜54条）を加えても，34か条にすぎない。

[†] 最近の日本の教科書としては例外的に，刑罰論の記述が詳しく論じられているものとして，たとえば，大谷實『刑法講義総論』新版第2版（2007年），野村稔『現代法講義 刑法総論』改訂版（1997年），斎藤信治『刑法総論』第5版（2003年）40頁。
[††] ただし，「刑法総則の解釈論」の項で論じられている問題であっても，厳密には単なる法解釈の問題につきないものもある。構成要件論における因果関係は，条文の根拠はない。したがって条文の「解釈」の余地はない。そこでは，刑法さらには法律解釈を離れた，「因果」という形而上学的な問題をも含みうる。基礎理論と立法論・解釈論が最も複雑に錯綜するのが共犯論である。共犯論における処罰根拠論・体系論において「現にある法」の解釈の問題なのか，共犯という現象の本質的な事物の本性の問題であるのか，充分に意識され区別されずに議論されてきたことが，理論の混乱を招き，学習者にとって共犯論を近寄りがたいものとしている。

犯罪論		刑罰論	内　　容	本書での言及箇所
1条～4条の2			場所的適用範囲	第2章　2.5
		5条	外国判決の効力	第2章　2.5
6条			罪刑法定主義	第2章　罪刑法定主義
7条・7条の2			公務員等の定義規定	第2章　2.2.6
8条			刑法総則規定の一般適用	第1章　1.1.1
		9条～34条の2	刑の種類・刑の執行・刑の時効等	第10章　刑罰論
35条～37条			違法性阻却事由〔違法論〕	第5章　違法論
38条～41条			責任要件・責任要素〔責任論〕	第6章　責任論
		42条	自首減軽	第10章　10.2.3
43条・44条			未遂	第7章　未遂論
	45条～54条		罪数論（55条は削除）	第9章　罪数論
		56条～59条	累犯	第10章　10.2.3
60条～65条			共犯	第8章　共犯論
		66条～72条	酌量減軽・加重減軽の方法	第10章　10.2.3

特に重要な条文（14か条）

35条………正当行為　　44条………未遂処罰
36条………正当防衛　　60条………共同正犯
37条………緊急避難　　61条………教　　唆
38条………故意・過失　62条………幇　　助
39条………責任能力　　63条………従犯減軽
41条………責任年齢　　64条………教唆・幇助の制限
43条………未遂・中止　65条………共犯と身分

刑法典の一般原則性

8条
　この編の規定は，他の法令の罪についても，適用する。ただし，その法令に特別の規定があるときは，この限りでない

　刑法8条は，刑法典総則が，他の特別刑法にも原則的に適用されることを宣言している。

　もっとも，刑法典も単なる法律にすぎないから他の法律との関係で特別に優位の地位に立つわけではない（他の法令よりも上位にある憲法とはその点が違う）。したがって，後法・特別法たる他の法律によって，刑法8条但書の有無にかかわらず，その原則を修正することは避けられない。

　ただし，刑法8条は，犯罪と刑罰に関する総則の規定について，特段の定めをおかなくとも当然に特別刑法において適用されることになるという意味をもつ。そこに，この8条の存在意義はある。

　つまり，たとえば，故意犯処罰の原則（刑法38条第1項本文）は，他の特別刑法にも適用があり，特段の定めがなければ，故意を要求していると解釈されることになる（⇨故意につき6.4.1，明文なき過失犯処罰につき6.7.1）。

1.1.2　本書の構成

本書の構成　　上記で述べたように，刑法総論には，刑法の基礎理論と刑法典総則（犯罪論と刑罰論）の解釈論からなる。刑法の基礎理論としては，刑法史ならびに刑法学史，刑法・刑罰制度の目的論等（⇨1.2　刑法の目的以下）がある。

　犯罪論に入る前に，犯罪論と刑罰論に共通する法源としての刑法（実質的意義での）の問題としての「罪刑法定主義」と刑法の場所的適用範囲の問題がある（第2章）。

　その上で，犯罪論の全体構造をあらかじめ提示し（⇨第3章），犯罪の一般的成立要件（構成要件論⇨第4章，違法論⇨第5章，責任論⇨第6章），犯罪の拡張処罰事由（未遂論⇨第7章，共犯論⇨第8章），がその順序に論じられ，罪数論（⇨第9章），刑罰論（⇨第10章）で終えることとする。

刑法学の体系と周辺領域との関係

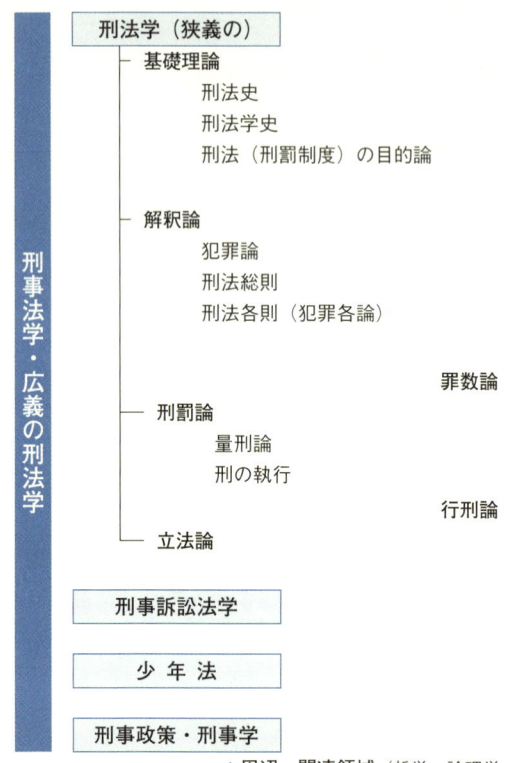

＊周辺・関連領域（哲学・論理学・倫理学・社会思想史・心理学・社会学・教育学・医学・公共経済学・政治学等）

1.2 刑法の目的

1.2.1 応報と予防——刑罰の目的

目的を論じる意義 　刑法とは何かが、定義できたとして、では刑法は何のためにあるのか、何のために規定されるのか、つまり、刑法の目的、その中でも特に刑罰の目的について考えてみる必要があろう。

　もっとも、刑法の目的を論ずることは、無意味である、ないしその必要がない、

さらには，論ずることは不可能である，という立場もある。そういった立場は，現状の制度を，あるがまま（an sich）にとらえることが，刑法ないし刑法学の目的だとすることになる。こういった立場を（悪しき）**法実証主義**ということができる。悪しき法実証主義の下では，現行の実定法を批判したり，あるべき立法のあり方を論ずることはできないことになる。しかし，こういった現状肯定的な態度は正当とは思われない。

そこに「ある法」に対して，「あるべき法」を論じることは必要であり，それを論じるにあたっては，なぜその法があるべきかという，法の（存在）目的を論じることが重要である。

応報論と予防論

刑罰の目的には，理論上，2つの考え方がありうる。

第1には，刑罰とは，犯罪が犯された故に科されるものであり，刑法はそのための法だとするものである。

第2には，刑罰とは，犯罪が犯されないように科されるものであり，刑法はそのための法だとするものである。

第1の考え方を**応報論**といい，第2の考え方を**予防論**という。特に，刑罰の目的ないし機能に着目した場合には，第1の考え方を，**応報刑論**，第2の考え方を**予防刑論**という。

応報論

応報論の典型は，**ヘーゲル**（Hegel；1770-1831）であり，ヘーゲルは，法の否定が犯罪であり，その再否定が刑罰であると考えた。つまり，否定の否定によって「法」が回復されるというのである。こういった応報論は，極めて観念的な説明であり，徹底されれば，結局，何をどこまで処罰するべきかという実践的な帰結を導くことができない。また，応報が，素朴な応報感情と結びつくときには，過酷な刑罰を正当化することにもなる。「目には目を，歯には歯を」という同害報復は，**タリオ的応報**といわれ，古代のハムラビ法典以来のものである。しかし，近代刑法でも，たとえば殺人罪に対しての死刑等のように同害報復とみることが不可能ではない規定も存在する。一般の人，とりわけ犯罪の被害者にとっては，同害報復がむしろ理解されやすいこともあるであろう。応報感情は，一般感情に合致するとしても，とかく苛酷な刑罰を要求しがちであり，反面では，情に流され，過度に宥恕的であることもある。

しかしながら，一般的に理解されやすいことが，真理であるとは限らない。実際にも殺人罪の法定刑は死刑に限定されてはいない（199条参照）。単純な応報感情に対して，いかに合理的な方法を用いて，刑罰を理論化していくか，が刑法な

いし刑法学の課題だといえる。応報論だけで刑罰を正当化するのを**絶対的応報論**というが，今日では絶対的応報論はむしろ少なく，他の正当化根拠と合わせて，その範囲内で応報を正当化しようとする**相対的応報論**の方が多数を占めているといえるが，たとえば，（一般）予防の範囲で応報を正当化するとすれば，応報の意味はほとんどないことになる。

特別予防論　　一方，**予防論**は，**一般予防論**と**特別予防論**とに分けられる。
特別予防とは，犯罪者が今後犯罪を犯さないように刑罰を科すというものである。つまり，刑罰は基本的には，犯罪者に対して，社会復帰するための矯正ないし教育，さらには治療を行うものだとする立場である。したがってこれを教育刑論という場合もある。もっとも，この特別予防の考え方は，犯罪者の社会復帰＝改善が可能であるということが，前提となっていなければならない。矯正のための刑罰は，単純な不利益を与えるものとしての刑罰に，犯罪者に対する積極的な意味づけを与えようとするものであって，画期的なものであるといってよい。あとで説明する近代派（新派）刑法学（⇨1.4.2）は，まさに教育刑を中心に据えるものであった。

特別予防論の問題点　　しかし教育刑論には，致命的な欠陥がある。すなわち，改善不能の犯罪者に対しては，社会復帰させるべきではないから，死刑や終身刑が正当化されることになるのである。また改善可能な者に対しては，矯正の見地から，矯正が終わるまでの間の不定期刑を正当化し，さらに，古典的な，自由刑（懲役・禁錮）や財産刑（罰金・科料）といった刑罰だけではなく，治療処分（たとえば常習的性犯罪者に対するホルモン注射），**社会奉仕命令**（たとえば，公園の掃除などを一定期間命じる）等の多用な「刑罰」も可能であるし，むしろそれらを積極的に用意すべきことになろう。しかし，それは受刑者の人権を過度に抑圧することになりかねない。

　教育刑・改善刑は，現行の日本の刑法では，正面からは認められていない。ただ，刑務所等の現場では，矯正（＝改善・教育）の考え方が取り入れられている。受刑者にとっては，刑罰（自由刑）が単純な「害悪」「不利益」よりは，その収容期間中に受刑者にとって，積極的な意味をもたせることができるのであれば，その方が望ましいという事情がその背景になるといえよう。しかし，それはあくまでも副次的な目的であるにすぎない。改善・教育の必要性から，収容期間を延長することができるわけでもないし，仮釈放の決定についても，なるべく早期に仮釈放することが受刑者にとって最大の利益であることは否定しがたいからであ

る。

　　　　　　そこで，今日では，**一般予防**の考え方が最も支持を得ているといえ
　一般予防論　　る。一般予防とは，犯罪を処罰するのは，そのことを通じて，一般
人が犯罪を犯さないようにするためであるというのが，その内容である。
　一般予防も，**消極的一般予防**と**積極的一般予防**とに分けることができる。
　　　　　　　　消極的一般予防とは，刑罰による事前の威嚇によって，一般人
　消極的一般予防　　が犯罪行為に走ることを予防するというものであり，典型的に
は**フォイエルバハ**（Feuerbach；1775-1833）†の心理強制説にみることができる。
フォイエルバハは，市民が犯罪によって得られる「快」と，それに対する刑罰の
「不快」とを比較衡量し，後者が前者をうわまわるように規定されていることに
よって，犯罪が防止されるのであり，そこに刑法の目的があるとした。こういっ
た功利的な説明は，それまでのアンシャン・レジーム（旧体制；l'Ancien
Régime）における，苛酷な刑罰，非人道的な手続きなどに対して，市民の自由
を確保するという積極的な意味づけをもったといえる。しかし，もし心理強制説
が真理ならば，刑法がある限り犯罪が行われないはずであるが，現実には犯罪は
なくならないのであり，功利的な計算は，犯罪者において機能していないことに
なる。

　　　　　　一方，**積極的一般予防**は，犯罪が処罰されることによって，一
　積極的一般予防　　般人の規範意識が覚醒され，その結果犯罪の防止に効果をもた
らすとするものである。消極的一般予防論が事前威嚇に着目していたのに対して，
積極的一般予防論は，現実に犯された犯罪を処罰することの機能に着目している。
積極的一般予防論は，ドイツのヤーコプス（ヤコブス，Jakobs）によって主張さ
れ，今日の日本の刑法学者の多くに影響を与えている††。

　　　　　　　　最近では，アメリカの制度の影響の下に，**修復的司法**の考え方が主
　修復的司法　　張されている。これは犯罪者の処遇について，社会復帰，とりわけ
共同体内部での社会復帰を目指そうとするものであり，犯罪者と被害者との間の

---

† その五男が，ヘーゲル左派の哲学者ルードビヒ・フォイエルバハ（1804-1872）である。なお，
「フォイエルバッハ」と表記されることが多いが，第1音節にアクセントがあることを鑑み，フォイ
エルバハとする。
†† 消極的一般予防は，現実に犯罪を犯してしまった場合を説明できない。
　また，積極的一般予防においては，犯罪を犯した者への処遇が，他人の犯罪抑止のためだとするな
らば，個人が他人のための手段として犠牲になることを意味する。しかし，反射的な効果として一般
的な規範覚醒がありうるとしてもそれだけをもって，その処罰の根拠とすることは適当ではないの↗

修復をも視野に入れている。しかし、了解可能性があって可塑性に富む犯罪者については有効ではあっても、深刻な階級対立や社会・文化背景の違いが、犯罪者と共同体の間で深刻であれば、修復は困難であろう。また社会復帰のための教育的・矯正的な側面を強調すれば、新派刑法学（⇨1.4.2）が陥った、苛酷な不利益の制裁をも正当化しかねない危険性をももっている。

1.2.2　法益の保護

刑法の目的　刑罰が、犯罪が犯されてしまった状態（規範の失敗）の場合に関するものだとすれば、その刑罰の目的とは一応区別して、刑罰そのものだけでなく、広く刑法の目的ないしその意義を別に考えることができる。

この点について、刑法は、法益を保護するためにあるとする考え方と、社会秩序維持のためにあるとする考え方とがある†。

法益とは、法によって保護されるべき市民の生活上の利益であるとするとき、刑法の目的は、個人主義的に理解されることになる。そしてこの立場からは、法益の第一義的内容は、個人の生命・身体・自由・財産であり、社会的法益・国家的法益は、それら個人の法益の集積体・集合体であって、2次的な意味しかもたないと理解されることになる。

> ▶であり、積極的一般予防にも疑問がある。
> 　さらに特別予防も、いったん科せられることとなった刑罰により合理的・功利的な意味をもたせるためには必要であるが、本来の目的ではない。
> 　このように考えると、刑罰の目的として残るのは応報である。しかし、「悪いことをしたから罰せられるべきだ」という単純な応報感情は、予防論以上に苛酷な処罰を求めがちである。犯罪は、規範の失敗である。規範は事前の刑罰威嚇をもって犯罪の発生の抑止を目的とするが、刑罰はその目的に合致するのではなく、その逆に、失敗した場合の不本意な結果なのである。刑罰は、あらかじめ規範において用意されたその反作用が単なる「威し」ではなく実際に実行されうることを示すという意味で、応報なのである。刑罰はその犯した犯罪に対して科せられるのであり、その犯罪に対する単純な反作用としての意味しかもたない。
> 　刑法ないし刑罰制度に過度の実用的な機能を期待するのは、かえって危険である。刑罰制度は犯罪の抑止の1つの（そしてあまり有効とはいえない）選択肢にすぎない。犯罪の抑止を語るのであれば、他のさまざまな手段（たとえば、社会政策、教育啓蒙、技術開発、被害者学、等）にも触れるべきである。
> 　一般予防・応報感情の強調は、社会における技術革新や新しい利益状況の出現に対して、これら他の手段への真剣な対策・検討を経由せずに、直ちに犯罪の類型を増やし（犯罪化）、また刑罰の引き上げ（重罰化）に安易に走ることになりかねない危険性をもつ。
> † これが、違法の実質論（5.1.2）における、いわゆる結果無価値論（＝法益侵害を違法の実質と考える）と、行為無価値論（＝社会的相当性逸脱行為を違法の実質と考える）に、一般的には対応することになる。

一方，社会秩序維持を刑法の目的と考えるとき，個人ないし市民を超えた，それ自体が独立した社会的ないし国家的価値の維持のために，刑法が存在することをも許容することになる。

　もっとも，法益の内容はそれ自体は多義的であり，さらに，最近では，個人を超越した存在としての環境法益のようなものの存在をも認める立場もある。逆に，社会秩序の基本も個人の利益を抜きには考えられないとすれば，社会秩序維持が，個人主義的な要請に必ずしも調和しないわけではないという反論もありうることになる。

1.2.3　刑法の消極主義と積極主義

<small>総　説</small>　市民的自由を尊重する近代市民社会原理（モダニズム）からは，権力の発動は最小限にとどめられるべきであり，刑罰権の発動についてもできる限り消極的であることが求められることになる。これを**刑法消極主義**ということができる。今日における刑法学の主流の見解は，この刑法消極主義に立脚している。これに対して，むしろ刑罰が，もっとも峻厳な制裁手段であることから，政策目的の執行のためにそれを積極的に活用しようとする立場もある。これを**刑法積極主義**と呼ぶことができる。たとえば，ナチス時代のドイツや，社会主義国家，独裁国家においては，この刑法積極主義がとられていた。そして最近では，被害感情に根ざした新たな積極主義が現実の立法動向や司法の運用に大きな影響を与えている。

<small>消極主義</small>　**刑法消極主義**の根拠は，Ⅰそもそも刑罰がその受刑者にとっては，生命・身体・自由・財産に対する国家権力によるもっとも峻厳な不利益制裁であること，Ⅱそして，民事訴訟の場合には原告と被告の間で「食うか食われるか」という主観的な利益・存在の分配の問題である（主観訴訟）のに対して，刑事訴訟は，訴追側と被告側との間にはそのような，主観的関係は存在せず（客観訴訟），現代の刑事訴訟に限れば，訴追側が敗訴しても，直接的な不利益は生じないという構造になっていること，等があるが，さらに根本的には，Ⅲ刑罰による規制は，強権的かつ事後的な処分であって，政策目的実現の手段としての限界を認識するという，刑罰制度そのものに対する悲観的な見方，があるといってよいであろう。

　消極主義の具体的な内容は，**謙抑性・補充性・断片性**である（これらは，厳密

に独立した概念ではなく，相互に重複している）。

謙抑性 　**謙抑性**とは，刑罰権の発動については，必要最小限のものでなければならないという原則である。「処罰するよりも処罰しない」方が，「処罰するのであってもより軽い内容」が求められるといいかえてもよい。謙抑性の原理は，現行の実定法で処罰の対象となっている領域については，非犯罪化である。戦後の日本国憲法の施行に伴い，不敬罪（刑73条〜）や姦通罪（刑183条）が削除されたのはその例である。刑法改正草案が論議の対象となっていた頃は，ポルノグラフィー（刑175条）の非犯罪化が問題となっていた。表現の自由（憲21条）との関係から，削除されるべきだとされていたのである。刑罰によって倫理・道徳の遵守を強制してはならないということがその根底にある。

　また，刑罰について，残虐な刑罰を廃止し（笞打ち・入れ墨等の身体刑の廃止，），その執行方法についても過度に見せしめ的な要素を排除し（死刑処刑の非公開），刑罰の執行方法についても必要以上の苦痛を与えない（絞首刑の採用）の他，自由刑における週末拘禁・モニタリングによる行動制限等の採用，仮釈放等の導入等がある。

　刑事訴訟における「**疑わしきは被告人の利益に**」の原則も，この謙抑性を根拠とする。

　また，刑事司法において，警察段階で，検察官への送致を見送る**微罪処分**や，検察段階で嫌疑があっても起訴を見送る**起訴猶予処分**も謙抑性の現れといってよい。

補充性 　刑法における補充性の原則とは，ある行為について，規制すべきだとしても，第一義的には，刑事罰＝刑事制裁にかわる他の手段（オルタナティブ）によるべきであり，刑事罰は，それらの代替的手段では規制できない場合の，最終的な手段（*ultima ratio*）としてのみ許容される，ということである。

　補充性の原則は，刑罰が受刑者にとって，その生命・身体・自由・財産に対する最も苛酷な国家的強制であることに鑑み，他にとりうる手段によってその規制の目的が果たせることができるならば，むしろそれによるべきだとするものである。

　他にとりうる手段としては，行政法的手段（課徴金・過料・重加算税等の行政制裁，行政指導，直接強制，等），民事法的手段（損害賠償（特に懲罰的賠償），契約解除・取消し・無効，差し止め・仮処分，等）等の他の法律によるものの他，社会的制裁（たとえば，雇用契約（懲戒・解雇等），団体的規制（除名処分・退学処分等），指定業者等の指定の解除，氏名公表，名誉の剥奪（章勲の返上，名

誉的肩書（名誉市民・名誉教授等）の剥奪）等）や，さらには違法な行為を抑止するシステムの開発（たとえば，違法コピーを防止するコピーガードやコンピュータの利用・操作に関する暗号その他の認証システム等），防犯ガラスの開発・導入，等多岐にわたる。

これらの他の代替手段と刑罰とが併存していても，**ディバージョン**（diversion；代替的手段）を優先的に適用することによって，刑事罰の賦課を回避させる（現行法では道路交通法違反事案における交通反則金制度等）こともある（独占禁止事案において，行政罰としての課徴金を優先的に適用し，それがあれば刑罰を科さないという手続きが可能であれば，これも一種のディバージョンであるが，学説の多数説のように，刑事罰と課徴金との併科は二重処罰の禁止（憲39条後段）に違反しないとするときには，補充性にはつながらないことになる）。

行政法の中には，一旦行政命令等によって合法的な行為を期待し，その命令違反があった場合に限って処罰することとしているものも多い。これも一種の補充性の原理ということができる（これに対して，こういった行政命令等を経由せずに直ちに処罰することができるものを**直罰規定**という）。

断片性　　断片性とは，刑法で処罰される対象は，網羅的なものではなく，また網羅的ではありえず，断片的なもので満足する他ないということである。罪刑法定主義は，刑罰法規の存在をまって初めて処罰を可能とする。類推解釈の禁止はこの断片性のひとつの現れである。

可罰的違法論・可罰的責任論も，形式的には処罰することが可能であっても，一定の政策判断の下にその処罰権の発動を抑えようとするものである。

積極主義　　積極主義は，消極主義とは対照的に，刑罰優先主義・厳罰主義・必罰主義・網羅主義を内容とする。この根底には，刑罰制度に対する楽観的な見方がある。つまり，政策目的のために，強権を発動し積極的に社会改造すること（具体的には犯罪の抑止）への期待がある。

そもそも，一般市民の感覚では，前近代的な応報感情・勧善懲悪感情を克服しきれてはいない。積極主義は，ポスト・モダニズムである場合もあるが，レトロ・モダニズム的な側面もある。

危険社会[†]・環境問題・生命倫理刑法等，新しい（とされる）分野において，これら刑法積極主義に基づく，刑罰制度の積極化が主張される。

[†] **危険社会論**とは，科学技術の高度の発達により，原子力・情報ネットワーク・超高速度交通機関（飛行機・鉄道）・大規模構造物（道路・建物・橋梁その他）等において，一旦，何らかのトラブル↗

1.3 日本の刑法

1.3.1 日本の刑法

近代刑法典　　日本の近代刑法は，明治維新に伴って制定された，1880年の刑法（明治13年太政官布告第36号）である。これを**旧刑法**と呼んでいる†。明治維新の当初は，律令制に基礎をおく，仮刑律（1868年），新律綱領（1870年），改定律例（1873年）が制定されていたが，政府は西洋型の近代的法律制度導入の必要性を感じ，パリ大学の**ボワソナード**（ボアソナード，Boissonade；1825-1910）を招聘し，刑法を含む重要法典の起草にあたらせた。旧刑法はこのボワソナードの作成した刑法草案（**ボワソナード草案**）に一部手直しして成立したものである。ボワソナード草案は，母国のフランス刑法典だけでなく，当時のフランスの学界の主流である折衷主義刑法学の成果を大胆に取り入れたものであった。

同様にボワソナードが関与した民法典も，「民法出デテ忠孝滅ブ」の批判に象徴される民法典論争がおき，1890年にいったん公布しながらもその施行が延期となり，改めてドイツ法の影響の強い新たな法典が起草され施行された（1898年）。刑法典もこの国家体制のドイツ化傾向に従って，ドイツ刑法・刑法学の影響を受けた全面的改正案が作成され，1907年に明治40年法律第45号として公布され，翌年から施行された。これが**現行刑法**である。つまり，現行刑法は，部分改正を経てはいるが，基本的には約1世紀の長きにわたって維持されてきたのである。

▽が発生した場合にもたらされる広範囲かつ深刻な被害の発生に対して何らかの対策を図るべきだとするものである。環境問題は，超長期的（将来の気候変動・後世代への有害物質の蓄積，等）かつ地球規模的な視点が不可欠である。生命倫理については，クローン人間・遺伝子操作等，これまで考えられなかった問題をつきつけている。これらの問題について，積極主義からは，刑罰制度による新たな処罰領域の開発・拡大，処罰の早期化・処罰の人的範囲の拡大，処罰の強化，等が図られることになる。

また，新たな経済犯罪の形態が発生する毎に，犯罪類型を立法することも，この積極主義（網羅主義）のひとつの現れである。

† ただし，最近では，1907年の現行刑法典について，1995年に口語化される以前のものを「旧規定」と呼ぶことがあるから混同しないようにする必要がある。

現行刑法の特色　**現行刑法**は，基本的には 1871 年のドイツ帝国刑法を参考としながら，同時に，その後のドイツの改正運動の成果をも取り入れている。すなわち，基本的には，客観主義刑法学を主軸にしてはいるが，法定刑の幅を広くとることによって裁判官の量刑裁量を認める点などには，新派刑法学の影響（⇨1.4.2）をも読みとることができる。また，旧刑法や，それ以前の暫定的な規定も完全に払拭したものではなかった（たとえば，口語化される以前の刑法 38 条第 2 項は，中国の古代律令に淵源がある規定である）。

1.3.2　刑法改正

改正の経緯　現行刑法は，1907 年の制定後 100 年を経過しており，その間，いく度かの大小さまざまの改正を経てきている。

その中でも重要なのは，1941 年の改正（96 条の 2，96 条の 3，198 条等経済事犯の強化，安寧秩序に関する罪の新設），1947 年の戦後体制への対応のための改正（73〜76 条の廃止，183 条姦通罪の廃止，安寧秩序に関する罪の廃止）等である。最近では，それまでの片仮名文語調を平仮名口語調に改めた全面改正（**現代用語化；1995 年**）があった[†]。これは，全面的な改正でありながら，原則として条文の解釈の変更をもたらすことのないように細心の注意が払われた[††]。

改正刑法草案　ドイツ，フランス，スペインなどでは，戦後以降に刑法の全面改正をみたが，日本では，いまだ内容的に全面改正はなされていない。日本でも全面改正が試みられなかったわけではない。1960 年代以降，ドイツの刑法改正作業とほぼ時期を同じくして日本でも刑法全面改正が論議された。日本では 1974 年の法制審議会の答申である「**改正刑法草案**」が公表されたが，特に，重罰化傾向，保安処分の導入をめぐって，それに反対する学界や弁護士会側の反対が強く，国会に上程されるまでにも至らなかった。改正刑法草案は，保安処分をめぐる刑罰論だけでなく，犯罪論の総則的規定においても，学説の帰趨が決まっていない分野（違法性の錯誤，原因において自由な行為の法理，不作為犯等）についても規定を新設し，立法によってこれら理論的問題を解決しようと

[†]　平成 7 年法律第 91 号。この改正について，松尾浩也（編）『刑法の平易化』（1995 年）7 頁以下参照。
[††]　意図的に削除されたのが，瘖唖者の特則に関する 40 条（⇨6.2.2）及び，尊属重罰関連の 200 条，205 条第 2 項，218 条第 2 項，220 条第 2 項。意図的かは明らかではないが，解釈が動く可能性があるものとして，教唆犯の 61 条（⇨8.1.1），刑の時効中断の 34 条（⇨10.3.3），等。

■ 1.3　日本の刑法

する点でも問題を孕んでいた。

最近の改正　特に最近では，①新しい犯罪的事象に対応し，あるいは，②国際協調の見地から，さらには③犯罪に対する重罰化への社会的要請に応えるために，刑法典ならびにその他の実質的意義の刑法において，活発にその立法・改正がなされるに至っている。

①の例としては，コンピューター犯罪に関する刑法典の 1987 年改正，支払用電磁的記録不正作出罪，②の例としては，マネー・ロンダリングに関する組織犯罪対策法，国会に上程されたものの成案とならなかった共謀罪，③の例としては，危険運転致死傷罪，自動車運転致死傷罪の新設，2004 年の財産犯その他の刑罰の重罰化，等がある。刑法改正草案における最大の対立点であった保安処分は，2003 年の心神喪失者医療観察法において，触法精神障害者についての医療処分に解消されたといってよいであろう。また，営業秘密の保護については改正刑法草案にその規定があり，当時の学説の反対が強かったが，これも 2003 年の不正競争防止法の改正 21 条の形で，さしたる学界の反対もなく実現している。

1.3.3　刑事司法の実態

刑事司法と解釈論　刑法が犯罪と刑罰に関する法である以上，実際にどのように機能しているかを理解することは重要である。もっとも，刑法が機能しているのは，刑事司法には限られない（むしろ犯罪が抑止されている状態こそがもっとも本来の機能が果たされていると見ることも可能ではある）。

犯罪が犯された場合でも，官憲に知られないもの（**暗数**）は，その実体は明らかではない。暗数が多いのは窃盗等である。軽微な窃盗は被害者本人も気がつかず，また被害に気がついたとしても，それを官憲に被害届などの形で届け出ることを省くことも多いからである。道路交通法上のたとえば速度違反罪等は，厳密に考えれば，無数の犯罪が恒常的に犯されている（制限速度 40km 毎時のところその速度で走行している車両は極めて少ない）ことになろう。暴行・傷害，名誉毀損・侮辱その他のささいなトラブルについては，警察等で被害届自体が《受理されない》場合もある。また，道路交通事犯については，交通反則金制度によって，多くが行政処分である反則金の納付に代えられている。

警察段階で事件として処理し，検察に送致・送付するか，ないしは微罪処分として不送致・不送付するに至った場合を，一般に**検挙**といっている。図をみると

刑事事件の手続（第1章まで）の概要と件数（特殊な手続は含まない）

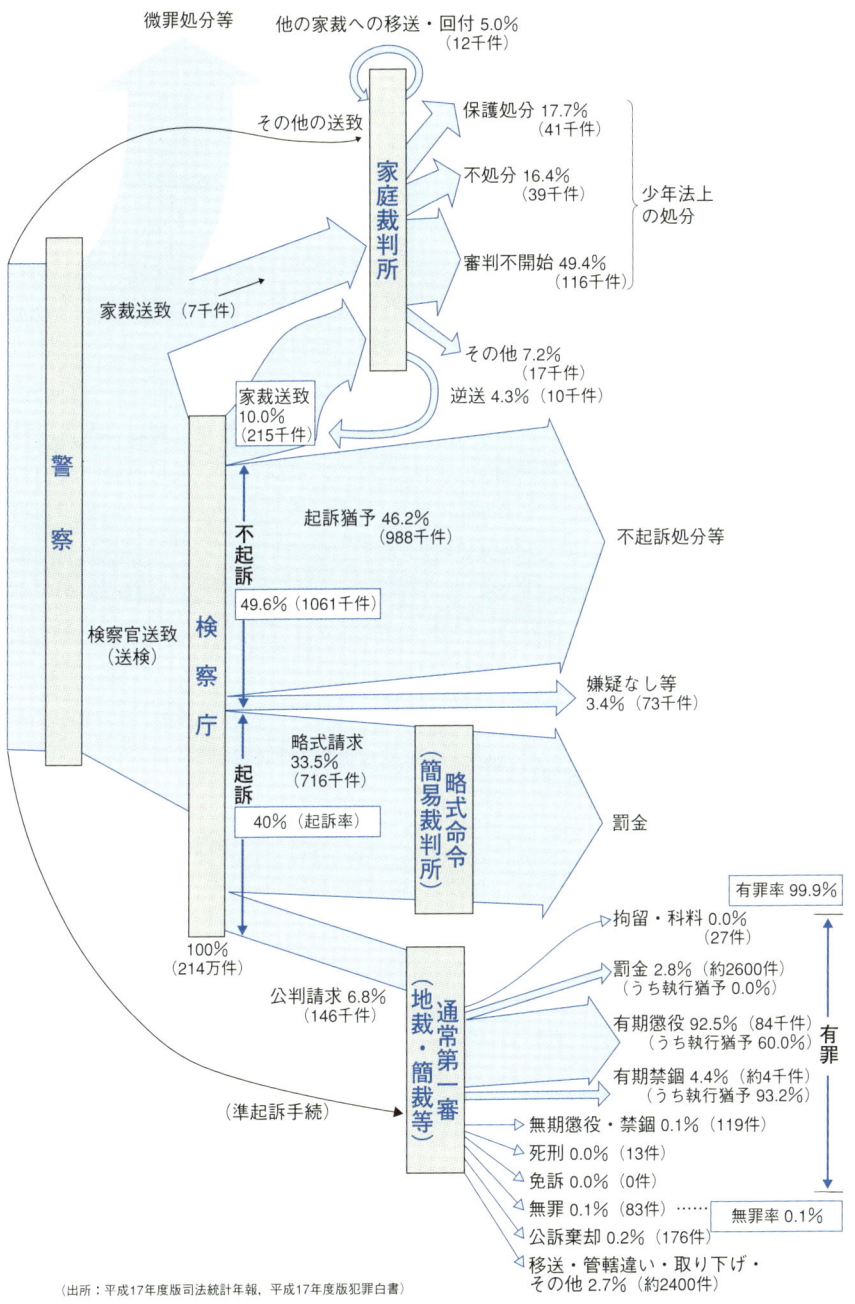

（出所：平成17年度版司法統計年報，平成17年度版犯罪白書）

1.3 日本の刑法

明らかなように，検察の起訴率は，約40%であり，そのうちでも略式請求が80%，公判請求は20%に過ぎない。

　図からも明らかなように，日本の第1審有罪率は99.9%であり，有罪率の高さは，検察段階でのセレクション，つまり，有罪の見込みが確実なものに限って起訴している傾向を見ることができる。逆にいえば，刑法の解釈論は，この検察段階においてこそ，有効に機能しているはずであるが，それらについては判例などの形では表面化しない。たとえば，中止未遂の判例が極めて少ないのは，中止未遂規定が実務上重要性がないことを必ずしも意味せず，中止未遂による刑の免除となるような場合について検察が起訴していない可能性がある。

　0.1%の無罪判決の中でも，たとえば正当防衛や錯誤や期待可能性等の解釈論による無罪は極めて少ない。多くは事実誤認を理由とする無罪である。本書において議論される刑法総論の解釈論は，したがって，実際の刑事裁判の場において，華々しく議論されることはむしろ珍しいものだということになる。しかし，このことも，刑法解釈論の実務上の意義がないことを意味するものではない。刑法解釈論は，無数の刑事裁判のルーティーンの解決ではなく，非典型的かつ特殊な場合に奉仕するものである。それは，刑事司法の根幹を支えている，いわば本当は重要であるのに，それを実務家も意識することなくルーティーンの事務を処理しているが，いったん，特殊なそのような事例を通じて，その根幹について再度考えざるをえなくなるような，そういった重要な問題の解決に資するもの，だからである。

1.4 刑法・刑法学の歴史

1.4.1 総　説

総　説　日本の現在の刑法学は，大陸法系，その中でも，主としてドイツの刑法学の強い影響下にあった（もちろん，同じくドイツ語圏に属するオーストリア，スイスの刑法学や，旧刑法で採用されたフランス刑法学，またローマ法・スコラ哲学の伝統を誇るイタリア刑法学等の理論に学んできた他，特に戦後は英米法の研究もみられる）。日本の刑法学における概念・理論・体系のほとんどはドイツ刑法学の成果に負っている。

1.4.2 刑法学史

刑法学の成立　前近代におけるヨーロッパ刑事司法は，国家による臣民の統制という規範主義的色彩の強いものであり，また刑罰も峻厳を極めていた。たとえば，16世紀の神聖ローマ皇帝カール大帝の制定にかかる，**カロリナ刑法典**は，それまでの中世刑事司法を集大成し成文化した意義があるが，内容的には苛酷な刑罰であり，成文化されていない犯罪については法学者の「鑑定意見」に従って処罰することを許容するなど，罪刑法定主義（⇨第2章）とはほど遠いものであった。一方，フリードリヒ大王の編纂にかかる1787年の**プロイセン一般［普通］ラント法**は，詳細な行為規範の体系であるが，それは，国家の刑罰権の恣意的行使を限定するという視点からではなく，「臣民」の生活・行動をことこまかに規制するという点に本旨があった。

18世紀後半の，市民近代化革命（アメリカ独立戦争，フランス革命）は，これら絶対主義時代の統制や，さらには，封建権力・封建遺制（アンシャン・レジーム）からの市民（中産階級）の自立という側面をもつが，それは，刑事司法の分野においては，刑事司法制度の近代化への対応，つまり，自由主義と民主主義に基づく刑法理論の成立を促すこととなった。

啓蒙思想　そのような理論の基礎となったのが，啓蒙思想である。啓蒙思想においては，合理主義ないし功利主義的見地から，国家権力は社会契約に基づく各個人の必要最小限の拠出の総体と理解され，権力の抑制・人権保障の重

要性と，法規範と道徳ないし宗教的な倫理との区別が強調された。

啓蒙主義的刑法理論は，**ベッカリア**（Beccaria；1738-1794）†に始まる。ベッカリアは，社会契約説から，刑罰権の恣意的行使の抑制を主張し，罪刑法定主義，謙抑主義を説いた。

同様の啓蒙主義的刑法理論は，一般には「ドイツ刑法学の父」とされる**フォイエルバハ**においてもみられる。フォイエルバハは，犯罪は快であり，刑罰は不快であるが，この不快が快を上回るように刑罰を設定すれば犯罪は抑止されるはずだという**心理強制説**を主張した。フォイエルバハは，またカントの影響の下に，法と道徳を峻別し，刑罰の根拠を社会契約に求めたから，この心理強制による刑罰威嚇も必要最小限でなければならない，つまり犯罪の抑止に必要な範囲でなければならないとしたのである。フォイエルバハは，ドイツ観念論哲学の影響を受けながら，ヘーゲル的な絶対的応報論ではなく，功利主義的な**一般予防論**によろうとした。また彼の理論の実践性は，南ドイツのバイエルン王国の刑法典（1813年）の成立に大きく貢献したことに示されている。このフォイエルバハらの啓蒙主義的刑法理論を，後の旧派に連なるものとして，**前期旧派**と呼ぶことがあるが，ドイツの同時代の刑法学がすべて啓蒙主義的であったわけではない。後進国であったドイツでは，上からの改革が志向され，国家主義的・厳罰主義的な刑法典によろうとした。クラインシュロートの刑法草案や，特別予防を強調したグロールマン等にその傾向をすでに読みとることができ，これは後の後期旧派に受け継がれていくことになる。

フランス折衷主義　いち早く市民革命を成し遂げたフランスにおいて，最初に成立したのが1791年のフランス刑法であり，それはある意味では，啓蒙思想を具現化した理想主義的な内容であった（未遂の原則的不処罰など）。しかしそれは，ナポレオン帝政期に1810年の刑法（いわゆる**ナポレオン刑法典**）にとってかわられた。ナポレオン刑法典は，政権の反動性を反映して厳罰主義に回帰している。これに対して，フランスの刑法学は，自由主義の強調から，犯罪は道徳的な害悪であると同時に社会的な害悪である（そのいずれのどちらかが欠ければ犯罪ではない）とした，**折衷主義**が有力化していった。日本のボワソ

---

† ベッカリアは，多くの邦語文献で「ベッカリーア」と表記されるが，現地語での発音になるべく忠実である原則からは，「ベッカリア」とするのが望ましい。イタリア語は語尾から数えて第2音節にアクセントが置かれるものが多いが，これは例外的に語頭の第1音節にアクセントがあるからである。

ナード草案ならびにそれを基とした旧刑法は，この折衷主義の影響下にあった。

ドイツにおける学派の争い　19世紀においていまだ統一されていなかったドイツでは，ナポレオン失脚後のウイーン会議（1815年）により成立したドイツ連邦，1848年の3月市民革命の失敗を経て，1871年にプロイセンが中核となったドイツ帝国（第2帝国）が成立し，ドイツ帝国刑法も同年に制定された。ドイツにおける刑法学はこれ以降，このドイツ帝国刑法の解釈論とその改正を目指した立法論を軸に展開されることになる。それが，**新旧両派の学派の争い**であった。

新派　19世紀末から，ヨーロッパ諸国では産業の発展に伴う社会矛盾が拡大する。つまり，市民革命の中核であった中産階級とそれから取り残された労働者階級との対立が深化し，その影響は，犯罪現象にも及ぶのである。

このような時代的背景から，イタリアを初めとするヨーロッパ各地で，新しい刑法学が主張される。これをドイツでは，**新派［近代派］刑法学**と呼ぶ。新派刑法学といっても，その主張はさまざまであるが，基本的には，犯罪の原因を科学的・実証的に分析し，合理的・合目的的に対策を講じようとしたところに共通するものがある。イタリアの**ロンブローゾ**（Lombroso；1835-1909）の，人類学的な研究から，身体的特徴・精神的特徴から生来的犯罪者が存在するという主張はその先駆であり，この結論自体は，ほとんど賛同を得なかったが，犯罪の原因は「自由」でなく，また，むしろ社会的な原因にあるとした**フェッリ**（Ferri；1856-1929）等の主張に連なることになる。

ドイツにおいて，新派を代表するのが**リスト**（Liszt；1851-1919）[†]である。リストは，イェーリングの目的思想に感化され，まさに目的刑論をとった。彼の主張は犯罪現象を法解釈学の枠組みだけでは足りず，刑事政策その他の周辺科学を総合した「全刑法学」でなければならないとして，『全刑法学雑誌（ZStW）』を創刊（1881年）し，これは今日なお重要な刑法学の学術雑誌の1つとして続いている。ただし，リストは，新派の代表的な主唱者でありながら刑法の犯罪論では客観主義刑法学をとり，また，罪刑法定主義を強調した[††]。これはその他の多くの新派刑法学者が，犯罪徴表説をとり，また不定期刑・犯罪者の無害化などに向かったのとは対照をなしている。

[†]　作曲家・ピアニストのフランツ・リストは，従兄弟にあたる。
[††]　「刑法典は犯罪者のマグナカルタである」とのリストの有名な言葉がある。

新派刑法学の概要　新派刑法学は，①自由意思について懐疑的であり，むしろ犯罪の原因を社会的原因その他の実証的な原因に求めようとし（決定論），②責任の概念をむしろ否定して，犯罪の原因を除去すること，すなわち，それが本人自身ならば治療・教育・矯正が，それらが不可能であれば，社会からの隔離が，正当化され（**社会防衛論**），③犯罪はこういった真の原因の1つの顕れにすぎないのである（**犯罪徴表説**）から，処罰されるべきは，行為ではなく行為者なのであり（**行為者責任主義**），④行為者の主観が犯罪の本質であるから，犯罪論において**主観主義刑法学**を（ただしリストは例外的に客観主義），⑤刑罰論では，**目的刑論**がとられることになる。

旧派　一方，新派のリストに真っ向から対立したのが，ビルクマイヤー（Birkmeyer；1847-1920）である。ビルクマイヤーやビンディング（Binding；1841-1920）に代表される刑法学を，**旧派〔古典派〕刑法学**という（特に前期旧派と区別して，**後期旧派**という）。古典派刑法学は，①形而上学的な**自由意思を前提**とし（**自由論**ないし**非決定論**。つまり犯罪の原因は自由である），②責任とは，**道義的責任論**であり，③犯罪は，行為者ではなく，その行為を処罰するのであり（**行為責任主義**），④犯罪論において**客観主義刑法学**を，⑤刑罰論では**応報刑論**をとることにより，新派に対抗した。この旧派（後期旧派）の刑法学については，フォイエルバハらの前期旧派と比較して，国家主義的側面が指摘される。つまり，刑罰は応報であって，それは国民に対する国家的道義の強制を正当化するものでもあった。

対立の相対化　しかし，この新旧両派の厳しい対立は，直接的には，ビンディングとビルクマイヤーの同年（1920年）の死をもって終わることになる。それは，同時に第1次大戦におけるドイツ敗戦（1918年），それに続くドイツ革命（1918〜1919年）によるヴァイマール共和国の成立と符合するものであった。

特に刑罰論については，新派と旧派はその両立が不可能だとまではいえなかった（たとえば，応報刑論と予防刑論の結合）し，新派の主張は，保安処分制度の導入や刑罰の政策的運用（仮釈放等）に取り入れられていったからである。その1つの現れが，**社会復帰思想**を取り入れた1920年代のドイツ刑法典改正案であった。

主観主義と客観主義　一方，新派のとった行為者主義は，犯罪の本質につき，現実に発生した犯罪結果よりも，それを引き起こした犯罪意思に

あるとするものであり，犯罪論でも行為者の意思を強調した**主観主義刑法学**に連なる。

おおむね，新派＝主観主義，旧派＝客観主義といってよいが，主観主義と客観主義は，違法と責任の区別によって初めてその対立が明確となる。

違法と責任の区別の萌芽は**カント**（Kant；1724-1804）にもみられるが，現在のような違法と責任の区別は，後期ビンディングの**規範論**，さらに，ベーリング（Beling；1866-1932）の構成要件論を経て，**M. E. マイヤー**（Max Ernst Mayer；1875-1923）によって確立する。

一方，ヘーゲル派刑法学（ヘーゲリアーナー）の1つである**命令説**は，法規範の本質が命令にあり違法はその意識的な違背だとするものであって，ここでは，違法の実質は主観意思によることになる。これを主観的違法論ということができる。主観主義は，さらに未遂論において未遂と既遂は原則として同一に処罰されるべきであり（犯罪意思としては同一であるから），また，不能犯も迷信犯を除いて可罰的であるとすることになる。また共犯論において共犯独立性説（⇨8.2.2）がとられる。

ナチス刑法学 この主観主義の刑法学は，犯罪を現実に犯さなくとも，その社会に対する危険性から処罰することができるとする意味では，国家権威主義には好都合であった。そもそも新派における実証性の強調は，人間ないし社会に対する積極的な操作・改造を前提とするものであり，ナチス政権下の国家社会主義に好都合なものであった。かくして，ナチス政権下では，主観主義刑法学と，罪刑法定主義の否定から大量の犯罪者が作られ，また，刑罰としても「改善不能な者」に対する殺害が繰り広げられた。

1.4.3　ドイツ刑法学の現状

戦後のドイツ刑法学 戦後分断された西ドイツにおいては，この戦時体制下での刑法学に対する反省から，主観主義刑法学は退潮した。また，新派刑法学も正面からそれが主張されることはほぼなくなった。

しかし，総体化した客観主義刑法学の中で，新たな，学派の対立が生まれることになる。その契機になったのは，戦前から主張されていた**ヴェルツェル**（Welzel；1904-1977）の**目的的行為論**であった。

目的的行為論 　**目的的行為論**の対立概念は，因果的行為論である。ヴェルツェルによれば，動物や雷・地震等の自然現象による因果的結果を犯罪論が評価するのは無意味であるとして，むしろ刑法が問題とするべきなのは，目的的意思に操縦された主体的な人間の行為（目的的行為）なのだとした。このような主張は明らかにヘーゲルの理論の影響を受けている。そして，このことから，違法とは，因果的物的状態ないし結果（**結果無価値**）ではなく，行為者の意思を考慮した人的不法である（**行為無価値**）としたのである。

結果無価値論 　ヴェルツェル以前の刑法学には結果無価値論という概念があったわけではなく，彼がそれまでの見解を整理してそう名づけたのにすぎない。行為無価値論は，直接的には違法の実質論にかかわるが，それは，故意・過失を違法要素とする（＝行為無価値論）か，責任要素とする（＝結果無価値論）か，に論理的に関連することから，体系的な対立でもあった。現在のドイツでは，目的的行為論それ自体は支持する者は少ないが，行為無価値論，すなわち，違法を物的状態に尽くせないものと解し，故意・過失を違法要素とする立場がむしろ主流である。

ドイツの現在 　ヴェルツェルの晩年の弟子である，ヤーコプスは，ルーマン等の社会学から社会システムとして刑罰制度を再構成しようとする。その積極的一般予防論は，日本の刑法学にも一定の影響を与えている。

1.4.4 日本の刑法学

日本の刑法学 　旧刑法が制定された時点の黎明期の日本の刑法学はフランス刑法の理論に学んでいた。フランス折衷主義の**宮城浩蔵**（1852-1893）等がその例である。また，**富井政章**（1858-1935）・**勝本勘三郎**（1866／68-1923）らは，フランスの新派理論を日本に導入しようとした。しかし，法典論争からドイツ風の刑法の導入が議論されるに至るや，次第に，刑法学界においても，ドイツの影響が強まっていく。

1907年に現行刑法が制定され，ドイツにおける新旧両派の学派の争いは，日本においても反映された。すなわち，フェッリやリストの影響を受け，新派・主観主義をとる**牧野英一**（1878-1970）と，ビルクマイヤーから多くを学んだ**大場茂馬**（1869-1920）は，まさにドイツにおける学派の対立を日本において再現したのであり，それは，さらに，新派の**宮本英脩**（1882-1944），**木村亀二**（1897-

1972),旧派の**小野清一郎**(1891-1986)にも引き継がれる。

　日本の刑法学は,戦前のそれは,新派も旧派も国家主義・厳罰主義に傾きがちであった。例外的なのは,**瀧川幸辰**(たきかわゆきとき)(1891-1962)の刑法理論であり,そこでは罪刑法定主義が重視され,自由主義的側面が強調されている。瀧川の刑法理論と啓蒙主義刑法学との親和性から,これらを前期旧派として規定することがある。

現在の刑法学　現在の日本の刑法学は,客観主義刑法学を基本としているという意味では,旧派的であり,また極端な国家主義の強調もないから前期旧派だといってもよいであろう。ただ,新派が目指した科学的実証的な犯罪現象の分析とその対策は,刑事政策学や公共経済学等の周辺領域においてむしろ現実のものとなっている。またロンブローゾの生来的犯罪者論は,現在では稚拙なものと評価せざるを得ないが,神経細胞や電子の挙動によって人間の意思・行動を説明しようとし,遺伝子の配列から犯罪因子を見いだそうとする研究と目指すところは同一方向にあったといえる。その意味では新派的発想の意義はなお失われてはいない。

　客観主義刑法学の内部での,違法の実質論をめぐるいわゆる行為無価値論と結果無価値論の対立も,現在では相対化しつつある。ただ,体系論として,故意・過失を違法要素とするか,責任要素とするかの対立は,なお残っている(⇨第3章)。

第2章

罪刑法定主義

2.1 総　説

2.1.1 罪刑法定主義の沿革と内容

罪刑法定主義とは　人の財物を盗んだ場合 (235条) や，人を殺害した場合 (199条) には，処罰されうる。これに対して未成年の喫煙・飲酒は法律で禁止されている（未成年者喫煙禁止法・未成年者飲酒禁止法）が，実際に飲酒・喫煙した未成年者自体は処罰の対象ではない。親権者ないしそれに代わる者が処罰されうるにすぎない。最初から返済の意思がないのに金を借りた場合には詐欺罪 (246条) になりうるが，返すつもりで借りた後で返済できなくなっても，それ自体は処罰の対象とはならない。つまり，およそ世間的に「悪い」行為について，網羅的に処罰規定が用意されているわけではない。そして，その「悪い」行為について処罰する規定がなければ，処罰できないのである。

処罰する規定がなければ処罰できない（処罰しない）こと（「**法律なければ処罰なし**」）を，**罪刑法定主義**と呼んでいる（これは次に述べる厳密な定義とはやや異なるが，理解の便のためには，さしあたりこのように考えても差し支えないであろう）。

定　義　厳密には，罪刑法定主義とは，犯罪と刑罰が，①法律によって②あらかじめ規定されていなければならないとする原則である。①を**法律主義**，②を**事後法の禁止**といい，罪刑法定主義はこの２つの基本原則からなる。

法律主義　**法律主義**は，国民の代表者からなる国会の議決に基づく「法律」によって犯罪と刑罰が規定されていることが必要だとする原則であり，権力の恣意的行使から国民を守る**民主主義的要請**に基づく。

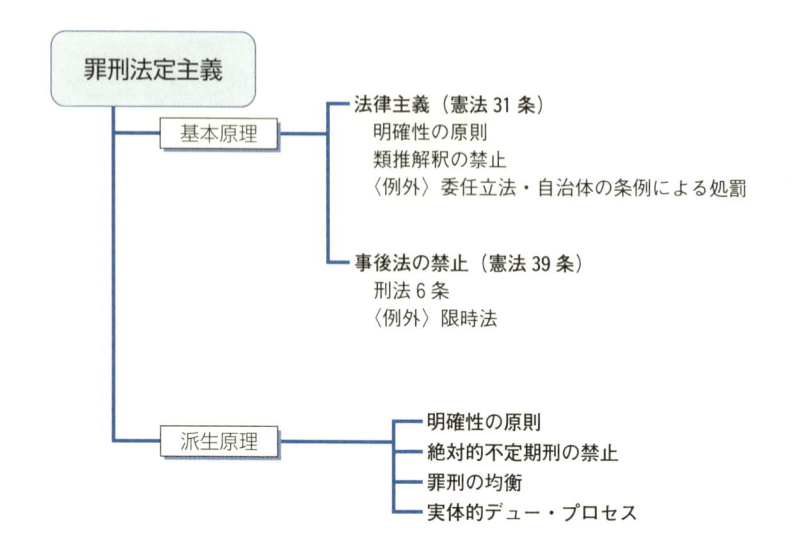

```
罪刑法定主義
├─ 基本原理
│   ├─ 法律主義（憲法 31 条）
│   │   　明確性の原則
│   │   　類推解釈の禁止
│   │   　〈例外〉委任立法・自治体の条例による処罰
│   └─ 事後法の禁止（憲法 39 条）
│       　刑法 6 条
│       　〈例外〉限時法
└─ 派生原理
    ├─ 明確性の原則
    ├─ 絶対的不定期刑の禁止
    ├─ 罪刑の均衡
    └─ 実体的デュー・プロセス
```

事後法の禁止　**事後法の禁止**は，行為の時点では犯罪ではなかったのに，その後の規定によって遡及的に処罰することを禁止する原則であり，行為時の予測可能性（その行為が処罰されるものであるかどうかという）を保障する**自由主義的要請**に基づく[†]。

罪刑法定主義にはその他，派生原理といわれるものに，**明確性の原則・罪刑の均衡・絶対的不定期刑の禁止・実体的デュー・プロセス**等がある。

近代刑法典　罪刑法定主義は，近代市民革命の成果の1つである。それは，国家権力（国家刑罰権）の恣意的行使を抑制し，市民の自由な活動を保障するために必要だと考えられたからである。

近代以前の封建時代では，罪刑法定主義という観念はなく，根拠となる法律がなくとも，類似の規定を類推する等の方法で処罰することが広く行われていた。1789 年の**フランス人権宣言**は，罪刑法定主義を明確に規定し，それは，1810 年の近代刑法典であるナポレオン法典に引き継がれた。

日本の近代化は，明治維新に始まる。当初制定された仮刑律（1868 年），新律綱領（1870 年），改定律例（1873 年）等は，暫定的立法であったこともあり，むし

[†] ただし，法律は「公布」されることを要する。すなわち，国民が知ろうとすれば知りえた状態におくことが必要であり，法律主義が国民の予測可能性にかかわる自由主義的要請とも無関係ではない。なお，公布の意義について，最大判昭 32 年 12 月 28 日刑集 11 巻 14 号 3461 頁，最大判昭 33 年 10 月 15 日刑集 12 巻 14 号 3313 頁。

ろ積極的に「比附援引（類推適用）」「不応為律（条理に基づく犯罪）」を認めていた。しかし，最初の西欧型近代刑法である旧刑法（1880年）において，罪刑法定主義が明文化され，後の大日本帝国憲法でも罪刑法定主義が確認された。

2.1.2 罪刑法定主義の根拠

憲法上の根拠　罪刑法定主義の根拠は，第一義的には，日本国憲法の人権規定にある。

法律主義については，憲法31条の「何人も，法律の定める手続によらなければ，その生命若しくは自由を奪はれ，又はその他の刑罰を科せられない」とするのがそれである（⇨2.2.1）。

事後法の禁止については，憲法39条の「何人も，実行の時に適法であつた行為……については，刑事上の責任を問はれない」がその根拠とされる（⇨2.3.1）。

刑法上の根拠　現行刑法典は，法律主義については言及がなく，事後法の禁止についても，その特別な場合のみを特に規定しているにすぎない。すなわち，6条で，「犯罪後の法律によって刑の変更があったときは，その軽いものによる」とするだけである。これは，むしろ，事後法の禁止を前提とし，さらに，被告人に有利に改正されたときには事後法を適用する旨を規定しているものである[†]。

[†] 憲法39条は，単に「適法であった」行為について処罰されないことを規定するだけであり，行為時の「違法であった」行為について，行為後に改正され重く処罰されることになったとき，裁判時法で処罰することを必ずしも排除するものではない。その意味で，事後法の禁止を明確に規定しているとはいえない。このことの結果として，裁判時法の重罰化の場合には，刑法6条の規定を待ってはじめて，軽い行為時法で処罰することとなるにすぎない。そうすると，刑法6条も1つの「法律」にすぎないから，改正法で重い裁判時法で処罰することを規定する旨の経過措置をおいたときには，その重い処罰を排除できず，また「適法であった」行為ではないから憲法39条違反でもないことになる。事後法の禁止は，国民の予測可能性を担保する意味で重要であり，憲法において明文化する必要がある。

2.2　①法律主義

2.2.1　総　　説

> **憲法 31 条**
> 何人も，法律の定める手続によらなければ……刑罰を科せられない

総　説　　**法律主義**は，事後法の禁止と並ぶ罪刑法定主義の基本原理の1つである。処罰されるべき犯罪の内容とそれに対する刑罰について，法律でこれを規定しなければならないというのが，法律主義である。

法律主義の実質的根拠は，国民の代表によって構成される国会での議決である「法律」により，国家刑罰権の恣意的な行使を抑制するという**「民主主義的」要請**に基づく。

法律主義の形式的根拠は，憲法の規定（31条）であり，この原則を憲法よりも下位の規範である，法律（刑法典を含む）によって修正し，あるいは例外を設けることは許されない。

ここでの「法律」とは，形式的意義での法律であり，憲法59条に規定する，国会の両院の議決に基づき議決され，公布（憲法7条）されるところの立法形式である。議院規則等は，国会の議決にかかる規範ではあっても，形式的意義において法律でなく，また，行政機関による政令・府省令・規則等（これらを憲法上，「命令」と呼んでいる）は規範であっても，国会の議決する法律ではないから，これらの規範については，原則として罰則を設けることができない。

なお，大日本帝国憲法施行前の法律以外の法令で，同憲法施行に際して法律と同様の効力を有するとされた（旧憲76条第1項）もので，それが日本国憲法施行後もそのまま引き継がれているものがある。明治17年太政官布告第32号の爆発物取締罰則はその例であり，現在でも「使われている」法令だといってよいが，その改正手続きは現在では「法律」改正の形式によっているから，形式的にも「法律」主義に反するものではない。また，最高裁は旧憲法下の法律の委任に基づく勅令による処罰規定の有効性について，日本国憲法施行の際現に効力を有する命令の規定の効力等に関する法律（昭22年法律第72号）によって，1948年以降失効し，それらの処罰規定に基づく犯罪については，「刑の廃止」があったものとして免訴すべきだとした（最大判昭27年12月24日刑集6巻11号1346頁）。

例　外　　法律主義には，憲法の許容する例外が2つある。第1は，**委任命令**（憲法 73 条 6 号）であり，第2は，地方公共団体の条例（憲法 94 条）における罰則である。委任命令については，憲法自らが明文で一定の場合にそれを許容することを認めており，また，条例による処罰も，憲法が尊重する地方自治の本旨（92 条以下）ならびに法律主義の実質的側面（民主主義的要請）から，許容されていると解される。

2.2.2　委任命令

憲法 73 条
六号　……但し，政令には，特にその法律の委任がある場合を除いては，罰則を設けることができない

　　根　拠　　この憲法 73 条 6 号但書規定の反対解釈として，①法律の特別の委任があった場合（**特定委任**）に，②政令には罰則を設けることができる，と解されている。

　特定委任の反対概念は**一般委任**であり，たとえば，「政令には○○万円以下の罰金を科す旨の規定を設けることができる」とする一般的授権法を規定することは，この憲法の規定上許されない（ただし，条例による罰則は，「地方自治法」という法律による一般委任を根拠にしているが，「命令」への委任とは別に論じなければならない）。日本の戦時体制やナチス・ドイツの戦時立法が，授権法を規定することにより，法律主義が没却され，人権を制限する立法を許した経験から，現行憲法は，「特にその法律」の委任があること，つまり特定委任を要求していると解せられるからである。

　委任に基づいて罰則を設けることができるのは，**政令**に限る。政令よりも下位の府省，規則等には，たとえ特定委任であっても罰則を設けることはできない。

　判例によれば，罰則を設けるか否か自体も政令に委任することが許容される趣旨である（最大判昭 25 年 2 月 1 日刑集 4 巻 2 号 73 頁）。しかし法律が罰則の制定を委任しているのに行政機関においてそれを懈怠してその旨の政令を規定しないときには，正当な事由がなければ行政不作為の違法になりうる。

　特定委任と白地委任　　法律による政令への特定委任において，特にその「法律」では，犯罪ないし刑罰の内容について一般的抽象的に規定するにとどめ，具体的な細部について政令に委ねるとき，元の法律を，**白地刑罰法規，**

委任された政令を，**補充法規**（**補充規定**）といい，このような委任を**白地委任**という。白地委任は，犯罪についてと，刑罰について，ないしはその両方がありうるが，実際には刑罰については法律で規定し，犯罪の内容について委任しているものがほとんどである。

白地委任も特定性が認められる一定の限度において，特定委任であり，憲法 73 条違反とはならない。ただし，委任の抽象度が著しく高ければ，法律主義の趣旨を没却することになるから，包括的な委任は，場合によっては憲法 31 条違反になりうる。

補充規定　　問題は，補充法規は政令に限るか，である。現実の行政法規は，罰則について，一般的抽象的な行為規範違反のみを規定し，個別的具体的な違反の内容は，政令や，それ以下の下位の命令（府省令・規則等）に委ねることが多い。

細則について，政令よりも下位の命令に委任することは，刑罰権の恣意的行使に対する一定の配慮があり，かつ細かな内容を法律ないしは政令に規定することが，法技術的に著しく困難であるか，ないしは，そうすることによってかえって条文の規定が複雑煩瑣となって，国民にとって刑罰法規の解釈・理解に支障をきたすと考えられる場合には，法律主義に反するものではないと考えられる。

たとえば，道交法 119 条の 2 第 1 項 1 号は，駐車違反を処罰するが，その規定は単に「第 44 条……の規定の違反となるような行為」と規定するだけであり，同法 44 条は，「車両は，道路標識等により停車及び駐車が禁止されている道路の部分……（においては）停車し，又は駐車してはならない」とのみ定め，この「道路標識」の具体的な体裁については，政令ではなく，内閣府・国土交通省令である，道交法規則および，さらに下位の「道路標識，区画線及び道路標示に関する命令」によっている。そして道路標識の設置については，政令である道交法施行令に基づき，その設置場所については地方公安委員会が決定することにしている。もし仮に，これら標識の体裁や標識の設置場所についても法律ないし政令に規定することとすれば，その規定は膨大なものとなり，実際的ではない。標識の具体的な体裁を法律・政令によって規定しなければ，規制についての民主的コントロールに著しく反するものでもない。

一方，たとえば，大気汚染防止法は，指定物質の排出基準を超えたばい煙の排出を禁止し（13 条第 1 項），その違反行為を処罰する（33 条の 2 第 1 項 1 号）ものであるが，しかし，その排出基準の数値それ自体は，環境省令による（3 条）こととしている。この場合は，これらの排出基準を少なくとも政令で定めることが，法技術的に格別に困難であるとも，また，特に省令などによらなければならない特段の事情も存在しないと考えられるか

ら，やはり法律主義に違反しているといわざるをえないであろう。

判例理論では，政令以外への包括的な委任についても憲法違反ではないとしているものと，一般的に解されている（*猿払事件（最大判昭49年11月6日刑集28巻9号393頁））†。

2.2.3 条例による処罰

憲法94条
地方公共団体は，その財産を管理し，事務を処理し，及び行政を執行する権能を有し，法律の範囲内で条例を制定することができる
地方自治法14条
③普通地方公共団体は，法令に特別の定めがあるものを除くほか，その条例中に，条例に違反した者に対し，2年以下の懲役若しくは禁錮，100万円以下の罰金，拘留，科料若しくは没収の刑又は5万円以下の過料を科する旨の規定を設けることができる

根拠 この憲法ならびに地方自治法の規定に基づき，普通地方公共団体（都道府県，市町村，東京都特別区等）は，その制定する**条例**において，法定刑について一定の限定はあるが，罰則を設けることができる。

この地方自治法の規定は，地方公共団体の条例に対して一般的に処罰規定を設けることを許容する一種の「授権法」である。この例外については，憲法上これを直接に認めている規定は存在しない。しかしながら，地方公共団体がその行政目的を遂行するために必要な範囲で罰則を設けることは，憲法上にも規定された地方自治の本旨に沿うものである。さらに，地方公共団体の条例は，行政命令とは異なり，当該地方公共団体において民主的に選出された地方議会の議決に基づくものであるから，法律主義の趣旨である民主的コントロールにも資すると解せ

---

† *猿払事件において最高裁は，国家公務員法の「政治的行為」の具体的内容を，人事院規則に委任した場合について，合憲だと判断した。通常の法律であれば，本来は政令に委任するべきであるが，国家公務員法に定める人事院は独立行政委員会であり，公務員の身分保障の見地から，内閣からの一定の独立性が保障されている。そして人事院が制定する人事院規則は，法律・政令と同様，「公布」の手続きを定めている（国公16条第2項）等から判断すると，国家公務員法上の人事院規則は，通常の法律における政令に準じる扱いにあると考えることができる。実際にも，国家公務員法の施行細則としては，原則として内閣の定める政令を経由せずに，直ちに人事院規則による建前になっている。したがって，禁止・処罰の対象となる「政治的行為」について，国家公務員法102条が，その具体的内容を政令ではなく，人事院規則に委任していることは，憲法73条6号但書の趣旨に照らして，必ずしも違憲とまではいえないであろう。また，このように猿払事件を限定的に解釈するならば，この判例をもって，法律の政令以外の包括的委任を判例が一般的に許容していると解するべきではないことになる。

られることから，実質的に法律主義に反しないと考えられている（最大判昭37年5月30日刑集16巻5号577頁）。

条例による罰則については，地方自治法以外の個別の法律による委任に基づくもの，国の法律では政治的な理由等から制定が困難な事項について，各自治体においてほぼ同様の内容が全国的に制定されているもの（例：各都道府県の青少年保護育成条例），や独自の規制目的から自治体がそれぞれ別個に定めるもの（例：たばこのぽい捨て等を処罰（2万円以下の罰金）する，横浜市空き缶等及び吸い殻等の散乱の防止に関する条例（8条，28条）†）等さまざまなものがある。

2.2.4 明確性の原則

明確性　法律主義の派生原理として，**明確性の原則**がある。処罰されるべき犯罪の内容とそれに対する刑罰について，法律でこれを規定しなければならないというのが，法律主義であったが，この「法律」の文言が漠然不明確であれば，実質的に法律で規定したとはいえない。たとえば，仮に，「故意又は過失によって他人の権利又は利益を侵害した者は，死刑又は有期もしくは無期懲役又は10億円以下の罰金の刑に処する」旨の処罰規定は，犯罪の内容もそれに対する刑罰も，ともに抽象的で漠然としているか，網羅的かつ包括的であり，いずれにせよ特定性に欠け，法律主義の実質を没却しているものとして，罪刑法定主義違反である。

この点，処罰規定でない民事不法行為に関する民法709条は，まさに「故意又は過失によって他人の権利又は法律上保護される利益を侵害した者」一般について賠償責任を課する旨規定している。これは発生した経済的損害について「衡平」の見地からそれを誰が負担するべきかの問題であり，網羅的かつ包括的であっても問題はないと考えられているからである。

《例示》　覚せい剤や麻薬については，それぞれ覚せい剤取締法，麻薬向精神薬取締法で規制されているが，その規制は物質の化学的構造から特定される形式をとっており，同様の作用をもつ物質が新たに出現した場合には改めてその規制の対象としなければ，いかに規制を求める社会的な要請があったとしても処罰することはできない。これが

---

† なお，千代田区の安全で快適な千代田区の生活環境の整備に関する条例では，たばこのぽい捨て行為等について，行政罰としての過料（⇨10.1.4）のほか，改善命令（15条）に従わない場合に罰金（5万円以下）に処するとしている（25条）。

法律主義の趣旨である（いわゆる「**合法ドラッグ**」の問題。もっとも，合法ドラッグも，有害であることを知って使用させた場合には傷害罪や，販売方法によって薬事法による処罰がありうる等，一切処罰の可能性がないわけではない）。

「合法ドラッグ」などを取り締まるには，その物質ごとに改めて構造式などから特定して規制することが行われている。しかし新しい薬物が出現するごとに法改正することは煩瑣ではあるから，規制する法律を抽象的包括的な規定，たとえば，「身体に有害であって習慣性依存性のある物質の販売・所持・使用を禁じる」趣旨の規定を置くなどのことも立法の方法としてはありうる。しかし，このような包括的規定では，何が「身体に有害であり習慣性依存性がある物質」であるかが特定されない。人によっては，たばこ・アルコールも含みうることになり，刑罰権の恣意的行使と予測可能性の保障の見地から問題があろう。

罪刑法定主義の見地からは，刑罰法規が具体的かつ一義的な文言で記述され，その処罰範囲が誰にとっても明確であることが望ましいが，現実には，立法技術の限界がある。法律が個別的命令・禁止ではなく，一般的な規範命題であることから，ある程度の抽象化・規範化は避けられない。

《例示》　酒気帯び運転について，道交法65条第1項は，「何人も，酒気を帯びて車両等を運転してはならない」と規定し，その違反行為については，117条の2第1号が，「酒に酔った状態（アルコールの影響により正常な運転ができない状態）」であることを処罰し，また，道交法117条の4第3号は，「身体に政令で定める程度以上にアルコールを保持する状態にあったもの」を処罰している（前者の方が後者よりも重く処罰されている）。なお，刑法208条の2第1項の危険運転致死傷罪は，「アルコール……の影響により正常な運転が困難な状態」での人の致死傷を処罰するものである。

判例は，一般人にとって，処罰範囲が具体的に判断できるかどうかを基準とするべきだとしている。

**徳島市公安条例事件（最大判昭50年9月10日刑集29巻8号489頁）

市条例が単に「交通秩序を維持すること」と規定していたことに反するとして起訴された部分について，第一審・原審が明確性の原則に反し憲法31条違反であるとしていたのを，合憲だとした†。すなわち，「刑罰法規があいまい不明確のゆえに憲法31条に違反するものと認めるべきであるかどうかは，通常の判断能力を有する一般人の理解において，具体的場合に当該行為がその適用を受けるものかどうかの判断を可能ならしめるような基準がよみとれるかどうか」を基準とすべきであるが，本件については，「通常の判断能力を有する一般人が，具体的場合において，自己がしようとする行為が右条

---

† この最高裁大法廷判決は，市条例について，「『交通秩序を維持すること』の違反」を「通常随伴する交通秩序阻害を超えた殊更な阻害」と限定解釈している点で，合憲的限定解釈（⇨2.2.5）をも経由しているといえる。

■ 2.2　①法律主義　35

項（＝市条例）による禁止に触れるものであるかどうかの判断にあたっては」，平穏な集団行進に通常随伴する程度を超えた殊更な交通秩序の阻害をもたらすかどうかを想起すれば，「その判断にさほどの困難を感じることはないはずである」。

2.2.5　合憲的限定解釈

定　義　**合憲的限定解釈**とは，一般には，その規定の文言そのままでは違憲の疑いを払拭できないが，文理解釈の範囲内において，限定的な解釈を施すことによって，その規定の適用を合憲の範囲内に収めることができるとする解釈操作のことである。

特に，罪刑法定主義との関係では，刑罰法規の文言が表面的には漠然不明確であっても，一定の限定解釈を施すことによって，一定の具体性・明確性がもたらされることになれば，その刑罰法規は法律主義に反しないとする解釈操作を意味する。

判　例　判例は，この合憲的限定解釈により，違憲判断を回避することがある。明確にその論理を展開したのが**福岡県青少年保護育成条例事件**である。

＊＊福岡県青少年保護育成条例事件（最大判昭 60 年 10 月 23 日刑集 39 巻 6 号 413 頁）

　　福岡県青少年保護育成条例は，「何人も，青少年（＝この条例においては 18 歳未満）に対し，淫行又はわいせつの行為をしてはならない」とし，その違反行為を処罰するものであったが，「（本条例の）『淫行』とは，広く青少年に対する性行為一般をいうものと解するべきではなく，青少年を誘惑し，威迫し，欺罔又は困惑させる等その心身の未成熟に乗じた不当な手段により行う性交又は性交類似行為のほか，青少年を単に自己の性的欲望を満足させるための対象として扱っているとしか認められないような性交又は性交類似行為をいうものと解する」として「淫行」の意義を限定して解釈し，「規定の文言から合理的に導き出され得る解釈の範囲内で，前叙のように限定して解する」ことによって，憲法 31 条の他，11 条，13 条，19 条，21 条違反についても回避できるとした†。

---

†　しかし，「淫行」という文言から，最高裁のような詳細な場合分けを施した行為類型を読みとることができるかどうかは問題である。福岡県は現在では同条例を福岡県青少年健全育成条例に改め（1990 年），その後全面改正（1995 年）しているが，「いん行」の禁止とその処罰について何らの変更も加えてはいない（同条例 31 条）。その基準が不明確な限定解釈は，最高裁自身がそれを否定するところでもある（＊**全農林警職法事件**（最大判昭 48 年 4 月 25 日刑集 27 巻 4 号 547 頁））。やはり単に「淫行」を処罰するとした県条例は，処罰するべき場合が特定されておらず漠然不明確であって 31 条違反であるか，仮におよそ「淫行」一般を処罰するものだとすれば，**憲法 11 条，13 条，19 条，21 条**等に反して，いずれにせよ違憲無効の規定とするべきだと考える。

2.2.6　拡張解釈と類推解釈

解釈原理　明確性の原則から，刑罰法規の文言はなるべく，具体的かつ一義的であることが望ましいが，法技術的な限界もあり，また，技術的には可能であっても個別列挙することが，かえって法文の理解の妨げになることもありうる。また，いずれの刑罰法規でも何らかの文言解釈は不可避である。

この解釈にあたって，刑罰法規では，**拡張解釈**は許されるが，**類推解釈**は許されない，とされる。

拡張解釈と類推解釈　**拡張解釈**とは，法規の文言について，その言葉の可能な意味の範囲内で意味を拡張して適用するものである。これに対して**類推解釈**とは，法規の文言に包含される概念からある性質・特徴を抽出し，それと同様の概念についても当該規定の適用を認めようとするものである。たとえば，「みかん」という概念に「オレンジ」を含むことができるかは，拡張解釈だが，「みかん」についての規定を同じ果物である「りんご」についても適用しようとするのが類推解釈だということになる。

拡張解釈は，なお文言の文理解釈の範囲内である点で，罪刑法定主義違反とはならないのに対して，類推解釈は，すでにある刑罰法規の趣旨・精神を類似のものにも適用しようとするものであって，文言の文理解釈を超えて，罪刑法定主義違反になるとされるのである。

《例示》　刑法 134 条の秘密漏示罪は，「医師，薬剤師，医薬品販売業者，助産師，弁護士，弁護人，公証人又はこれらの職にあった者」の業務上知りえた他人の秘密の漏示を処罰する。この場合，医療関係者が列挙されていることを根拠に，看護師の秘密漏示行為を処罰すのは，類推解釈であって，許されない[†]。一方，134 条の「医師」に，歯科医師が含まれるかどうかは，拡張解釈の問題である。拡張解釈であっても一律に許容されるわけではない。許される拡張解釈と，許されない拡張解釈がある。通説は，134 条の医師には，歯科医師を含まないと理解している[††]。

[†] なお看護師の秘密漏示行為は，保健師助産師看護師法 42 条の 2，44 条の 3 によって，6 月以下の懲役または 10 万円以下の罰金に処せられることになっている（ただし，親告罪である）。

[††] 團藤重光（編）『注釈刑法 第 3 巻』（1966 年）260 頁〔所一彦〕。刑訴法 149 条，民訴法 197 条等の証言拒絶には，医師と並んで歯科医師が明記されていることから，134 条が立法の不備ではないと理解する。

区別の限界　ただし，拡張解釈と類推解釈といってもその区別は絶対的ではなく，その限界が問題となりうる[†]。

** 電気窃盗事件（大判明 36 年 5 月 21 日刑録 9 輯 874 頁）
　被告人は，電力会社に無断で勝手に電気を引き込んで使用した。旧刑法 366 条は電気を窃盗罪の客体として明記していなかったが，大審院は，窃盗罪の対象は所有物であり，所有物とは管理可能なものと理解した上で，電気も管理可能であるから，窃盗の対象になりうると判示した。

　この判例は，窃盗罪の客体について管理可能性説と有体物説のうちの前者に従ったものと理解されている。そして，窃取は有体物に限るが，有体物は管理可能であり，管理可能である限り無体物であっても窃盗罪の客体になりうると解したのであれば，罪刑法定主義上，許されない類推解釈であったということになろう。

　しかし，旧刑法の「窃取」の解釈として，有体物の不法な取得だけでなく無体物であって管理可能なものに対するそれも含むと解釈したのであれば，罪刑法定主義上は許される拡張解釈であったことになる[††]。

　なおこの点について，現行刑法ではわざわざ 245 条に「電気は財物とみなす」旨の規定が設けており，解釈上の疑義を立法で解決している。

　現行刑法に関する判例としては，「ガソリンカー」が，過失汽車・電車転覆罪（129 条）の「汽車」に含まれるかが問題とされたものがある。

* ガソリンカー事件（大判昭 15 年 8 月 22 日刑集 19 巻 540 頁）
　ガソリンカーとは，ガソリンによる内燃機関（エンジン）を積んだ動力車であって，鉄道線路上において運行に供されるものであるが，判例は，129「条ニ定ムル汽車トハ汽車ハ勿論本件ノ如キ汽車代用ノ『ガソリンカー』ヲモ包含スル趣旨」であるとし，同罪の成立を認めた[†††]。

限定解釈・縮小解釈　合憲的限定解釈とは別に，およそ一般的に，規定の文言に一定の限定を加えることを**限定解釈**あるいは**縮小解釈**という。限定解釈は，基本的にそれが被告人にとって有利な解釈である限りは，罪刑法定主義の問題にはならない。ただ，その解釈があまりに恣意的である場合には，憲法 14 条の平等原則に抵触するだけでなく，やはり予測可能性にかかわる罪刑法定主義にも違反する場合がありうるというべきであろう。

[†] たとえば，「みかん」に「グレープフルーツ」が含まれるか，については，同じ柑橘類であることを理由とすれば，類推解釈だが，「みかん」という用語の可能な意味の範囲内だとすると拡張解釈だということになる。

[††] 本判例は，「財物」の意義についてではなく，「窃取」についての解釈を示したものであって，したがって，拡張解釈の範囲内であったと思われる。

解釈補充規定

7条
① この法律において「公務員」とは、国又は地方公共団体の職員その他法令により公務に従事する議員，委員その他の職員をいう
② この法律において「公務所」とは，官公庁その他公務員が職務を行う所をいう

7条の2
　この法律において「電磁的記録」とは，電子的方式，磁気的方式その他人の知覚によっては認識することができない方式で作られる記録であって，電子計算機による情報処理の用に供されるものをいう

　刑法7条ならびに7条の2には，「公務員」(7条第1項)「公務所」(7条第2項)，「電磁的記録」(7条の2) についての定義規定がおかれている。これは，刑法各則（刑法典第2編　罪）やその他の刑罰規定の構成要件において個別的に定義規定をおいてもよいが，立法的に煩瑣となることから，このような一般的定義規定をおいたものであると考えられる。

　7条の規定がない場合，公務に従事する者すべてが公務員であるかどうかが解釈上問題となりえた（たとえば，単なる国の雇人等）。7条は，本来は，それらの疑義を立法的に解決させるためにおかれたものであった。しかし戦後は，国家公務員法・地方公務員法に公務員の定義がおかれた（国公2条，地公3条）から，この7条の規定の意義は薄れていたといえる。一方で，いわゆる分割民営化に伴い，それらに従事していた公務員が公法人等の職員となった今日では，これら公法人等の職員についても**みなし公務員規定**がおかれて，収賄罪等の規制の対象としてとどめておくことが通例となっている（たとえば，国立大学法人職員につき，国立大学法人法19条。つまり国立大学教授は公務員ではないが，職務に関して賄賂

---

††† 日常の可能な意味の解釈として，「汽車」に蒸気機関車だけでなく，燃料を直接的な動力源とする内燃機関によって牽引される気動車一般（ディーゼル車を含む）を意味せしめることは，必ずしもその解釈の合理的な範囲を超えるとはいえないから，この場合も，拡張解釈として許されるといってよいであろう。
　最高裁は，かつては厳格な解釈を適用して，たとえば，人事院規則の「特定の候補者（の支持）」につき，「立候補する予定の人への支持」を含めるとすれば許されない類推拡張解釈だとし（最判昭30年3月1日刑集9巻3号381頁），また，火炎瓶を爆発物取締罰則にいう「爆発物」とはならない（最大判昭31年6月27日刑集10巻6号921頁）と判示していた。これに対して，普通紙コピーによる偽造について，コピーが原本と同様の機能と信用性を有することを根拠として文書偽造罪の成立を認めた事例（*最判昭51年4月30日刑集30巻3号453頁・最判昭58年2月25日刑集37巻1号1頁）は実質的に類推解釈を施したものであり，（旧）狩猟法の「捕獲」の意義に関して，狙いをつけただけでそれにあたるとした**カモ撃ち銃事件**（最判平8年2月8日刑集50巻2号221頁）は，文言の拡張解釈の範囲を超え，それぞれ罪刑法定主義上問題がある。

を受け取ればこのみなし公務員規定により収賄罪で処罰されうる)†。

　一方，電子計算機の用に供される記録方式ではあっても電子的あるいは磁気的とはいえないような記録方式，たとえば光学的読みとり方式である2次元バーコードについては，単に「電磁的記録」とあるだけでは拡張解釈でもそれに含めることは困難であるが，7条の2は，それらの他，「人の知覚によっては認識できない方式」での記録方式を含めているから，これに含まれることになる。

2.2.7　絶対的不定期刑の禁止

定義　　**不定期刑**とは，刑の期間（刑期）が明確に規定されていないものをいう。そのうち，刑期の上限と下限が定められているものを**相対的不定期刑**，その制限すらないものを**絶対的不定期刑**と呼ぶ。

意義　　法律主義の派生原理として，絶対的不定期刑の禁止がある。罪刑法定主義は，犯罪だけでなくそれに対応する刑罰についても明確に規定されなければならないとする原則であるから，絶対的不定期刑は，罪《刑》法定主義に反するのである。

　すなわち，罪刑法定主義における犯《罪》の明確性の原理については既に述べたが，同様に《刑》罰の明確性にかかわるのが，絶対的不定期刑の禁止なのである。また，一定の行為に対する刑罰の量が事前に提示されていることが予測可能性の内容だとすれば，不定期刑の禁止は，民主主義的要請だけでなく，自由主義的要請の問題でもある。

　不定期刑について，絶対的不定期刑は禁止されるが，相対的不定期刑は，その幅が合理的な範囲内であるかぎりは許容されると解せられている。

相対的不定期刑　　法定刑について，罪となるべき行為類型に対し常に単一の刑期で臨むとするならば，犯罪の実態にそぐわないこともありうるし，量刑裁量によってもたらされる一定の刑事政策的意義も否定しがたい。そこで，自由刑と財産刑については現行の刑罰法規のほとんどの場合，法定刑はその上限と下限という一定の刑期の幅をもっている。

　このような相対的不定期刑は，その幅が著しく広きに失するものでないかぎり

---

† さらに，公法人から民営化された場合でも，特別法で賄賂罪の処罰を定めることがある。そのようなものの例として，日本電信電話株式会社等に関する法律19条以下の同社社員等の賄賂罪の特別処罰規定。

罪刑法定主義違反とはいえない。たとえば，199条の殺人罪は故意による殺害行為を包括的に１つの犯罪類型として規定しており，その法定刑の幅が，5年以上の有期懲役，無期懲役，死刑といった極めて広いものになっている。比較法的には，このような殺人罪を単一の構成要件で規定するやり方はむしろ珍しく，外国の立法例では，謀殺と故殺，偶発的殺人と計画的殺人，凶器による殺人など構成要件を類型化して裁判官の裁量を規制しているのが通例である。

例　外　**無期懲役・無期禁錮**は，具体的な期限の定めはないから，絶対的不定期刑といえるが，通常はこれを罪刑法定主義違反とは解していない。

また「少年」については，少年法により宣告刑において相対的不定期刑を言い渡す場合がある（少年52条）。これは，少年の可塑性に基づく政策的判断に基づくものであり，罪刑法定主義違反ではないと一般に理解されている。

2.3　②事後法の禁止

2.3.1　総　　説

憲法39条
　何人も，実行の時に適法であつた行為……については，刑事上の責任を問はれない
刑法6条
　犯罪後の法律によって刑の変更があったときは，その軽いものによる

定　義　法律主義と並ぶ，罪刑法定主義の２つの基本原理のいま１つが，**事後法の禁止**である。事後法の禁止は，**遡及処罰の禁止**ともいう。

憲法は，事後法の禁止を明確に規定している（憲法39条後段の「すでに無罪とされた～」の部分は，既判力・二重の危険などの刑事訴訟法的な意味ももっている）。行為時に適法であった行為については，その後法令を改正して処罰することとなっても，遡及的にその過去の行為について処罰することは許されない。

事後法の禁止は，国民の**予測可能性**を保障するものである。つまり，行為時に処罰されることはないと思って行為したのに，それが後から処罰されることになれば，国民は安心して社会的な活動・行為ができない。事後法の禁止が**自由主義的要請**に基づくというのは，そういった意味である。

刑法6条　憲法39条の規定は，**行為時法**と**裁判時法**が異なるとき，「行為時法を適用すべし」とするものである。これに対して，刑法6条は，刑罰に関

して，行為時法と裁判時法が異なるとき，「被告人に有利な方を適用すべし」とする。つまり，刑罰の変更が被告人にとって利益変更の場合には遡及処罰，不利益変更の場合には不遡及処罰としているのである。これは，被告人に有利な限度で憲法の遡及処罰の禁止原則を修正していることになる。事後法の禁止，遡及処罰の禁止原則は，国民の予測可能性の担保にあるとすれば，被告人に有利な限度での遡及処罰はその趣旨に反するものではないと，一般には考えられている。

なお判例によれば，**刑の変更**だけでなく，**刑の廃止**についても6条の適用があり，この場合には，無罪ではなく免訴の裁判をするべきだとされている（刑訴法337条2号の「犯罪後の法令により刑が廃止されたとき」を根拠とするのであろう（最大判昭和28年7月22日刑集7巻7号1562頁）。なお，憲法39条の「既に無罪とされた」とは，この刑の廃止を意味するものではないから，刑の廃止の遡及適用は，あくまでも刑法6条の適用に基づく（最大判昭26年5月30日刑集5巻6号1205頁）[†]。

ただし，実際の法改正では，この刑法6条の適用を排除するような特段の定め（**経過措置**）がおかれることがほとんどである。具体的には，「（この法律の）改正前の行為については，なお従前の例による」等として，利益変更についても遡及的な適用が排除されることになるのである。刑法6条も単なる「一般法」であるにすぎないから，このような経過措置たる「特別法」で特段の修正をすることは排除できない[††]。

犯罪の時　　「**犯罪地**」（⇨2.5　場所的適用範囲）と同様に「**犯罪の時**」も問題となりうる。犯罪の実行の着手が刑罰法規の施行前であるが，完了が施行後の場合に，犯罪時は終了後であって，終了後の新法を適用するべきだとした判例がある（大判明43年5月17日刑録16輯877頁）。しかし，やはり，軽い方を適用するべきだと思われる。特に，刑の廃止があった場合，新法で新たに処罰することになった場合は，それぞれ，免訴（刑の廃止），無罪（新法による処罰規定

[†] 判例によれば，戦後の返還前の奄美大島からの輸入行為について，本土返還後は，刑訴法337条2号の刑の廃止にあたるとされている（最大判昭32年10月9日刑集11巻10号2497頁）。

[††] そもそも刑法6条の片面的な遡及適用には憲法14条の平等原則上，問題がある。利益変更が遡及適用だとすると，同じ時点での行為について，改正前の裁判であるか改正後の裁判であるかによって扱いが異なることになる。特に刑が廃止された場合には，不平等性は著しいことになろう。この場合，平等性を確保するために，改正前に裁判が確定した者についても再審によって無罪とするべきことにすれば，さらに手続きは煩瑣となろう。立法論的には刑法6条はむしろ削除するのが望ましい。特に改正に際して利益変更を遡及適用すべき場合にはその定めを置けば足りよう。なお，この点に関連して，県の公安委員会規則が変更され，行為時に違反であった法規が廃止された事例について，当該規則の改正に際して経過措置がなかったのに，行為時法による処罰を認めた，最大判昭37年4月4日刑集16巻4号345頁は疑問がある。

の創設）とするべきであろう。

同様に，判例は，牽連犯（54条），包括一罪についても，新法（裁判時法）が適用されるべきだとしている（牽連犯については実際に処罰されることになる重い犯罪が旧法下に実行されたものであったとしても，新法が適用されるべきであり，刑法6条による比較の上での適用の問題ではない（大判明42年11月1日刑録15輯1498頁）とされた。包括一罪について，大判明43年11月24日刑録16輯2118頁）。

共犯と犯罪の時　共犯については，正犯の犯罪の「時」に従うというのが判例（大判明44年6月23日刑録17輯1252頁）である。しかし，単純一罪ではない継続犯である正犯について，旧法の犯罪行為としての幇助を行ったにすぎない場合には，旧法のみを適用するべきだとする下級審の判例がある（大阪高判昭43年3月12日高刑集21巻2号126頁）。

2.3.2　「刑の変更」の意義

刑の変更の意義　6条の「刑の変更」について，形式的な刑罰以外のものについても，被告人に有利な方向での片面的な遡及適用があるか，が問題となる。

換刑処分・執行猶予　判例によれば，罰金不納付の場合の換刑処分としての労役場留置の期間の変更も「刑の変更」にあたるとする（大判昭16年7月17日刑集20巻425頁）。一方，執行猶予を付与できる有期の懲役・禁錮刑の期間の変更は，刑の変更に当たらないとされている（1947年に，25条についてそれまでの2年以下から，3年以下に変更された点について，最判昭23年6月22日刑集2巻7号694頁）。確かに，執行猶予を付すことができるか否かは，形式的な意義での「刑」ではないから，判例のように解するのも一理あろう。しかし，実務上は，執行猶予の有無は被告人にとって「刑」と同様に重大な利害をもたらしうるのであるから，あえて消極に解する必要があったか疑問がある。また，疑義を生じることを避けるためには経過措置をおけばよく，それを置かなかったのであるから，被告人に有利な解釈を排除できないともいえよう。

公訴時効　**公訴時効**は，訴訟要件にすぎないから，裁判時法によるべきだとする立場もある。かつて，大審院・戦後の下級審の判例では，公訴時効については，6条の適用がなく，新法によるとしていた（札幌高判昭29年6月17日高刑集7巻5号801頁）。しかしながら，最高裁はこれらの判例を変更して，「犯罪後

の法律により刑の変更があった場合における公訴時効の期間は，法律の規定により当該犯罪事実に適用すべき罰条の法定刑によって定まるもの」として，6条による軽い刑に対応する公訴時効によるべきこととした（最決昭42年5月19日刑集21巻4号494頁）。

判例の傾向　その他，戦後の民法の改正によって，裁判時法では被害者が尊属ではないことになったとしてもその殺害については尊属殺（旧200条）の適用があるとした判例（最判昭27年12月25日刑集6巻12号1442頁）がある。このようにみてみると，判例における「刑の変更」の意義には，一貫した理論があるようには思われない。それは，現実の立法では，問題となるような場合については経過措置を置くのが通例であるということの反射でもある。なお，最近の例として，尊属逮捕監禁罪（旧220条第2項）の廃止（口語化に伴い廃止──1995年）により，軽い新法が適用されるとした，名古屋高判平8年1月31日判タ908号262頁がある。

2.3.3　限時法

意　義　**限時法**とは，その効力が一定の期間を限って認められている法令のことである。明文でその効力を有する期限を規定している場合（例：「この法律は○年○月○日限りその効力を失う」）と，「当分の間」等の表現でその失効期日が明示されない場合とがある。失効期日が明示されなければ，それは単なる訓示規定であり，改めて改廃の手続きがない限りは，その効力に変更はない。

問題の所在　問題は，期限があらかじめ明示されている場合に，その期限が徒過して当然に（すなわち改めて何らの措置がとられることなく），当該法令が失効したのに，失効前の行為について，その法令を根拠に処罰することができるか，である。

　むろんこの場合も，経過措置，たとえば，「この法律の失効前にした行為に対する罰則の適用については，この法律は，前項の規定にかかわらず，同項に規定する日後も，なおその効力を有する」等の規定があらかじめ置かれていたならば，問題はない。

判　例　この点について，判例は特段の経過規定が置かれていなくとも，限時法の趣旨に鑑み，裁判時にその効力を失っていても失効前の行為につ

いてその法令を適用できるとする（最大判昭 25 年 10 月 11 日刑集 4 巻 10 号 1972 頁）。もしそのように解さないと，期間の終期になれば，裁判時には効力を失うことが予想されるのであるから，ほとんど規制の意味がなくなってしまうことを理由とする。

学説 これに対し，学説上は，経過規定をおこうとすればおけたのにかかわらず，あえておかなかったのであるから，むしろ原則を適用し，失効後は失効前の行為についても経過規定がない限りは処罰できないとする反対説が有力であり，妥当である（なおドイツ刑法 2 条第 4 文では，限時法について失効後の効力に関する一般的規定（**追及効**）を置いている）。

2.3.4　判例変更と不利益変更禁止原則

判例変更　裁判所の**判例**，特に最上級審たる最高裁判所のそれは，法令そのものではないが，法令についての最も重要な**公権的解釈**であり，また現実の裁判実務に影響を与える点で，国民の行為・行動にも影響を与えるものであるということができる。したがって，行為時の判例（特に最高裁判例）の解釈に従えば，無罪となると解せられる行為について，裁判所がその解釈を変更して，有罪として処罰することは，実質的に遡及処罰禁止に牴触するのではないかということが問題となるのである。

この点について，最高裁は，「行為当時の最高裁判所の判例の示す法解釈に従えば無罪となるべき行為を（その判例を最高裁自らが変更して）処罰すること」は，憲法 39 条違反とならないとしている（***岩手学テ事件**（最判平 8 年 11 月 18 日刑集 50 巻 10 号 745 頁））（河合補足意見は，遡及処罰禁止原則には反しないが，違法性の錯誤を根拠として故意の阻却する場合がありうることを論じている⇨6.4.9 違法性の意識）†。

---

† 確かに，それまでの判例理論からは無罪となるべき事例について，判例を変更して有罪とするのが罪刑法定主義に照らして許されないとすれば，およそ，そういった事例については，「今回については不利益変更であるから処罰できないが，次に同様の事例が係属した場合には処罰する」という宣言的な裁判をせざるをえないことになり，一種の抽象的法令審査を裁判所に認めることにもなりかねない。最上級審の裁判でもその解釈・判断が分かれうるような法令の規定が，「明確性」の原則に反するものではないのかは別論として，一定の許された解釈の範囲にある以上は，過去の判例とは異なる解釈に基づいて有罪の判断をすることも，裁判所の職責として許されるといえよう。ただし，場合によっては，違法性の錯誤として，故意阻却の可能性を認めるべきことは，河合補足意見の指摘する通りである。

2.4 罪刑法定主義の派生原理

2.4.1 総　説

実質的側面　法律主義と事後法の禁止は，罪刑法定主義の基本原理であるが，さらにその内容自体の適正さが問題とされる。つまり，いかに法律主義・事後法の禁止原則に合致している刑罰法規であったとしても，その内容において，憲法が前提とする価値秩序に矛盾したり，憲法において保障されている自由権利を著しく侵害していると考えられるものについては，罪刑法定主義の民主主義的・自由主義的要請を没却するといわざるをえないからである。

　これらを**罪刑法定主義の派生原理**と通常呼んでいる。ここで論じられるのが，**内容の適正**であるが，内容の適正については，犯罪の内容の問題と，刑罰の内容の問題とに分けられる。前者で主に扱われてきたのが，いわゆる実体的デュー・プロセスの法理であり，後者については罪刑の均衡の問題が中心的であった。

2.4.2 実体的デュー・プロセス

定　義　形式的に法律によって犯罪と刑罰が規定されていても，その法律の内容が，「適正」でなければ，実質的に，法律主義・事後法の禁止などの背景にある，民主主義と自由主義の要請を満足するとはいえない。刑法理論に関する限り，**実体的デュー・プロセス**（substantive due process）**の法理**とは，日本では，基本的には，刑罰法規の内容の適正とほぼ同義である。つまり，憲法31条は第一義的には，適正《に》法律に基づく手続きがなされることを要求するが，さらに，その法律が適正《な》ものであることをも必要だとするのが，この実体的デュー・プロセスの理論なのである。

背　景　実体的デュー・プロセスの理論は，明らかにアメリカ法の影響下に展開された。アメリカ合衆国連邦憲法修正5条，14条が，それぞれ連邦ならびに州において，「何人も法の適正な過程によらずして，生命，自由もしくは財産を奪われない」と規定しているが，日本国憲法31条も，それにそのまま倣ったものとされてきたのである[†]。

平等原則違反　たとえば 1995 年の刑法典の口語化まで存続していた, 刑法 200 条の尊属殺の規定は, 殺人の被害者が自己又は配偶者の直系尊属である場合に限って, 通常殺人 (199 条) よりも極めて重く処罰する (死刑又は無期懲役しか選択できない) ものであった。

＊**尊属殺違憲判決**（最大判昭 48 年 4 月 4 日刑集 27 巻 3 号 265 頁）

多数意見は, 尊属殺重罰それ自体は, 憲法 14 条違反ではないが, その重罰化が立法目的を越えて許されない程度であるから, 同条に照らして違憲だとした (なお, 判例は尊属傷害致死に関する 205 条第 2 項は, 法定刑の重罰が著しく不平等とまでいえないとして合憲として扱っていた (最判昭 49 年 9 月 26 日刑集 28 巻 6 号 329 頁) が, 205 条第 2 項も 200 条と同時に刑法典の口語化に伴って削除された)。

職業選択・営業の自由との関係　＊**HS 式高周波治療事件**（最大判昭 35 年 1 月 27 日刑集 14 巻 1 号 33 頁）

最高裁は, 憲法 22 条が職業選択の自由を保障している一方で, あん摩師はり師きゅう師柔道整復師法 12 条が医業類似業務を処罰しているのは, 医業類似業務が人の健康に害を及ぼすおそれがあり「公共の福祉」に反するからで, 原審が本件 HS 式療法について人の健康に害を及ぼすおそれがあるか否かの点について何ら判示するところがなかったのは, 法律解釈の誤りか理由不備の違法があるとして, 原判決を破棄差戻した。

＊**つかれず事件**（最判昭 57 年 9 月 28 日刑集 36 巻 8 号 787 頁）

クエン酸を主成分とする白色粉末を「つかれず」等の商品名で, 高血圧・糖尿病などに対する効能をうたって販売したことが, 薬事法上の無許可の医薬品販売にあたるとして起訴された事例について, 最高裁は「たとえその主成分が, 一般に食品として通用し

---

† アメリカ法では, 連邦政府と国民との関係では, 修正 5 条以外にも憲法上の権利規定が存在するのに対して, 州政府については, 連邦憲法は, この 14 条の適正法手続の規定しか存在しないことから, 手続的保障だけでなく, 実体法上の権利を読み込むことが必要であった。「実体的」と「手続き (プロセス)」といった, 本来結びつかない両者が解釈により無理に結びつけられたことはこのことを意味している。

日本でも, いわば盲目的に, この憲法 31 条を「実体的」デュー・プロセス条項でもあるとし, 内容の適正さについても広く, 憲法 31 条の問題だと考える見解が, 憲法学・刑法学において有力化していく。

しかしながら, 日本の憲法は, アメリカ憲法固有の制約をもたず, 内容の適正については, 11 条, 13 条以下の人権規定, とりわけ, 平等原則を規定した 14 条・24 条, 内心の自由に関する 19 条ないし 21 条, 23 条, 外形的自由に関する 22 条・35 条, 財産権の保障に関する 29 条, 社会権に関する 25 条ないし 28 条等の個別的な人権規定が存在しているのであるから, 内容の適正についても, 31 条ではなく, それらの条項が立法ならびに解釈における制約原理として機能することを認めれば足りたといえよう。

要するに, これまで実体的デュー・プロセスの法理ないし刑罰法規の内容の適正の問題とされてきたものとは, 憲法の人権規定の応用問題 (の断片) でしかない。憲法 31 条のみから何らの統一的な解釈原理が導き出されるものではない。

ているレモン酢や梅酢のそれと同一であって，人体に対し有益無害なものであるとしても，これらが通常人の理解において（薬事法 2 条第 1 項 2 号にいう）『人又は動物の疾病の診断，治療又は予防に使用されることが目的とされている物』であると認められることは明らかであり」，薬事法にいう医薬品にあたるとした原判断が正当だとした（これに対し，本件「つかれず」は薬事法上の医薬品に該当しないとする木戸口裁判官の反対意見がある）†。

残虐な刑罰 刑罰それ自体が残虐なものは，例外なしに，許容されない（憲法 36 条）。判例によれば「火あぶり，はりつけ，さらし首，釜ゆで等，死刑執行の方法」が「その時代と環境において人道上の見地から一般に残虐性を有すると認められる場合には」，憲法 36 条に違反するが，「刑罰としての死刑そのものが，一般に直ちに同条にいわゆる残虐な刑罰に該当する」ものではないとしている（*最大判昭 23 年 3 月 12 日刑集 2 巻 3 号 191 頁）。憲法 31 条は，「何人も法律の定める手続によらなければ，その生命……を奪はれ（ない）」と規定することから，法律の手続きによる生命剥奪を前提としているものと解せられる（⇨死刑につき，10.1.2）。

死刑以外でも，仮釈放のない終身刑，「自分は○○の犯罪を犯しました」というプラカードを公衆の面前でさらし者にする刑罰，内面の自由に踏み込むような刑罰，強制的な去勢手術など，身体的に回復不可能であるか回復困難な結果を伴う身体への侵襲や，入れ墨等の**身体刑**，等は，いずれも残虐な刑罰に属し，それがいかなる犯罪に対応するものであれ，憲法 36 条に照らして許容されない（上述の例のうちのいくつかは諸外国では実際に行われているものがある）。

反面ではそういった残虐な刑罰に牴触しない限りにおいて，新しい刑罰（例えば，週末拘禁・電子監視）等の導入が検討されてよい（社会奉仕命令については⇨1.2.1）。

---

† 医業類似行為や無認可の医薬品販売行為は，国民の健康への有害性ないしそのおそれがあることから制限し，それを処罰することとしているものである。それは，憲法 22 条の職業選択の自由や，29 条の財産権の保障等の人権規定における，公共の福祉による制限に対応しているといえる。

ただし，「公共の福祉」による権利の留保が，無限定な処罰をも正当化するわけではない。上記 2 判例で問題となっている，刑罰法規は，それぞれ「医療類似業務」，「医薬品」の意義について，まさに，公共の福祉を根拠とする処罰とその限界が問題となっていたといえる。

2.4.3 罪刑の均衡

定　義　犯罪と刑罰の関係について，犯罪の内容に刑罰の重さが見合ったものでなければならないというのが，**罪刑の均衡**の原則である。

罪刑の均衡　罪刑の均衡は，絶対的均衡と相対的均衡がある。

絶対的均衡は，刑罰はその目的に必要最小限のものでなければならないとするものであり，いわゆる**比例原則**に他ならない。比例原則の根拠は，究極的には憲法 13 条に求められることになるであろうが，実際の基準としては，明確でないものがある。最近では，罰金の上限が著しく高額なものもある（金融商品取引法 207 条の 7 億円，独占禁止法 95 条の 5 億円など⇨10.1.4）。

相対的均衡は，他の同種の犯罪の刑罰との比較から，それが合理的な範囲を超えて著しく軽いか重いかによって決せられる。これは憲法 14 条（**平等原則**）が問題となろう（尊属殺重罰・尊属傷害致死重罰に関する，＊最大判昭 48 年 4 月 4 日刑集 27 巻 3 号 265 頁参照）。

2.5　場所的適用範囲

2.5.1　総　　説

総　　説　刑法 1 条から 4 条の 2 を刑法の**場所的適用範囲**（あるいは，**国際刑法**）という。

訴訟法的意義　刑法の時的適用範囲（6 条の刑の廃止，限時法）と場所的適用範囲が対応関係にあるとすれば，場所的適用範囲は，構成要件解釈（構成要件該当性）の問題であるということになろう。つまり，場所的適用範囲を逸脱して起訴された場合は，無罪だということになる。しかし，場所的適用範囲を欠いた起訴は，「裁判権を有しない」のであるから，形式裁判としての公訴棄却によるべきであり（刑訴 338 条 1 号）（⇨10.2.2），実体裁判としての無罪ではないと解せられている。

場所的適用範囲の基本原理　一般的に，場所的適用範囲については，以下の 4 つの原理があるとされている。

1. **属地主義**：国内における犯罪を犯した者について本国籍の有無を問わずに処罰することである。
2. **属人主義**：国内・国外を問わず国民（本国籍を有する者）が犯した犯罪を処罰することである。
3. **保護主義**：国民ないし国家に対する犯罪について，本国籍の有無，国内・国外を問

わず犯罪を処罰することである。

④ **世界主義**：国内・国外を問わず，本国籍の有無を問わずに犯罪について処罰することである。

現行刑法の規定

1　条	属地主義
2　条	（国家）保護主義
3　条	属人主義
3条の2	（国民）保護主義＝消極的属人主義
4　条	属人主義（保護主義とする見解もある）
4条の2	世界主義

1条第1項

1条
> ①この法律は，日本国内において罪を犯したすべての者に適用する

1条第1項は，すべての犯罪について，属地主義をとることを定める。

国内の犯罪であって行為者が外国籍であることを理由として処罰を免れることを，治外法権という。現在では日本国内において，外国の治外法権は原則として認められていない（ただし，外交使節については，1961年のウィーン条約ならびに国際慣行により訴追されない）。

犯罪地の解釈　　問題は，「国内において罪を犯した」の意義である。これを**犯罪地**の問題という。犯罪地については，**行為地説，結果地説，遍在説**の対立がある。

行為地説は，犯罪行為の場所を犯罪地とするものであり，**結果地説**は，犯罪の結果の場所を犯罪地とするものであり，**遍在説**とは，行為・結果さらには**中間影響地**等を含め犯罪の構成要素のいずれかが存在すれば犯罪地だとするものである。

たとえば，インターネットでサーバーを外国におき，わいせつな画像を日本国内において「陳列」した場合，行為地説からは犯罪地は外国であり，結果地説からは犯罪地は日本国内となり，遍在説からは外国と日本国内の両方ということになる。一方，海外市場についてのカルテルを国内で協議した場合，行為地説・遍在説からは犯罪地は日本国内であるが，結果地説からは外国であり，遍在説は再び外国と日本国内であることになる。外国の解釈でも遍在説が主流であり，裁判管轄は広くとるべきだとする考え方から，遍在説が妥当であるとされている。遍在説からは，共犯現象についても，正犯ないし共犯の行為ないし結果ないしその中間影響地が国内でなされれば国内犯として処罰できることになる。

行為が国内で，結果が公海上の場合について，大判明44年6月16日刑録17輯1202頁，国内の正犯行為を国外で幇助した場合について，最決平6年12月9日刑集48巻8号576頁，名古屋高判昭63年2月19日高刑集41巻1号75頁。条例違反行為についてではあるが，条例が適用される自治体の区域外から電話を掛けて，条例所定の迷惑行為を行った場

合について，犯罪の結果地も犯罪地であるとして，条例の適用を認めた，高松高判昭61年12月2日高刑集39巻4号507頁は，遍在説を明言したものである。

旗国主義　日本国内とは，日本の領土ならびに領海とその上空（領空）・地下を含む。
　日本国籍の船舶・航空機であって，外国の領海・領空・領土内にない場合には，「延長された領土」として，この属地主義が及ぶ（1条第2項；たとえば，最決昭58年10月26日刑集37巻8号1228頁，仙台地気仙沼支判平3年7月25日判タ789号275頁）。これを**旗国主義**という。したがって，日本国籍の航空機内において公海上空を飛行している際に賭けトランプをすることは，行為者の日本国籍の有無を問わずに処罰（185条）の対象である。便宜置籍船については，まさに，その船籍の国籍により判断される（したがって，日本の船会社が所有・運航し，日本人が乗り組む船舶の船籍が第三国である場合，公海上においては旗国主義から，その船籍の国内法が適用されることになる。ただし，属人主義・保護主義・世界主義も妥当する）。

2 条

2条
　この法律は，日本国外において次に掲げる罪を犯したすべての者に適用する（以下略）

2条は**国家保護主義**といわれるものである。すなわち，外国において，行為者の日本国籍の有無を問わずに，一定の犯罪を処罰することとしているが，その対象となる犯罪は，内乱・外患罪（77条〜79条，81条・82条等），通貨偽造罪（148条），公文書偽造罪（154条・155条，157条・158条），公電磁的記録不正作出罪（161条の2），有価証券偽造（162条・163条），支払い用カード電磁的記録不正作出罪（163条の2〜163条の5），公印偽造等（164条〜166条），である。

もっともこれら列挙することから判断するに，内乱・外患を除いて，国家保護主義といえるかは疑問である。通貨偽造罪は外国通貨を含むから，むしろ世界主義といえる。有価証券偽造や支払い用カード電磁的記録不正作出罪も日本国ないし国民の利益とは無関係なものも含みうるから世界主義である。

3条の2

3条の2
　この法律は，日本国外において日本国民に対して次に掲げる罪を犯した日本国民以外の者に適用する（以下略）

3条の2は，強制わいせつ・強姦（176条〜179条），殺人（199条），傷害・傷害致死（204条・205条），逮捕監禁（致死傷を含む）（220条・221条），略取誘拐罪（224条〜228条），強盗（236条・238条〜241条）の，重大な個人的法益に対する罪について，国外において国民に対してなされた国民以外の者による犯罪を処罰する。すなわち**国民保護主義**あるいは**消極的属人主義**である。これは，2003年の改正により追加された規定である。「国民以外の者」による場合に限定しているのは，国民に対して国外で国民により犯され

た犯罪については，3条の属人主義によるからである。

3 条

3条
　この法律は，日本国外において次に掲げる罪を犯した日本国民に適用する（以下略）

　3条の対象犯罪は，放火，私文書偽造，強姦・強制わいせつ，殺人，傷害，堕胎，遺棄，逮捕監禁，略取誘拐，名誉毀損，窃盗，強盗，詐欺，恐喝，横領，背任，臓物罪等，かなりのものがこれに入っている。これらの犯罪が国外で日本国民によって犯された場合について，処罰するものであり，（**積極的**）**属人主義**である。

　属人主義は，かつては極端な国家主義と結びついて説明されることがあった。「先進国」が「後進国」に対して治外法権を主張して属地主義を制限しようとするとき，そこには属人主義が根拠となりえたのである。しかし今日では，外国で犯罪を犯して日本国内に逃亡した者について，犯罪人引き渡しができない場合の代理処罰という側面もあり，ある意味では，国際司法共助として再構成しうる点が指摘されている（**代理処罰説**）。3条列挙の犯罪は，ほぼ普遍的に犯罪とされているようなものであるとはいえるが，重婚（5号），業務上堕胎（8号）等になると，非犯罪化されている法域もあることから，問題がないとはいえない†。

4 条

4条
　この法律は，日本国外において次に掲げる罪を犯した日本国の公務員に適用する（以下略）

　4条の列挙する犯罪は，逃走援助（101条），虚偽公文書作成（156条），職権乱用罪（193条），特別公務員陵虐罪（195条第2項，196条），収賄罪（197条〜197条の4）である。

　これを国家保護主義とみるのが通説である。しかし，国家保護主義であれば，逃走援助罪等について公務員の限定は不要であり，また，収賄だけでなく贈賄罪や，職権乱用罪等への共犯も処罰するのが一貫している。4条が公務員に限定しているのはむしろ属人主義の特別な類型だということになろう。

　なお，遍在説をとった場合，外国で日本の公務員が賄賂を受け取ったとしても，「公務の適正」という法益の侵害（の危殆化）はなお国内であるとすれば，犯罪地は国内だということになる。それらの関係は4条に列挙されている公務員犯罪や虚偽公文書作成罪一般について該当することである。したがって，遍在説に立つ限りは，4条は，確認的な規定だということになろう。なお，遍在説でなければ，日本の公務員を海外で接待した業者は，収賄罪として処罰されない。4条の対象外だからである（***KDD事件**（東京地判昭56年3

---

† 　特別法において国民の国外犯を処罰する旨の規定を置くことは妨げない。漁業法所定の罰則につき，規制目的の趣旨から，明文で規定していなくとも国民の国外犯を処罰する趣旨だとした，**第2の北島丸事件**（最判昭46年4月22日刑集25巻3号492頁）。

月 30 日刑月 13 巻 3 号 299 頁）は贈賄の約束が国内で行われ実行された場合に，全体が国内犯だとしている）。

4 条の 2

4 条の 2
（2 条〜4 条以外であっても）この法律は，日本国外において，第 2 編の罪であって条約により日本国外において犯したときであっても罰すべきものとされているものを犯したすべての者に適用する

これは条約を根拠とした**世界主義**を規定するものである。具体的には，爆発物取締罰則 10 条，火炎びん使用取締法 2 条，暴力行為等処罰法 1 条ノ 2，人質強要行為処罰法 5 条，等がある。

国際的テロなどへの取組が強化された場合には，これらの規定が意味をもってくることになる。なお，世界主義にはさらに国際刑事裁判所等の国際機関による処罰もありうる。

5 条

5 条
外国において確定裁判を受けた者であっても，同一の行為について更に処罰することを妨げない。ただし，犯人が既に外国において言い渡された刑の全部又は一部の執行を受けたときは，刑の執行を減軽し，又は免除する

これは，**二重の危険の禁止**原則（憲法 39 条後段）が，外国判決については適用がないことを規定し，しかし，但書で，実質的に刑の執行で調整することとしているものである。刑の執行の免除については，刑罰論（⇨10.3.3）参照。刑の執行の減軽・免除は，外国で刑の執行を受けていたときには必要的である。

第3章

犯罪論の体系

3.1 犯罪論の体系

3.1.1 総　説

犯罪論の意義　**犯罪論**とは，犯罪とそれに対する刑罰を規定する刑法の解釈論・立法論であるが，単に犯罪論という場合には，主として解釈論を意味している。

犯罪論は，**犯罪総論**と**犯罪各論**に分けられる。犯罪各論は刑法各論ともいわれ，具体的には刑法典第2編の「罪」（77条以下）ならびに特別刑法で規定する犯罪の個別的類型を扱う。

刑法総論に含まれる犯罪総論は，刑法典第1編総則（1条〜72条）中，犯罪成立の一般原則を扱うものである。

犯罪の一般原則は，さらに，犯罪の一般的成立要件と，犯罪の拡張事由とに分かれる。犯罪の一般的成立要件は，構成要件（該当性），違法性，有責性（責任）である。犯罪の拡張事由として，未遂と共犯がある[†]。

未遂を，犯罪拡張事由とするのは客観主義刑法学の論理的帰結である。主観主義刑法学からは，むしろ犯罪意思が本質であり，未遂と既遂は，結果の発生・不発生を単なる客観的処罰条件とする違いがあるだけにすぎないとされることになる。つまり，未遂と既遂は犯罪意思の徴表としては等価であり，処罰を区別する

[†] このような体系は，M.E.マイヤーにおいて整理・確立された。彼は，規範について，行為規範と評価規範とを区別し，違法と責任をそのそれぞれに対応させることによって，その両者の峻別を可能としたのである。

とするならばそれは，附加的なこの条件の違いにすぎないことになり，未遂はむしろ原則的な処罰類型だということになる。

共犯を，犯罪拡張事由とするのは，限縮的正犯概念である。条文の規定の形式的解釈からは，拡張的正犯概念も不可能ではないが，共犯を特別の減軽事由だとする実質的な論拠には乏しい（⇨8.1.3）。

犯罪の一般的成立要件　犯罪の一般的成立要件は，**構成要件**（該当性），**違法性**，**有責性**（責任）である。犯罪論における犯罪が，①この3つの要素（一般的成立要件としての）からなること，②ならびにその順番に考察するべきこと，については，現在の刑法学において異論がない。

この順番は，**客観的**なものから**主観的**なものへ，**外形的**なものから**内面的**なものへ，**一般的**なものから**特殊**なものへ，**形式的**なものから**実質的**なものへ，という傾向に並べられたものなのである。

逆にいえば，犯罪とは，構成要件に該当する，違法で，有責な「もの」である。この「もの」とは，人間の行為（人格的な主体としての人間の行為）であるとするのが一般的である（⇨3.2　行為論）。そしてこの行為性は，これら3つの要素に先行し，それら要素の被修飾語となるべきものだとされる。

まとめるならば，犯罪とは，Ⅰ人の行為であって，Ⅱ構成要件に該当し，Ⅲ違法で，Ⅳ有責な，ものである，あるいは，Ⅱ**構成要件**に該当し，Ⅲ**違法**で，Ⅳ**有責**な，Ⅰ**人の行為**である，ということができる†。

4つの要素の順序　Ⅰを行為性，Ⅱを構成要件該当性，Ⅲを違法性，Ⅳを有責性，という。そして，それらを扱うことを行為論（Ⅰ），構成要件論（Ⅱ），違法論（Ⅲ），責任論（Ⅳ）という。行為→構成要件→違法→責任の順に，客観的→主観的，外形的→内面的な系列となる。そして，この順序に犯罪論の体系が論じられることになる。

なぜ，客観的・外形的なものから先に判断し，主観的・内面的なものを後行させるかは，刑法における犯罪論の実践性による。つまり，刑法における犯罪論は，刑事司法における犯罪現象の認識にかかわっている。ここでは，犯罪であるかどうかが決定的である。犯罪の構成要素が1つでも欠けることが明らかになれば，それは「犯罪」ではないのであるから，その段階で認識作業を停止し，認識の対象者（＝被疑者・被告人）を可及的速やかに手続きから解放するべきである。したがって，判断の順序は，そのような作業の容易性・確実性に鑑みて，客観的・

---

†　このような要素の総体としての犯罪の実体を特に**所為**（Tat）と呼ぶ（⇨4.1.1）。

外形的な要素を優先し，主観的・内面的要素をその後の判断に委ねるのである†。

体系論　　現在では，構成要件該当性，違法性，有責性の3要素と，その順序については異論がないが，それらに何を盛り込むか，具体的には，特に，故意・過失をそのどこに組み入れるかについては，厳しい対立がある。

つまり，故意過失を①構成要件要素とする（これを構成要件的故意・過失と呼ぶ場合がある）か，②責任要素とするか，③そのどちらでもあるとするか，である。

行為無価値と結果無価値　　いわゆる行為無価値と結果無価値の主要な対立点は，一つには違法の実質論（社会的相当性説と法益侵害説）にある（⇨5.1.2）が，いま一つには，故意・過失の体系的地位にある。行為無価値論の人的違法概念は，行為者の意思が違法判断にも影響を与えるとするものであるから，故意違法と過失違法とを区別するべきだというのである。ただし，だからといって，違法と責任の区別を知らない主観主義的刑法学と行為無価値論を同視してはならない。行為無価値論はあくまでも客観主義刑法学の系譜に属する。

これに対して，結果無価値論からは，違法段階までは，原則として行為者の認識ないし主観事情は，その要素の判断とは無関係であり，故意・過失は責任において問題となるとされる。

さらに違法論において二元論，つまり行為無価値・結果無価値二元論をとるときには，故意・過失についても二重の機能——構成要件的故意・過失と，責任要素としての故意・過失という二重機能——を認めることになるのである††。

構成要件　　本書は，故意・過失を責任要素と位置づける。したがって，**構成要件**には，故意・過失の個別化機能はない。構成要件には，故意・過失は含まれないのである。具体的に，殺人罪（199条）と，過失致死罪（210条，211条等）とは，構成要件は同一だということである。一般に，条文と構成要件は混同

---

† 刑法における犯罪論とは，したがって，犯罪現象の合理的な推論作業の理論化でしかない。それは，犯罪現象の1つのとらえ方であって，犯罪現象の本質や全体像に対応するものでも，それを解明するものでもないのである。刑事司法で，被告人の生い立ちや犯罪の動機・背景に言及されることは少なくないが，それは，たとえば，客観的事実の確証のための補助的な判断資料であったり，量刑その他に供する情状の認定の一環であれば正当化されうるが，それを超えた，被告人の全人格への評価に直結するものではない。人間が人間を評価する刑事司法には，当然その認識の限界があることが，常に意識されるべきである。

†† したがって，体系書・教科書で，その著者が行為無価値論・結果無価値論のいずれをとるかを判断する場合には，その目次を一瞥して，故意・過失がどの箇所に記述されているかを確認すればよいことになる。

■ 3.1　犯罪論の体系　　57

されがちである。また，本書のような立場でも，特にそれが問題でない場合には，「殺人罪の構成要件」と表現する場合もある。ただし，正しくは，殺人罪と過失致死罪の構成要件とは，共に「他人を死に致したこと」であり，その構成要件該当性が満足された場合に，違法判断を経由し，最後に，責任性の段階で，故意・過失の有無について判断することになる[†]。

<small>小 括</small>　かくして，犯罪とは，Ⅰ人の行為であって，Ⅱ構成要件に該当する，Ⅲ違法で，Ⅳ有責な，ものであり，その順序に考察されるべきことになるのである[††]。

3.2 行 為 論

3.2.1 総　説

<small>行為論の意義</small>　犯罪とは，Ⅰ人の行為であって，Ⅱ構成要件に該当する，Ⅲ違法で，Ⅳ有責なもの，である。行為論とは，この犯罪の要素のうちの最初の要件を扱う。**行為論**は，それが人の行為であるか否かという，行為性を扱う。

ただし，この「行為論」にはほとんど実質的な意味がない，とする立場からは理論的に，この行為論は捨象され，むしろ構成要件該当性の問題とされることに

[†] このような判断方法は，「常識には反する」。つまり，殺人であるか過失致死であるかは，直観的に区別できるのであり，最初に故意であるか過失であるかを決めたほうが，「分かりやすい」。
　しかし，「常識的」であり，「分かりやすい」のが学問上正しいとは限らない（リンゴと鉄アレイを同時に落とした場合，鉄アレイの方が早く地面に落ちるというのが「常識」であり「分かりやすい」が，その常識の否定からニュートン力学は成立している）。犯罪の「実体」（何を実体とするかはさておき）としては，故意の殺害と，過失の殺害では，おそらく異なるのであろう。《わたくし》が，行為を行おうとするとき，意図的な結果（故意）であるのか，望まずして起きてしまった結果（過失）であるのかは，多くの場合には，決定されている。しかし，その《わたくし》の引き起こしたことを，他人が認識しようとするとき，まさに，それが意図的であったかどうかは，究極的には「神のみぞ知る」。客観的・外形的な事実（その人の行為によって相手が死亡したのかどうか＝構成要件該当性の問題）からまず出発して，それが否定されれば，主観的・内面的判断をすることなく，《わたくし》を司法手続きから解放することができるのである。主観的・内面的判断を先にすれば，むしろ客観的・外形的な判断が歪められることもある。日頃仲が悪かった，相手を恨んでいた，等の主観事情による予断によって，意図的な殺害であったか否かの判断にバイアスがかかることはありうることである。さらに，《わたくし》の内面それ自体も，故意と過失の間の中間的・曖昧なものであることもある（⇨未必の故意）。故意・過失を構成要件要素としないことの理由は以上のようなものである。

[††] 犯罪論体系と刑事司法の構造との対応について，鈴木茂嗣『刑法総論［犯罪論］』（2001 年）15 頁。

新世社・出版案内 Sep. 2008

新法学ライブラリ　新刊のご案内

17 刑法総論

伊東研祐著　A5判／448頁　本体3,300円

自ら考え，理解した理論を正確に言語で表現する力の習得をめざし，練達の著者が行為無価値論の立場から刑法理論の状況を解説した教科・解説書。本書を繰り返し読み，理解を深めることにより，現時点での我が国の犯罪論の概況が把握できる。

【主要目次】犯罪論概説　構成要件該当性　違法性　有責性　その他の犯罪構成要素（客観的処罰条件，処罰阻却事由）　未完成犯罪——未遂罪・予備罪・陰謀罪　共犯　罪数論と量刑論　刑法の場所的適用論

2 憲法 第4版

長谷部恭男著　A5判／496頁　本体3,450円

長谷部憲法学テキスト待望の最新版。第3版刊行後4年間の立法動向や重要判例に関する増訂を行い，権利保障，統治機構について補足解説を加えた。

【主要目次】憲法の基本原理（憲法とは何か　日本憲法史　平和主義　天皇制）　憲法上の権利保障（権利保障の基本問題　包括的基本権　平等　自由権　社会権　参政権　国務請求権）　統治機構（国会　内閣　裁判所　地方自治）

22 雇用関係法 第4版

山川隆一著　A5判／352頁　本体2,950円

2003年の第3版刊行以後の労働契約法の施行，育児・介護休業法や男女雇用機会均等法などの大幅改正，労働審判法や公益通報者保護法などの新法に対応した最新版。わかりやすい解説はそのままに最新の法令・裁判例の動向を反映し，重要事実に言及するなど，より現実的な労使関係の法的枠組を学ぶことができる。

【主要目次】総説　労働憲章・雇用平等　雇用関係の成立　雇用関係の展開　賃金　労働時間　年少者・女性の保護　安全衛生・労災補償　職場規律と懲戒　雇用関係の終了　「非典型」雇用　日本型雇用システムと雇用関係法の将来

発行 **新世社**　　発売 **サイエンス社**

〒151-0051 東京都渋谷区千駄ヶ谷1-3-25　TEL(03)5474-8500　FAX(03)5474-8900

ホームページのご案内　http://www.saiensu.co.jp　表示価格は2008年9月現在の税別価格です。

ライブラリ　法学基本講義（1）

5 基本講義 債権総論 NEW
角 紀代恵著　A5判／240頁　本体2,300円

抽象的で理解しづらい債権総論を，伝統的な体系を踏まえつつ初学者にも分かりやすいように再構成した入門書。具体例に沿った解説と豊富な図版により，法律学を学ぶ上で大切な，抽象世界と，現実世界を行き来する能力を身につけることができる。2色刷。

【主要目次】はじめに　「債権」とは何か？　さまざまな種類の債権　債権の任意的実現　債務不履行　債権の第三者に対する効力　多数当事者の債権債務関係

6-Ⅰ 基本講義 債権各論Ⅰ　契約法・事務管理・不当利得
潮見佳男著　A5判／352頁　本体2,780円

契約法を中心に，まず理解しておくべきアウトライン・基本的概念・考え方を示した格好の入門テキスト。法学部で学ぶべきミニマムエッセンスあるいは法科大学院における前提知識を手際よく整理。行き届いた解説，読みやすい章単位による従来にない入門書。2色刷。

【主要目次】契約の基礎　契約の成立　契約の効力　契約の解除　売買贈与　賃借型契約総論・消費賃借　使用賃借　賃貸借　請負　委任　寄託・組合・和解　事務管理　不当利得制度　侵害利得　給付利得　特殊の給付利得　三当事者間の不当利得

6-Ⅱ 基本講義 債権各論Ⅱ　不法行為法
潮見佳男著　A5判／240頁　本体2,200円

不法行為法の基本的な考え方，全体像を示した格好の入門テキスト。法学部で学ぶべきミニマムエッセンスあるいは法科大学院における前提知識を簡潔に解説。丁寧な記述，配慮の行き届いた構成による清新な書。2色刷。

【主要目次】不法行為制度　権利侵害　故意・過失　因果関係　損害　損害賠償請求権の主体　損害賠償請求に対する抗弁　使用者の責任・注文者の責任　物による権利侵害　共同不法行為・競合的不法行為　差止請求と損害賠償　名誉毀損および人格権・プライバシー侵害　他

ライブラリ　法学基本講義 (2)

12 基本講義 刑法総論 NEW

齋野彦弥著　A5判／400頁　本体3,200円

学部生・法科大学院生向けの最新の教科・参考書。初学者向けに見通しよくコンパクトに基本事項を説きつつ，小活字部分で詳細な論点も網羅した。また判例解説を重視し，判例の重要度ランクを明示した。2色刷として，図解や設例を多用し，かつてないわかりやすさを実現，刑法教科書の新しい流れを打ち出す。

【主要目次】刑法学の基礎　罪刑法定主義　犯罪論の体系　構成要件論　違法論　責任論　未遂論　共犯論　罪数論　刑罰論

11 基本講義 手形・小切手法

早川　徹著　A5判／256頁　本体2,600円

学部生向けの手形・小切手法の入門テキスト。有価証券の動向や会社法の対応等，最新の内容を採り入れながら図版を豊富にしてコンパクトに基本を解説する。

【主要目次】手形・小切手の意義・法的構造　手形・小切手の経済的機能と銀行取引　有価証券　手形行為の意義と特性　手形行為の成立要件　手形行為の有効要件　他人による手形行為　無権代理と偽造　振出　白地手形・手形の変造　裏書　善意の手形取得者の保護　特殊の裏書　手形の支払　遡求　手形保証・隠れた保証のための裏書　時効・利得償還請求権・除権決定・手形訴訟　為替手形　小切手

9 基本講義 商法総則・商行為法 第2版

片木晴彦著　A5判／192頁　本体2,000円

商法総則・商行為法の基本を学びながら，企業の最新の取引活動についても学習できるように工夫された入門テキスト。改訂版では商法他の法改正に対応し，金融・消費者保護・最新の企業活動にも触れている。

【主要目次】企業について　企業のブランド　商業登記制度　企業の人的組織　営業　企業の会計　企業取引　消費者との契約　契約の仲介者　有価証券について　運送および寄託業務　金融取引

法学好評書ご案内

新法学ライブラリ 9
家族法 [第2版]
二宮周平著　A5/496頁　本体3,100円

人事訴訟法，児童虐待防止法，DV防止法関連特別法の制定，施行および成年後見制度の経過に対応した新版。重要論点の詳細な記述を加えて全面改訂を行った。

新法学ライブラリ 15
手形・小切手法 [第3版]
川村正幸著　A5/384頁　本体2,950円

平成17年の新会社法制定と商法大改正，および関係諸法の改正に対応した新版。判例も拡充。併せて著者の法科大学院での教授経験から，解説に実務的な視点からの検討を加えた。

基礎コース [法学] 2
基礎コース 民法入門
平野裕之著　A5/200頁　本体1,900円

民法財産法における各規定，各理論の関連性を説き明かし，全体像の描出を意図した新しいスタイルの入門書。個々の条文の根定にある点と点をつなげて，学習者が「木を見て森を見ない」とならないよう配慮した。

基礎コース [法学] 3
基礎コース 民法I 総則・物権法 [第3版]
平野裕之著　A5/504頁　本体3,350円

平成16年末の民法改正（現代語化）に対応して，よりわかりやすく総則・物権法の基礎と重要論点を説き明かす。判例の充実に加え，担保物権，不動産登記法等の関連法改正もフォローした。

基礎コース [法学] 4
基礎コース 民法II 債権法 [第2版]
平野裕之著　A5/520頁　本体3,450円

平成16年末の民法改正（現代語化）に対応して，よりわかりやすく債権法の基礎と重要論点を説き明かす。判例の充実に加え，保証規定，破産法等の関連法改正もフォローした。

基礎コース [法学] 5
基礎コース 会社法入門
田邊光政著　A5/240頁　本体2,000円

初めて会社法を学ぶ学生・社会人に向け，法の全体像と，基本的仕組みをコンパクトに見通しよく解説。2色刷で小項目ごとにまとまった記述で構成し，必要な内容が一目で分かるよう配慮した。

基礎コース [法学] 6
基礎コース 商法I 総則・商行為法／手形・小切手法 [第2版]
丸山秀平著　A5/320頁　本体2,580円

2色刷と多くの図版により，商法総則・商行為法と手形・小切手法の入門書として定評のある初版を，平成17年に成立した「会社法」ならびにこれに伴う商法大改正に対応させて改訂。

基礎コース [法学] 8
基礎コース 労働法
奥山明良著　A5/400頁　本体3,100円

はじめて労働法を学ぶ学生や，労働法の知識を得たいと考えている社会人を対象に，労働法の全体像を見通しよく解説したテキスト。雇用関係や労使関係に関連する労働関係法規をわかりやすく解説。

なる（因果関係の起点としての「実行行為」の問題とする等）。また，犯罪構成要素としての行為論の独自の意味を認める立場でも，行為性が欠ける場合というのはほとんど例外的であるとされるから，犯罪の構成要素として，行為論を省略して，構成要件に該当する違法で有責なものだとすることも少なくない†。

3.2.2　行 為 性

<small>行為の定義</small>　すべての犯罪構成要素において先行する行為論における**行為**とは，「①**意思に基づく**，②**身体の動静**」である。

①「**意思に基づく**」とは，反射的行為や睡眠中等の行為を含まない。ただし，責任無能力状態であっても，故意等の認識的要素まで欠けているとは必ずしもいえないから，たとえば，自ら招いた精神無能力状態での結果行為について，常に行為性まで欠如するわけではない（⇨6.3　自ら招いた責任無能力状況）。また絶対的強制下での行為も，「意思に基づく行為」性が欠けるとすることがありうる。

<small>判　例</small>　****ホスト客自殺強要事件**（最決平 16 年 1 月 20 日刑集 58 巻 1 号 1 頁）
　被告人はホストクラブのホストであり，被害者はその客としてその店での支払いについて多額の借金を負っていたが，それを返済させるため，被害者に多額の生命保険を掛けた上，自動車事故に見せかけて自殺するように迫った。被害者は自殺するつもりはなかったが，被告人の命令に従って車ごと海中に飛び込んだ後に車から脱出して身を隠す以外に助かる方法はないとの心境から，実際に飛び込み，被害者は水没する自動車から脱出して死亡を免れた。
　最高裁は，「被害者をして，被告人の命令に応じて車ごと海中に飛び込む以外の行為を選択できない精神状態に陥らせていた」ものであるから「被害者に命令して車ごと海に転落させた被告人の行為は，殺人罪の実行行為に当たる」とした。つまり，これは，被害者自身については「意思に基づく身体の動静」がなかったから，行為性が欠けるが，それを命じた被告人の《行為》とみることもできる事例である。

---

† もっとも，実質的に問題となる事例（つまり行為性の欠如する事例）は，ごくまれだとしても犯罪論の論理構造上，行為論を認めるか否かは決定的な意味をもつ。つまり，行為は，それ以外の，犯罪構成要素の被修飾語となるまさに犯罪の実体の中核だということになる。犯罪とは，「構成要件に該当する行為」であり，「違法な行為」であり，「有責な行為」である。しかし，物的違法概念は，まさに「人格的な主体の行為の因果的結果」としての違法を前提としないはずであるから，因果的「行為」ですら必要ではないはずである。したがって「人の死」「物の滅失」という「因果的結果」こそが違法の実質であれば，雷やクマによる結果もまた違法であり，そこには人格的主体という限定の必要はないことになる。「違法な行為」と規定される必要はないばかりか，そのように規定してはならない。人格的主体は，責任の段階で問題になるにすぎないということになるであろう。

ただし，たとえば，*宗教教団内リンチ殺害事件（東京地判平 8 年 6 月 26 日判時 1578 号 39 頁）では，殺害するように強制された事例について，過剰避難の成立を認めている。もっとも，この事例の場合は，生命に対する危難の存在は否定されているから，ホスト客自殺強要事件とは異なり絶対的な強制とまではいえなかったともいえる。

なお，半覚半醒の状態で，夢の中の男の首を絞めたところ，実際には傍らに寝ていた妻の首であって，妻が死亡した場合について，行為性を否定して無罪とした事例（大阪地判昭 37 年 7 月 24 日下刑集 4 巻 7=8 号 696 頁）もある†。

2 行為を「**身体の動静**」として，「静」を含めるのは，犯罪には作為だけではなく，不作為によるものもあるからである（⇨4.4　不作為犯）††。

小　括　かくして，行為論において行為性の否定されるべき場合は極めて例外的な場合であることになる。犯罪論の実質はⅡの構成要件論（第 4 章），Ⅲの違法論（第 5 章），Ⅳの責任論（第 6 章）において，より詳細な検討がなされるべきことになる。

---

† しかし，このような事例において，果たして，無罪の結論を導くのに，行為性を持ち出す必然性があったかどうかは疑問である。むしろ，故意・過失がなかった，とすれば足りたようにも思われる。

†† ただし，意思に基づく「静」としての不作為犯をこの行為論に含めることはできるが，認識のない過失犯（⇨6.6.2）等，とりわけ忘却犯（踏切番が，居眠りをして遮断機を下ろすのを忘れたために列車に人が轢かれて死亡したような場合⇨6.6.9）においては，意思的要素がないとされ，行為性が欠如することになってしまう。そのような不合理な結論をさけるためには，居眠りを開始する直前での「行為」と「過失」を問題とすればよいとする見解もありうるが，自ら招いた責任無能力状態における「原因において自由な行為の法理」（⇨6.3　責任能力）の適用は困難がある。なぜなら，居眠りすれば必ず，目が覚めずに事故を起こすという確実性があるともいえないからである。

また，行為論について，意思的要素を捨象する立場もある。しかし，そのような立場は，結局，行為論から，「人の行為」でないものを除外するという意味しかないのであり，それはまさに，構成要件該当性の判断に統合することが可能であるといわなければならない。つまり，たとえば 199 条の殺人罪から演繹される構成要件「他人を死亡させた人」であるかどうか，という判断の一環であるにすぎないことになるのである。

これに対して，実行行為という概念を重視する場合，行為とは実行行為であり，それは因果関係の《起点》となるべき中核的存在であるから，行為論は実質的意味をもつ。不作為犯論は本書では構成要件論におかれ，因果判断の特殊な場合と理解される（⇨4.4）が，行為論が実質論であるならば不作為犯論も行為論の中に位置づけられるべきことになろう。

第4章

構成要件論

4.1 総　説

4.1.1 総　説

定　義　犯罪論の体系（第3章）において示されたように，犯罪とは Ⅰ 人の行為であって，Ⅱ 構成要件に該当する，Ⅲ 違法で，Ⅳ 有責なものである，とするとき，本章の構成要件論とは，この Ⅱ の要素を扱うことになる。構成要件とは，①原則的な，②違法，（③行為類型）である。

① 「**原則的**」とは，構成要件に該当する行為は，正当行為・正当防衛・緊急避難などの違法性阻却事由が存在しない限りは，原則として違法であることを意味する。この原則に対して個別的な**違法性阻却事由**を論じるのが違法論（第5章）である。

② 構成要件は「**違法類型**」である。ただし，この点については，構成要件を違法・責任類型だとする見解との対立がある（⇩）。

③ 構成要件は，違法な「行為」の類型だとされる場合がある。ここでの「行為」とは，狭義の行為（＝意思に基づく身体の動静）とその因果的結果をも含めた広義の行為＝所為（Tat）である。因果関係では，行為・結果ならびにそれらを結びつけるものとしての因果関係こそが重要であり，ここで違法「行為」類型だとすることについては，特段の意味はない。

違法責任類型説　構成要件を「違法・責任類型」ととらえる見解と「違法類型」説との決定的違いは，故意・過失を構成要件の内容に含ませるか否かにあるといってよい。つまり，違法類型説では，殺人と過失致死の構成要件は同一であるが，違法・責任類型説では，殺人と過失致死の構成要件は異なる

とされることになる†。

主観的違法要素　構成要件を違法類型とするとき，違法類型は基本的には**客観的要素**であるが，主観的違法要素の存在を例外的に認める立場もある（⇨4.2.2）。主観的違法要素のうち，最も重要なのは故意・過失である。

故意・過失の体系論的な地位　故意・過失を構成要件要素につきると考えるのが，徹底した行為無価値論であるが，日本ではこういった徹底した行為無価値論はむしろ少数で，故意・過失を構成要件要素であると同時に責任要素でもあるとする，折衷的な行為無価値論††がむしろ主流である。

構成要件要素としての故意（過失）を構成要件的故意（過失）と呼ぶ。

故意・過失を構成要件要素と考える立場では，殺人罪（199条）と，過失致死罪（210条・211条等）とは，それぞれ構成要件が異なることになる。車に轢かれて人が死亡したという場合に，それが，わざとやったのか（故意），誤って轢いてしまったのか（過失）を，まず最初に区別しようとするのは，直感ないしは常識的な判断方法には合致している。また，「殺人の構成要件」「過失致死の構成要件」という言い方も一般に広く行われている。行為無価値論が根強い支持を受けるのは一つにはこういった一見，常識的な結論にある。しかし，他人の内面を評価するのは外形的行為を評価するのに比べてはるかに困難を伴う。犯罪論体系が，行為性→構成要件該当性→違法性→有責性の順に，客観的外形的なものから主観的内面的な判断という順番をとっているのは，犯罪構成要素の１つでも欠ければ犯罪が成立しないのであるから，確実にわかりやすいものから先に判断するという実践的な目的に合致しているからである。故意・過失を構成要件要素でなく責任要素だとするとき，殺人罪と過失致死罪の構成要件は「客観的に他人を死に致した」ことであって，共通のものだということになる（本書の立場）。

犯罪類型　構成要件と区別されるべきものに**犯罪類型**がある。**犯罪類型**とは，違法・責任を含めたすべての犯罪要素の総体としての類型であり，構成要件＝違法類型説であっても，犯罪類型としては，殺人と過失致死とは，異なる犯罪類型なのである。

---

† しばしば混同されるが，各個別犯罪を規定する罰条（たとえば199条）そのものが構成要件なのではない。違法類型説では，殺人罪の199条と過失致死罪の210条・211条から「他人を死亡させる」という「構成要件」が演繹されることになるのである。

†† これを**違法二元論**と呼ぶ場合もある。これは違法の実質に関する行為無価値結果無価値二元論であり，違法概念の一元論・多元論とは異なることに注意。後者は，刑法上の「違法」と刑法以外の法体系（たとえば民法・行政法）上の「違法」とは同一であるか否かの問題である（⇨5.1.3）。

4.1.2 構成要件の意義

犯罪論における地位　「ある行為」†が構成要件を充足するとき、「**構成要件に該当する**」という。「犯罪とは、構成要件に該当する違法で有責な行為」と定義された（⇨3.2.1）が、構成要件該当性は、違法論・責任論に先行すべき判断である。

構成要件の機能　構成要件（概念としての）には以下の3つの機能がある。

1. **違法推定機能**：構成要件は、原則的違法類型であるから、構成要件該当行為は、原則として違法であると推定される。つまり、構成要件論に後行する違法論の犯罪論体系上の意義は、基本的には違法性「阻却」事由を扱うことにある。
2. **故意規制機能**：構成要件は、故意の内容を規制する。すなわち故意とは事実の認識であり、その事実とは構成要件該当事実だとされるのである。
3. **犯罪個別化機能**：構成要件は、犯罪の個別化類型化という意味ももっている。ただし、刑罰の罰条（条文）そのものが構成要件であるわけではない。つまり、1つの罰条であっても複数の構成要件であることがありうるし、その逆に、複数の罰条であっても1つの構成要件であることもある††。

開かれた構成要件　いわゆる**開かれた構成要件**とは、その規定が犯罪の内実としては不充分であって、解釈による補充を必要とするものをいう。開かれた構成要件の反対概念は、閉じた構成要件である。

この開かれた構成要件という概念を否定する立場もある。つまり、構成要件と刑罰法規自体とは同視するべきではなく、個別の刑罰法規が不完全であってもそれを他の規定や解釈原理から補充することができれば、それで構成要件としては確定するのであって、構成要件自体が不完全であることはありえないとするのである。たとえば、公務執行妨害罪の「職務の適正さ」は、95条には規定されていないが、そのことから構成要件に属しない違法要素なのではなく、解釈操作によって、構成要件に属するということになる。構成要件に属するかどうかは、故意

---

† ここでの「行為」とは、狭い意味での「行為」とその因果的な「結果」との両方（⇨4.2.3）を含むものである。たとえば、殺人罪（199条）・過失致死（210条，211条）等の構成要件に該当するとは、「人を死亡させた」という結果をも含んでいる。
†† 構成要件の機能で、看過されてならないのは、罪刑法定主義を実質的に保障し実現するということである。構成要件は、原則として客観的な行為の類型であり、「どのような行為が処罰の対象であるか」を明らかにするという機能をもっている。

■ 4.1 総　説

の対象となるか否かにおいて重要だというのである[†]。しかし，故意の対象だけが，開かれた構成要件の問題ではない。これまで典型的な開かれた構成要件の例としては，過失犯だとされてきたのであり，個別の刑罰法規（たとえば211条）の規定は「過失により」とあるだけであって，きわめて抽象的である（過失と規範的義務の関係について⇨4.3.7）。このような，構成要件の特定性が充分とは思われないものについて，罪刑法定主義の見地からどこまでが許容されるのかという点を明確にする意味では，なお開かれた構成要件の概念は，一定の意味をもつ。

書かれざる構成要件　書かれざる構成要件も，解釈・理論による構成要件の補充の意味をもつ。ただし，被告人に不利な形での補充は，罪刑法定主義に反することになる。したがって，一定の要件を新たに要求することが許容されるにすぎない。

典型的には，**不法領得の意思**がそれである（詳しくは刑法各論で議論されることになる）。ライバルの学生を困らせるつもりで大学の講義ノートを勝手に持ち出したような場合，窃盗罪（235条）として処罰するには，不法領得の意思が必要であるが，この場合には毀棄・隠匿の意思でしかないから処罰できない，というのがそれである。不法領得の意思そのものは，窃盗罪その他の領得罪の規定には明文では規定されてはいない。他には，主観的違法要素のうちのあるもの，たとえば，強制わいせつ罪（176条）における内心的わいせつ傾向も同様である。

4.2　構成要件の基本構造

4.2.1　構成要件の内容

客観的要素　構成要件とは違法類型であり，行為者の行為の客観的要素がその中心となる。客観的ではない構成要件要素が，**主観的構成要件要素**である。逆に客観的要素でも構成要件要素ではないのが**客観的処罰条件**である[††]。

[†] 山口厚『刑法総論』第2版（2007年）35頁。
[††] 客観的処罰条件については6.4.2も参照。

4.2.2 主観的違法要素

定義　構成要件要素から，故意・過失を排除する（すなわち構成要件的故意・過失を認めない）いわゆる結果無価値論の立場であっても，なお例外的に構成要件に行為者の主観的な内面ないし心情価値という主観的要素を認めなければならない場合がありうるのではないかとされることがある。これが**主観的違法要素**（あるいは**主観的構成要件要素**）の問題である。

主観的違法要素の類型　主観的違法要素とは，構成要件を違法類型だと考え，違法概念を客観的要素とする立場からは，あくまで例外的な存在であるが，仮に，その存在を認めるとしても①**目的犯**における目的，②**傾向犯**における主観的内心傾向，③**表現犯**における主観的な表象の表出，④**未遂犯**における故意，等に限られるとされる。しかし，これらについても無条件に主観的な構成要件要素が認められるわけではない。

①目的犯　通貨偽造（148条）は「行使の目的で」通用する貨幣を偽造した者を処罰しているが，このように，条文上「○○の目的で」という規定があるもののうち，その主観的意図としての目的を故意の内容に含ませることができない場合（これを**超過的内心傾向**という）が，「主観的違法要素としての**目的**」である（他の例としては，225条の営利目的略取誘拐罪の営利目的等）。「主観的違法要素としての目的」が構成要件に含まれる犯罪類型を**目的犯**という。通貨偽造罪における行使目的は，偽造行為の認識である故意とは区別される。たとえば，自動販売機でのチェックのために通貨を偽造した場合，偽造通貨であることを認識するという意味での故意（⇨6.4.2）があっても偽造通貨を真貨の代わりに流通におくという意味の「行使」の目的が欠け，偽造罪では処罰されない。行使目的は行為者の主観的心情価値に依存している。つまり，「行使するつもりがあったかなかったか」が決定的だとされるのである。

②傾向犯　傾向犯とは，たとえば，強制わいせつ（176条）における，わいせつ的な内心傾向を指す。たとえば，医師の診察行為が，外形的には，強制わいせつの構成要件該当性を満足するとしても，通常，医師は，わいせつな気持ちで診察していないのであるから，この場合には，わいせつ罪に必要な主観的内心傾向が医師には欠落し，構成要件該当性がないとするべきだ，との主張がなされた。これも故意を超過した内心傾向だということができる。

判例は，強制わいせつ罪について「婦女を脅迫し裸にして撮影する行為であっ

ても、これが専らその婦女に報復し、または、これを侮辱し、虐待する目的に出たときは」同罪は成立しないとした（最判昭45年1月29日刑集24巻1号1頁）が、これは主観的違法要素を要求していると解釈される。

③表現犯　　主観的な価値表象の表出を犯罪の成立にかからしめているものを**表現犯**と呼ぶ。

判例は、偽証（169条）において、「虚偽の陳述」とは、客観的に虚偽の陳述を言うのではなく、自分の内心の記憶とは異なる陳述をすることだとする（大判大3年4月29日刑録20輯654頁）。この「記憶に反していること」が主観的違法要素である。

④未遂犯における故意　　たとえば、人に切りつけて重傷を負わせたような場合、殺害の意図があれば殺人未遂であるが、殺害の意図がなければ、傷害罪にとどまる。この殺害の意図つまり**既遂故意**を殺人未遂罪の主観的違法要件要素（ないしは主観的構成要素）と考える立場がある。ただし、未遂を**危険犯**（⇨4.2.8）と解すれば、未遂における故意とは危険性の認識であり、既遂故意をあえて未遂犯における主観的違法要素†と構成する必要はない（⇨7.1.1）††。

4.2.3　構成要件の構造

構成要件は、通常、Ⅰ**行為**とⅡ**その結果**、そしてⅢその両者を結びつけるものとしての**因果関係**、からなる。Ⅰ**行為**には、その主体である「行為者」といわゆる実行行為（⇨4.2.4）、さらに不作為犯（⇨4.4 不作為犯）が論じられる。Ⅱ**結果**については、行為の客体・被害者、保護法益の問題も含まれる。Ⅲの**因果関係**は、特に重要である（⇨4.3 因果関係）。不作為犯について最後に論じるのは、不作為犯の因果関係が問題になるからである。

原則的違法類型としての構成要件に該当するかどうか、の判断を**構成要件該当**

---

† なお、この場合の主観的違法要素としての故意はあくまでも、未遂犯に限定されていることに注意。一般的に（つまり既遂犯についても）故意と過失を主観的違法要素だとする見解もある。しかし、このような見解が、仮に構成要件＝違法類型説をとったとしても、構成要件には故意・過失が含まれることになって、実質的に違法責任類型説と変わりがないことになるが、通常は、故意過失を含め主観的違法要素を広く認める見解は、構成要件＝違法責任類型説と結びついている。

†† なお、これとは異なる結果責任を留保した認容としての「未遂の故意」については、早すぎた結果実現（⇨4.2.6）で問題となる。

性（の判断）という。構成要件該当性がある場合，通常それを「**構成要件該当行為**」とよぶが，これは，構成要件を構成する行為だけでなく，結果とその両者を結びつける因果関係をも含んだ，広い意味での「行為」を意味している。

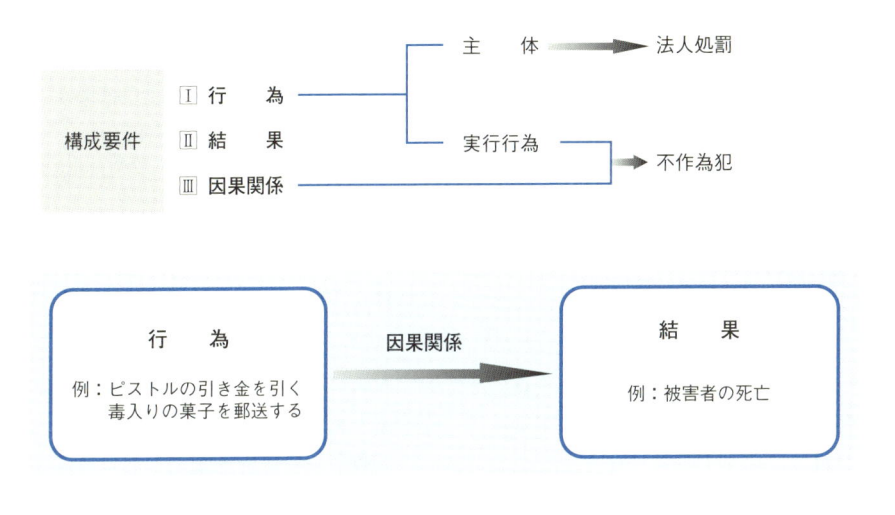

```
                    ┌─ 主  体 ──→ 法人処罰
          Ⅰ 行  為 ─┤
構成要件   Ⅱ 結  果   実行行為 ─┐
          Ⅲ 因果関係 ─┘        └─→ 不作為犯
```

```
┌─────────────────┐                    ┌─────────────────┐
│     行  為      │   因果関係          │    結  果       │
│ 例：ピストルの引き金を引く │ ────────→      │ 例：被害者の死亡 │
│  毒入りの菓子を郵送する │                    │                 │
└─────────────────┘                    └─────────────────┘
```

「構成要件（＝原則的違法（行為）類型）」該当（行為）
　　　　　　　　　　　　　　　　　　　　↓
　　　　　　　　　　　　広義の（結果と因果関係を含めた）行為

4.2.4 犯罪行為の主体

総　説　　**行為の主体**は，行為者である。行為の主体を特に刑法犯罪論では，通常「**行為者**」と呼んでいる。実務的には「犯人」と呼ぶ場合もあるが，犯人とは「犯罪を犯した者」であるから，犯罪であるかどうかがわからない段階で犯人と呼ぶのは適当ではない。被告人・被疑者はそれぞれ刑事司法の手続き上の用語であり，実体法である刑法の犯罪論では，行為者がこれら刑事司法の当事者であることは必ずしも必要ではない。

近代刑法は，行為者を自然人について個別的に処罰するのが原則である（個人責任の原則）。ただしその例外として共犯（第8章）と**法人処罰**がある。

> **設例** 会社Xにおいては，業として放射性物質を取り扱っていたが，管理規則に反した運用が常態化しており，担当取締役Yはそれを知りながら放置していた。その結果，従業員Aが放射線の長期被曝により死亡した。

一般的法人処罰　設例で担当取締役Yが，業務上過失致死罪の主体となりうることについては異論がない。しかし，法人Xについて，はたして業務上過失致死罪の主体となりうるかは問題となる。民法の不法行為であれば，法人Xは，単独でないしは取締役Yと連帯して賠償責任を負う可能性があるが，刑法の場合には，法人それ自体が単独で処罰されることはない，と一般には解されている（一般的な法人の犯罪行為能力の否定）[†]。

両罰規定　一方，法人についての**両罰規定**は実定法上も実際に数多く規定され，今日においてこれに異を唱える見解も特にみあたらない。

両罰規定とは，たとえば，公害罪法4条の「法人の代表者又は法人若しくは人の代理人，使用人その他の従業者が，その法人又は人の業務に関して前二条の罪を犯したときは，行為者を罰するほか，その法人又は人に対して各本条の罰金刑を科する」とするようなものである。多くの行政刑罰では両罰規定を設けるのが常態となっているが，その多くは，こういった文章による規定の仕方を踏襲している。

両罰規定では，実行行為者である従業員を処罰するほか，その**業務主**たる法人も罰金刑が科せられるのであるが，それは，業務主が法人の場合だけでなく，自然人の場合も同様である。なお業務主たる，法人ないし自然人が処罰されるほか，法人にあってはさらに一定の場合に法人の代表者も処罰するものがある（例：独禁95条の2）。これを特に「**三罰規定**」と呼ぶ[††]。

処罰根拠　両罰規定の根拠としては，報償責任を根拠とする実行行為者の責任が業務主に転嫁され，あるいは代位処罰だとする立場と，業務主固有の責任だとする見解に分かれる。しかし両罰規定は自然人たる業務主にも適用があるのであるから，個人責任の原則から逸脱する，転嫁罰・代位処罰を根拠とする

[†] （旧）貯蓄銀行法の無許可で貯蓄銀行業を営んだ「者」には，法人は含まれないとした，大判昭10年11月25日刑集14巻1217頁。

[††] なお，両罰規定の形式であっても，行為者の行為について業務主に負わせるだけでなく，業務主の責任を，従業者に拡大しているとみる（その限度で，実行行為者を限定している構成要件が修正されているとみる）ことができる場合がある（たとえば，（旧）商品取引所法91条は，商品仲買人が営業所外で取引の委託を受けることを禁止していたが，仲買人の従業者が，その禁止行為を行った場合には，直接91条の違反なのではなく，（「両罰規定」を規定した）161条1号・163条によって処罰できることになるとした，最決昭43年4月30日刑集22巻4号363頁）。

よりも，業務主の固有の責任だと構成するほうが妥当であろう。判例もこの責任を過失推定責任（すなわち業務主の過失責任）だとしている（最大判昭32年11月27日刑集11巻12号3113頁）[†]。「推定」というのは，①無過失であることの立証は業務主側が負う，②特に免責規定がなくとも，無過失立証があれば無罪とする，という2つの内容を含んでいる。ただし，免責規定には，明らかに立証責任を業務主に負わせたもの（例：生活保護法86条第2項「相当の注意を怠らなかったことの証明があった場合」）だけでなく，単に「ただし，業務主が違反の防止に必要な措置をした場合においては，この限りではない」としたもの（例：労基121条第1項但書）とに分かれるが，後者についても立証責任を被告人側が負うとすることには疑問がある（判例は被告人側が立証責任を負うとしている（東京高判昭48年2月19日判タ302号310頁））。

4.2.5　実行行為

総　説　構成要件における行為を特に**実行行為**という場合がある。

その概念規定に共通了解が必ずしもあるとはいえないが，実行行為とは，少なくとも「既遂の結果の発生の可能性のある危険な行為」である[††]。

実行行為は，
1. 結果との因果関係判断の起点となるべき「行為」の実質的内容であり，
2. 43条の「実行の着手」において予備罪と未遂・既遂罪を区別する機能をもち，
3. 自ら実行行為を行う（60条・61条の「実行」）正犯と，それ以外の共犯を区別し，
4. 結果的加重犯における基本犯罪を構成することによって，加重結果との区別の機能をも果たす，

とされる。

[†] かつては故意・過失の有無を問わずに処罰できるとの解釈がとられていた（大判昭17年9月16日刑集21巻417頁）のを変更したものである。判例は自然人たる業務主についてのものであったが，法人たる業務主についても同様とされている（最判昭40年3月26日刑集19巻2号83頁）。
[††] エンギッシュは，**広義の相当性**と**狭義の相当性**を区別し，狭義の相当性＝因果関係があっても，そもそも，行為当時，一般的な結果発生が欠ける場合を広義の相当性が欠けるとして刑法上の帰責を否定すべきだとした（たとえば，茸とりに行けと言って森へ行かせたところ落雷で死亡した場合，因果関係はあるが，広義の相当性が欠けるとしたのである）。

ただし，たとえば，「殺人の実行行為」というような用法は，実行行為においてすでに故意・過失が考慮されていることが前提とされていることになる。これは，故意過失を構成要件要素とする立場からは何ら矛盾がない。しかし，故意過失を構成要件要素としないのであれば，実行行為という概念はあまり意味がないばかりでなく，場合によっては概念の混乱をもたらしかねない。その１つの例が，**早すぎた結果実現**の問題である。

4.2.6 早すぎた結果実現

> **設例1** 妻 X_1 が夫 A_1 を殺害しようとして，明朝 A_1 に供するつもりで，冷蔵庫に毒入り牛乳を入れておいたところ，深夜帰宅した A_1 が冷蔵庫にあったその牛乳を飲んで死亡した（冷蔵庫牛乳事例）。
> **設例2** 妻 X_2 が夫 A_2 を毒殺するつもりで，薬局から毒薬を買って帰宅する途中に，過失により車で A_2 を轢いて死亡させてしまった。

早すぎた結果実現 ─┬─ 広　義　　意図した発生時点よりも前の結果発生一般
　　　　　　　　　└─ 狭　義　　実行の着手前の発生

定　義　**早すぎた結果実現**（あるいは**早すぎた構成要件実現**）とは，広義には，行為者が意図した結果の発生時点よりも早期に結果が発生してしまった場合をいい，特に狭義には，**実行の着手**（⇨7.1.2）前に，意図した結果が発生した場合をいう。広義の「早すぎた結果実現」は，因果関係の錯誤のうち，時間的な経過においてそれが早く実現されたというものにすぎないから，因果関係の錯誤の問題の一環として解決される（⇨6.4.6　因果関係の錯誤）。

問題となるのは，したがって，実行の着手がない狭義の場合である。

このような狭義の早すぎた結果実現の事例として通常よくあげられるのは，設例１のようなものの他に，夫が妻を翌朝ピクニックで殺害するつもりで猟銃の手入れをしていたところ，銃が暴発して天上を突き抜け，２階に寝ていた妻に当たって，妻が死亡したような設例（**ピクニック前夜事例**）があげられる。一般には，この狭義の早すぎた結果実現について実行の着手がなくとも既遂犯ないし未遂犯の成立を認めうるかが問題とされるのである。

判　例　**クロロホルム事件**（最決平 16 年 3 月 22 日刑集 58 巻 3 号 187 頁）

実行犯 X，Y，Z は，保険金詐取の目的で，クロロホルムを使って A を失神させた上，A 車ごと岸壁から転落し溺死させるという計画を立てた。そして自車を A 車に衝突させ示談交渉を装って A を自車助手席に引き入れた上で，大量のクロロホルムを染み込ませたタオルを鼻口部に押し当て，A を昏倒させた（第 1 行為）。その後，港に運んだ上で，ぐったりして動かない A を A 車に運び入れ，A 車ごと岸壁から転落させて海中に沈めた（第 2 行為）。なお A の死因は，溺死か，クロロホルム摂取による窒息等によるかは，特定できない。また，X，Y，Z は，第 1 行為によって A が死亡する可能性があるという認識を有していなかった。

この場合，自動車を転落させる第 2 行為が実行行為であり，また第 1 行為が実行行為ではないとし，また，第 1 行為の段階で被害者が死亡していたとすれば，まさに狭義の早すぎた結果実現である。最高裁は，結論的には，第 1 行為で死亡していたとしても故意既遂犯の成立を認めうるとした。

判旨：①第 1 行為は第 2 行為を確実かつ容易に行うために必要不可欠なものであったといえること，②第 1 行為に成功した場合，それ以降の殺害計画を遂行する上で障害となるような特段の事情が存しなかったとみとめられること，③第 1 行為と第 2 行為との時間的場所的近接性などに照らすと，④第 1 行為は第 2 行為に密接な行為であり，⑤実行犯 3 名が第 1 行為を開始した時点で既に殺人に至る客観的な危険性が明らかに認められるから，その時点において殺人罪の実行の着手があったものと解するのが相当である。

⑥実行犯 3 名は，一連の殺人行為に着手して，その目的を遂げたのであるから，既に第 1 行為により死亡していたとしても，殺人の故意に欠けることはない。

判例の意義　判例は，早すぎた結果実現の問題を，①実行行為を第 1 行為についても認め，その上で，②当初の計画と発生した因果経過との間に多少の違いがあっても故意を阻却しないという論理をとっている。つまり最高裁は，狭義の早すぎた結果実現の事例として事件を理解したのではなく，実行行為を第 1 行為にまで拡張することによって，単なる因果関係の錯誤の問題だとしたといってよい。

②の点は，⑥で示されており，これは，因果関係の錯誤は，故意を阻却しないという判例理論（**砂の吸引事件**（大判大 12 年 4 月 30 日刑集 2 巻 378 頁））を確認したものにすぎないことになろう（⇒6.4.6）。

問題なのは，果たしてこの第 1 行為が実行行為といえるかであるが，本来の実行行為である第 2 行為との関係から，この第 1 行為を実質的に実行行為だとしたところに，この判例の意義がある。

つまり，判例によれば，第 1 行為と第 2 行為との間に，④の密着性と，第 1 行為について⑤の客観的危険性があれば，実行の着手があったといってよいとする。

④は①〜③から導かれる。典型的な「早すぎた結果実現」事例（たとえば設例 1 や設例 2）では④が欠け，実行行為性が否定されるべきことを念頭においたのであろう。

　文理上は⑤も①〜③に関連するようにも読めるが，密接性と危険性は独立要素である。予備たる直前の凶器の購入は，④はあっても⑤が欠けることになる。それは結局，（客観的）危険性が実行の着手（時期）を決するという伝統的な考え方の枠内にとどまるものでもある。しかし，結果が現に発生している以上，⑤を否定するのは困難であるから，要件⑤の実質的意義は既に失われている。

　つまり，本来の実行行為以前の行為であっても，それと密接性がある行為があり，その時点で，既遂の故意があれば，あとは因果関係の錯誤の問題として故意既遂罪の成立を認めるというのがこの判例の趣旨であるといってよい[†]。

　つまり，判例は，危険性の存在だけで無限定に実行の着手を認めたのではなく，関連性や場所的時間的接着性によって，一定の限定を加えようとしているのである。たとえば設例 2 のような場合には，関連性が低いから，おそらく実行の着手を認めることはできず，業務上過失致死罪と，毒薬を用意したことが，場合によっては殺人予備罪になる（この場合，当然には，致死罪である業務上過失致死罪に吸収されるとは限らないであろう）とすることになろう[††]。

未遂の故意　早すぎた結果実現について，判例と同様に，実行の着手を認めながら，故意既遂犯ではなく，未遂犯にとどまるとする見解がある。いわゆる**未遂の故意の理論**によるもの[†††]で，結果の発生を留保していることを理由とする。しかし，結果の発生を留保しているならば，故意がないのであり，過失の問題にしかならないはずである。このような，未遂の故意を認める立場は，未必的な故意と認識ある過失との中間にさらに未遂の故意というカテゴリーを設定するものであり，それが可能ならば，早すぎた結果実現だけでなく，およそ一般的に結果が発生し，行為との間に因果関係が肯定されてい

[†] この判例の前にも，下級審の中には，早すぎた結果実現について実行の着手を認めていたものがあった。たとえば**すりこぎ事件**（名古屋地判昭 44 年 6 月 25 日判時 589 号 95 頁）は，すりこぎで殴って気絶させた後に，自動車事故に見せかけて転落させる計画であったが，殴った後に意識を取り戻した場合について，殺人の実行の着手を認めている。また＊＊**最後の一服事件**（横浜地判昭 58 年 7 月 20 日判時 1108 号 138 頁）は，自宅家屋内で焼身自殺するつもりでガソリンを撒いた後，最後の一服を吸おうと思ってタバコに火をつけたところ，ガソリンに引火して火災に至った事例について，放火の実行の着手があったとした。

[††] 設例 1 のような場合，殺人の予備罪と過失致死罪であるが，単純過失致死罪（210 条）＝50 万円以下の罰金であれば，殺人予備罪（201 条）＝2 年以下の懲役の方が重く，観念的競合（54 条）（⇨9.3.3）によって，重い殺人予備の刑で処罰されることになる。

[†††] 林幹人『刑法総論』（2000 年）254 頁。なおこれと未遂犯における主観的違法要素としての故意を混同してはならない。未遂犯における故意とは，まさに既遂結果を意図したものとしての故意（既遂故意）だが，この場合の未遂の故意とは，既遂の結果の発生ではなく「未遂結果」の認識を意味しているものなのである。

ても，主観的な状況によっては未遂にとどまることを認めることになる。これは過度に故意に情緒的な内容を要求するものだといわなければならない†。

「遅すぎた結果実現」

「遅すぎた結果実現」というのは一般的ではないが，早すぎた結果実現の逆として，行為者が意図とした結果よりも遅く結果が発生する場合がある。これは，因果関係の錯誤の１つの類型である（因果関係の錯誤には，実際の発生時点が意図した時点よりも先である場合には限られない）。実際の判例では，**砂の吸引事件（絞殺したと思って砂浜に運んだところ，被害者は気絶していただけであって砂を吸引して死亡した事例。大判大12年4月30日刑集2巻378頁。）がある（⇨4.3.6, 6.4.6）。これらも，故意責任であるか過失責任であるかは，問題になるが，既遂の結果をもたらした因果関係がある以上は，「放置した」ことが実行行為ではある。

**ベランダ殺人事件（東京高判平13年2月20日判時1756号162頁）：被告人は，被害者である妻が不倫をしていると疑い，マンションの一室内で殺意をもって刃物で斬りつけて重傷を負わせたが，妻の弁明を聞くうちに気が和らぎ，一緒にガス中毒で心中しようと思っていたところ，被害者が隙をみてベランダから隣家づたいに逃げようとしたため掴まえようとしたが被害者が落下して死亡した事例。

判例は，心中しようとしたという第2の故意と，無理心中の意図で掴まえる行為と転落死の間の因果関係があることから殺人既遂罪の成立を認めている。

これは，最初の殺意からすると遅すぎた結果実現であり，後の殺意（無理心中）からすると，早すぎた結果実現だということになる。いずれにせよ，因果関係の錯誤について故意の符合を認めなければ，最初の斬りつけ行為は，殺人未遂，掴まえようとする行為は，過失致死罪，第2の殺害の意図については，実行行為

† 狭義の早すぎた結果実現を実行行為の問題だとするのは，実行行為を故意過失に共通の概念ではなく，実行行為につき，基本的には故意犯におけるそれのみを念頭におく見解（それは，まさに構成要件としての故意を肯定する立場に連なることになる）の帰結である。
　実行行為とは，構成要件における《行為》を言い換えたものにすぎず，故意過失に共通する概念だと考えれば，クロロホルム事件でも，銃の暴発事例でも，第1行為について少なくとも「過失致死罪の成立を認めることにはなるのであるから，実行行為はあり，故意が欠けるから過失致死罪になるにすぎない。
　このように考えれば，狭義の早すぎた結果実現の問題は，実行行為の問題ではなく，故意論の問題であり，因果関係の錯誤の一環として解決されるべきことになり，特別の問題領域としてとり上げる必要はないことになる。
　判例のように，因果関係の錯誤は故意を阻却しないとすると，「転落死させようと思ったところクロロホルムで死亡した」場合であるから，故意があることになり，故意の殺人罪が成立する。これに対して，因果関係の錯誤について，因果関係の認識が必要だとするならば，故意が欠けるから，あとは過失犯の問題となる。そして，クロロホルムを強制的に嗅がせて昏倒させることは傷害であり，その認識はあったのであるから，結論として傷害致死罪が成立することになる。

■ 4.2　構成要件の基本構造

もなければ，予備罪にとどまるといえよう。

4.2.7 構成要件的結果

行為と結果の関係　犯罪行為と結果の発生との関係について，一般的に①即成犯・②状態犯・③継続犯の区別があるといわれている。

①即成犯　**即成犯**とは犯罪行為が直ちに終了し，それによって，法益の侵害も終了するもので，殺人罪がその例としてあげられる。

②状態犯　**状態犯**は，犯罪行為は直ちに終って，その終了後も，法益の侵害が回復されないままの状態が続くものであり，窃盗罪などがその例である。

③継続犯　**継続犯**とは，これに対して，犯罪行為と法益侵害がある程度の期間継続する犯罪であり，たとえば，監禁罪がそれにあたる。

②状態犯については，不可罰的事後行為において意味をもつ。すなわち，状態犯である窃盗犯（235条）で，窃盗犯人が領得した贓物（＝盗品のこと）を破壊した場合，すでにその贓物については法益侵害として評価されつくしているから，改めて器物損壊罪（261条）は成立しないのである。これを不可罰的事後行為と呼んでいる（⇨9.2.5）。

②状態犯と③継続犯の区別は，**承継的共犯**との関係で意味をもつ。つまり，状態犯であれば，いったん正犯の犯罪行為が終了した後には加功することはあり得ないのに対して，継続犯では，監禁行為が開始された後に，それに加功すればなお，監禁の共犯になりうることになる。

208条の3（旧208条の2）の凶器準備集合罪につき，継続犯だと判示した最決昭45年12月3日刑集24巻13号1707頁は，共同加害行為開始後には同罪が成立しないとした第一審の判決（東京地判昭43年4月13日判時519号96頁）を破棄した原審を支持し，共同加害行為後も同罪が継続して成立していると判示した。（⇨8.6.4　承継的共犯）。

4.2.8　侵害犯と危険犯

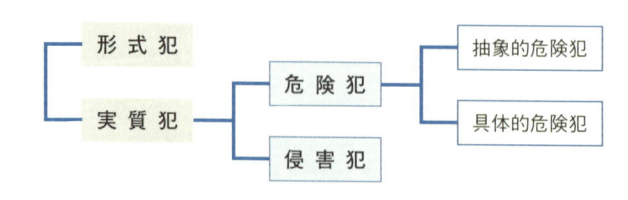

```
          ┌─ 形式犯
          │                    ┌─ 抽象的危険犯
          │        ┌─ 危険犯 ─┤
          └─ 実質犯┤           └─ 具体的危険犯
                   └─ 侵害犯
```

危険犯 　構成要件の要素としての結果（構成要件的結果）とは，法益の侵害ないし危殆化である。構成要件的結果が法益の侵害である場合を**侵害犯**，法益の**危殆化**である場合を**危険犯**［**危殆犯**］という。法益侵害の現実の結果が発生するのが侵害犯，法益侵害の危険性＝可能性があった場合が危険犯だといってよい。

　法益とは，法によって保護されている利益である。たとえば，殺人罪は，人の生命という法益を現実に侵害するものであるから，殺人罪は侵害犯である。これに対して，殺人未遂罪は，同じく保護法益は人の生命であるが，現実にそれが侵害された場合ではなく，人の生命が侵害される危険性ないし可能性があった場合である。

形式犯と実質犯 　保護法益を観念できる犯罪を**実質犯**，それを観念できない犯罪を**形式犯**という。**侵害犯**と**危険犯**は実質犯である。形式犯では，法益侵害ないしその危殆化を観念することができない。したがって，形式犯は，処罰すること自体が処罰根拠となっているような犯罪だということができる。刑法の機能について，法益の保護という実質的な根拠に求めようとするとき，形式犯という類型を認めることはできない。

　たとえば，ポルノグラフィーの処罰について，その処罰根拠が，具体的な法益に求めることができない場合には，形式犯であり，その処罰は憲法違反である（実体的デュー・プロセスの法理（⇨2.4.2　実体的デュー・プロセス）を認める立場であれば，31条違反，それ以外であれば，21条（表現の自由），11条・13条（基本的人権の尊重）違反）。しかしながら，ポルノグラフィーの規制（175条等）が，青少年の健全な発育等という《法益》の保護を観念できる場合には，実質犯でありうる。単純賭博罪（185条）についても，同様に，「勤労の美徳」がひいては，社会の経済発展の促進という《法益》の保護に資するものだとする説明が可能であれば，なお実質犯といえるが，その論理はかなり疑わしいものである[†]。

　自動車運転免許証の不携帯罪（道交法95条第1項・121条第1項10号）は，免許証を携帯していなかったからといって，交通の危険には影響はないと考えられるが，免許証を提示すべき場合（道交法95条第2項）等にその提示が困難となり，ひいては行政的な取締規制等の利益そのものが保護される《法益》であると考えられないわけではないから，実質犯と理解することは可能であろう。

[†] ドイツを始め単純賭博を不可罰としている立法例は少なくない。また，日本でも，パチンコ等については，実質的に賭博（しかも営業的な賭博）が事実上許容されているといってよく，むしろ，その規制が透明化されていないところに問題があるといってよい。

具体的危険犯・抽象的危険犯　危険犯はさらに，**具体的危険犯**と**抽象的危険犯**とに区別される。

具体的危険犯とは，危険の発生したことが犯罪成立の要件となっているような犯罪である。**抽象的危険犯**とは，そのような危険発生の有無が問題とされていないような犯罪である。

具体的危険犯　**具体的危険犯**とは，たとえば，建造物以外放火罪（110条）が，「前二条に規定する物以外の物を焼損し，よって公共の危険を生じさせた」場合を処罰するものである（同様の規定としては，非現住建造物浸害罪（120条第1項）および過失建造物等浸害罪（122条）の「公共の危険を生じさせた」，往来危険罪（125条第1項）の「汽車又は電車の往来の危険を生じさせた」等）。消極的に，つまり危険の不発生を不処罰としている場合，も同様である（非現住建造物放火罪（109条第2項）「公共の危険を生じなかったときは，罰しない」）。

＊**人民電車事件**（最判昭36年12月1日刑集15巻11号1807頁）
　　125条の「往来の危険」の意義に関し，旧国鉄時代，その職員が労働争議の一環として業務命令に基づかない電車を運行させた行為について，第1審が，往来の危険はなかったとした判断を破棄した原審を支持した事例。

抽象的危険犯　一方，現住建造物放火罪（108条）では，「（現住建造物等を）焼損した」だけで処罰しており，特に公共の危険の発生は要件ではなく，抽象的危険犯である。**抽象的危険犯**では，危険の発生が擬制されているといえる[†]。業務妨害罪（234条）は，「（威力により）業務を妨害した」場合を処罰するが，これも，人の業務意思を抑圧することが保護法益であり，その点については危険性で足り，現実に意思が抑圧されたことを要しないと解されている（最判昭28年1月30日刑集7巻1号128頁）。逆にいえば，そのような予定された危険が存在しなければ，構成要件該当性を否定するという形での危険判断を排除するものではない。たとえば，遺棄罪（217条，218条）は，抽象的危険犯とされるが，乳幼児を病院内に置き去りにする行為は，生命に対する危険性があるとはいえないから，同条にいう「遺棄」にはあたらないという解釈論は可能なのである[††]。

[†]　抽象的危険犯でも，危険の発生が犯罪の成立に一切の影響を与えないわけではない。「焼損」の程度が著しく低く，公共の危険を発生させたとはいえないような場合には，108条の「焼損」にはあたらない，という構成要件の解釈は可能であり，また望ましいといえよう。

[††]　こういった概念操作によって，一定の危険判断を行うことが可能な，抽象的危険犯を，特に**準抽象的危険犯**と呼ぶ。多くの場合，抽象的危険犯でも，危険判断は不可能ではないと思われるが，たとえば，道路交通法の速度超過罪（道交118条第1項1号・22条）の場合には，速度を超過したが交通の危険がなかった場合に，実際に処罰するかどうかは別として，「速度を超過していない」という概念操作は困難であるから，準抽象的危険犯ではないことになろう。

＊最決昭 55 年 12 月 9 日刑集 34 巻 7 号 513 頁は，厳寒期の千島列島海岸に座礁させた上，機関室内海水取り入れバルブを解放するなどして自力離礁能力を失わせた場合には，船体に破損が生じていなくとも，126 条第 2 項の艦船の「破壊」にあたると判示した。これは，逆に，物理的な損壊行為ではあっても航行能力に影響のないものは同条の「破壊」にはあたらないという抽象的危険犯における危険判断を排除するものではないと考えられる（同決定に対する，團藤裁判官と谷口裁判官の補足意見参照）。

<u>侵害犯と抽象的危険犯</u>　具体的危険犯は，構成要件上危険発生が要件となっている類型であるから，比較的その同定は容易である。しかし，侵害犯と抽象的危険犯との区別は，構成要件の規定上は困難であることも少なくない。たとえば，業務妨害罪（234 条）が，通常，危険犯だとされるのは，意思の抑圧を保護法益だと理解し，意思の抑圧はその危険性で足りるとされるからであるが，仮に，保護法益を，業務そのものと理解すれば，「業務を妨害した」場合を処罰するのであるから，むしろ侵害犯であるといえよう。

<u>抽象的危険犯と形式犯</u>　抽象的危険犯における危険性は，極めて希薄化された危険をも含みうる。そしてそれは，形式犯と境を接するものである。行政上の取締り目的が究極的には何らかの国民の福利厚生に結びつくはずのものだとすれば，立法された刑罰法規において法益との関連性を説明することは困難ではないであろう†。その意味では形式犯は存在しないということになる。ただし，その関連性の程度が，まさに問題となりうる。たとえば，国立公園内でのさんご石の採取の処罰は，国立公園という自然環境の保持が，ひいては国民の余暇の活用において必要な要素をなし，それが国民の心身の健康をもたらし経済活動の活性化をもたらす，等という法益への関連性が説明されるならば，なお実質犯であるということになる。動物保護虐待罪（動物愛護法 44 条）の保護法益は，一般に，被虐待動物それ自体が保護法益なのではなく，動物に対する社会一般の愛護感情が保護法益であると解されているが，そのような抽象化された《感情》では，具体的であるべき法益との関連性は極めて希薄だといわざるをえない。

<u>行為犯と結果犯</u>　構成要件は，行為と結果，およびその両者を結びつけるものとしての因果関係からなるのが原則であるが，行為だけからなる犯罪があるとされることがあり，これを**行為犯**［**挙動犯**］といい，結果が構成要件の内容である犯罪を**結果犯**とする場合がある。たとえば，住居侵入罪（130 条）

---

† 立法に際しての，このような実質的理由を**立法事実**と実務上呼んでいる。立法事実から法益を観念することは通常可能であろう。

や偽証罪（169条）は，それぞれ住居侵入行為，偽証発言という「行為」の存在で完結しており，行為犯だとされるのである。

　　形式犯と行為犯　　形式犯と行為犯は混同してはならない。行為犯であっても，法益を観念できるものがほとんどであり，実質犯である。その逆，すなわち形式犯は，たしかに行為犯であることが多いであろう。成人について飲酒行為を処罰する刑罰法規があったとすれば，それは行為犯である。しかし，法益を観念できない結果犯も観念できないわけではないから，形式犯は常に行為犯であるとはいえない。たとえば，自己所有物の損壊は原則として不可罰であるが，これを一律に処罰するような規定は，保護法益が存在せず形式犯だということになるが，しかし，通常の損壊罪が結果犯である以上，これも結果犯だということになる。

　　形式的な結果と
　　実質的な結果　　結果犯の場合の《結果》とは，行為とは区別された，その行為に因果的に招来される客観的な外界の変更状態という意味での《形式的な結果》であり，法益侵害ないし危殆化という《実質的な結果》とは異なっている。つまり，結果犯と行為犯における結果とは，形式的な事実としての結果である。行為犯では，形式的な結果は，行為に内在しているといってもよい。行為に結果が内在していることから，行為犯では，結果の不発生が観念できず，未遂を観念できないとする場合もあるが，必ずしもそうだとはいえない†。

4.2.9　結果的加重犯と客観的処罰条件

　　結果的加重犯　　**結果的加重犯**とは，傷害致死罪（205条）などのように加重結果の発生を条件として基本犯の加重類型として規定する犯罪をいう。傷害致死罪において基本犯は傷害罪であり，加重結果とは致死の結果である。基本犯が危険犯である場合には，加重結果はその危険の実現である場合が多い。ただし，たとえば列車転覆致死罪（126条第3項）のような場合，列車の転覆に内在する公共の危険の全部の実現は必ずしも必要ではなく，たとえば1人の死亡だけでもこの致死罪は成立する。基本犯が侵害犯の場合であってもその基本犯に内在する危険実現が加重処罰の根拠となりうる。

　問題は，結果的加重犯の加重処罰が，基本犯と，加重結果についての過失犯の観念的競合（54条⇨9.3.3）以上に重く処罰していることが正当化されるかである。特に強盗致死罪（240条後段）については，法定刑が死刑と無期懲役しかなく，

その加重が過重ではないかが問題となりうる[††]。

具体的危険犯と客観的処罰条件　客観的処罰条件とは，犯罪の成立後にその犯罪の処罰を可能とする，行為者の行為の因果性からは独立した一定の事実の発生ないし不発生のこと，である。たとえば，詐欺破産罪（破産265条）における「破産手続開始決定の確定」や，事前収賄罪（197条第2項）における「公務員になったこと」が，客観的処罰条件だとされる。

犯罪の成立後の一定の事実であっても，行為者の行為の因果的結果であれば，なお構成要件的結果の一部であり，客観的処罰条件とはいえない。つまり，具体的危険犯における，公共の危険発生とは，まさにこの，因果的結果に属するのである。同様に，結果的加重犯の加重結果も，基本犯の因果的結果であって，加重結果の発生は，それが欠ければ処罰できない客観的事実の発生ではあっても，行為者の行為の因果的結果にすぎないから，客観的処罰条件ではない。

つまり，客観的処罰条件は，客観的要素であるが構成要件要素ではないものである。

《客観的処罰条件は構成要件に属さない》ということの趣旨は，特に，故意の対象としての構成要件を論ずるに際して意味がある。つまり，一般に，故意は客観的処罰条件の認識を含まないとされるからである（⇨6.4.2）。

[†]　偽証罪には未遂処罰規定がない（169条）が，住居侵入罪には未遂処罰規定がある（132条）。侵入行為にも時間的な幅があり，侵入行為を開始したがその完了以前に止めたような場合には，住居侵入未遂がありうることになる。同様に，不作為犯は，行為犯であり，やはり未遂は観念できないとされることもあるが，作為義務の発生とその履行との間に一定の時間的な間隔があれば，なお，未遂を考えることはできる（⇨7.1.3　不作為の未遂）。

[††]　なお2001年の改正により，刑法208条の2の**危険運転致死傷罪**が新設されたが，これは危険運転行為が実質的に暴行と同視できることから暴行致死罪＝傷害致死罪に準じた法定刑を設けているものである。

4.3 因果関係

4.3.1 総　説

> **設例**　乗用車を運転していたXは，高速道路上を走行中，トレーラー運転手のAに執拗に停止を求め，A車と自車を追い越し車線上に停車させ喧嘩をはじめたが，Aが警察に連絡したと誤解して逃げ去った。AはXが立ち去った後，トレーラーを発進しようとして，エンジンキーなどを探す等，もたついていた間（約7,8分間）に，B運転の乗用車がトレーラーに追突し，Bが死亡した（***高速道路喧嘩事件（最決平16年10月19日刑集58巻7号645頁）参照）。

定　義　一般的に，2つの与件の間に何らかの《原因−結果》関係があるとき，**因果関係がある**という。**刑法上の因果関係**は，（構成要件的）結果と行為者の行為との間の因果関係であり，それは，結果に対する**客観的帰責**，すなわちその結果は誰の行為によって引き起こされたのかという判断に他ならない。

たとえば，「人の死亡」は殺人罪（199条）・過失致死罪（210条・211条）等の構成要件的結果であり，その結果をもたらしたのが誰の行為であるのかを確定するために因果関係の存在が必要なのである。

客観的帰責は主観的帰責としての「責任」（⇨6.1.1）**とは異なる。**

設例のBの死亡結果については，むしろAのもたついている行為が原因であるかのように考えられよう。実際に，この事件においてAも別訴で起訴され有罪が確定している。しかし最高裁は，この事例について，Aの行為は，Xの行為から誘発されたものだとして，Xが自車とA車を停車させた行為についてB死亡についての因果関係を認めている。

学　説　因果関係について刑法典に規定はない[†]。刑法上の因果関係の判断の方法については，**条件説**，**相当因果関係説**，**客観的帰属論**などの見解の対立がある[††]。

理論状況　学説の多数説は，かつては予見可能性を中心概念とする相当因果関係説であったが，現在ではそれはゆらいでいる。下級審の判例の中には，

[†]　公害罪法5条には因果関係の推定規定があるがこれは例外的な規定である。
[††]　この他，**原因説**なども存在する。原因説は具体的な違法結果への因果的原因を確定する作業を因果関係の本質と考えるものであって，**個別化説**の一種である。つまり，個別化説では結果発生を起点として，遡及的にその原因となるべき行為の確定の個別的妥当性を問題とするものなのである。これは，条件説や，相当因果関係説，さらには，客観的帰属論が，原因行為の結果発生への一般的妥当性を問題とする**一般化説**によるのとは，正反対の発想に立つものである。原因説に対しては1つの結果への原因は無限に存在し，それらのうちのすべてが等価とならざるをえない（**等価説**）との批判がある。

相当因果関係説ないし，それに近い立場のものもある。しかし，判例の主流は基本的には条件説だとされてきたが，条件説的言辞を用いているとは限らず，むしろ特定の学説に依拠するものではないと理解されている。最近は因果関係に関する重要な判例があいついでいるが，それらの判例の論旨は，少なくとも相当因果関係説ではその結論を導くことが困難であるものも少なくない。

4.3.2 条 件 説

条件説 **条件説**とは，**条件関係**があれば因果関係があるとする見解をいう。条件関係を判断するのが**条件公式**である。

条件公式は，**コンディチィオ公式**ともいわれる。「*conditio sine qua non*；コンディチィオ・シネ・クヴァ・ノン＝**あれなければこれなし**」の関係，つまり，その行為がなかったらその結果も発生しなかったであろうという関係がある場合に，条件関係があるとするのである。

たとえば，ピストルの弾を発射した場合，そのピストルの弾を発射しなければ，被害者が死亡しなかっただろうということが明らかであれば，ピストルの発射行為と被害者の死亡との間には因果関係があることになる。

条件説の問題性 しかし，条件説では，たとえば，犯罪者の母親の出産も過去に遡ってその犯罪の原因だということになりかねない（**犯罪者の母親事例**）（「その子供を産まなければ，その犯罪は発生しなかったであろう」といえるからである）。また，けがを負わせて被害者が入院したが，その病院が火事になって焼死したような場合（**病院の火事事例**），やはり当初の行為から将来へ向けた遠い結果についても，やはり条件関係がありうることになる。以上から，条件説では，その帰責範囲が広きに失することになる。

因果関係の中断論 **因果関係の中断論**とは，条件説による問題性を解決する修正論理の1つである。すなわち，因果経過の途中において，第三者ないし自然の行為が介入して結果が発生したような場合を，因果関係が中断したとして，最初の行為と結果との間の因果関係を否定する。病院の火事事例で，当初のけがを負わせた行為と，被害者の病院での焼死との間に，たとえば病院職員の失火行為があれば，因果関係は中断するということになる。

しかし，当初の行為による結果であるのか，介入行為による結果であるのかは，まさに因果判断に他ならない（被害者が被告人により加えられた火傷の苦痛から水中に飛び込んで心臓麻痺で死亡したことは因果関係を中断しないとした，大判昭2年9月9日刑集6巻

343頁)。中断論が結論の先取りだと批判されるのはこの点にある。

故意・過失による帰責限定　条件関係によって因果関係を肯定しても，それが直ちに刑事責任＝犯罪が成立するわけではない。そして多くの場合，広がりすぎた因果関係は，故意または過失が欠けるから，有責性が欠け，犯罪が成立しないこともありうる。たとえば，犯罪者の母親事例では，出産の時点で生まれてきた子供が将来犯罪を犯すことについての認識ないし予見はないのが通常であろうし，その可能性もないであろう。そうであれば，仮にその子供が犯した犯罪結果について因果関係があるとしても，故意・過失が欠けることによって犯罪は成立しないのであるから因果関係の広がりすぎは，あまり問題にならないとする指摘がある。

しかし，この故意・過失による帰責の限定も，限界がある。結果的加重犯については，判例は加重結果については過失を不要としており，因果関係の錯誤でも故意は阻却されないとするから不都合が生じるのである。

論理的矛盾　そもそも条件「公式」自体が，その論理的な整合性を一貫させることができるのかどうかが問題となりうる。それが，①択一的競合と，②仮定的因果関係である。

①択一的競合　択一的競合とは，独立した２つの原因のどちらを取り去ったとしても同一の結果が発生する場合をいう。

たとえば，被害者Ａに対して，ＸとＹがそれぞれ独自に，Ａの飲み物に致死量に達する毒薬を混入させたような場合（これを**同時犯**という），Ｘが毒薬を混入させなくとも，Ｙの毒薬でＡは死亡したであろうといえるから，条件公式を満足せず，したがって，Ｘの行為とＡの死亡との間の条件関係は存在せず，このことはＹについても同様であるから，結局Ｘ，Ｙともに，結果に対して帰責されないということになってしまう（ＸとＹの間に共犯関係がないことが前提である）。ところが，仮に，ＸとＹがそれぞれ致死量の70％の毒薬を混入した場合には，Ｘが毒薬を飲ませなければＹの毒薬だけではＢは死亡しなかったといえるから，条件公式が満足され，そのことはＹについても同様であって，今度は，ＸもＹもＡの死亡結果について帰責されることになる（このように，２つの独立した原因によって初めて結果が発生する場合を，**重畳的因果関係**という）。毒薬を致死量与えた方が因果関係はなく，致死量未満だと因果関係が肯定されるというのは，明らかに背理であろう。

②仮定的因果関係　有名な**死刑囚事例**といわれるものがある。これは，殺人犯に対する死刑執行人が，電気椅子のボタンを押そうとしたまさにその瞬間に，被害者の父親が，その執行人をおしのけて，みずからボタンを押した場合，父親が押さなかったとしても執行人によって，死刑が執行されたであろうから，ボタンを押さなかったとしても死の結果は避けられず，したがって条件関係はないということになってしまう。これが**仮定的因果関係**といわれるものである。

そこで条件説側からは，仮定的因果関係のような判断を排除するために「**付け加え禁止**

原則」が修正原理として加わる。付け加え禁止原則とは、「その行為がなかったならば」という条件公式の判断に、実際には発生しなかった条件を積極的につけ加えてはならないというものである。「被害者の父親がボタンを押したこと」を取り去ることはできても、それ以上に「死刑執行人がボタンを押す」という付け加えはしてはならない、とするのである。しかし単なる取り去った場合の仮定的判断には常に何らかの事情が付け加わっていることを否定できないであろう。父親がボタンを押さなければ「誰も何もしない」という事情も、一種の付け加え以外の何物でもないからである†。

論理的結合説 これらの条件関係の問題について、近時有力に主張されつつある、**論理的結合説**という立場は、条件公式自体が、事実的判断ではなく規範的判断そのものであり††、条件公式における仮定代替条件［代替原因］（＝「あれなくば」）には、積極的に合義務的な行為を想定しうると主張する†††。すなわち、結果回避可能性（⇨4.3.7）も、この条件判断そのものだというのである。そして、たとえばXがAを殺害したが、もしそれに失敗したらYが殺害していたであろうという条件は、違法な行為であるから合義務的でなく、仮定条件として措定できないというのである。そうだとすると、**死刑囚事例**では、死刑執行人の執行は合義務的であって父親については条件性が否定されなければならない††††。

4.3.3 相当因果関係説

日本の相当因果関係説 **相当因果関係説**は、広義には、経験則上、その行為からその結果が生じることが相当である、ないしは、その結果の

---

† なお、「仮定的」因果関係は、適法行為を想定するという意味で、結果回避可能性の理論と重なる。結果回避可能性の理論は、仮に義務に適合した（＝適法な）行為がなされたとしても、同一の結果が生じたであろう（仮定的判断）場合に、因果性を否定する論理である。しかし、**合義務的な代替行為**の設定自体が極めて恣意的である（⇨4.3.7）。
†† 町野朔『刑法総論講義案I』第2版（1995年）153頁。
††† 山口厚『刑法総論』第2版（2007年）55頁。
†††† 一方、条件公式を、事実的因果判断の1つの判断方法と理解しつつ、それだけが、唯一のものではないと考えるのが、**合法則的条件説**である。この見解は、結果と行為との間に経験則その他の一般法則によって合理的に説明できるならば、事実的因果関係があるといってよいとする見解である。しかし、この考え方が成立するには、どうやって、最初に、「その《行為》を取り上げることができるのか」について明らかにしていない。つまり、おそらくは、一定の危険性のある行為を取り上げて、それが結果もたらしたという一般的因果法則があるかどうかだけを検証しようとするものなのである。したがって、この合法則的条件説も、事前の危険＝広義の相当性を前提とする限りでは、一般化説であるにすぎないことになる。そしてまさに合法則的条件説は、相当因果関係説による因果範囲の規範的限定を肯定する。

原因として相当と考えられる行為について，その行為と結果との間の因果関係を認める見解である。単に**相当説**という場合もある。しかし，通常は，狭義の相当因果関係説，すなわち，条件関係を前提として，その広がりすぎる因果関係を「因果関係があるとするのが相当だと考えられる」範囲内のものに限定しようとするものを意味する。つまり，狭義の相当因果関係説とは条件説の修正理論である。日本の学説の主流は，この狭義の相当因果関係説であった†。

判 例 判例は，少なくとも最高裁は，相当因果関係説をとってはいない。ただし，唯一，相当因果関係説を採用したとされる最高裁判例が，＊米兵ひき逃げ事件（最決昭 42 年 10 月 24 日刑集 21 巻 8 号 1116 頁）である。本件では，被告人が引き起こした交通事故の被害者を，同乗者が走行中の自動車の屋根から引きずり降ろし路上に転落させたことが「われわれの経験則上当然予想」できず因果関係が否定されるとした。この予想できなかったとする判断に対しては批判が強い。そして，この米兵ひき逃げ事件の 4 年後，最高裁は，相当因果関係説に立って因果関係を否定した原審の判断を破棄して，相当因果関係説によらないことを確認した（＊蒲団むし事件（最判昭 46 年 6 月 17 日刑集 25 巻 4 号 567 頁）⇨4.3.6）。

判断基底と判断基準 相当であるかどうかは，基本的には，その行為からその結果が生じることが相当であるといえるかどうか，逆に言えば，その結果の原因として相当と考えられる行為であるかどうか，である。相当因果関係説における相当性の判断について，**判断基底**と**判断基準**とに分けて論じるのが一般的である。**判断基底**とは，相当性判断の対象とするべき事実的な事情の問題であり，**判断基準**とは，その因果経過が相当であるかどうかの判断の基準である。そして，従来は，因果関係の問題は，判断基底をめぐる対立が重要であると

---

† この立場からは，条件関係をもって**事実的因果関係**とし，相当因果関係を**規範的因果関係**と理解する。しかし，条件関係における代替行為の設定は規範的判断に基づくのであり，純粋な事実的因果関係とはいえない。もっとも，広義の相当因果関係説，すなわち，条件関係を前提とせず，「相当性」そのものによって因果性を判断しようとする見解もないわけでない。たとえば，相当性判断そのものとして，介在事情について，①介在事情がない場合の結果発生の確率の大小，②介在事情の客観的異常性の程度，③介在事情の結果発生への寄与度，の 3 点から相当性を判断し，帰責させることが相当と認められるかどうかを判断すべきだとする見解（前田雅英『刑法総論講義』第 4 版（2006 年）180 頁）がある。論者は，X が A に傷害を負わせ，医師 Y の治療を受けたところその医師の医療過誤により A が死亡したような場合に，医師の治療行為は異常性が小だとする。しかしながら，傷害を負えば医師による治療を受けるのは通常とはいえても，医師の医療過誤等が異常ではないかどうか，がまさに問題になるべきように思われる。「医師の治療は通常死の主因にならない」というのも，主「因」という因果判断を先取りしているといわざるをえないであろう。また，論者の立場に従ったとしても，医師の治療に過誤があった場合，常に，医師 Y に帰責させることができないというものでもなかろう。

されてきたのであった。

判断基底 　**判断基底**とは，相当性判断の「資料の範囲」の問題である。そして，主としてこの判断基底の観点から，相当因果関係説は，**主観的相当因果関係説**，**客観的相当因果関係説**，**折衷的相当因果関係説**，とに分かれる。

主観的相当因果関係説 　**主観的相当因果関係説**は，行為者の認識し，認識しえた事情を判断基底とするものである。しかし，客観的判断であるべき因果関係について行為者の認識を基本にする主観的相当因果関係説はほとんど支持者はいない。

折衷的相当因果関係説 　**折衷的相当因果関係説**は，行為者の特に認識していた事情と一般人が認識しえた事情を判断基底とするものである。一般人については「認識し得た」事情を問題とするのは，現実にそのような状況に置かれていた場合を想定せざるをえないからである。行為者の認識（特に認識していた事情）と一般人の予見可能性（認識しえた事情）が食い違ったときについて，どうなるのかは，折衷的相当因果関係説において明確な説明がなされてきたとはいえない。

客観的相当因果関係説 　**客観的相当因果関係説**といわれるものにもさまざまなものがありうるが，一般的に主張されているのは，行為時に存在したすべての事情と，行為後に発生した一般人において認識可能な事情を判断基底にいれるものである。行為者自身が現に認識した（または行為者の認識しえた）事情を考慮しない点で，主観的相当因果関係説，折衷的相当因果関係説と異なる。また，行為時の事情と行為後の事情を区別する点でも，他の相当因果関係説にはない特徴をもつ。この，行為時と行為後を区別する点について，行為時だけではなく行為後についても発生したすべての事情をいれてしまえば，判断基底についての限定がなくなり，条件説と何ら変わるところはなくなるからという説明がなされることがある。しかし，これは消極的な説明であって本質的にその見解の正当性を説明しうるとは思われない。なぜなら，相当性判断は，判断基底とは別個に，条件関係に対して因果関係を制限する方向すなわち，相当性が欠けることを理由に因果関係を否定するという判断を導くことは，可能だからである。

相当因果関係説の危機 　近時になって，最高裁の幾つかの判例が出され，そこでは，行為後に発生したが，一般人も予見できないような介在事情があったのにかかわらず，因果関係を認めた事例があいついだ。そして相当因果関係ではその結論を正当化することは困難と思われるにかかわらず，その結論

を学説も支持すべきだと考えるに至ったのである。

最近の判例は，相当因果関係説よりも，むしろ，**危険創出**と**危険実現**を区別する，**客観的帰属論**の影響を受けているといえる。

4.3.4　客観的帰属論

<ドイツの客観的帰属論>　ドイツでは，条件説が主流であって，相当因果関係説はむしろ少数説であったから，相当性判断とは別の，客観的帰責の成立範囲の制約原理が求められた。今日，有力に主張されているのが，**客観的帰属論**である。

客観的帰属論は，客観的帰責の中に，因果関係とは別の，客観的帰属という新たな概念カテゴリーを設定することによって解決しようとするものである。つまり，因果関係については条件関係によって完結し，因果関係とは別の，構成要件要素としての客観的帰属を論じるというのが，現在のドイツでの議論の仕方である。

客観的帰属の有無を決定するための道具概念としては，**規範の保護目的論**，**自己答責性理論**，**遡及禁止論**（その他に**危険増加の理論**，**規範の保護範囲の理論**，等）等があり，これらは併用されうる[†]。

<規範の保護目的論>　規範の保護目的論も，さまざまなバリエーションがあるが，基本的には，①法規範に違反した危険な行為がなされ（**危険創出**），②発生した結果がその危険の実現であるといえるか（**危険実現**），という2つの判断から，発生結果が侵害された規範の保護範囲に結果の客観的帰属を認めようとするものである。

たとえば，1957年BGH（ドイツ連邦通常裁判所）の**トレーラー事件**（BGHSt 11, 1）では，トレーラーが追い越し行為をするのに道路交通法で定められた間隔（1ないし1.5 m）に違反して，75cmの間隔で自転車を追い越し，自転車の運転者がトレーラーの下に倒れ込み，頭部を轢かれて即死した事例であるが，仮に法定間隔をとっていたとしても，同じ結果であったであろうという場合であった。この場合について，BGHは，義務に合致した行為があっても結果が発生したであろう場合については，「因果関係がない」としたのであった。

[†] 客観的帰属論について詳しくは，山中敬一『刑法における客観的帰属の理論』（1997年）を参照のこと。

規範の保護目的論では，当該義務行為（**合義務的（代替）行為**ないし**適法行為**）が行われたとしても，同様の結果が発生したような場合には，当該義務違反を規定する規範はその目的を達成できないことになり，その行為を帰属させることはできないと考えるものである。そして，追い越しに際して交通弱者との間隔を一定程度確保することを義務づける規範の目的は，その法定間隔を守ったとしても同じ結果が発生したことにより，無意味になっているというのである（⇨4.3.7，6.6.5）。

自己答責性論　　**自己答責性原理**とは，有責な状態で自己決定できる状態にありながらあえて自分がもたらした結果については，その結果を引き受けなければならないとする理論である（危険引き受けも自己答責性の１つである。⇨5.3.6）。

遡及禁止論　　また最近では，日本でも，フランク（Frank；1889-1957）の主張した遡及禁止論を復活させようとするものがある。**遡及禁止論**とは，自己答責的な自己決定による故意行為が存在する場合には，それ以前に遡及する行為は原因から排除するというものであり，客観的帰属論の一種だということができる。しかし，いわゆる第三者介入行為について，後の行為が，故意行為であったかどうかで，帰責させる対象は異なることになる。たとえば病院の火事事例（⇨4.3.2）で，火事の原因が放火であるか失火であるかで，当初の交通事故の加害者に，被害者の焼死の結果を帰属させるかどうかが決まるというのは，不合理であろう†。つまり，遡及禁止論はそれを認めるとして故意正犯行為の因果関係についてのみ妥当する論理であり，因果関係を構成要件論の問題――それは故意犯・過失犯に共通する――だとする前提に反するのである。

4.3.5　最近の判例の判断構造

相当因果関係説の動揺と判例の事例　　判例が，どのような学説の見解に依拠するのかは，必ずしも明らかではなかった。しかし，行為「後」の事情について，特に，第三者や被害者自身の介入行為・介入事情について，予見を前提とする相当因果関係説では，予見が困難であることから因果性を否定せざるをえないが，

---

† ****大阪南港事件**（⇨4.3.5）でも，第２暴行が被害者の致死を認識しながらの行為であれば，それがいかに致死への影響が少ない行為であっても因果性が肯定されるが，逆に，致死の影響力が著しく高くとも，故意がなければ，第１行為に帰責させるべきことになるであろう。

実質的判断として，因果性を肯定すべきべき事例が指摘されるに至った[†]。

そのような事案に関する判例として，**大阪南港事件**と**夜間潜水訓練事件**がある。

大阪南港事件　①**大阪南港事件**（最決平2年11月20日刑集44巻8号837頁）
被告人は，夕刻に被害者の頭部への暴行と心理的圧迫等により内因性高血圧性橋脳出血を発生させて意識消失状態に陥らせた（第1暴行）後，同人を大阪南港の資材置場に自動車で運搬して放置して立ち去ったところ，被害者は，翌日未明，同所で死亡するに至った。ところで，右の資材置場において，うつ伏せの状態で倒れていた被害者は，その生存中，何者かによって角材でその頭頂部を数回殴打されている（第2暴行）が，その暴行は，既に発生していた内因性高血圧性橋脳出血を拡大させ，幾分か死期を早める影響を与えるものであった。

判旨：「このように，犯人の暴行により被害者の死因となった傷害が形成された場合には，仮にその後第三者により加えられた暴行によって死期が早められたとしても，犯人の暴行と被害者の死亡との間の因果関係を肯定することができ」る。

この場合，第1暴行と第2暴行とが相まって発生した死亡結果が現実に発生した結果である。そうだとすると，相当因果関係説における予見可能性の判断には，この第2暴行の介入を含める必要があるが，そのような予見は不可能である（逆に予見が可能だとするなら，放置後に自動車に轢かれるとか，落雷にあうといったような事情も予見可能だということになるはずであり，予見可能性の限定機能はほとんど失われることになってしまうであろう）。

夜間潜水訓練事件　②**夜間潜水訓練事件**（最決平4年12月17日刑集46巻9号683頁）
被告人は，補助者とともに夜間のスキューバダイビング訓練を実施したが，初心者である被害者は他の訓練生・補助者とともに，潜水の最中に被告人に取り残され，補助者の指示に従って水中移動する最中に空気を使い果たして溺死した。

判旨：被告人が受講者らを見失うに至った行為は，「それ自体が，指導者からの適切な指示，誘導がなければ事態に適応した措置を講ずることができないおそれがあった被害者をして，海中で空気を使い果たし」，「でき死させる結果を引き起こしかねない危険性を持つものであり」，「被告人を見失った後の指導補助者及び被害者に適切を欠く行動があったことは否定できないが，それは被告人の右行為から誘発されたものであって，被告人の行為と被害者の死亡との間の因果関係を肯定するに妨げない」。

判例の判断の構造　**大阪南港事件**では，第1暴行およびそれによる「内因性高血圧性脳橋出血」，**夜間潜水訓練事件**では，「受講生を見失う行為」

[†]　いわゆる相当因果関係説の危機。曽根威彦『刑法総論』第3版（2000年）87頁。

は，それぞれ被害者の死亡をもたらすべき危険性がある行為であり，その他の事情（**大阪南港事件**では，第2暴行，**夜間潜水訓練事件**では，指導補助者と被害者の不適切な行動）は，その危険が実現する結果に影響を与えたとしても，むしろ，それは，結果を幾分早めるか（**大阪南港事件**），ないしは被告人の行為から誘発された（**夜間潜水訓練事件**）だけであって，因果関係を否定することにならないとしている。

つまり，ここでは，（行為に内在する）**危険創出**とその**危険実現**（因果関係）という判断構造が志向されている†。そして，危険実現については，相当因果関係説における相当性判断には依拠していない。

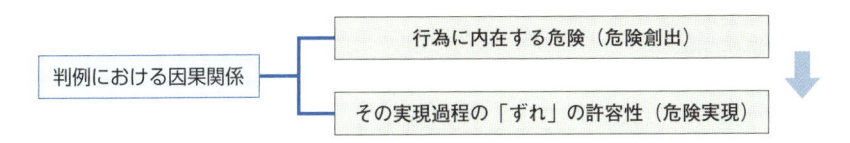

```
判例における因果関係 ─┬─ 行為に内在する危険（危険創出）
                      └─ その実現過程の「ずれ」の許容性（危険実現）
```

最新の判例　上記の2判例で示された，最高裁判例の傾向は，さらに最近の判例でも踏襲されているといえる。

③****被害者自身による治療妨害事件**（最決平16年2月17日刑集58巻2号169頁）

傷害の被害者が病院で安静に努めなかったことが治療効果を減殺したとしても致死の結果について因果関係があるとした事例。「被害者の受けた前記の傷害は，それ自体死亡の結果をもたらし得る身体の損傷であって，仮に被害者死亡の結果発生までの間に，……被害者が医師の指示に従わず安静に努めなかったために治療の効果が上がらなかったという事情が介在していたとしても，被告人らの暴行による傷害と被害者の死亡との間には因果関係がある」（下線引用者）としている。

④****高速道路喧嘩事件**（最決平16年10月19日刑集58巻7号645頁）（⇨4.3.1の設例）

高速道路を通行中に，自車と他のトレーラーを追い越し車線上に停車させ，走行方法などについてトレーラー運転手と喧嘩して引き上げた後，トレーラー運転手が発進にもたついている間に被害者が運転する乗用車が追突して，被害者と同乗者が死傷した事例。「被告人の本件過失行為は，それ自体において後続車の追突等による人身事故につながる重大な危険性を有していたというべきである。そして，本件事故は」「少なからぬ他人の行動等が介在して発生したものであるが，それらは被告人の上記過失行為及びこれと密接に関連してされた一連の暴行等に誘発されたものであったといえる。そうすると，被告人の過失行為と被害者らの死傷との間には因果関係があるというべきである」（下線引用者）。

---

† これは，一般化説そのものである。一般化説については⇨4.3.1　脚注。

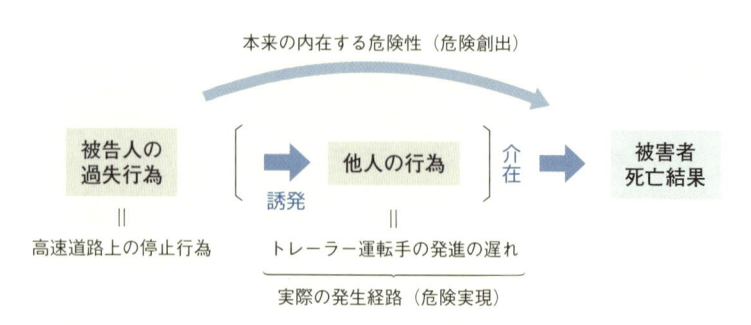

```
            本来の内在する危険性（危険創出）
   ┌──────────────────────────────────────┐
   │                                      ▼
┌──────┐      ┌──────┐       ┌──────┐
│被告人の│  ➡  │他人の行為│ 介  ➡ │被害者 │
│過失行為│ 誘発 │      │ 在    │死亡結果│
└──────┘      └──────┘       └──────┘
   ‖              ‖
高速道路上の停止行為  トレーラー運転手の発進の遅れ
            実際の発生経路（危険実現）
```

⑤＊＊**高速道路進入事件**（最決平 15 年 7 月 16 日刑集 57 巻 7 号 950 頁）

長時間の暴行の末逃げ出した被害者が高速道路に進入して車に轢かれて死亡したもの。「被害者が逃走しようとして高速道路に進入したことは，それ自体極めて危険な行為であるというほかないが，被害者は，被告人らから……執拗な暴行を受け，被告人に対し極度の恐怖感を抱き，必死に逃走を図る過程で，とっさにそのような行動を選択したものと認められ，<u>その行動が，被告人らの暴行から逃れる方法として，著しく不自然，不相当であったとはいえない</u>。そうすると，被害者が高速道路に進入して死亡したのは，被告人らの暴行に起因するものと評価することができるから，被告人らの暴行と被害者の死亡との間の因果関係を肯定した原判決は，正当として是認することができる」（下線引用者）。

以上の③～⑤判例でも，行為に内在する危険の存在それ自体と，その危険が現実化する過程において，他の事情・状況がどのように作用したかを判断している。ここでは，一般人の予見・予想といった，相当性判断は行われてはいない。

もちろん，危険創出から，その危険実現との「ずれ」が相当であるかどうか，を問題にしているとすれば，それが相当性判断なのだという理解も不可能ではないが，それは従来主張されていた，日本の相当因果関係説とは《全くの別物》なのである†。

4.3.6　因果関係の個別的検討

従来から因果関係において特に問題とされてきたのは，[1]行為時における特殊事情の存在，[2]第三者による介入行為，[3]被害者自身の行為の介在，[4]行為者自身の事後的行為などであった。

[1]**特殊事情の存在**　　当初，相当因果関係説が念頭においていたのは，被害者の特異体質などの特殊事情の存在についてであった。判例は，特殊事

情が存在しても結果的加重犯の重い結果（特に傷害致死罪の致死の結果）について一律に因果関係を肯定してきたからである。

たとえば，通常なら全治10日に相当する暴行であったが，脳梅毒により脳に強度の病的変化があったために死亡させるに至った場合について，判例は，「被告人が行為当時その特殊事情のあることを知らずまた予測もできなかったとしても」因果関係を認めることができる（＊**脳梅毒事件**（最判昭25年3月31日刑集4巻3号469頁））とした。同様に，暴行により被害者が急性心臓麻痺を起こして死亡したが，被害者の心臓・循環器の病変があったことから，極めて軽微な外因により心臓機能の障害を起こすような状況にあったが，行為者はもちろん被害者自身もおそらく知らなかったであろう場合についても，因果関係を認めた（＊**蒲団むし事件**（最判昭46年6月17日刑集25巻4号567頁） ⇨4.3.3）。

また，最決昭49年7月5日刑集28巻5号194頁は，被告人によって暴行を加えられた被害者（81歳）について，その暴行によって生じた血胸の治療のために医師がステロイド剤を投与したところ，生体の状態では認識できなかった結核性の病巣があったことによって循環障害を引き起こした上で死亡したことについて，相当因果関係説によって因果関係を否定した原審を破棄し，「被告人の暴行に基づく結果が，被害者の他の特別な病変とあいまって致死の結果を生ぜしめたものと解される以上，当該暴行と致死の結果との間に因果関係を認めることができる」と判示し，相当因果関係説を否定している††。

2 **第三者介入行為**

人夫請負業の被告人Xは，人夫Aを殴打し重症の脳震盪（のうしんとう）を起こさせたが，その後，Xの雇い人Yら2名が，Aを川に投げ込んだところ，重症の脳震盪のため反射能力が喪失したことにより，深さ8寸内外の水中より首を持ち上げる力を失って溺死した。大審院は「犯人ノ傷害行為ハ」「致死ナル結果ノ共同原因ノ一ニ外ナラ」ないから，「縦令（たとい）其ノ脳震盪カ未タ死ノ直接ノ原因トハ為ラサリシトスル

---

† 最近の判例で，＊**トランク監禁追突事件**（最決平18年3月27日刑集60巻3号382頁）は，被告人が被害者を車の後部トランク内に監禁して，その後仲間と落ち合うために片側1車線でほぼ直線の見通しのよい道路上で停車していたところ，後方から前方不注意により直前まで約60キロメートル毎時の高速で進行してきた他車に衝突され，同被害者が死亡したという事例について，「被害者の死亡原因が直接的には追突事故を起こした第三者の甚だしい過失行為にあるとしても，道路上で停車中の普通乗用自動車後部のトランク内に被害者を監禁した本件監禁行為と被害者との間の因果関係を肯定することができる」としている。しかし，そこでは判断の根拠は明示されてはいない。この場合，見通しのよい直線道路上でトランク内に停車して監禁している行為の（被害者の致死の）《危険性》は，④＊**高速道路喧嘩事件**の，高速道路の走行車線上に喧嘩相手を停車させる行為の危険性と比較してもかなり低いものであるといわざるをえない。判旨は，車線上でトランク内に監禁していることの危険性を強調したかったのかもしれないが，たとえば，車内座席上に監禁していたとしても，結果として追突すれば，（危険実現としての）危険性があり，その結果，因果性が肯定されうることにもなろう。因果判断における危険実現としての危険性の程度が，この判例ではあまりに低い水準で設定されているように思われる。

†† 特殊事情の存在は，必ずしも因果関係を否定することにはならない。特に予見可能かどうかは過失の問題であるといえよう。

モ更ニ事後ニ於テ第三者ノ其ノ被害者ニ与ヘタル暴行ニ因ル致死ノ結果ノ発生ヲ助成スル関係アリタル以上ハ犯人ハ当然傷害致死ノ罪責ヲ負」うべきであるとした（大判昭5年10月25日刑集9巻761頁）†。その他，医師の治療行為の介在の場合について，医師の過失行為があったとしても因果関係ありとしたもの（大判大12年5月26日刑集2巻458頁）や，暴行によって脳死状態に陥った患者の人工呼吸器の取り外し措置があったとしても因果関係はあるとしたもの（大阪地判平5年7月9日判時1473号156頁）等がある。

③被害者の行為の介在†† 　前掲（判例③）・**被害者自身による治療妨害事件，前掲（判例⑤）**高速道路侵入事件等の判例†††で指摘されるように，被害者自身の行為が，行為者の行為によって「誘発」されたことのみが因果性判断のポイントだとすると，たとえば強姦の被害者が，被害を恥じて自殺したような場合も，誘発性を理由に因果性を肯定せざるをえないことになってしまうのではないかとの疑問がある。

　被害者の行為と行為者の行為との間に，結果への因果性について排他的関係があるならば，被害者自身の行為と結果との因果関係が肯定されれば，行為者の行為と結果との因果関係が否定されることになろう。客観的帰属論における自己答責性の理論はまさにそのことを前提としており，遡及禁止論は，その自己答責性の判断の1つの判断枠組みを提供しているものと位置づけられうる。

　しかしながら，(1)自己答責性の観念自体に問題がある。自己答責的といっても，程度の問題であり，飛行機に乗る場合に，飛行機事故がありうることを認識していたからといって，機長の操縦ミスによる墜落死の結果について機長に帰責させることはできない，とまでは，通常いえないであろう。

　さらに，(2)排他的な因果関係という前提そのものが，根本的に再検討される必要があろう。1つの結果について1つの因果原因だけがありうるわけではないからである。

④行為者自身の介入行為　　行為者自身の介入行為とは，結局，行為者の第1行為と第2行為が結果についての原因となりうる場合に，因果関係をどのように

---

† ここでは，条件説の中断論すら排斥されている。第三者の行為と共同の原因であることが因果関係を肯定するという論理は，後の第三者ないし被害者自身の行為の「誘発」理論の萌芽をみることができる。第三者の「介入」もそれだけで直ちに因果性を否定することにはならない。場合によっては共犯ではなくとも，1つの結果について複数の人的な原因=同時犯がありうるのである。前掲・**高速道路喧嘩事件**では，トレーラー運転手も別訴で起訴され有罪となっている。

†† その他に，被害者自身の行為の介在事例として，**神水塗布事件**（大判大12年7月14日刑集2巻658頁），及び最決昭59年7月6日刑集38巻8号2793頁（被害者の逃走中の転倒）。

††† **柔道整復師事件**（最決昭63年5月11日刑集42巻5号807頁）では，これらの最新の判例に先行して，すでに危険創出についての言及がなされていた。すなわち，「被告人の行為は，それ自体が被害者の病状を悪化させ，ひいては死亡の結果をも引き起こしかねない危険性を有していた」から被害者の側に落度があったとしても，「被告人の行為と被害者の死亡との間には因果関係がある」としていたのである。

考えるべきかの問題だということになる。この場合，第1行為と第2行為がそれぞれ等しく故意行為であったり，その逆に等しく過失行為であれば，実際に問題となることはない。第1行為と第2行為のどちらか一方にのみ因果性が肯定されるとしても，実際の結論には変わりがないからである。問題は，一方が故意行為であり，一方が過失行為の場合である。過失行為＋故意行為が次に述べる**熊撃ち事件**と*東京2度轢き事件であり，故意行為＋過失行為が**砂の吸引事件**である。

行為者自身の介入類型

故意 → 故意	（少なくとも択一認定による解釈）
過失 → 過失	（少なくとも択一認定による解釈）
過失 → 故意	(1) 過失行為が結果への因果性をもつ場合……熊撃ち事件 (2) 故意行為が結果への因果性をもつ場合……東京2度轢き事件
故意 → 過失	砂の吸引事件

過失→故意　過失行為の後，故意行為があった場合，以下の2つの局面が考えられる。

（1）　第1の過失行為が結果への因果性をもつ場合，たとえば，第2の故意行為は，第1の過失行為の結果の招来をいく分早めたにすぎない（前掲・判例①**大阪南港事件**の判旨参照）場合には，過失既遂罪が成立する。故意行為については場合によっては未遂罪が成立することはありうるが，それは，第1の過失行為の存在が偶然的な事情によって生じており，その過失行為が存在しないことがありえた（よって故意行為による既遂結果の発生の可能性があった）ことが前提である。

熊撃ち事件（最決昭53年3月22日刑集32巻2号381頁）

熊撃ちにでかけた被告人は，被害者を熊と誤認して猟銃を発砲し，瀕死の重傷を負わせた（第1行為。なおこの行為だけで数分ないし10数分以内で死亡することが認定されている）。被告人は，被害者の苦悶の表情をみて早く楽にしてやろうと思い，さらに一発を発射して被害者を即死させた（第2行為）。最高裁は業務上過失致《傷》罪と殺人罪の成立を認めた原審の結論を維持した。この事例では，致《死》の結果について故意行為である第2行為との因果性が肯定され，過失行為については因果性が否定されている。

原審は，この第1行為の因果性の否定について因果関係の中断論をとった。遡及禁止論からも，第2行為について因果性を肯定することになるであろう。しかし，第2行為は，第1行為ですでに予定されていた死期をいささか早めたにすぎないと考えれば，む

しろ第1行為と死との間の因果性を肯定すべきであり，業務上過失致死罪であり，この場合，第2の故意行為は第1の過失行為を前提としてなされたものであるから，独立した致死の危険性を認めることはできない。したがって殺人未遂罪は成立せず，せいぜい故意の傷害罪が成立するにとどまることになろう。

（2）　第2の故意行為が結果への因果性をもつ場合，故意の既遂罪が成立する。

**東京2度轢き事件（東京高判昭63年5月31日判時1277号166頁）

　　自動車運転者である被告人は，過失によって，路上に寝ていた被害者を巻き込み重傷を負わせたが，それに気がつきながら，運転を続行し死亡させた。死亡の原因は，いつの時点から生じたか確定できなかった。

　　判旨：最初の行為は，業務上過失傷害罪を，振り落とした時点までの行為は傷害罪を構成し，両者は併合罪の関係にあるから，「原判決が両者をひっくるめて一個の業務上過失致死罪としたのは」失当である。

　　この場合，死亡の結果は第2の行為によって生じた場合であれば，（未必的にも）殺意があれば，第1の行為については，業務上過失致傷罪，第2の行為については，殺人であり，殺意がなくとも，被害者を認識して運転を続行すれば傷害致死罪となる。ただし，本件では，第1の行為でも第2の行為でも致死の因果関係が立証できなかった（ただし択一的認定の可能性がなかったわけではない† ⇨4.2.6 ****クロロホルム事件**（最決平16年3月22日刑集58巻3号187頁）における認定の方法を参照）。）のであるから，第2の行為についても傷害にとどまると判例は考えたのであろう。

故意→過失
　　　　**砂の吸引事件（大判大12年4月30日刑集2巻378頁）

　　被害者を絞扼し，死亡したと思ったところ気絶していただけであり，犯行の発覚をおそれて，十数町（1町は約109m）離れた砂浜に運んで放置したところ，被害者は砂を吸引して死亡した事例について，殺人未遂と過失致死ではなく，殺人既遂罪になるとした。これは，まさに因果関係の錯誤の事例であって，第2行為と結果との間

---

† なお，判例には，過失によって歩行者を転倒させた自動車運転者である被告人が，いったん確認したところ，自車車体下部に巻き込まれた被害者がいるのを認めて怖くなり，その場から逃走するために，被害者を轢過しないように思いながら再発進したところ，その再発進によって，脳挫滅の傷害を負って死亡した事案について，第2の行為について，殺害の故意の存在を否定し，第1の行為と結果との間の因果関係を肯定した（＊**大阪2度轢き事件**（大阪地判平3年5月21日判タ773号265頁））ものがある。この判例は，**熊撃ち事件**の最高裁決定と**東京2度轢き事件**の東京高裁判例を引用しつつ，故意行為の介在の有無が第1の行為と結果との間の因果関係を決定づけるとしているように解釈される（一種の遡及禁止論）。しかし，因果関係と故意・過失の存在は直接の関係をもたないというべきであり，第2の行為が，結果との因果性をもつ場合にはそれが過失行為だったとしても，因果性をもつはずである。もっとも，1つの結果について2つの因果原因を肯定することは可能であるから，第2の行為と結果との因果性が肯定されることは，第1の行為と結果との因果性を否定することには必ずしもならない。しかし，本件の場合，結局として，第2の行為と結果との因果性を肯定し，第1の行為との因果性を否定するべきであった。つまり，第1の行為だけが起訴されているのであれば，業務上過失致傷罪にとどまるとするべきであったであろう。

の因果関係は問題とはならない。また，これは早すぎた結果実現の対偶をなす類型の一事例でもある（⇨4.2.6, 6.4.6）。

4.3.7 結果回避可能性

結果回避可能性　客観的帰責の理論としての因果関係と過失における予見可能性（⇨6.6.3　結果の予見可能性）の問題は区別されなければならないが，実際の場合には，その両者が競合するかに見える場合がある。それが，いわゆる**結果回避可能性**の問題である。

結果回避可能性の問題とは，義務づけられた行為（**合義務的（代替）行為**）がなされたとしても，同一の結果が回避できなかった場合には，その結果について帰責することはできないのではないか，という問題である。

京踏切事件　結果回避可能性に関しては大審院時代の判例であるが，有名な****京踏切事件**がある。

****京踏切事件**（大判昭4年4月11日新聞3006号15頁）
　本件は，列車運転手の被告人が，通称「京踏切」付近をさしかかった時，前方注視義務を果たさずに，漫然進行を継続したため，踏切上の嬰児を轢死させたというものである。この場合，急制動に必要な距離をへだてた時点では，障害物のために嬰児を発見することはできず，逆に，嬰児が踏切上に存在することを確認できる距離では，急制動による停止に充分ではなかった。
　このような事実関係を元に，大審院は，仮に前方注視義務を果たし，当該嬰児を発見した時点で急制動をかけていたとしても，間に合わずに同様の結果が生じていただろうという事情のある場合には，運転者の未然の防止措置をとらなかったことを嬰児の轢死の原因とすることはできないとした。

この場合，少なくとも，責任性（主観的帰責）は否定されるであろう。すなわち，この事例の場合，過失「実行行為」としては，2つの可能性がある。第1には，制動すれば間に合う距離にさしかかった時の，制動不作為であり，第2には，発見時における同様の不作為である。第1の「実行行為」については，仮に因果関係があっても，予見不可能であったのであるから過失はなく，第2の「実行行為」については，他行為可能性がないのであるから，期待可能性がないということになり，結局いずれの実行行為についても，責任がないことになる。

最高裁の判例　最近最高裁は，結果回避可能性について極めて重要な判断を示した。

**黄色点滅信号事件（最判平 15 年 1 月 24 日判時 1806 号 157 頁）
　タクシー運転手の被告人は，対面黄色点滅信号にかかわらず，徐行せず時速約 30 ないし 40km で交差点に進入したところ，A 車に衝突し，被告人車の乗客らが死傷したというものであるが，A 車運転の A は交差する道路を制限時速 30km を大幅に超える時速約 70km で，酒気を帯びた上，足下に落とした携帯電話を拾うために前方を注視せずに対面信号が赤色点滅状態にかかわらず交差点に進入した。
　判旨：「被告人車が本件交差点手前で時速 10 ないし 15 キロメートルに減速して交差道路の安全を確認していれば，A 車との衝突を回避することが可能であったという事実については，合理的疑いを容れる余地がある」として，破棄自判して無罪とした。

　つまり，最高裁は，対面黄色点滅信号の場合に義務づけられる徐行走行をしていたとすれば，結果が回避できた場合には，因果関係を認めることができるが，その点が明らかにされない以上は，因果関係を否定するべきだという判断を示しているとみうる（なお，交差点内で右折するに際して後方から被害車両が制限速度をはるかに超えた高速度で近づいてくることを認識できなかったとして右不注意と事故との間の相当因果関係がないとした，福岡高那覇支判昭 61 年 2 月 6 日判時 1184 号 158 頁がある）。

論理的結合説　論理的結合説（⇨4.3.2）からは，むしろ条件公式の取り去り（後の仮定条件）は，合義務的行為そのものととらえるべきではないか，という主張がなされる。

　しかし，日本の業務上過失致死罪は，何が義務行為であるかを具体的に規定しているわけではない。具体的に，列車の運転者が前方を注視する義務を規定しているわけではなく，また，黄色点滅信号で徐行することも，業務上過失致死罪・自動車運転過失致死傷罪の構成要件からは直接には導かれない。業務上過失致死罪等は，その合義務的行為の点では，まさに「**開かれた構成要件**（つまり構成要件に具体的な規定がないこと）」として，過失により人を死に致した場合を処罰すると規定しているにすぎないのである。そういった抽象的「規範」の目的から，道路交通法等の義務との連動を導くことは困難である。

　ドイツの前掲・トレーラー事件（⇨4.3.4）では，合義務的行為を法定間隔 1 ないし 1.5m ととらえ，その間隔で走行していたとしても，被害者を巻き込んで死亡したであろうことを理由に因果関係を否定したが，そうであれば，場合によっては，故意があっても帰責されないというのはおかしなことである。

　****黄色点滅信号事件**で，「徐行しないで，時速 30 キロメートルで走行したこと」

を取り去ると，「徐行して走行すること」になるというのは，論理の飛躍である。取り去るならば，「走行しないこと」も可能であり，条件公式での「付け加え禁止原則」からは，そのように判断するのがむしろ，本来の姿であるといえよう†/††。

---

† 　一定の「義務」が，客観的・主観的の両面を含めた帰責の限定ないし根拠となりうることは認めるが，それは過失などの責任論，すなわち主観的帰責論で論ぜられるべき問題である。客観的帰属論が客観的帰責の段階で，義務の内容を含めようとするのは，過失を違法要素と考える立場には親和的ではあっても，基本的に故意・過失を責任要素と考える本書の立場には相容れない。結論的に**京踏切事件**でも**黄色点滅信号事件**でも，客観的帰責としての因果性は否定できない。それは，条件公式をとってもこの場合は同じであるが，個別化説による因果判断からも導かれうるものである。もっとも，過失犯における予見可能性の問題は残るから，たとえば，相手の暴走行為が予見不可能であれば，過失が否定される余地はあろう（これをあえて信頼の原則といわずに，過失の一般要件からそのような結論を導くことは可能であったように思われる。⇨6.6.6)。

†† 　因果関係については，基本的には判例理論の正確な理解が重要である。学説の多数説はなお，相当因果関係説を維持しているのであろうが，判例理論が相当因果関係説に立たないこと，相当因果関係説ではその結論を説明することは不可能ではないが困難な場合が多いこと，は一般的に認識されているように思われる。本書では概略，以下のように考えている。

　判例の立場は，(被告人の) 行為との間においてそもそも内在する危険性の存在（危険創出）と，実際に発生した結果（危険実現）との《ずれ》を問題としているといえる。もし，危険創出が因果判断の出発点として重要な意味をもっているのならば，まさに一般化説であり，それは，客観的帰属論と（さらには相当因果関係説とも）志向を同一にするものだということができよう。つまりそこでは，一般の危険創出行為としての実行行為概念が前提とされているということなのである。しかしながら，判例理論では，むしろ危険実現にウエイトがおかれている。それは，裁判司法においては，提示された起訴事実としての被告人の行為が既に所与のものであり，そのような実行行為性判断は必要がないということもあろう。条件公式について判例が言及しないことが多いのも，条件関係は肯定できるような事例だからという見方もありうるかもしれないが，黄色点滅信号事件でみられるように，条件関係が問題になりうるものもありえないわけではない。それにもかかわらず，個別化説の志向をよみとることができるのは，こういった司法判断の構造にも起因しよう（現実に発生した結果から遡及的にその（帰責させるべき）原因を確定するという発想は，裁判司法だけでなく刑事司法実務全体の感覚にも合致するものでもある）。

　論理的結合説（⇨4.3.2）が，条件判断も事実的因果関係ではなく規範的因果関係だとするのは，（その点だけは）正当である。それは，①仮定的代替条件について規範的判断を介在させざるをえないこと（合義務的代替行為とほとんど同じである），だけでなく，そもそも②事前の危険＝エンギッシュの広義の相当性としての実行行為を前提とせざるを得ない，ことによる。したがって，条件関係を前提としている以上は，客観的帰属論も相当因果関係説も同じ因果判断構造＝一般化説にたつものなのである。論理的結合説の指摘は正当であるが，条件関係において，事前の危険判断そのものをどのように判断するのか，という論理的な矛盾を回避することはできない。そこに（論理的結合説を含めた）一般化説の根本的問題がある。つまり，実行行為をとりあげ，それと現実に発生した結果との《因果判断》を行うという構造そのものが問題なのである。

　個別化説では，想定因果原因である《実行行為》を因果関係の判断の起点とするのではなく，現実に発生した結果を出発点に，その結果が発生した原因とは何かを遡及的に判断していくという構造↗

4.3.8 疫学的因果関係

　因果関係の存在について，条件説・相当因果関係説・客観的帰属論，それ以外の，個別化説についても，およそ，一般的経験則はその基礎となる。たとえば，＊北大電気メス事件（⇨6.6.3）での，被害患者の重篤な熱傷について，電気メスと心電計の交互誤接続による異常回路の形成などがそれである。

　しかし，場合によってはこういった一般的経験則によるメカニズム（機序）が現在の知見では具体的に判らない場合であっても，疫学的方法によってある蓋然性で，結果と現認との間の因果関係を立証できれば，それで充分ではないかとされ，そのような因果関係を**疫学的因果関係**，その立証を**疫学的証明**，と呼ぶ。

　疫学的方法とは，本来は，疫病の発生原因・発生条件を特定し，それを予防するために考え出された手法であり，大量的な観察を基に，因子と結果との間に統計学的な相関関係があり（その因子がある場合には疫病が発生し，その因子がとりのぞかれた場合には発生しない等），因子と疾病との間に生物学的・医学的な機序の合理的説明の可能性がある等のことから原因となる因子を特定するものである。疫学的証明は，民事の公害訴訟等でも利用され，そこでは発生源たる事業者等の有害物質の排出と公害被害との間に厳密な意味での因果関係が立証されなくとも，疫学的な証明で足りるとされる場合がある。**千葉大チフス菌事件**（最決昭57年5月25日判時1046号15頁）は，疫学的証明の他に，病理学的方法を用いた場合について，合理的な疑いを越える確実なものとして事実認定の方法に誤りはないとした。疫学的証明一般が常に刑事訴訟における厳密な証明として許容されるわけではないが，それを用いる他に方法がない等，一定の場合には許容されると考えられる（なお，刑訴217条・218条）。

▷をとる。したがって，そこでは条件公式は必要とされない。かつての原因説はこのような判断構造をとったが，それでは，結果について原因たりうる全ての原因を等価に扱わざるをえないのではないかとの批判があった。しかし，複数の原因について，刑法上の因果原因を特定するには，合理的判断に基づく合法則性による。つまり，そこでは現実に発生した《結果》（＝歴史的事実，たとえば，「ある歩行者の死亡」）と，推定原因行為（まだ原因とは確定されない，まさに結果との因果性を判断する対象としての《（人的）行為》（たとえば，ある運転者の前方不注意行為）との間の，合法則性の有無が問題とされることになる。つまり，歩行者が自動車に轢かれて死亡した場合，通常の場合には，「歩行者がそこを歩いていたこと」ではなく，「それを轢いた自動車運転者が脇見をして運転し，歩行者に気づかずに轢いたこと」が一般的法則として承認され，それが原因と確定されることになる。措定される行為と現実に発生した結果との，結果－原因関係の合法則性が満足されるかが，因果関係の決定に重要だということなのである（いわゆる合法則的条件説が相当因果関係説ないし客観的帰属論による帰責限定を図ろうとするならば，一般化説であって，正当ではない）。

4.4 不作為犯

4.4.1 総　説

> **設例** 母親Xは，2歳の息子Aがバスタブで溺れかけているのを発見したが，日頃からAの養育に疲れていたこともあって「Aが死ねばよい」と思い，助けずにそのままにしておいたところ，果たしてAは溺死した。

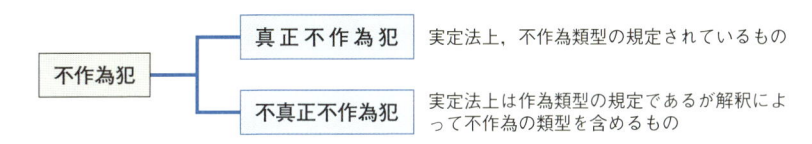

```
不作為犯 ─┬─ 真正不作為犯    実定法上，不作為類型の規定されているもの
          └─ 不真正不作為犯  実定法上は作為類型の規定であるが解釈によ
                              って不作為の類型を含めるもの
```

定義　**不作為犯**とは，不作為によって実現される犯罪のことをいう。

犯罪における「行為」は一般的には「作為」を念頭においている。作為犯が，場合によっては「不作為」によるものもありえるのではないか，というのが不作為犯論で扱う問題である。

設例のような場合，「救助しなかった」という不作為による殺人罪が問題となる。刑法199条は，「人を殺した者」を処罰する。通常「人を殺す」とは，毒薬を与える，包丁で刺し殺す等の作為行為を想定しているものであり，溺れそうになっている子供を「助けない」という不作為もこの殺人「行為」に含まれるか，が問題となるのである。

この不作為による殺人のように，実定法上は，その犯罪類型において直接に不作為類型を規定していないのにかかわらず，解釈によってその処罰が可能だとされるものが，**不真正不作為犯**である。

これに対して，実定法上，個別の犯罪類型で不作為による類型が直接に規定されているものが，**真正不作為犯**である。

刑法における不作為犯論は，直接の条文の根拠をもたない不真正不作為犯について，その処罰根拠と処罰範囲を明らかにすることが中心になる。

一方，真正不作為犯は，基本的には，刑法各論における個別犯罪類型の成立要件・範囲の解釈の問題であることになる。

真正不作為犯の例としては，「権限のある公務員から解散の命令を3回以上受けたのにもかかわらず，なお解散しなかったとき」を処罰する不解散罪（107条），

要求を受けたのにかかわらず住居・建造物などから「退去しなかった者」を処罰する不退去罪（130条後段）や，老幼病者などの要保護者につき「生存に必要な保護をしなかったとき」を処罰する，保護責任者不保護罪（218条後段）等がある。

不真正不作為犯と実定法上の根拠
ドイツでは，不真正不作為犯の一般規定を刑法総則におくこととした。すなわち，ドイツ刑法13条は，「構成要件的結果につき，その結果の発生を回避できなかった者は，その者が，結果の不発生につき法的な義務を負い，かつその不作為が作為による構成要件充足と同視できる場合に限って，可罰的である」とする。つまり，ドイツ刑法では規範的義務が実定的に課せられていることが不真正不作為犯処罰の前提であることを明文で規定しているのである。これは不作為犯を一種の**義務犯**と理解するものである。

日本ではかつて，改正刑法草案にドイツの規定に倣った規定がおかれていた（改正草12条）が，規範的な義務を作為義務発生の根拠と同視する点について学説の反対があった。ただし，ドイツ法における義務を負う者＝保障人的地位を不作為犯処罰の根拠とすることは，日本の学説に大きな影響を与えている。

4.4.2 判　例

不真正不作為犯の実際
抽象的には，すべての犯罪類型に不真正不作為犯がありえることになるが，判例で実際に問題になるのは，圧倒的に，殺人と放火であり，他には，遺棄罪や詐欺罪などで問題になりうるにすぎない。

不真正不作為犯の処罰範囲
不作為犯は，その処罰範囲がとかく広がりがちである。極端には，地球上の総ての人間について，ある発生した違法結果について，その結果を回避しなかった「不作為」を観念することも，形式論理からは不可能ではない。

そこで，理論的な前提の前に，不真正不作為犯について一定の処罰範囲の限界があることについては，ほとんどの見解が一致している。

たとえば，自動車運転者が交通事故を引き起こして被害者に瀕死の重傷を負わせ，そのまま立ち去ったことによって被害者が死亡したような場合（いわゆる「**単純ひき逃げ行為**」）に，確定的ないし未必の故意があったとしても不作為の殺人罪にはならないことについては，ほぼ異論がない。そして，実際の判例でもこういった場合は，道路交通法上の救護義務違反罪（道交72条，117条）が問われることはあっても，不作為の殺人罪を認めたものは皆無なのである†。

判例でひき逃げ行為が不作為の殺人になりうるのは，いったん自分の車に瀕死

の被害者を引き込んだとか，ひと気のない山中に運んで放置したような場合に限られている。

また，たとえば，子供が溺れている状態を目撃している赤の他人は，救助すれば子供の命を救えたとしても，やはり不作為の殺人にはならないと理解されている。

判例――殺人罪　**シャクティパット事件（最決平17年7月4日刑集59巻6号403頁）
最高裁として初めて不作為の殺人罪を認めた事例。シャクティパット治療という独自の治療法で信奉者を集めていた被告人が，信奉者の家族で脳内出血により意識障害の状態にある患者に対して，自分の許に運び込まれた段階で患者が重篤な状況にあることを認識しながら，必要な医療措置を受けさせなかった不作為について，殺人罪の成立を認めた（なお，他の共犯者（＝被害者の息子）については，殺害の意図がないとして保護責任者不保護致死罪の成立にとどめている。この点については共犯における罪名従属性の問題である⇨8.2.4）。

子供に対する殺人　下級審の判例においては，親の子供に対する殺人が問題となっていた事例では，仮死状態で出産された嬰児を便所の板敷に放置後水中に投げ込んだ事例（*東京高判昭35年2月17日下刑集2巻2号133頁）や，便通と思って誤って便槽に嬰児を出産したがそのまま救助しなかった事例（*福岡地久留米支判昭46年3月8日判タ264号403頁），さらに，父親が妻の家出から自暴自棄になり生後8カ月の子供に食事を与えず餓死させた場合（*名古屋地岡崎支判昭43年5月30日下刑集10巻5号580頁），等について不作為犯の成立が認められている。

ひき逃げと殺人　交通事故のひき逃げ行為については，被害者をいったんは病院に運ぶために助手席にのせたが，後に翻意し遺棄する意思で走り回り被害者が死亡した場合（**東京地判昭40年9月30日下刑集7巻9号1828頁），被害者について，翌朝まで人の通行を期待できないような山中に，厳寒期の夜中に意識を失っていた被害者を放置した場合（**東京高判昭46年3月4日判タ265号220頁・殺人未遂罪），などに不作為による殺人が認められている。

一方，自動車運転手が交通事故の被害者を，犯行の発覚をおそれて遺棄する目的で自車にのせて走行中に死亡させた事例について，「事故後直ちに最寄の病院に搬送して救護措置を受けたとしても，死の結果を回避できたとは認め難く」（結果回避可能性がないから）不作為の殺人既遂の因果関係はなく，被告人において「病院に搬送していれば救護可能であると考えていた」とも認められないから不作為殺人の故意がないから未遂罪にもならないとしたものがある（盛岡地判昭44年4月16日判時582号110頁）。

† ただし，かつてはこの道路交通法の救護義務違反罪の法定刑は，刑法218条の保護責任者不保護罪よりも軽く規定されていたのが，近時の数次の改正でついに長期10年の懲役を科すことが可能となった（道交117条第2項の場合）。これは，実質的には単純ひき逃げ行為について不作為の殺人罪ないし保護責任者不保護罪を認めているに等しいことになる。

判例──放火罪 日頃折り合いの悪かった養父と喧嘩の末，殺害したが，その喧嘩の際に養父が投げつけた燃えさしが，住宅内の藁に引火しているのをみて，むしろ罪跡隠滅のためにはそのほうが都合がよいと考えて立ち去った場合（＊**養父殺害事件**（大判大 7 年 12 月 18 日刑録 24 輯 1558 頁））や，神棚の蝋燭が傾いてその火が神符に近づいていたが，火災保険金がおりることを期待して外出した場合（＊**神棚蝋燭事件**（大判昭 13 年 3 月 11 日刑集 17 巻 237 頁））に，それぞれ既存の火力を利用する意思を根拠に放火罪を認めたものがある。

さらに，事務室にて燃焼中の火鉢につき，周囲に可燃物を放置したまま別室で仮眠後に戻ったところ，木机に延焼しているのを発見したが，失策の発覚をおそれ，そのまま立ち去ったという場合について，放火罪の成立が認められている（＊最判昭 33 年 9 月 9 日刑集 12 巻 13 号 2882 頁）。その他，天井裏の点検のために使用した蝋燭が落下したまま放置した場合（大阪地判昭 43 年 2 月 21 日下刑集 10 巻 2 号 140 頁），住居侵入窃盗において，使用した紙たいまつが机の上の紙類に燃え移ったがそのまま逃走した場合（広島高岡山支判昭 48 年 9 月 6 日判時 743 号 112 頁）等において，不作為による放火罪が認められている。

判例の検討 放火に関する判例の中には，「既存の火力を利用する意思」を不真正不作為犯の成立に際して強調したものがある（前掲・＊**養父殺害事件**，＊**神棚蝋燭事件**）。そしてかつての学説にもこの，「利用の意図」を不作為犯成立の根拠としていたものがあった。設例でも，母親が，日頃から子供の養育を面倒だと思っていて，これで子供が溺死すればよい，と考えたとすれば，この「利用の意図」があるが，赤の他人については，利用の意図はない，というのであろう。

「利用の意図」は，一見，妥当な結論を導くようにも見える。しかし，「利用の意図」は，故意を超えた認識要素であり，通常の犯罪であれば犯罪の動機・目的に近いものである。量刑事情としてはともかく，こういった主観事情を犯罪成立の要件とすることには問題がある。たとえば，子供が川で溺れるのをみていた野次馬が，「溺れてしまえばおもしろい」と内心思っていれば，利用の意図があり，不作為の殺人になりかねないことにもなる。

そこで学説では，**作為義務**の見地から，不真正不作為犯の処罰根拠とその範囲を確定しようとしてきた。

4.4.3 作為義務とその発生根拠

総説 不作為犯については，作為との**同価値性**を担保するものとしての，**作為義務**が中心であり，さらに，作為義務があっても，**作為可能性＝結果回避可能性**がないものについては，例外的に不作為犯の成立が否定されると考えられている。

設例で，母親には，救助する義務（＝作為義務）があり，かつ，そのことが不可能であるか事実上著しく困難でなかった場合には，子供の殺害についての故意があれば，不真正不作為犯の殺人が成立することになる（なお，子供が死亡しなかった場合には，不真正不作為犯による殺人未遂がありうる）。

作為義務 日本の通説は，不真正不作為犯を特別な処罰拡張事由だとは考えてはいない。したがって，不真正不作為犯において，作為形式の犯罪類型において不作為形態を処罰するには，その不作為が，作為による犯罪と同視できるようなものであることが必要である（不作為の，**作為との同価値性**）。

そして，不作為犯における不作為とは，「何もしないこと」ではなく，むしろ「何かをしないこと」だとされ，「何かをしない」とは，「何かをすべきだった」という義務から導かれる，というのである。

つまり，池で溺れる人をだまって見ている赤の他人は，被害者に対する救命義務はないが，家の中でのバスタブで溺れている子供に対する母親には，救命義務があり，両者ともに殺意があったとしても，前者については，不真正不作為犯が成立せず，後者については，不真正不作為犯としての殺人罪が成立するとする。

そうだとすると，不真正不作為犯においては，そのような行為をするべき，「作為義務」およびその作為義務が向けられた主体（これを「**保障人的地位**」と呼ぶことがある）が，その処罰根拠と処罰範囲を決定することになる[†]。

作為義務の発生根拠としては，大きく分けると，Ⅰ**規範的方法**とⅡ**事実的方法**とがある。

[†] たとえば，作為義務が存在し，それが可能だった場合に不作為は作為と同価値性をもつとした，前橋地高崎支判昭 46 年 9 月 17 日判時 646 号 105 頁。

4.4.4　発生根拠——その I ——規範的方法

形式的三分説　　規範的方法は，規範（広い意味での「法」）を作為義務の発生根拠とする。

その代表的な見解として，**形式的三分説**がある。**形式的三分説**は，作為義務の発生根拠を，①法令，②契約，③慣習・条理，に求めるものである。

① 「法令」とは，国民に義務を課す法律，その他の法令をいう。たとえば，親の子供に対する監護義務を規定した民法820条がある（その他，たとえば民877条の扶養義務）。この規定が，溺れた子供を助けるべき救助義務を基礎づけるということなのであろう。

② 「契約」とは，たとえば，病院における患者に対する医師その他の医療関係者の義務がある。病院で，点滴がはずれているのにそれを放置すれば，義務違反だということになる（嬰児を契約により預かった者が食事を与えずに餓死させた場合につき殺人罪の成立を認めた，大判大4年2月10日刑録21輯90頁参照）。

　　形式的三分説では，この「契約」の中に事務管理（民697条）も含めるのが通常である。

③ 「慣習・条理」とは，法令・契約以外であっても，一定の規範的な義務が慣習上あるいは条理上考えられているもの，である。たとえば，実際のコミュニティのあり方にもよるが，隣同士で助け合うことが慣例化している地域において，火事に際して寝たきりの老人を救出することが隣人に慣習上義務づけられているとすれば，それにもかかわらず，殺意をもって救出しなければ，不作為による殺人になりうる，ということになる。

規範的方法の問題点　　この規範的方法は，一見明解であるが，2つの点で問題がある。

第1には，規範的方法では，不作為犯の作為義務が広がりすぎる場合があることである。

たとえば，単純ひき逃げ行為（交通事故を起こした運転者が被害者を救助しないでそのまま立ち去った場合に，殺意があってかつ死亡した場合）については，判例は一貫して不作為の殺人を認めていないし，その結論については学説上も異論はない。しかし，道路交通法は，交通事故関係者が，交通事故の被害者を救助する義務を規定している（道交72条第1項・117条）。これが法的な義務の発生根

拠だとすると，単純ひき逃げも不作為の殺人になりうることになる。また民法上の扶養義務を負う母親が，遠隔地で独り暮らししている未成年の子供の栄養失調死について常に作為義務を負うものでもないであろう。

　第2には，第1とは逆に，規範的方法においても，法令や契約といった形式的な法的義務だけでは，義務の発生範囲をすべて網羅することは困難であり，形式的三分説でも慣習・条理や，さらには事務管理等といった事実上の義務の発生根拠を含めざるをえない。しかしこのことは，規範的根拠と事実的根拠の区別を相対化する。また単純ひき逃げが，条理上の義務違反であるかどうか，といった事実上の判断の実質的根拠は，規範的方法だけでは明らかにすることができない。

　以上から，作為義務は形式的な規範では，妥当な処罰範囲もその処罰根拠についても極めて不十分だといわざるをえない[†]。

4.4.5　発生根拠——その II ——事実的方法

総説　今日では，むしろ**事実的根拠**から作為義務を判断しようとする考え方が有力だといってよい。

　事実的根拠としては通常，①**先行行為**，②**事実上の引き受け**，③**支配領域性**の3つの考え方がある。

① 先行行為　①**先行行為**とは，自らの故意ないし過失行為（先行行為）によって発生した状態について，それが，そのまま推移すれば構成要件的結果を発生させるような場合に，作為義務が肯定されるとするものである。たとえば，自分が居眠りしていて，火鉢の火が燃え移ったような場合は，まさにこの先行行為がある場合である。しかし，この先行行為の基準だけでは，作為義務が広すぎる場合と，狭すぎる場合との両方が存在し，不適当である。

　作為義務が広すぎるとは，たとえば，交通事故での単純ひき逃げ行為についても，最初の交通事故を過失による先行行為ととらえれば，その後の死亡結果については，常に不作為の殺人が成立してしまうことである。作為義務が狭すぎるとは，設例の場合に，母親が，子供が勝手にバスタブ付近で遊んでいて落下したような場合には，先行行為が存在しないことになり，不作為犯が成立する余地がな

[†]　なお，旧い判例の中には，形式的三分説を根拠に，不作為犯の成立を否定したものもある（*炭焼きがま事件（大判大13年3月14日刑集3巻285頁）炭焼きがまに落下した少年が焼死したことを知りつつ，そのまま炭焼きを続行した事例）。

くなってしまうことである。またたとえば，嬰児にミルクを与えない母親は，先行行為を観念することは困難であるが，不作為の殺人を認めるべきであろう。

|2|事実上の引き受けと|3|支配領域性については，交通事故の被害者を自分の車に乗せたような場合には，事実上の引き受けと支配領域性は重なり合うことになる。しかし，常に，「事実上の引き受け」と「支配領域性」が一致するわけではなく，その内容は異なっている。

事実上の「引き受け」とは，事実上の保護関係の設定である。事実上というのは，契約・法令などによらない，事実上の関係で足りるということである。交通事故の被害者を自分の車に引き込んだ場合には，この引き込んだところに，その被害者を救助するという保護関係が設定されていると考えることが可能である。

「引き受け」について，当初救助の意思をもって自分の保護関係の下においたという，客観的な引き受けの事実を問題としているのだとされることがある。しかしながら，第1に，救助の意思を問題とするならば，この「引き受け」に不作為犯の主体の意思的要素を読み込むのだとすると（「引き受け」て救助するという「意思」が必要だとすると），利用の意図で述べたのと同様，作為義務の判断に意思という主観的要素を問題とすることの限界が存在することになる。第2に，客観的な事実だけが問題だとすると，支配領域との区別が困難であることになろう。

もっとも，支配領域性はないが事実上引き受けている場合を想定することは事実上困難であるが，引き受けていなくとも支配領域性がある場合がありえる。たとえば，どこからか飛んできた，燃えさしが，他人の家の壁に引火しようとしているのを見ている場合，引き受けはないが，支配領域性はあるといえよう。このような場合に，引き受けがないことを理由に，不作為の放火を認めないのは不合理と思われる。場合によっては，放火罪を認める必要がある。

一方，専ら|3|支配領域性［領域支配性］をもって，不作為犯の作為との同価値性を基礎づけようとする見解がある†。確かに，「支配領域性がないが事実上の引き受けがある」ような状態を観念することは事実上困難であるから，領域支配性の方が事実上の引き受けよりも，作為義務の範囲を広く認める点では，利点があるが，逆に，「支配領域性があるが事実上引き受けていない場合」に不作為犯を認めてよいのかどうかについて，疑問が残ることになる††。

---

† 従業員に暴行を加えて傷害を負わせた後，適切な治療を受けさせなかったという不作為により死亡させることになったことについて，被害者を「支配内においていたことも考え合わせると」不作為の殺人罪が成立するとした，東京地八王子支判昭57年12月22日判夕494号142頁。
†† 堀内捷三『刑法総論』第2版（2004年）61頁。

つまり，事実上の引き受け＝保護関係の設定がない場合一般に事実上の支配領域性をもって作為義務を肯定すれば，やはり不作為犯の成立範囲が不当に広がる危険性があるのである。

たとえば，深夜の無人駅の待合室に瀕死の急病人がいるのにそれを助けずに夜行列車に乗り込んだ赤の他人や，周りに誰もいない状態で人が溺れているときに通りかかった通行人も支配領域性があって，不作為の殺人罪になりかねない。

4 折衷的見解　そこで，折衷的な見解として，支配領域性が存在することが大前提であるが，さらに自己の意思に基づき排他的関係を設定した場合ないし継続的保護義務が存在する場合に作為義務を限定するという立場が主張される†。たしかにこの見解によれば，判例の結論のほとんどの場合を説明することはできるであろう。しかし，なぜ支配領域性に事実上の引き受けを加味することができるのかの理論的根拠は必ずしも明らかではない。

支配領域性への限定要素としての自己の意思と継続的保護義務の両者は異質のものだという批判††は，まさに，この点をついている。また，「保護意思」は，古い判例の利用の意図の復活でしかない。判例の分析から得られたこの見解では，実際に，支配領域性は，引き受けと同様に，被害者の身体の安全がかかわる犯罪類型においては，その処罰範囲について妥当な範囲を提供する可能性があるにすぎず，その他の不作為犯一般に適用できるものではない。

いずれにせよ，衆人監視の下で池に溺れている子供を助けない母親は，規範的基準からは不作為の殺人になりうるが，事実的基準では，子供を突き落としたのでない限り先行行為はなく，また事実上の引き受けも支配領域性もないから，溺死すればよいと思っていても不作為による殺人にならないのである。

4.4.6　不作為の因果関係

> 設例　XはホテルのーDLの一室で少女A（13歳）に覚せい剤を注射して猥褻な行為をしようとしたところ，Aがショック症状を起こして重篤な情況になったのに，覚せい剤使用の事実が発覚するのをおそれ，そのまま放置してAを死亡させた（**十中八九事件（最決平元年12月15日刑集43巻13号879頁））。

---

† 　西田典之『刑法総論』（2006年）116頁。
†† 　山口厚『刑法総論』第2版（2007年）88頁。

不作為犯の因果関係　不作為とは,「何もしないこと」であって「無」であり,「無」から有は発生しないとして,不作為犯の因果性を否定する見解すらある。しかし,不作為犯といっても,概念的な「無」,すなわち「何もしないこと」を意味するのではなく,「何かをしないこと」である。その何か＝期待された行為と,結果不発生との因果関係が不作為犯における因果関係だとするのが,一般である。作為犯の条件関係における「あれ（作為）なければこれ（結果）なし」の関係は,不作為犯では「作為（期待された行為）《あれば》これ（結果）なし」として理解されるべきことになる。判例もこの立場を前提としている。

判例　設例の事例について,最高裁は,被害少女が年若く（当時13年）,持病もなかったから,直ちに救命医療を要請していれば「十中八九同女の救命が可能だったというのである。そうすると,同女の救命は合理的な疑いを超える程度に確実であったと認められるから」,同女をホテル客室に放置した行為と死亡結果との間には,刑法上の因果関係があるとした。

判例の分析　つまり,期待された行為＝救命医療の要請があれば,致死の結果が発生しなかったであろうという判断の構造をとっている。その点は通説と同様であるが,判断の基準は問題になりうる。

判例は「十中八九救命可能だったこと」と「合理的疑いを超える程度に確実であった」ことを同視している。この点について,期待された作為が行われたとしても,はたして結果が不発生であったかは,仮定的判断である以上,確実といえない余地があるのであるから,この場合,いわば80～90％程度の蓋然性であっても因果関係を認めてよいと解釈するものもある。しかし,仮定的判断は,不作為犯に固有のものではなく,作為犯における条件判断でも同様である。刑法上の証明は《合理的疑いを超える程度に確実である》ことが必要であり,「十中八九」とは,80～90％ではなく,むしろこの意味での確実性を言い換えたにすぎないと解するべきである（なお,不作為の因果関係を否定した,盛岡地判昭44年4月16日判時582号110頁参照）。

作為可能性と因果関係　通説は,不真正不作為犯の成立を作為義務の発生にかからせる。これを前提として,作為義務があっても,その義務が履行できないような場合がある時,作為可能性がない,として,例外的に不作為犯の成立を否定する立場がある。たとえば,子供が海で溺れている場合,泳げない母親については,作為義務があっても作為可能性なく,不作為犯として処罰することはできないとするのである。も

っとも,作為が不可能なものについては,義務づけることができないと考えるならば,作為可能性はそもそも作為義務に内在する問題だということになる。

結果回避可能性と作為可能性　それとは別に,不作為犯の因果関係があっても作為可能性がない場合には,不作為犯の成立が否定されるとする立場もある。これは,結果回避可能性とも別の問題だというのである。たとえば,海で子供が溺れていて,そばにいる母親は泳げない場合「作為可能性がない」とするのであろう。しかし,一方,母親がもし泳いで助けようとしても,手遅れで助けることができない場合,結果回避可能性がないが,これはまさに,不作為の因果関係そのものに他ならないことは誰でも認めざるを得ないであろう。そのように考えることができるのであれば,母親が泳げないという「状態」(作為可能性) も,まさに海に飛び込んだとしても助けることができなかったという意味で,結果回避可能性の問題なのである。よって,作為可能性も,結果回避可能性もともに,不作為犯における因果関係の問題に帰着することになる。

作為可能性については,その程度も問題になりうる。たとえば,「泳げない」という事情が,およそ泳ぐ方法を知らないというだけに限定されるのか,衆人監視の下で服のままで泳ぐのが恥ずかしかった程度なのか,さらには,高級な服を着ていた為にその服が濡れるのが惜しいと思っただけでも不可能だとしてよいか,等々である[†]。

[†] 不作為犯の処罰根拠とその成立範囲についても,通説のような作為義務論によるのではなく,結果との因果的構成は可能であり,むしろ,それによるべきだと考えている。たとえば,乳児を家に放置して,買物に外出し,乳児を餓死させた母親は,「ミルクを与えない」という不作為ではなくして,「外出することにより,乳児が餓死する」という装置 (Apparat) を《操作》して (作為) 餓死させたという構成が可能なのである。なお,因果論的構成への志向は本書だけのものではない。特に,梅崎進哉『刑法における因果論と侵害原理』(2001年) 275頁。そこでは,「授乳活動をやめる」点に作為としての契機を見出そうとしている。

第5章

違 法 論

5.1 総　説

5.1.1 違法論の体系的意味

違法性論と犯罪論体系　　犯罪論の体系（第3章）において示されたように，犯罪は，Ⅰ人の行為であって，Ⅱ構成要件に該当する，Ⅲ違法で，Ⅳ有責な，ものである，とするとき，本章の違法論とはこの第Ⅲの要素を扱うことになる。

　他人を殺害するのは，「致死行為の構成要件（199条の殺人罪や210条・211条の過失致死罪等の）」に該当する行為である。構成要件は原則的違法類型であり，構成要件に該当する行為は，《原則的に》違法である。しかし，原則的な違法なのであるから，例外的に違法でない場合がある。「例外的に違法性がないとされる場合」を「違法性が阻却される」ともいい，そういった事情を**違法（性）阻却事由**ないし**違法（性）阻却原由**と呼ぶ。違法性が阻却される行為は，無罪である。また，違法性が完全に阻却されないまでも，減少する場合がある。これらの事情を，**違法（性）減少事由**ないし**違法（性）阻却原由**と呼ぶ。違法性減少事由では，刑が減軽ないし免除されることになる。

　以上の，違法性阻却事由および違法性減少事由を考察するのが，この違法論の中心的な課題となる。しかしそれらの解釈の根底にあるものとして，違法の実質をどのように考えるか，が重要である。これを**実質的違法論**と呼ぶ。

5.1.2　違法の実質論——行為無価値・結果無価値

違法の実質論

行為無価値論 → 社会的相当性説 ┐
　　　　　　　　　　　　　　　├ 二元論
結果無価値論 → 法益侵害説 ----┘

形式的違法論と実質的違法論　違法とは，文字通りには「法に違（たが）う」ことを意味する。ここにおける「法」を現実の法体系（「法令」）と理解すれば，違法論とは，個別構成要件と例外的な違法性阻却事由についての解釈適用のあてはめの問題にすぎないことになる。このような違法の理解は**形式的違法論**ということができるが，形式的違法論では，現に存在する実定法体系をあるがままに（an sich）受け入れるだけにすぎないことになる。

これに対して，**実質的違法論**は，違法の本質とは何かを実質的に明らかにしようとするものである。それは，①解釈論の指針となり，②立法論の根拠となる，ばかりではなく，③犯罪論の体系としても重要である。

① 現実の実定法の解釈論にかぎってみただけでも，たとえば，正当行為に関する 35 条の規定は，「法令又は正当な業務による行為は，罰しない」とあるだけで，その規定の内容は抽象的である。被害者の同意や医療行為などについて，どのような場合に違法性が阻却され，また阻却されないのか，を議論するときに，さまざまな利害得失をどのように調整して結論を導くかが求められることになる。

また，たとえば，学校教育法 11 条は教員が学生に対する懲戒を加えることができると定めている。同法に照らして，生徒への殴打について違法だとしたもの（最判昭 33 年 4 月 3 日裁判集 124 号 31 頁），生徒の頭部を軽くたたいたことについて違法でないとしたもの（東京高判昭 56 年 4 月 1 日刑月 13 巻 4=5 号 341 頁）が，それぞれ存在するように，刑法上の違法（暴行罪）と学校教育法上の違法との調整については，判断は分かれうる。さらに自救行為・可罰的違法性論など，実定法上の根拠がないか，希薄な違法性阻却事由については，形式的な法令の解釈では足りない。

② さらに，立法論になると，どのような行為を違法とするかどうかという実質的判断が必要である（ドイツの違法の実質論＝行為無価値論－結果無価値論論争は，立法論（刑法改正問題）を主軸に展開されていった）。

③ 違法の実質論は，故意・過失の体系的地位（責任要素とするか違法要素とするか）に反映する。

行為無価値と結果無価値　違法の実質をめぐり，**行為無価値論**［反価値論］と**結果無価値論**［反価値論］の対立がある。**行為無価値論**とは，犯罪の行為の点に着目した否定的評価を違法と考えるものであり，違法の実質を社会的相当性ととらえる。**結果無価値論**とは，犯罪の結果の点に着目した否定的評価を違法と考えるものであり，違法の実質を法益侵害ととらえる。

行為無価値論　行為無価値論は，それまでの違法実質論が，違法を単に物的な状態をとらえているにすぎないとして批判し（クマが人を襲い，落雷によって焼死した場合に「違法」だと宣言したところで意味はないとする），行為者の行為を基準に違法を考えようとする。したがって，行為無価値論は人的不法（≒違法）論といわれることもある。行為者の行為そのものを違法判断の対象とするとき，違法とは，（行為）規範違反に他ならない。ここでの「規範」について，行為無価値論は，法規範に先行し，その基礎を形成している社会的倫理に求める。つまり，行為無価値論では社会倫理に背いた行為者の行為が，違法なのである。この場合の社会規範は**社会的相当性**と同義である。行為無価値論では，違法とは行為者の行為の社会的規範＝社会的相当性からの逸脱だととらえられる（**社会的相当性説**）ことになる[†]。

結果無価値《論》　結果無価値《論》とは，行為無価値論の主張者が，自分の見解とそれまでの《通説》とを区別するために，自説を行為無価値論と名づけたのと同時に，それまでの通説を，批判的にそう名づけたものにすぎない。したがって，結果無価値《論》には，行為無価値論ほどは，学説としての自覚的展開も，また，学説としての統一性にも乏しい。しかし，今日では，違法の実質を，利益ないし法益の侵害と考えるものをもって，結果無価値論とする

[†] なお，行為無価値論に属するものとしては他には，**目的説**（木村亀二）などもある。目的説とは，「正当な目的での相当な手段」による行為は，違法ではないとするものである。この見解の基礎には規範的理解があるが，行為者の主観的目的よりも，社会的に蓄積された相当性の判断に違法性の実質をかからせようとする所が，社会的相当説的であるということができる。

のが一般であり，自らの学説を《結果無価値論》と自己規定するものも少なくない[†]。結果無価値論は，法益が侵害されているという状態価値を違法の実質と考える（**法益侵害説**）。そして，違法の実質は，場合によっては複数の法益についてそれらを比較衡量することにより決定されることになる（**法益衡量**）。この場合の法益とは，《違法な状態》であって，行為者とは直接の関係をもたないところに，**物的違法論**といわれる所以がある。

二 元 論　なお，行為無価値論を基本としながら，違法判断に結果無価値をも考慮するとする立場を**行為無価値・結果無価値二元論**[††]という。

解釈論・立法論への反映　行為無価値論と結果無価値論は，かつては解釈論・立法論に鋭く反映することもあった。特に，立法論で**被害者なき犯罪**といわれる分野（たとえばポルノ規制）や企業秘密の保護等をめぐり，社会的倫理を強調して処罰規定の存続・強化を正当化しようとする行為無価値論と，刑法によって保護するべき法益が存在しないことを理由として非犯罪化を主張する結果無価値論が対立したのである。

しかし，今日では，結果無価値論でも，法益の内容を広くとらえ，またコンピューター犯罪や財産犯，環境犯罪等，の犯罪化にむしろ積極的ですらあり，さらには生命倫理なども法益論で説明しようとする論者がいる反面，行為無価値論からは，社会倫理のうらづけとして法益概念を排除するものではないとの立場がとられるなど，両者の対立はますます相対化している。

体系論への反映　しかしながら，今日でもなお，行為無価値論と結果無価値論の対立は，犯罪論の体系論には一定の影響をおよぼしている。

行為無価値論は故意を違法要素ととらえる。人的違法観では，行為者の認識的要素はその違法判断に大きく影響を与えるからである。被害者の生命に危険をもたらすような傷害を負わせた場合に，傷害罪であるか殺人未遂であるかは，行為者の殺意の有無にかかっている。この《殺意》を，違法要素だとし，その違法類型として傷害罪と殺人未遂罪とが異なると考えるのは，ある意味ではわかりやす

[†] 本書は，行為無価値論には立たない。しかし，そのことが直ちに，自説が結果無価値論に立つものであることを意味しない。なぜなら本書は，従来の行為無価値論と結果無価値論の共通了解を克服する所に，新たな理論の展開がありうると信じるものだからである。ただし，本書ではその内容については紙幅の関係から割愛せざるをえない。

[††] たとえば，この見解に立つ井田良『刑法総論の理論構造』（2007 年）15 頁は，原則として行為無価値が過程を決定づけるが，場合によっては結果無価値が要求されるとする。しかし，処罰範囲の限定と社会の処罰要素の調和の必要性を違法論の内部でのみ解釈しなければならない論理必然性の論証をおくとしても，実質的な「場合による」基準の提示がそこでは切実に求められることになろう。

い説明であろう。

　一方，結果無価値論では，主観的違法要素を認めないか，もし認めるとしても，極めて例外的なものだと考える（⇨4.2.2）。故意は，違法判断から独立した責任要素だということになる（⇨6.4）†。

主観的違法要素　**主観的違法要素**とは，違法判断が行為者の認識その他の主観的事情にかからしめられるものをいう。行為無価値論ではこの主観的違法要素こそ違法の本質であることになるであろう。一方，結果無価値論は物的違法概念であり，主観的違法要素を認めないのが徹底しているが，未遂における故意等について例外的に認めるとする見解もある（⇨4.2.2）††。

5.1.3　可罰的違法性論

定　義　　形式的には構成要件に該当し，また違法性阻却事由に該当しないにかかわらず，①量的に軽微であることを理由に，ないしは②他の法体系との関係から，刑法上は処罰するに値しない違法性であることを理由に処罰を控えるべき場合があり，このような場合を「**可罰的違法性**がない」という。隣家の庭の柿の実を1つ勝手にとって食べてしまう行為は，窃盗（235条）の構成要件に該当する行為ではあり，たとえば民事損害賠償（民709条）の対象となりうるが，刑事司法手続きに従って処罰するほどではない。このとき，民法709条上では違法だが，刑法上は可罰的違法があるとはいえない，とされることになる（⇨民法と刑法）。

---

†　なお，行為無価値・結果無価値二元論をとる論者は，厳密な論理関係にはないはずだが，故意についても違法要素としての「構成要件的故意」と「責任としての故意」の二重の機能を認める傾向にある。
††　人的違法観は，故意違法と過失違法が違うと考えるものである。確かに，自動車事故で歩行者を死亡させる場合と，出刃包丁を用意して仇敵を殺害する行為との間に，連続性を認めることは困難だと感じるのはもっともである。《わたくし》が，わざと人を殺す（故意殺人）のか，誤って殺してしまう（過失致死）のかは，《明証》なことでもある。しかし翻って，他人である《かれ》が故意だったか過失だったかを判断するのは，容易なことではない。認識論としての犯罪論体系は，そのことを常に意識すべきなのである。確かに殺人と過失致死では結果は異なる。それは非難の程度の違い（まさに責任要素としての故意と過失の違い）にあるのであり，違法な結果＝客観的事実としては，人の死であって，同じだと考えるのである。

■ 5.1　総　説

類　型　　可罰的違法性のない行為は，大きく分けると，1違法性の量が軽微である類型（**量的軽微類型**）と，2ある法令に照らせば違法だが，他の法令その他の価値基準からはむしろその行為について違法ではないと理解するべき類型（**価値衝突類型**）とに分かれる。

量的軽微類型　　1の**量的軽微類型**は，刑法における謙抑性の解釈論における一つの現れといってよい。つまり，刑法に基づく国家刑罰権の行使は，国家による個人に対する最も峻厳な処分であることに鑑み，その運用については慎重でなければならず，刑罰をもって臨む必要が必ずしも高いとはいえないような場合には，あえて処罰する必要がないとするものなのである。隣家の柿の実を1つ無断でとって食べてしまう行為は，形式的には窃盗にあたるが，これを処罰する必要性は乏しく，そもそも起訴に至らないであろうが，仮に起訴された場合には，可罰的違法性がないとして無罪を言いわたすべきであろう。

＊**一厘事件**（大判明 43 年 10 月 11 日刑録 16 輯 1620 頁）
　　生産した葉煙草を全部政府に納入すべき所，煙草葉一枚（価格 1 厘）分を自喫のために消費した場合について，「被告ノ所為ハ罪ヲ構成セサルモノ」とした。同様に旅館の客のためのタバコ買置き行為についての，＊**最判昭 32 年 3 月 28 日刑集 11 巻 3 号 1275 頁**，がある†。

しかし，最近では，この軽微類型についても，むしろ処罰を認める判例がみられる。

＊**マジックホン事件**（最決昭 61 年 6 月 24 日刑集 40 巻 4 号 292 頁）
　　被告人は，発信側の料金を免れるマジックホンなる電話機を知人より購入し，一度だけ試してみたことが有線電気通信法違反とされた事例について，最高裁は「ただ 1 回通話を試みただけで同機器を取り外した等の事情があったにせよ，それ故に，行為の違法性が否定されるものではない」とした。

価値衝突類型　　2の**価値衝突類型**は，量的には決して軽微な違反とはいえないが，他の法領域との関係から，形式的には違法であっても，なお，可罰的違法性がないとされるべき場合である。

判例の変遷　　判例上，この価値衝突型の可罰的違法性論が最も大きな問題として取り上げられたのは，労働公安事件においてである。そしてその取り扱いにおける判例の態度も，極めて大きな振幅をみせた。当初判例は，労働組合法1条第2項の規定

---

†　比較的近時の判例としては，すりが買物客の手提袋から広告パンフレット 2 通の入った封筒を金員が入っているものと誤認して窃取した場合につき，窃盗の未遂としたもの（東京高判昭 54 年 3 月 29 日判時 977 号 136 頁）がある。

は，公共企業体職員については適用がなく，争議行為は一律に違法だとする立場をとっていた（①*檜山丸事件（最判昭 38 年 3 月 15 日刑集 17 巻 2 号 23 頁）。しかし，最高裁は，②**東京中郵事件（最大判昭 41 年 10 月 26 日刑集 20 巻 8 号 901 頁）において，劇的に①の判例を変更するに至る。現業公務員の争議行為について「暴力の行使その他の不当性を伴わない場合には，刑事制裁の対象とならない」と判示したのである。そして，この 3 年後の③*都教組事件の最高裁大法廷判決（最大判昭 44 年 4 月 2 日刑集 23 巻 5 号 305 頁）は，争議行為を禁止した地方公務員法 37 条と，その争議行為についてのあおり・そそのかし行為を処罰した同法 61 条 4 号の趣旨に関し，公務員の争議行為も一律に禁止されているのではなく，さらに違法な争議行為であっても，争議行為に通常随伴するようなものは刑事罰の対象とはならないという二重の絞り論を展開し，破棄無罪とした。この論理は同日に出された④*全司法仙台事件の最高裁判決（最大判昭 44 年 4 月 2 日刑集 23 巻 5 号 685 頁）において，国家公務員についても同様の判断が下された。しかしながら，この二重の絞り論の判例理論の寿命は極めて短かった。つまり，そのわずか 4 年後の，⑤**全農林警職法事件（最大判昭 48 年 4 月 25 日刑集 27 巻 4 号 547 頁）において，この③の判例自体が明示的に判例変更されたのである。また，この判例と同じ日に出された*久留米駅事件（最大判昭 48 年 4 月 25 日刑集 27 巻 3 号 418 頁）で二重の絞り論をとって無罪とした原判決を破棄して，有罪とした。そこでは違法判断に際して，「法秩序全体の見地から許容されるべき」か否かによって判断すべきであるとしているのである。この公務員の争議行為についての最高裁の判例は，さらに，⑥*岩手県教組事件（最大判昭 51 年 5 月 21 日刑集 30 巻 5 号 1178 頁）でも確認された。また②の論理自体も，1977 年の⑦**名古屋中郵事件（最大判昭 52 年 5 月 4 日刑集 31 巻 3 号 182 頁）において，判例変更されるに至る。

また民間企業における労働事件においても，**久留米駅事件**は大きな影響を与えた。たとえば，分裂した第 2 組合員に対して配布ビラの取消文を書かせるために労働組合事務所に連行した行為にかかる暴行罪・逮捕罪について（**日本鉄工所事件**（最判昭 50 年 8 月 27 日刑集 29 巻 7 号 442 頁）），同様に，ピケッティング†にかかる逮捕罪（220 条）について（**光文社事件**（最判昭 50 年 11 月 25 日刑集 29 巻 10 号 928 頁）），原審が可罰的違法性を否定していたのに対して，それぞれ，**久留米駅事件**を引用し，法秩序全体の見地から違法性に欠けるものではないとしたのである。

なお，この**久留米駅事件**の直前の判例である，**大阪芸大事件**（最決昭 48 年 3 月 20 日判時 701 号 25 頁）は，自治会の活動を探知する目的で巡査が大学女子学生と交際していることについて学生等が弁明を求めるべく同巡査を路上から大学構内（その間約 100m）まで暴行を加えて連行した行為について，原審が「本件暴力行為は可罰的評価に値するほどのものとは認められない」と判示した（大阪高判昭 41 年 5 月 19 日下刑集 8 巻 5 号 686 頁）のに対して，刑事訴訟法 411 条の上告理由にあたらないとして，検察官上告を棄却したものである。

† スト破り防止のための労働組合側の見張り行為。

民法と刑法　価値衝突型の可罰的違法性の問題とは，実は，「違法」という概念について刑法固有のものを認める（**違法多元論**ないし**違法相対論**）か，刑法以外の他の法領域との統一的な判断だとするか（**違法一元論**ないし**違法絶対論**）との対立を背景としている†。

たとえば，民法と刑法の交錯といわれる問題も，この問題の一局面である。古典的には，背信的悪意者についての民法177条と詐欺罪の問題がある。つまり，Xが自分の不動産をAに譲渡した後，さらに登記名義がXのままであることを奇貨として，その事情を知るYに譲渡した場合，Yが背信的悪意者であれば，Yに登記があってもAは対抗できるというのが民事判例である。そうだとするとAには損害がないことになる。しかし，この場合，刑法上XについてAを被害者とする横領罪等を認めたとしても，この一元論と矛盾するものではないであろう。つまり，民事法上も，本来はYへの移転登記は違法であり，したがって対抗できないという措置をとることになるとする解釈も可能だからである††。

---

† 日本では，この意味での違法一元論，多元論の対立については多元論が圧倒的であるのに対し，ドイツでは一元論が主流である。日本で一元論を明言するものとして，松宮孝明『刑法総論講義』第3版（2004年）105頁。

†† 違法一元論について，他の法領域で違法とされた場合に刑法上違法阻却の可能性が全くないとするのを「かたい違法一元論」，可罰的違法性による違法阻却の可能性を認めるのを，「やわらかな違法一元論」として区別するもの（山口厚『刑法総論』第2版（2007年）175頁）がある。しかしこの区別は意味があるとは思われない。

たしかに，可罰的違法性の量的軽微型（たとえば，隣の柿の木の柿の実を1個を盗んだ場合に，窃盗罪としては処罰しないが，柿の実の代金相当額は賠償するべきであるというような場合），可罰的違法性がない，ということについて，多元論からは「違法でない」ことであり，民事不法行為法上の違法とは連動しないが，やわらかな違法一元論からは，可罰的違法性がないのは，刑法上は「違法であって」民法上の違法と共通するが，あくまで処罰するに値するほどの違法ではない，ということだというのであろう。しかし，論者のいう「かたい違法一元論」でも，柿の実を賠償するべきなら処罰され，処罰されないなら賠償する必要もない，という硬直した結論を実際にとることになるとは限らない（それは，理論的な違法判断の連動性に基づくというよりも，実際に（刑事・民事の）起訴をするかどうか，に依存しているに過ぎないからである。カルテル行為について，公正取引委員会が，課徴金事案として処理し刑事告発しない場合にも，刑法上違法でないということではない）。本来，「可罰的違法性のない」行為が，違法なのか違法でないのかという点は，規範論との関係において決定的に重要なのであって，行為規範との関係では，「やわらかな一元論」も「かたい一元論」もともに，禁止されるべき行為なのであり，多元論では，そのような行為規範そのものを措定しない（仮に，措定すれば論理的に破綻する）ということなのである。

可罰的違法性においてより重要なのは，価値衝突型である。そこでは，多元論と，「違法一元論」のみが対立するのであり，「やわらかな一元論」と「かたい一元論」の区別の成立する余地はない。まさに，法秩序全体の見地から，構成要件に該当するが違法ではないとされる領域を認めるか，否かにかかっているからである。

5.1.4　違法性阻却事由の基本類型

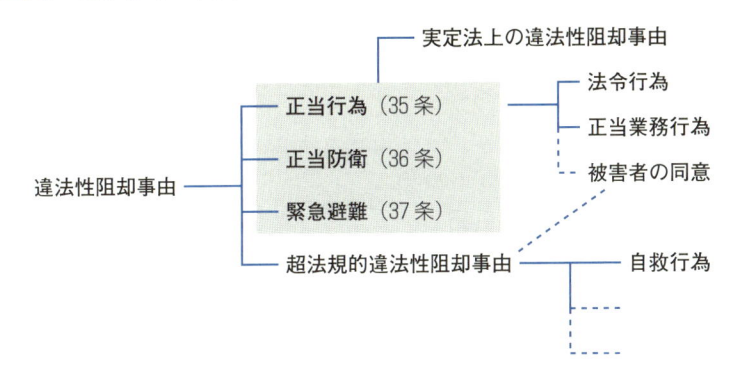

```
                           ┌── 実定法上の違法性阻却事由
                           │                        ┌── 法令行為
                  ┌── 正当行為（35条）──────┤
                  │                        └── 正当業務行為
違法性阻却事由 ──┤── 正当防衛（36条）       ┆── 被害者の同意
                  │── 緊急避難（37条）
                  │
                  └── 超法規的違法性阻却事由 ──── 自救行為
                                              ┆
                                              ┆
```

違法性阻却事由の諸類型　**違法性阻却事由**には，実定法上の根拠があるものと，違法性の一般原理（実質論）から導き出されるものとがある。後者については，特に**超法規的違法性阻却事由**と呼ぶことがある。実定法上の根拠が直接あるものが，**正当行為（35条）**と**正当防衛（36条）**である。**緊急避難（37条）**もその全部，または一部を責任阻却事由と解する立場がないわけではないが，通常は違法性阻却事由であるとされる。

《被害者の同意》については，直接の規定がないことを理由に，超法規的違法性阻却とするものもあるが，ここでは35条の正当業務行為の一類型として扱う。その他，超法規的違法性阻却事由としては，自救行為などがある[†]。

5.2　正当行為

5.2.1　総　　説

35条
　法令又は正当な業務による行為は，罰しない

定　義　①法令に基づく行為（**法令行為**），②正当な業務による行為（**正当業務行為**）は違法性が阻却される。法令行為と正当業務行為を合わせて，

[†] 正当防衛・緊急避難・自救行為は，いずれも公権力による救済等を求めることができないような状況にあることを前提としている点では共通する。これら三者を**緊急行為**と総称する場合もあるが，前二者では権利・利益の侵害が現在しているのに対して，自救行為は必ずしもそのような緊急的状況にある場合には限定されない。

正当行為という。

　法は単に「罰しない」としているにすぎないが，これらについては一般に違法性が阻却されることにより不可罰となるものと理解されている。つまり，正当行為は違法性阻却事由（＝正当化事由）の1つである。

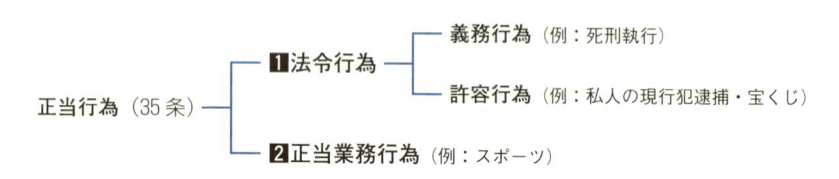

```
                          ┌─ 義務行為（例：死刑執行）
           ┌─ ❶法令行為 ─┤
正当行為（35条）┤           └─ 許容行為（例：私人の現行犯逮捕・宝くじ）
           └─ ❷正当業務行為（例：スポーツ）
```

5.2.2　正当化の形式的根拠

[1]法令行為　　**法令行為**については，構成要件に該当する行為（原則的違法行為）について，違法性を阻却＝正当化する根拠となる法令の存在が前提であり，それら法令が，構成要件を規定する刑罰法規よりも優先的に適用されることが必要である。法令行為は，その行為の適法性について法令の直接的根拠がある場合であるが，一定の義務づけを伴うもの（**義務行為**）と，法令に根拠があるが，そのような行為をするかどうかは任意であるもの（**許容行為**）とに分けることができる。

義務行為　　死刑執行は殺人等の構成要件に該当する。しかしその執行は法律（手続きについては刑事訴訟法475条以下，刑罰そのものについては，たとえば，刑法199条・9条等）に基づく。この場合，死刑執行人は，死刑を執行することが義務づけられ，裁量は許されていない。このようなものを義務行為という。

許容行為　　これに対して，私人による現行犯逮捕（刑訴法213条）は，現行犯人を私人が逮捕することを許容しているだけであって，逮捕が義務づけられている訳ではない。このようなものを許容行為という†。当せん金付証票法に基づく指定金融機関の宝くじの販売も許容行為の例である（つまり，刑法187条の構成要件該当行為ではあるが，同法により，許容されることになる）。

---

† 判例における実際の例として，たとえば，あわびの密漁船に対する私人の現行犯逮捕（刑訴法213条）がある（最判昭50年4月3日刑集29巻4号132頁）。また，教師による懲戒については⇨5.1.2。

2 正当業務行為

法令行為が，その適法性について直接的な法的根拠を求めることが可能であるのに対して，正当業務行為については，適法化についての直接かつ個別的な根拠を実定法の法令上に求めることができない類型だということができる。つまり，**正当業務行為**は，刑法35条以外に，正当化する根拠規定がない類型である。

正当業務行為は，「正当な業務」の一環として行われる行為について，それが形式的には構成要件に該当したとしても，違法性が阻却され，正当化される。一般的には，たとえばスポーツ活動がこの正当業務に当たるとされている。ボクシングは，その試合自体は暴行罪に該当しても違法ではなく，また試合中に相手が死亡したとしても傷害致死罪の違法性がないとされるのである。

しかし，スポーツであればどのような行為であっても許容されるわけではない。ボクシングの試合の死亡事故でも，選手がルールに反して凶器を隠しもっていた場合や，さらに，グローブやリング等の，安全性を考慮した措置やそもそも公平に適用されるべき競技上のルールが前提とされていないような，単なる殴り合いや，公道上を制限速度を無視して高速でカーレースをする行為などは，違法性が阻却されるものでないこと明らかであろう。

ただし，何が正当業務であるかは微妙な場合も少なくない。たとえば，金融派生商品（デリバティブ）の販売等が，賭博罪（185条）に該当し，銀行法，金融商品取引法，そのほかの法令に根拠がなければ，正当業務行為による違法阻却の余地がない可能性もある。

判例の事例としては，弁護活動の一環で他人を真犯人だとする内容の本を出版した場合の名誉毀損について，「その行為が弁護活動のために行われたものであるだけでは足りず……法秩序全体の見地から許容されるべきものと認められなければならない」として違法性の阻却を否定し（**丸正事件**（最決昭51年3月23日刑集30巻2号229頁）），被告人の新聞記者が外務省事務官に対し，利用する意図で肉体関係を持ち，秘密文書をもち出させたという取材行為について，「法秩序全体の精神に照らし社会通念上，到底是認できない」とした（***外務省機密漏洩事件**（最決昭53年5月31日刑集32巻3号457頁）），牧会活動の一環として，教会の牧師が犯罪を犯した高校生を匿ったことについて，「法秩序の理念に反するところがなく，正当な業務行為として罪とならない」としたもの（神戸簡判昭50年2月20日刑月7巻2号104頁）等がある。

その他，労働争議について，スト破りに対する怒号での妨害（**三友炭坑事件**（最判昭31年12月11日刑集10巻12号1605頁）），同じくスト破りに対する短時間のピケッティング（**札幌市電事件**（最決昭45年6月23日刑集24巻6号311頁））等がある。なお，ピケッティングについて，違法性が欠けるところはないとした，**光文社事件**（最判昭50年11月25日刑集29巻10号928頁）（⇨5.1.3）参照。

正当業務行為の
正当化根拠　正当な業務がなぜ正当化されるかは，社会的相当説からは説明は容易である（まさに社会的に正当な業務であることを根拠としよう）が，法益侵害説からは困難な面がある。法益侵害説から説明するとすれば，たとえば，「被害者の同意」はその根拠となりうる（例：ボクシングの場合，「ルールに従っているなら殴られても仕方ない」という同意があると構成する）が，正当業務行為のすべてについてこの「被害者の同意」が存在すると構成できる訳ではない。

5.3　被害者の同意

5.3.1　総　　説

総　　説　①被害者の同意は，②一定の場合に，③違法性を阻却する。

① 「被害者の同意」　**被害者の同意**（または**被害者の承諾**）とは，被害者自身がその犯罪の結果に同意していることである。ここで「被害者」とは，保護法益の主体を意味する。

　公務の執行を妨害する目的で殴られた警察官も一種の被害者ではあるが，当該警官は公務執行妨害罪（95条）の保護法益（公務の円滑な執行）の主体ではなく，ここでの「被害者」ではない。威力業務妨害罪（234条）では，業務主が保護法益の主体であり，殴られたのが店員であっても店員はここでの「被害者」とはいえない。

　社会的法益・国家的法益における保護法益の主体は，抽象的であるか不特定多数であって，被害者の同意を観念することは困難である[†]。被害者の同意は，個人的法益に対する罪においてもっぱら問題となる[††]。

[†] たとえば，虚偽告訴罪（誣告罪（172条））について，被誣告者の同意があっても，同罪は，「官憲職務ヲ誤ラシムル危険」のゆえに処罰するものでもあるから，同罪の成立には影響はない（大判大元年12月20日刑録18輯1566頁）。

[††] なお，社会的法益に対する罪であるが，私文書偽造については，名義人の承諾は一定の場合に偽造罪の成立を阻却する。

[2] 《一定の場合》
――同意の要件　　個人的法益に対する罪について，被害者の同意があれば，《原則として》不可罰とされる。同意の要件については，同意の有効性，特に同意における錯誤が重要である（⇨5.3.5）。

　個人的法益に対する罪で被害者の同意があっても，違法性が阻却されない例外的な場合が刑法202条の**同意殺**であり，その延長上に**同意傷害**がある（⇨5.3.3, 5.3.4）。

　なお，213条・214条の同意堕胎・業務上堕胎は，妊婦の同意がある場合でも可罰的であることを規定しているが，妊婦には胎児の生命についての処分権限がないとすれば，被害《者》の同意が完全でない場合だと考えることができる。また，13歳未満の被害者の同意があっても可罰的だとする176条後段・177条後段，同様に未成年者の同意がある場合の未成年略取罪224条は，同意の有効性それ自体の問題である。

[3] 同意の効果　　被害者の同意による不可罰の根拠は，一般には違法性阻却事由であるとされる。刑法総則その他の実定的な根拠はないから，被害者の同意における違法性阻却は，違法の一般理論の応用として説明されるべきことになる（⇨5.3.2）。ただし，場合によっては，被害者の同意がある場合には，違法性阻却ではなく，構成要件そのものに該当しないのではないかという議論もある。たとえば，敷地の管理者の同意を得て立ち入る行為は，住居侵入罪（130条）の構成要件である「正当な理由がないのに……侵入した」には該当しない。また，所有者の同意を得て保管中の物を自己のものとすることも，「横領」（252条）ではないとする余地があろう。ただし，構成要件は原則的違法類型にすぎないから，構成要件該当性の判断だと考えたところで実質的な違法判断――違法であるか否か――であることには変わりはない†。

5.3.2　違法性阻却の根拠

総説　　法益主体である被害者の同意がある場合に，原則として違法性が阻却される実質的根拠については，基本的には，違法の実質論（⇨5.1.2）

---

† この点，故意を「構成要件に属する事情の認識」だと実定法上規定（ドイツ刑法16条）するドイツ刑法（⇨6.4.1）では，同意が違法性阻却か構成要件阻却であるかは解釈論上，意味をもちうることになるのである。

において指摘したように，**社会的相当性説**と**法益侵害説**の2つの立場に対応して，以下のように，それぞれが説明されることになる。

社会的相当性説　違法性の実質を社会的相当性に求める立場からは，被害者の同意は，同意自体の相当性やそのような同意を得てなお犯罪行為を行うことが社会的に相当な行為であるかどうか，によって判断されることになる。

法益侵害説　一方，違法の実質を法益侵害とする立場は，さらに，①被害者の同意についても違法性阻却事由についての優越的利益の原理が妥当し，自己決定の利益が当該法益侵害を上回ることにより違法性が阻却されるとする見解（**優越的利益説**）と，②法益そのものないし法益の要保護性が欠如するという立場（**法益性欠如説**），とに分かれる。

優越的利益説　①の**優越的利益説**は，自己決定の自由という法益が，侵害法益を上回る場合には違法性が阻却されるが，同意殺や，一定の類型の同意傷害は，侵害される法益の方が意思決定の自由の法益を上回るから，違法性が阻却されないとする†。

法益性欠如説　一方，②の**法益性欠如説**は，法益の主体たる被害者が，その法益侵害について同意した以上，保護すべき法益が存在しないかないしは法益が抽象的に存在してもその要保護性が欠け，違法性が阻却されるとするものである。法益性欠如説に対しては，法益性の欠如ならば，その効果は対世的であり，侵害者が誰であるかを問わないことになり不当だとする批判がある。しかしながら，同意による法益の欠如は，あくまでも同意の相手方に限られる。対世的・一般的な法益の放棄でないかぎり，法益性の欠如は，同意の相手方を基本とする一定の時間的・空間的な制約を伴う。つまり法益性の欠如は同意の意思内容にかかわる。たとえば，プロレスの選手は，台本通りに試合相手に殴られることには同意してはいるが，観客からパイプ椅子を投げつけられることについてまで同意しているわけではない††。

この同意ないし処分意思の個別化に関して，いわゆる*テスト郵便事件（静岡地判昭41年4月19日下刑集8巻4号653頁）がある。本判例は，郵政監察官によるおとり捜査について，真の差出人である郵政監察官が望んだように郵便の取扱中に配達員が在中金を窃取した場合には，被害者の承諾がある場合として窃盗の未遂にしかならないが，本件は，託された郵便物の全体を窃取して局内で在中金を抜き取った場合であるから，同意の範囲を逸脱するとして窃盗罪の成立を認めたものである。しかし，同意の内容をここまで個別化することが可能であるかは疑問がある（共犯論におけるアジャン・プロボカトゥールに

つき，⇨8.2.2)。

同意意思　被害者の同意の意思は，常に明示的なものでなければならないわけではないが，黙示のものでたりるとしても，何らかの根拠が必要である。ゴルフ場のロストボールを第三者が勝手にもち去った事例について，判例は，ゴルフ場の側の所有権を認め，窃盗罪の成立を認めた（最決昭62年4月10日刑集41巻3号221頁）†††。

5.3.3　同意殺

202条
人を教唆し若しくは幇助して自殺させ，又は人をその嘱託を受け若しくはその承諾を得て殺した者は，6月以上7年以下の懲役又は禁錮に処する

定　義　殺害行為について被害者である被殺者の同意がある場合を**同意殺（人）**［承諾殺人］という。同意殺については，202条に規定があり，199条の通常殺人よりは軽い法定刑を用意している（ただし，202条の後段は自殺関与罪である。自殺関与についても同意殺とほぼ同様のことが当てはまるというのが日本の通説的見解である††††）。被害者が同意しているにかかわらずなぜ202条が一律に可罰的だとしているか，また，通常殺人よりも減軽されていることの理由が何かについて，実質的違法論との関係で説明が必要となる。

---

† この立場は，同意殺や同意傷害の違法性を説明することができる点で優れてはいるが，自己決定の自由という価値は，基本的には抽象的な自由にとどまるものである限り，法益の価値序列からいえば，身体的価値よりは劣後すべきもののはずである。つまり，この立場からは，同意傷害は常に可罰的だとするのが一貫していることになる。

†† 本書は，被害者の同意がある場合とは，法益の主体においてそれを自ら処分する場合と同様に，他人に処分を委ねた場合であるから，法益が侵害されている状態とはいえないことにより，違法でなくなるものと考える（**法益性欠如説**）。ただし，生命的価値・身体的価値の処分については，法益主体自らが処分する場合と，他人に委ねる場合とでは，その価値の特殊性に鑑み，特段の考慮が必要になる（⇨5.3.4　同意傷害）。

††† この場合，ロストボールをもち去ってよいという被害者の黙示的な意思表示が推認できれば，窃盗罪の成立を否定してよい。しかし，ロストボールは当然にゴルフ場の所有に帰する訳ではない。ゴルフ場利用約款等の特段の事情がなければ，所有権はなおプレイヤーの下に留保されているのであるから，被害者を各プレイヤーとした上で，なおそれら被害者の同意があるとはいえないならば，遺失物等横領罪（254条）の成立を認めるべきであった。

†††† これに対して，ドイツ刑法216条は日本と同様に同意殺について通常殺人（211条（謀殺）・212条（故殺））よりも軽く処罰しているが，自殺関与罪については特段の規定をもたない。

同意殺の処罰根拠　同意殺および自殺関与の減軽処罰根拠を，責任減少に求める見解もあるが，この考え方は，違法レベルでは自己の生命の処分も他人の生命の処分も同じ違法だと考えるものであり，あまりに生命的価値の個人性を捨象していよう。つまり生命については国家的価値に属するという考え方に結びつきやすく[†]，妥当ではない。そこで，むしろ違法性が減少すると考えるのが今日では支配的である。その違法減少についても 2 つの異なる方向からの説明がなされている。

第 1 は，いわゆる**パターナリズム**（paternalism）による説明である。パターナリズムとは，生命価値の法益の主体はあくまでも本人に属するが，その処分については，「死にたい」と思う人間に対して「早まるな」という後見的判断（パターナリズム）により，なお違法だとするものである。しかし，違法性判断が国家の後見的判断からなされるというのであれば，生命価値の法益の主体を国家・社会にも認める立場と実質的にはかわらず，自殺や自己損傷行為についても，違法であるということになりかねない。

第 2 には，法益の主体つまり法益処分の自己決定の主体性の存立基盤である生命については，その同意があっても刑法の要保護性は減少するものの，欠如しないという立場である[††]。

5.3.4　同意傷害

定義　被害者の同意がある傷害を**同意傷害**という。同意殺（202 条）とは異なり，同意傷害についての一般的な規定は存在しない。規定がないことから，一般的には，解釈論によって「一定の場合」に違法性が阻却されると考えている。つまり，同意傷害には，違法性が阻却される場合と阻却されない場合とがあるのである。

判例　以下の判例は，最高裁が同意傷害について判断した，最初の，かつ重要なものである。

[†]　ただし，たとえば瀧川幸辰は，自殺については責任減少と考えていた。
[††]　内藤謙『刑法講義総論（中）』（1986 年）507 頁。なお，私見は，同意殺への減軽処罰根拠を，生命的価値については本人の処分が不完全である可能性に求め，しかしその不完全のリスクを本人自身に刑罰をもって負わせることができないが他人である第三者については，負わせることができると考えている。

✲✲偽装自動車事故事件（最決昭55年11月13日刑集34巻6号396頁）

X（再審請求人）が有罪判決を受けて確定した交通事故にかかる業務上過失致傷罪について，本件事故は保険金詐欺目的で行ったものであり，被害者は同意していたのであるから無罪とするべきであったとして再審を請求したものである。最高裁は特別抗告を棄却するにあたり以下の判断を示した。「被害者が身体損傷を承諾したばあいに傷害罪が成立するか否かは，単に承諾が存在するという事実だけでなく，右承諾を得た動機，目的，身体傷害の手段，方法，損傷の部位，程度など諸般の事情を照らし合わせて決すべきものである」。その上で，本件の同意について，「過失による自動車衝突事故であるかのように装い保険金を騙取するという違法な目的に利用するために得られた違法なものであって，これによって当該傷害行為の違法性を阻却するものではない」。

判例の意義 上記判例では，同意傷害において社会的に相当でない同意は違法性を阻却しないとする見解（**社会的相当性説**）に立っているということができる（そのほか下級審判例としては，暴力団組員の指詰め（仙台地石巻支判昭62年2月18日判時1249号145頁），サドマゾ行為（大阪高判昭40年6月7日下刑集7巻6号1166頁）。ただし後者は，生命への危険性の大きな行為であり，サドマゾ行為自体が公序良俗に反するとしたわけではないことに注意。なお性交中の同意を得た首締めについて，傷害の限度で違法性の阻却を認めたもの（大阪高判昭29年7月14日裁特1巻4号133頁），さらに「究極のSMプレイとして，下腹部をナイフで刺すことを被告人に依頼したものであり，真意に基づいて殺害を嘱託したものと理解する余地が十分にある」とした，大阪高判平10年7月16日判時1647号156頁，がある）。

社会的相当性説の問題点 偽装自動車事故事件では，本来は詐欺罪で問題とされるべき違法性が，同意（傷害）の違法性の判断に使われていることになる（**違法一元論**⇨5.1.3）。しかしこれでは同意傷害の処罰範囲は広がりすぎることになる。たとえば，臓器移植法は，臓器提供に対価を提供すること自体を違法としている。しかし，同法に反して対価を受け取ったからといって直ちにドナーの同意を得たことも違法であり，傷害罪になる訳ではなかろう。

法益侵害説と同意傷害 日本の傷害罪の規定は，外国の立法例に見られるように，重傷害と軽傷害を区別していない。したがって，生命に対する危険性の高い傷害（＝重傷害）をも含みうる点で，生命侵害と境を接しているのであり，かかる重傷害については，同意殺人（202条）に準じた扱いが正当化されるべきである。このような考慮は，同意傷害の問題を扱うに際して，その傷害の内容，言い換えれば，侵害法益の内容を考慮するものであり，違法の実質

論における法益侵害説を基礎におくものである。

法益侵害説における2つの可能性　生命侵害と境を接するような重傷害といっても、2つの着目点を考えることができる。1つは、生命が回復困難であるということに着目するものであり、いま1つは生命そのものに対する危険性が極めて高いという点に着目するものである。たとえば、手術による性器の切断は、生命に対する危険性は高くはないが、回復は困難なものである。一方、大量の採血は生命に対する危険性は著しく高いが、回復が困難というわけではない。

しかし、同意殺との連続性からは、基本的には、生命への危険性の有無で判断するのが妥当だということがいえよう[†]。

```
                     ┌── 回復の困難
        重い傷害 ────┤
                     └── 生命の危険
```

自傷行為　被害者が被害者への傷害を他人に行わせること（自分の指を切断させる）を同意していた場合が、同意傷害であるが、自分自身で行う場合、すなわち自傷行為（自己損傷行為）については、いかなる場合も不可罰である。しかし、その自傷行為に関与した場合（自分で指を切断するように教唆し、あるいはそれを幇助した場合）には、なお共犯が成立しうる（⇨8.1.5）。

5.3.5　同意の要件

同意の要件　「被害者の同意」（**同意意思**）は、真意に基づいてなされたものであること、が必要である。

社会的相当性説ではさらに、単に同意があっただけでは充分ではなく、同意の目的や傷害の程度など諸般の事情も考慮に入れられるべきことになろう。この点について前掲・****偽装自動車事故事件**（⇨5.3.4）はまさに、「単に承諾が……諸般の事情を照らし合わせて決すべき」などとしている[††]。

[†]　偽装自動車事故は、判例の事例のような場合には生命に対する危険性まではなかったと考えられ、その同意は違法性を阻却すると考えるべきである（ただし同意のない第三者の傷害の部分は残るから、再審手続の開始を認める必要はなかった）。

[††]　同旨。空手の練習に際し、相手の同意を得ていたが練習場所として不相当な場所であった等のことから違法性は阻却されないとした、大阪地判昭62年4月21日判時1238号160頁。

同意能力 　幼児・精神障害者や酩酊・昏睡・薬物中毒などにより法益の処分についてその意味を理解できない者の同意は有効な同意とはならない（**同意能力の必要性**）[†]。子供に対して，「死んだお父さんのところへ行こうね」といって心中に及んだ場合，には有効な同意があったとはいえず，殺人罪となろう。

絶対的強制下における同意（例：「指を詰める」ことに同意しなければ殺害する旨脅迫されて，それを承諾した場合）も，やはり同意が欠如する[††]。

同意の錯誤 　被害者が同意に際して錯誤に陥っていた場合が，一般に**同意の錯誤**といわれる問題である（**被害者の同意に関する行為者の側の錯誤**⇩と区別せよ）。

毒薬をそれと告げずに飲ませる場合，通常の飲み物だという認識があるが，この場合には死それ自体についての認識がかけるから，同意があるとはいえない。この点についてはほぼ異論はない。つまり，同意とは法益の処分についての同意であるから，その法益処分の認識が必要なのである。

動機の錯誤 　しかし，法益処分についての認識があるが，その処分の動機について錯誤がある場合（**動機の錯誤**）については，有効な同意ありといえるかについて見解が対立している。

判　例 　*強盗侵入事件（最大判昭 24 年 7 月 22 日刑集 3 巻 8 号 1363 頁）
強盗が客を装った場合について「外見上家人の承諾があったように見えても，真実においてはその承諾を欠く」から，住居侵入罪が成立するとする。判例の立場は，「強盗であることを知っていれば，同意しなかったであろう」という，同意の前提としての動機を考慮する見解といってよい。

**偽装心中事件（最判昭 33 年 11 月 21 日刑集 12 巻 15 号 3519 頁）
自分も追死すると相手に信じさせて心中に応じさせ，自分は自殺しなかった場合について，被害者の死の「決意は真意に沿わない重大な瑕疵ある意思であることが明らかである」として，殺人罪の成立を認めた。

つまり判例は，被害者の同意にあたってその動機の総てを考慮するわけではないが，重要な動機については，その錯誤は同意を無効とすると考えているとみる

[†] 判例によれば，5 歳 11 カ月の幼児について自殺の何たるかを理解する能力はなく，承諾は有効でないとし（大判昭 9 年 8 月 27 日刑集 13 巻 1086 頁），また精神障害者についても同様である（最決昭 27 年 2 月 21 日刑集 6 巻 2 号 275 頁）としている。

[††] 自殺を強要したことが殺人（未遂）罪にあたるとした，**ホスト客自殺強要事件（最決平 16 年 1 月 20 日刑集 58 巻 1 号 1 頁；⇨3.2.2），同様に，被害女性に対して，自殺以外に現状打破のすべはないように思い込ませ，自殺を仕向けた場合について，殺人にあたるとした，福岡高宮崎支判平元年 3 月 24 日高刑集 42 巻 2 号 103 頁。

■ 5.3 被害者の同意

ことができる。

法益関係的錯誤説 学説の一部で主張されている，**法益関係的錯誤説**によれば，法益の処分についての認識があればよく，法益処分に際しての動機の錯誤は同意の存在に影響を与えるものではない，とされる。したがって，この見解からは，**強盗侵入事件**において，立ち入り自体には同意があるのだから，住居侵入罪が成立しないことになる。また，**偽装心中事件**でも，法益関係的錯誤説では，被害者において自己の死自体については錯誤がなく認識していたのであるから，同意殺が成立するものと結論づけることになろう。

法益関係的錯誤説の修正 法益関係的錯誤説の中には，法益の有無・程度・性状等に関して錯誤がある場合には，法益に関する認識が欠けるとして同意は無効であるとするもの†がある（修正された法益関係的錯誤説）。この見解に従えば，偽装心中の事例で「心中相手が生存する残りの人生」と「心中相手が生存しない残りの人生」との間にも価値的相違を認めることも不可能ではなかろう。ここにおいて，修正された法益関係的錯誤説は，同意意思の瑕疵を重大な動機であるかどうかを基準に考慮する判例の立場に接近することになる††。

行為者の側の錯誤 同意の錯誤は，被害者の同意に際して被害者が錯誤に陥っていた場合であるが，これと区別するべきは，**被害者の同意に関する行為者の側の錯誤**である。つまり，被害者が真実は同意していないのに，同意していると錯誤していた場合である。たとえば，医師が患者が乳房切除手術に同意していると思っていたが，実際には患者は同意していなかったような事例である。

この行為者の側の同意に関する錯誤に関連して，**意思方向説**と**意思表示説**の対立がある。つまり，意思方向説は，被害者が内心において同意していたかどうかが決定的であるのに対して，意思表示説は，基本的には，同意意思は行為者に表示されていなければならないとする。

意思方向説からは，行為者側の錯誤は問題とならない。つまり，行為者において同意があると誤信しても，被害者が同意していないのであれば同意が欠けることから，違法阻却の余地はないだけでなく，そもそも行為者の認識の対象ではないのであるから，故意・故意責任にかかわる錯誤の問題にならないのである。これに対して，意思表示説は，被害者の意思表示が同意による違法阻却の要件であり，したがって，それの表示の認識に関する錯誤は，違法性阻却事由の錯誤（⇨ 6.5.6）として，場合によって故意（学説によっては故意責任）を阻却する†††。

5.3.6　危険引き受け

定　義　被害者が，その発生する結果について積極的に同意していたとまではいえないが，その危険性を認識し引き受けていた場合，発生した結果について，一定の場合に犯罪の成立を阻却させるべきではないかというのが，**危険引き受け**の問題である。

この問題については，ドイツでの議論の影響の下に客観的帰属論の問題とするものと，**被害者の同意**の延長上の問題として違法論で扱う立場とが対立しているが，被害者の同意の延長上の問題と考えれば足りよう。

**ダートトライアル事件（千葉地判平 7 年 12 月 13 日判時 1565 号 144 頁）

ダートトライアル競技の練習走行に同乗したインストラクターが，運転者の技術未熟により車両を防護柵に激突させ死亡した場合について，ダートトライアル競技における死亡の危険を「自己の危険として引き受けたものとみることができ，右危険が現実化した事態については違法性の阻却を認める余地がある」とした。

上記判例は，業務上過失致死罪について，被害者が危険を引き受けていたことを理由とする違法性阻却の可能性を認めている††††。

---

† 西田典之『刑法各論』第 4 版（2007 年）17 頁。つまり，死期が迫っていないのに迫っていると欺いて同意を得た場合は，有効な同意があったとはいえないとする。

†† なお，一家無理心中しようとした被告人が，夫にうち明け，夫もいったんは了承したものの，子供を殺すことについて躊躇しているように思われたので，被告人が夫に内緒で睡眠薬を飲ませたところ，夫は「起こせよ。お前一人でやるなよ。」といいながら寝込んでしまった後に，被告人が夫と子供を殺害した事例について，「睡眠中に被告人に殺害されることは，（夫の）最も予想しない事態であった」として，同意殺の成立を認めなかった，東京高判昭 58 年 8 月 10 日判時 1104 号 147 頁，がある。

††† 明示的な同意の意思表示があり，それが被害者の真意であった場合には，意思方向説も意思表示説も結論は変わらない。

また，明示的な意思表示はなかったが，内心では同意していた場合には，意思方向説では正当化が認められ，表示説では，**推定的同意**の問題となろう。つまり，行為者が明示的な同意がなくとも「あるだろう」と思い，それが真意でもあった場合には，なお正当化されうる。さらに，行為者においては被害者の同意が「ないだろう」と思ったが，被害者は内心では同意していた場合には，せいぜい未遂の問題が残ることになる（同意がなかった可能性が危険性を基礎づけることになる）。

明示的な意思表示があったが，それは真意ではなかった場合，まさに，違法性阻却事由の錯誤として，そのような誤信について一定の故意・故意責任の阻却の可能性を認める（意思表示説）か，一切認めない（意思方向説）かが問題となる。やはり，そのような誤信について一切の考慮をしないというのは，責任主義に反するであろう。したがって，意思表示説が正当というべきである。

†††† この点につき，202 条が存在する以上，過失致死についても違法阻却は困難であって，むしろ過失の問題とすべきものだと指摘するものとして，松宮孝明『刑法総論講義』第 3 版（2004 年）113 頁，203 頁。

5.3.7 医療行為

<small>総説</small>　医師その他医療関係者による医療行為（治療行為）は，患者の身体に対する**侵襲行為**等，外形的に構成要件に該当する場合があるが，正当な医療行為である限りにおいて，正当な行為（35条）であり，違法性が阻却され，不可罰であるとされる。

<small>正当化の根拠</small>　問題は，何が正当な医療行為であるかであり，またなぜ正当化されるかである。

正当な医療行為としては，①治療目的，②正当な医療方法（医学的適応性と医術的正当性），③患者の同意，の三点が通常，あげられる。ただし，これらの3つすべてが具備されていなければ常に違法だというわけではない。

<small>専断的医療行為</small>　③との関係で，患者の同意がない医療行為を，**専断的医療行為**という。専断的医療行為であっても，医療行為として患者の利益のためにされた行為は，一定の範囲で正当化される（**目的説**）。専断的医療行為も，正当な医療行為であれば35条による正当化（＝違法阻却）の問題なのである。しかし，この場合も患者の同意を確認できないなどの場合に限られよう。明示的な患者の意思に反した専断的医療行為は，原則として違法となるものといえる。

<small>患者の自己決定権</small>　正当な医療行為にいくつかのオルタナティブ（選択肢）がある場合，そのどれを選択するかは，まさに患者の意思に委ねられるべきである。それらのいずれもが正当な医療行為であっても，患者の明示の意思に反するものは，原則として違法である（例：乳ガン患者の乳房温存療法の希望があったのにかかわらず切除した場合）。

したがって，医療行為の正当化根拠の根底には，患者の意思＝**自己決定**（権）が常に存在する。

<small>インフォームド・コンセント</small>　最近ではこの，患者の自己決定権をさらに強調し，**インフォームド・コンセント**（informed consent：充分に説明責任が果たされた上での同意）が医療行為の正当性を基礎づけるとする見解が主張されるに至っている。

<small>患者の意思に反する医療行為</small>　インフォームド・コンセントの理論は，患者の自己決定権を最大限尊重するものであるが，患者の明示的な意思に反しても正当化されるべき例外的な場合もありうる。たとえば，子供が交通事故に遭遇して

輸血が必要になった場合に，輸血を禁じるある宗教を信じている両親が，輸血を拒否したために，輸血以外の救命措置をとったが子供が死亡したという場合について，医師を起訴しなかった事例がある†。輸血すれば確実に助かるが輸血しなければ死亡する状況にあれば，輸血拒否が患者自身ないし近親者からなされていたとしても，生命的危険のある行為であるから，その意思に従って輸血を行わない措置は違法性を阻却しない（生命的な危険性ある行為についての被害者の同意だからである⇨5.3.4）。

患者の意思に基づく正当でない医療行為　逆に患者の同意があるが，正当でない医療行為（例：未承認薬の使用）も，原則として違法性が阻却される（通常の「被害者の同意」の理論）††。ただし，生命に対する危険性があるような侵襲行為については，同意があってもなお違法性が阻却されない場合がありうる（医師の免許を有しない者による豊胸手術により被害者を死亡させた場合について，たとえ被害者の同意があったとしても，社会的相当性を欠き違法性を阻却しないとした，＊東京高判平9年8月4日高刑集50巻2号130頁）。

　患者の依頼による性転換手術について当時の優生保護法28条・34条（現行の母体保護法28条・34条）違反と判断したものがある（＊ブルーボーイ事件（東京高判昭45年11月11日高刑集23巻4号759頁））。ただし，本件が，傷害罪ではなく優生保護法違反が問題となっていることは示唆的である。つまり，傷害罪は個人的法益であって，患者の同意がある以上，生命の危険性がない限り，違法性が阻却されるが，優生保護法は，社会的法益に対する罪であり，患者の同意ではなく，狭義の正当行為（35条）による違法性阻却の余地しか残されていないと判例は考えていたとも解釈できるからである。

末期医療　患者の死期が迫っている段階での**末期医療**，特に，**安楽死**と**尊厳死**について，違法性阻却の可能性が問題となる†††。

---

† また同宗教の信者が，医師に無輸血の手術を依頼したところ，医師は内心では，場合によっては輸血すべき場合のありうることを想定しながらそれを十分に告げずに，果たして実際の手術で輸血した場合について，輸血の可能性のある手術を受けるか否かの自己決定の機会を奪ったものとして人格権侵害となり，賠償義務があるとした，民事不法行為に関する「**エホバの証人**」事件がある（最判平12年2月29日民集54巻2号582頁）。

†† 違法一元論からは場合により違法たりうることになる。

††† 刑法202条は生命的価値について被害者の同意があっても違法性を完全には阻却しないことを規定している。そしてその理由は，生命的価値については本人の処分が完全ではない危険性の存在に求められたのであった（⇨5.3.3）。つまり，「長い人生」を今処分してしまうことに伴う処分意思の不完全さ（の可能性）が，第三者によるその処分への関与の違法性を基礎づけていた。このことが正当であるならば，末期医療のように，死期が迫っている場合であれば，その残されている生命の期間と質については，ある程度確実に予想することができるといえる。したがって，生命的価値の処分であっても本人の同意があれば，例外的に違法性が阻却される場合がありうることになる。

■ 5.3　被害者の同意

末期医療は,「医療」という文言が使われるが,安楽死と尊厳死については,命を救い,身体の生活状況を向上させるという意味での医療ではない。したがって,それらについては,専断的判断は許されない。あくまでも患者自身の同意(尊厳死であれば,事前の同意)が必須である。

なお,死期の予見の確実性だけでは,その処分の完全性が保障されるわけでもない。たとえば,あと6カ月の命であることが確実であっても,そのような長期の生命の犠牲に見合うだけの利益の確保を考えることは困難であり,違法性を阻却することは原則としてありえない。あくまでも《末期》医療であるからである。

<u>安楽死の定義</u>　**安楽死**とは,死期が切迫している患者の肉体的苦痛を緩和除去する処置のことであり,耐え難い苦痛の存在が前提である。

安楽死については,エンギッシュ(Engisch)の分類が引用される。つまり,
① 生命短縮を伴わない純粋安楽死
② 生命短縮の危険を伴うが苦痛の緩和を主たる目的とする間接的安楽死
③ 死苦を長引かせないために必要な生命延長の措置をとらない消極的安楽死
④ 生命短縮を目的とする積極的安楽死
などである。

①については刑法上,全く問題とはならない。②については医療現場ではたとえば末期ガン患者へのモルヒネの投与などの形で,広く行われているであろうことが想像され,③についてもその限界が問題となるものの,刑事事件にまで表面化することはまれである。これまでの判例で実際に問題となったのは,もっぱら④の積極的安楽死である。

<u>積極的安楽死</u>　下級審の判例であるが,(積極的)安楽死を認めるべき場合として,1死が目前に迫っていること,2病者の苦痛が甚大であること,3もっぱら死苦の緩和の目的でなされたこと,4本人意思が表明できる場合には,真摯な嘱託・承諾のあること,5医師の手によることを原則とする,6その方法が倫理的にも妥当なものとして認容しうること,の6要件を掲げている(＊＊名古屋高判昭37年12月22日高刑集15巻9号674頁)。

また最近の判例では,4の本人の意思については,常に明示の意思表示が必要だとし,5,6の要件をはずして,3に代えて,肉体的苦痛を除去するために方法をつくし他に代替手段がないこととしたもの(＊＊**東海大事件**(横浜地判平7年3月28日判時1530号28頁))がある。

尊厳死　**尊厳死**とは患者の意思が外部的に認識できない状態であってその状態が将来的にも回復不可能であることを前提に，延命治療を打ち切るものである。尊厳死では，患者の苦痛の存在は必要ではない。むしろ患者において苦痛があるかどうかは外部から判別しがたい状態だといえる。この点で苦痛が前提である安楽死とは区別されなければならない。

尊厳死は，医学の進歩に伴い従来であれば心肺機能の停止によって死亡するような状態の患者を**生命維持装置（レスピレーター）**によって延命でき，患者の意識回復がないまま，それが長期間にわたることが問題となるに至って論じられた問題であり，それにさらに臓器移植の問題が絡んでいる。

不可逆的な意識昏睡状態とは，原則として**脳死状態**のことである。等しく生命維持装置による生存であっても，意識の回復の可能性がある場合（**植物状態患者**といわれるものの中にはこういった患者が含まれる）には尊厳死は許されない。

尊厳死と安楽死（安楽死の類型③）とは区別しなければならない。安楽死では患者の苦痛の存在とその除去が問題となっているが，尊厳死においては患者の苦痛は（もしそれが存在しているのだとしても外部的にそれを認識する手段もないから）問題となってはいないのである。

尊厳死は，もっぱら患者の家族や医療機関，さらには社会等の医療コストの負担と，脳死状態患者からの《生体臓器》の移植の可否の可能性の見地から論じられてきたのである。

臓器移植と尊厳死　いわゆる**三徴候説**（ないしは心臓死説）は，①拍動の停止，②呼吸の停止，③瞳孔反射の停止，の3つの徴候によって死と判定するものである。生命維持装置ではこのうち①と②について外部的かつ強制的に維持することができ，脳死状態になってもなお《生きている》とされることになる。つまり，三徴候説からは，脳死状態患者から主要な臓器を摘出することは殺人その他生体に対する犯罪行為となりうる。一方，脳死説からは，生命維持装置下の脳死状態患者からの臓器摘出行為は，《死体》に対する侵害行為であり，せいぜい死体損壊罪（190条）の対象となりうるにすぎない。「臓器移植に関する法律（平成9年法律104号）」は，事前の本人の意思と死後の患者の家族などの同意を前提に，脳死状態患者からの一定の臓器の移植目的での摘出を許容している。ただし，この法律は「脳死状態」患者からの摘出を正当化するにすぎず，脳死説以外の学説をも排除しないような考慮が払われている。つまり，三徴候説をとったとしても，この法律によってこの法律の定める臓器移植行為は刑法35条による正当化により不可罰とされることになるのである。

5.4 正当防衛

5.4.1 根拠と要件

36条
①急迫不正の侵害に対して，自己又は他人の権利を防衛するため，やむを得ずにした行為は，罰しない

基本概念 　刑法36条第1項は**正当防衛**を規定したものである。急迫不正の侵害を**侵害行為**（**攻撃行為**），それに対する正当防衛のための行為を**防衛行為**（**反撃行為**）という。また，正当防衛によって防衛される権利（＝法益）を，**保全法益**，防衛行為によって侵害される法益を**侵害法益**という。この場合，相手の侵害行為によって侵害・危殆化されるのは，侵害法益ではなく保全法益であり，注意を要する。

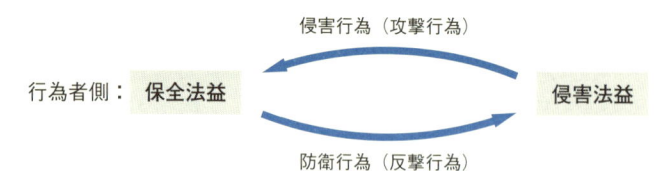

```
                    侵害行為（攻撃行為）
                    ────────▶
行為者側： 保全法益                    侵害法益
                    ◀────────
                    防衛行為（反撃行為）
```

正当防衛の効果 　刑法36条第1項は，単に「罰しない」としているだけであるが，通常，正当防衛では違法性が阻却されるために，不可罰となるのだと考えられている。つまり，正当防衛は，実定法上の違法性阻却事由の1つなのである[†]。違法性阻却を「**正当化**」という場合もある。正当化の実質的根拠としてはいくつかの説明がある。

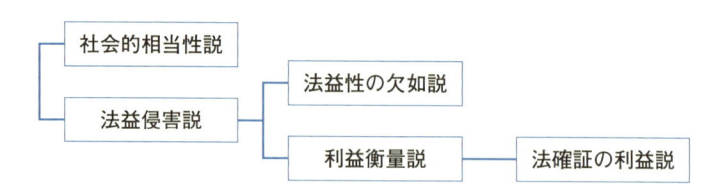

```
    ┌── 社会的相当性説
    │
    └── 法益侵害説 ──┬── 法益性の欠如説
                     │
                     └── 利益衡量説 ── 法確証の利益説
```

[†] しかし，正当防衛が果たして違法性阻却事由であるかは，再検討する必要はあろう。特に**死刑廃止論**の立場をとりながら，正当防衛で相手を殺害することが正当化＝違法でないとすることは矛盾するのではないかと思われる（⇨死刑については 10.1.2）。

136　■第5章　違法論

社会的相当性説 　違法の実質を社会的相当性に求めた場合，正当防衛とは，不正な行為に対して毅然たる反撃を加え，正義を示すことは社会的道義に合致し，そのことゆえに，違法性が阻却されることになる。しかしながら，社会的相当性説において，なぜ正当防衛が相当であるのかという実質的説明は欠けている。特に，どの範囲でどの程度の正当化を許容するべきであるのかという問題について，社会的相当性だけからでは具体的な基準を導くことは困難である。

法益性の欠如説 　違法の実質を法益侵害に求めつつも，正当防衛の正当化の根拠について，侵害者側に法益性が欠如することを根拠にするのが**法益性欠如説**[†]〔要保護性の欠如説〕である。

しかし最初に攻撃を加えただけで，その主体の法益の保護が一律に否定されるというものでもなかろう。たとえば，違法駐車された家の持ち主が，タイヤに錐で穴をあける行為について，駐車した車の持ち主が法益主体性を一律に否定されるとすれば不合理である。急迫不正の侵害であっても防衛行為が必要ではない場合がありうる（⇨5.4.6　必要性の要件）。

利益衡量説 　違法性の実質を法益侵害と考え，正当業務行為の場合に，優越的利益によって説明する立場からは，正当防衛についてもこれと同様に，利益衡量を行う（**利益衡量説**）。

しかし緊急避難については，法益の均衡について，保全法益≧侵害法益の関係が必要とされる（37条第1項）から利益衡量によって違法性の阻却を説明することは比較的容易であるが，正当防衛は，法益の均衡は要求されていない。そこで，利益衡量論を基本としながら，保全法益に加えて，法確証の利益という，正当防衛に固有の利益を追加して，その法確証の利益と保全法益の総和が侵害法益を上回ることに違法阻却の根拠を求めようとする（保全法益＋法確証の利益≧侵害法益）のである（**法確証の利益説**）。法確証の利益とは，「法は不正に屈する必要はない」という法の存在を確証する客観的利益である[††]。

[†] 平野龍一『刑法総論Ⅱ』（1975年）228頁。
[††] 内藤謙『刑法講義総論（中）』（1986年）329頁。

正当防衛の成立要件　正当防衛は，①急迫，②不正の侵害に対して，③自己又は他人の権利を，④防衛するため，⑤やむを得ずにした行為（36条第1項）である。一般的に①を急迫性，②を侵害行為（の不正），③を保全法益，④を防衛の意思，⑤を必要性と相当性，の要件という。現在の実務・学説において特に重要なのは，①急迫性と⑤必要性・相当性の要件である。

【36条の条文】

正当防衛の要件		
①	**急迫性**	「急迫」（⇨5.4.2）
②	侵害行為	「不正の侵害に対して」（⇨5.4.4）
③	保全法益	「自己又は他人の権利を」（⇨5.4.5）
④	防衛の意思	「防衛するため」（⇨5.4.6） （「防衛の程度を超えた行為」（36条第2項））
⑤	**必要性・相当性**	「やむを得ずにした行為」（⇨5.4.7〜8）

　　　　は特に重要なもの

5.4.2　急迫性──成立要件①

> **設例**　Xは，Aと旅館で口論になり，いったんはその旅館を立ち退いたが，謝って仲直りしようと思い旅館に戻ったところ，Aからからまれて激しく殴打されたので逆上し，Aを殺害してもやむを得ないとの考えのもとに部屋の鴨居に隠してあったくり小刀を取り出して，Aを殺害した（**くり小刀事件**（最判昭46年11月16日刑集25巻8号996頁））。

定　義　**急迫性**とは，法益の侵害が現に存在しているか，または間近に押し迫っている場合をいう†。

*最判平9年6月16日刑集51巻5号435頁

　被告人Xは，同じアパートの隣人Aと日頃から折り合いが悪かったが，共同便所にて突如Aに背後から鉄パイプで頭部を数回殴打され，さらに攻撃しようとするAと同アパート2階通路においてもみ合い，一度は鉄パイプを取り上げて殴打したが，再びAに取り戻され，逃げる際に振り返ると，Aが通路の手すりから勢い余って上半身を前のめりになって乗り出した姿勢になっているのを見るや，XはAの左足を持ち上げて，2階から落下させ地面に転落させて加療3か月の傷害を負わせた。第1審・原審が，Aが上半身を乗り出した状態で容易には元に戻りにくい姿勢になっていたのであるから，被

---

† 侵害が現に存在していなくとも，その侵害が間近におし迫っていれば「急迫性」がある（最判昭24年8月18日刑集3巻9号1465頁）。

告人は自由にその場から逃げ出せる状況にあり，Aの急迫不正の侵害は終了しており，正当防衛にも過剰防衛にもあたらないとした。

判旨：乗り出した時点でも，①Aの「加害の意欲は，おう盛かつ強固であり」，②被告人の行為がなければAは「態勢を立て直した上，被告人に追い付き，再度の攻撃に及ぶことが可能であった」から，急迫不正の侵害は終了していなかったが，防衛行為としてはその程度を超えていたとして，過剰防衛だとした。

判例の変遷

(1) 判例はかつては，予期・予見があった場合には，急迫性を否定していた（最判昭30年10月25日刑集9巻11号2295頁）。

(2) しかし，設例の昭和46年の**くり小刀事件で，予期・予見があっても直ちに急迫性を失わせるものではないとした。

(3) そしてさらに，**過激派内ゲバ事件で，単純な予期・予見は急迫性を失わせないが，それに加えて**積極的加害意思がある場合**には，急迫性を失わせるとしたのである。

**過激派内ゲバ事件（最決昭52年7月21日刑集31巻4号747頁）

中核派に属する被告人らは，政治集会を開催するに当たって対立関係にあった革マル派の生命・身体に共同して加害する目的で，多数の木刀，鋤の柄，鉄パイプ等を用意の上で集合し，予想通り襲撃してきた革マル派学生等に暴行を加えるなどしていったんは撃退したが，再び押し掛けてくることは必至と考えて，同会場にバリケードを築き，再び鉄パイプ・鉄棒で攻撃してきた革マル派に対して，バリケード越しに応戦した。第1審は，昭和46年の**くり小刀事件最高裁判例を引用して，予期・予見があっても急迫性が失われるものではない，として正当防衛を認めていたが，それは凶器準備集合罪（現在の208条の3，当時の208条の2）に限定され，共同加害行為については正当防衛の可否の問題外としていた。

判旨：「(36条が) 侵害の急迫性を要件としている趣旨から考えて，単に予期された侵害をさけなかったというにとどまらず，その機会を利用し積極的に相手に対して加害行為をする意思で侵害に臨んだときは，もはや侵害の急迫性の要件を充たさない」。被告人は「相手の攻撃を当然に予想しながら，単なる防衛の意図ではなく，積極的攻撃，闘争加害の意図をもって臨んだというのであるから」急迫性を充たさず，正当防衛は成立しない。

判例理論

つまり，この最高裁の判例理論によれば，①単純予期・予見は急迫性を失わせないが，②それに加えて**積極的加害意思**があれば急迫性が失われる，とするものである。

判例理論の問題点

侵害行為がある程度，事前に予期・予見されたとしても，そのことだけで急迫性を失うものではない（①の点）ことについて，

正当防衛の余地を認める結論自体は学説も肯定している。そうでなければ，たとえば，強盗・窃盗に入られることを事前に用心して枕元に常に金属バットを用意していたが，ある日はたして実際に泥棒に侵入されて撃退した場合にも，正当防衛を認めないことになりかねないからである。

しかし，それが本来，客観的な要件であるはずの急迫性の問題としてとらえられ，積極的加害意思がある場合には，急迫性が欠如する（②の点）とすることには，批判が強い[†]。

特に，防衛の意思における攻撃意思との関係が問題となる（⇨5.4.6）。

5.4.3 自招侵害——いわゆる「原因において違法な行為」

> 設例　Xは，借金の返済を迫られていたA方に深夜赴き，Aを怒鳴りつけると同時に突き飛ばして転倒させるなどしたので，Aが置物の石を投げつけ，さらにラジカセをもって立ち向かってきたので，当該石やラジカセでAの頭部顔面を20数回殴打して，死亡させた（東京地判昭63年4月5日判タ668号223頁）。

定義　設例のように，挑発などして正当防衛状況を自ら作出し，それを利用して，相手に反撃を加えた場合を自ら招いた正当防衛状況（＝**自招侵害または自招防衛**）という。**挑発防衛**も同義である。「**原因において違法な行為**」とは，本来は，この自招侵害を違法だとする理論の1つであるが，自招侵害という概念そのものと同義で用いられることもあることに注意する必要がある（なお自招危難と比較せよ⇨5.5.9）。また，原因において自由な行為（⇨6.3）と混同してはならない。

理論構成　自招侵害については，違法性を阻却させるべきでないとする結論が有力であるが，その理論構成自体は困難がつきまとう。大まかには，（Ⅰ）**原因行為**（最初の挑発行為）に違法を求める立場（**原因行為説**）と，（Ⅱ）**結果行為**（防衛行為の段階）に違法を認める立場（**結果行為説**）とに分類することができる。

[†] 積極的加害意思も，事前の加害意思と，行為時の加害意思の問題がある。前者は，むしろ自招侵害の問題である（⇨5.4.3　自招侵害）。
　後者は，従来防衛の意思の問題とされてきた。しかし，防衛の意思という主観的な問題だけではなく（「防衛の意思不要説」からは，もっぱら），攻撃意思の存在が防衛行為の相当性ひいては必要性を欠如することがありえるであろう。

原因行為の違法　（Ⅰ）原因行為説は，いわゆる「**原因において違法な行為**」の理論である。つまり，結果行為としての防衛行為それ自体は，違法性は阻却されうるが，最初の挑発行為（設例では暴行・脅迫行為）自体が違法なのであり，その，挑発行為によって，因果連関を経て最終的にAの負傷が発生しているのであるから，挑発行為を原因とするAの傷害を違法な行為として評価できるというのである。

この見解は，いわば行為者自身を利用した間接正犯ととらえ，行為者自身の正当防衛行為それ自体は「適法な道具」であるが，それを利用した原因行為たる挑発行為が因果結果として相手に損害を与えたことに着目するものだといってよい（そもそも「原因において違法な行為」の理論は，古くからあった責任論での「原因において自由な行為」の理論を違法論における自招侵害にも応用したものである⇨6.3）†。

正当防衛の制限　（Ⅱ）結果行為説は，正当防衛の成立範囲を限定しようとするものである。そのようなものとして，たとえば，**正当防衛の社会倫理的制限論**や，**権利の濫用論**が主張される。正当防衛は，このような，防衛行為の外形を保つにすぎない攻撃行為に違法性阻却の恩恵を与えるべきではないとするのである。これらは，社会的相当性説において最も適合的な見解だということができよう。設例で，東京地裁は，「（Aから受けた）侵害は，被告人自らの故意による違法な行為から生じた相応の結果として自ら作り出した状況とみなければならず，被告人が防衛行為に出ることを正当化するほどの違法性をもたない」としているのは，このような考え方に立つものである††。

---

† 基本的には，積極的加害意思の問題は，この原因において違法な行為の法理によるべきだと考える。この法理における間接正犯類似形態では，実行の着手時期が早まるとの批判があるが，それは離隔犯の問題とも共通し，原因において違法な行為の理論固有の問題ではない（⇨7.2.3 脚注参照）。また，行為者自身について道具とすることは，原因において自由な行為ならばともかく，この場合には完全に規範障害をもつ（責任能力に欠けるところがない）のであるから，単純な道具と理解することには疑問がある，とされることもあるが，目的なき故意ある道具でも規範障害のある道具はありうるから，批判はあたらない。

†† その他，たとえば，福岡高判昭60年7月8日刑月17巻7=8号635頁は，被告人宅で殴打・ひざ蹴りなどされて，いったん自宅に逃げ帰ったAが，謝罪させるために包丁を携えて被告人宅に立ち戻ったが，玄関が施錠されていたため，5分ないし10分程度，玄関戸を足蹴にする等していたものの，それ以上の加害に及ぶ気配がなかったのに，鬱憤を晴らすと同時にAを追い払うために，突然，玄関脇の風呂場窓から竹棒を突き出し，Aに加療10日の傷害を負わせた事例につき，「相手方の侵害行為が，自己の先行行為との関係で通常予期される態様及び程度にとどまるものであって，少なくともその侵害が軽度にとどまる限りにおいては，もはや相手方の行為を急迫の侵害と見ることはできない」と判示した。

喧嘩闘争は一局面ごとをとらえれば攻撃と防御の繰返しであることを理由に，正当防衛を適用してよいかが問題となる。設例の事例は喧嘩闘争とみることもできる。戦前の判例は，**喧嘩両成敗**の法理により，一律に正当防衛の成立を否定していた（大判昭7年1月25日刑集11巻1頁）が，昭和23年の最高裁大法廷判決は，喧嘩闘争について，「正当防衛の観念を入れる余地がない場合がある」として，原則と例外を転換し（最大判昭23年7月7日刑集2巻8号793頁），それをうけて昭和32年の最高裁は，被害者Aが被告人Bに対して当初一方的に攻撃を加えたものであることを理由に，その後に喧嘩闘争状態が展開されても正当防衛の適用があるとした（＊最判昭32年1月22日刑集11巻1号31頁）。

急迫性と共犯 急迫性は正当防衛の成立要件であるからまさに違法に関係する。共犯について，制限従属性説に立つ判例・通説（⇨8.2.3）からは，違法要素は共犯者間で連帯するというのが原則のはずであるが，判例には，急迫性について，個別的に判断すべきだとしたものがある（＊**フィリピンパブ事件**（最決平4年6月5日刑集46巻4号245頁））。

5.4.4 侵害行為──成立要件2

意　義 正当防衛が成立するためには相手の「不正の侵害行為」がなければならない。不正な侵害行為の存在は，「**不正対正**」の関係にある正当防衛が，「**正対正**」の関係にある緊急避難と区別される本質的な相違である。「不正」は「違法」と言い換えてもよいが，犯罪構成要素の「違法」とは異なる面もある。

不正と違法 侵害行為が犯罪行為ではなくとも，その反撃は正当防衛となりうる[†]。たとえば，配偶者の愛人に対して貞操侵害を理由とする正当防衛も理論的には考えられる（しかしこの場合，貞操権という権利の性格上，急迫性・必要性・相当性などの点で，正当防衛が認められる場合は限定される[††]）。

[†] 反対に解するものとして，大判昭8年9月27日刑集12巻1654頁は，「不正」とは「違法」のことだとする。ただし事案は一種の喧嘩闘争ないし自招侵害とも見うるものである。
[††] 福岡高判昭55年7月24日判時999号129頁は，妻の浮気相手が妻を連れ出そうとしたことが，「夫権」の侵害であり，それに対する正当防衛がありうるとした。また，不正の侵害ではあっても，急迫性がなければ正当防衛が許されないのは当然である。なお，盗犯等防止法1条第1項は「貞操」に対する正当防衛を認める。また，たとえば，最判昭57年5月26日刑集36巻5号609頁は，「使用者側が団体交渉の申し入れに応じないという単なる不作為」は急迫不正の侵害に当たらないと判示したが，これは，「不正の侵害」がないのではなく，急迫性が欠けるからだと思われる。

不正と責任要件　不正の侵害には，違法なだけでなく有責（たとえば，責任能力や故意・過失）であることも必要であるかが問題になる。文理上「不正」であるから有責である必要はなく，実質的にも正当防衛は違法阻却の問題であり，攻撃側についてもその主観的事情・状況にかかわる責任要件の具備を必要としない。攻撃側の責任能力・責任要件の充足を強調すれば，それは正当防衛を，緊急情況において，国家（司法）に代わって私人が犯罪者を懲らしめるという代理処罰的な性格を認めることになる。しかし，正当防衛はあくまでも，公的救済の得られない場合に特例措置として防衛行為者等の法益を守る制度にすぎない。代理処罰としての性格を強調するのは危険である。精神障害者・病的酩酊者の侵害に対する反撃は正当防衛たりうる。

対物防衛　有責性は不正の判断に原則として不要であるとすると，さらに，「人」の行為である必要もないのではないかということになる。つまりヒト以外のモノ（動物・自然力）による損害（危殆化）は不正な行為たりうるかである。これを特に**対物防衛**の問題という。

対物防衛の判例　対物防衛については正当防衛は許されず，緊急避難のみが許されるというのが判例である。Xの猟犬YがAの番犬Bにかみ殺されそうだったので，Bを猟銃で傷つけた場合に，対物防衛については，緊急避難しか許されないが，Yの市価（600円）とBの市価（150円）を比較して，Yの方が高いから，緊急避難が認められるとした（*大判昭12年11月6日大審院判決全集4輯1151頁）（防禦的緊急避難⇨5.5.2）†。

5.4.5　保全法益——成立要件③

意　義　防衛行為は，「自己または他人の権利」を保全するために行われるものである。ここにおける権利の内容は限定がないとされる。なお，緊急避難では，37条で「自己又は他人の生命，身体，自由または財産」という列挙

---

† しかし，飼い主のいる犬の行為は，飼い主の行為だと構成することは不可能ではなかろう（飼い犬が脱走して子供がかみ殺された場合，飼い主には業務上過失致死罪に問われうる）。そうだとすると判例の事例でも，Aの行為（過失行為）に対する防衛行為だとすることも不可能ではない。一方，野良犬の攻撃が「対物防衛」だとしたところで，犬を殺害しても，動物虐待罪（動物愛護44条）は格別，器物損壊罪などの犯罪を構成しないのであるから，事実上それについて正当防衛が成立するかどうかを問題とする必要はないと思われる。問題になるのは飼い主がいる場合であり，その場合には人の攻撃行為に対する防衛行為と構成することができる，のである。

があるが，実質的にはほとんど網羅的であって，正当防衛の場合と同様に解されている（ただし，名誉のような中間的な権利や，日照権のような新しい権利については，その権利にみあう防衛行為の必要性・相当性が問題となりうる）。

国家正当防衛　権利の保全は，自己や身内のためだけでなく，見ず知らずの赤の他人のためであってもよい（**第三者のための正当防衛**）[†]。問題は，国家ないし社会の利益のために防衛行為をなしうるか，である。これを**国家正当防衛**と呼ぶ。判例は，戦後でも国家正当防衛の可能性を否定していない（ただその事案については相当性が欠けるとして正当防衛の成立を否定している。最判昭24年8月18日刑集3巻9号1465頁）。学説には，判例を批判しながら，これらの場合にはむしろ，急迫性が欠けるとするものもある[††]。

5.4.6　防衛の意思——成立要件④

> 設例　夜道を歩いていたXは，路上でA男とB女がもつれ合っているのを見て，腹いせにAを殴って気絶させたところ，実はBが見ず知らずのAに襲われているところであった。

意　義　正当防衛は，「自己又は他人の権利を防衛するため」になされなければならない。「防衛するため」とは必ずしも一義的ではないが，通常は，これを主観的な要素についても規定しているものとし，行為者において防衛する意思＝防衛の意思が必要であると理解している（**防衛の意思必要説**）。

防衛の意思不要説では，「防衛するため」を独立して読むのではなく，「防衛するためやむを得ずにした行為」とつなげて読むことにより，必要性・相当性の要件だけを規定したものと解釈することになる。

体系論的な意味　**防衛の意思必要説**は，違法性の判断に行為者の認識内容をかからしめるという意味で，いわゆる行為無価値論の論者がとり，**防衛の意思不要説**は，違法性の判断はあくまでも客観的に行うべきだという点で，いわゆる結果無価値論の論者がとるとされてきた。つまり，防衛の意思必要説と不要説は，違法の実質論における，いわゆる行為無価値論と結果無価値論とが図式的に対立する数少ない問題領域の1つなのである。

[†]　第三者のための正当防衛を特に**緊急救助**と呼ぶ場合もある。
[††]　国家のための正当防衛が一律に否定されるわけではない。たとえば，国有地への侵入行為に対する正当防衛などは認められるべきであろう。

判例の立場　かつての判例は，憤激の余りの行為について防衛の意思が欠けるとしていた（大判昭11年12月7日刑集15巻1561頁，最決昭33年2月24日刑集12巻2号297頁）。しかし，前掲（⇨5.4.2）・昭和46年判例（**くり小刀事件）は，それまでの判例の理論を修正し，憤激・逆上しても「攻撃を受けたのに乗じ積極的な加害行為に出たなどの特別の事情が認められない限り」防衛の意思があるとした。

　そして，この論理は，**昭和50年判例**（*最判昭50年11月28日刑集29巻10号983頁）では**攻撃意思**と**防衛意思**との併存を認めるに至って，判例における防衛の意思は，防衛の意図目的というような規範的な内容ではなくして，正当防衛情況を全く認識していない場合（**偶然防衛**）か，逆に，正当防衛状況を積極的に利用してもっぱら加害する意思がある場合（積極的加害意思）の，両極端を排除しうるだけのものとなったのである。

防衛の意思と積極的加害意思との関係　昭和50年判例では，攻撃意思は，防衛の意思の問題ととらえられていたが，その2年後の**過激派内ゲバ事件の最高裁決定では，積極的加害意思は，急迫性の問題ととらえられた。きわめて単純な理解からは，判例が実質的に変更され，攻撃意思も積極的加害意思も実質的に同じであって，それを「防衛の意思」の問題から，「急迫性」の問題へ変更したとみることも不可能ではないが，その後の下級審判例でも，積極的攻撃意思の存在により防衛の意思を否定した判例（東京高判昭60年10月15日判時1190号138頁）があることから，むしろこの最高裁の2つの判例は両立すると理解するのが一般的である。

　そして，多くの学説は，急迫性で問題となる積極的加害意思は，防衛行為に出る前の事前の意思の問題であり，これに対して，攻撃意思は，防衛行為時における意思であって，まさに防衛の意思と両立しうるかと理解している。つまり積極的加害意思と攻撃意思とはその意思の《時点》において別物だというのである†。

---

† たとえば，西田典之『刑法総論』（2006年）161頁。しかし，防衛行為前の意思と防衛行為時の意思を《時点》の違いによって《全くの別物》であるとして区別するのは，あまりに概念的にすぎるように思われる。意思の《時点》の違いによる区別とは，実質的には，事前には積極的加害意思がなかったが，攻撃時には積極的加害意思を生じた場合をいかに扱うかの問題でしかない（その逆，つまり事前に積極的加害意思があったのに消滅してしまったような場合は，実際にはほとんどありえないであろうから）。その場合，事前にすでに加害意思があった場合と，事後に（行為時に）生じた場合とで，帰属する要件を区別する程の実質的違いがあるかは疑問である。さらには，実際の事例において，攻撃前と攻撃時との意思を区別することが困難である場合も多いであろう。**過激派内ゲバ事件の最高裁も，「加害行為をする意思で侵害に臨んだ」としているが，これは事前の意思だけでな

く，行為時にも積極的加害意思があったとみうる。
　このような意思の《時点》による区別は，逆にいえば，積極的加害意思と攻撃意思の内容は同じだという前提に立つものなのである。しかし，そもそも積極的加害意思とは，正当「防衛に名を借りて侵害者に対して積極的に攻撃を加える」（最高裁昭和50年判決）こと（これを**仮借防衛・口実防衛**という）であって，それと「防衛の意思と攻撃の意思とが併存して」（同上）いる場合における攻撃意思とは，その加害の意思の《程度》の違いの問題として区別されるべきであり，少なくとも昭和50年判決はそれを前提としていたと思われる。積極的加害意思ではない《単なる》加害意思であれば，急迫性もあり防衛の意思もあって正当防衛である（表の③の場合）ことは，昭和50年判決だけでなく，**過激派内ゲバ事件**決定からも導き出されうる。
　したがって，防衛意思と併存しうるような単なる攻撃意思を超えた存在としての《積極的加害意思》とは，まさに防衛行為に名を借りた攻撃（仮借防衛）に他ならないから，それについては，正当防衛にも過剰防衛にすらもならない，というのが両最高裁の判例の結論なのである。その結論を導くに当たって，急迫性の問題ととらえるか，防衛の意思の問題ととらえるか，特に司法判断として結論を示せば足りる裁判所の立場からは，そのいずれによっても否定できるのであれば，そのどちらによるかはあまり重要性はない，ということだろうと思われる。確かに，**過激派内ゲバ事件**では，あえて急迫性の要件によって正当防衛の成立の結論を導いたが，そこに，従来の判例，たとえば，単純な予期予見では急迫性を失わないとする，**くり小刀事件**との関係や，当時の学説での「原因において違法な行為の法理」などの議論が一応反映され影響を受けていたということはありうることではある。
　学説上は，積極的加害意思のあるような事例の場合，正当防衛の成立を否定して違法性を肯定するためには，この急迫性の要件や，防衛の意思の問題以外にも，権利の濫用論や正当防衛権の社会倫理的制限，原因において違法な行為の法理の適用等，さまざまな可能性がありえる。
　学説上は，防衛の意思必要説をとる立場であれば，かねてからその立場が批判を加えてきたように，積極的加害意思を本来客観的な要件であるはずの急迫性の問題とすることは（事前に意思があったが行為時にはなくなってしまったような場合にもなお正当防衛を否定するならばともかく），その概念の混乱を避ける意味からも避けるべきである，とされることになる。
　一方，正当防衛の成否は基本的には客観的な要素からの判断によるべきだとする立場から防衛の意思不要説をとった場合（いわゆる結果無価値論の立場）には，積極的加害意思で臨んだ場合のような事例については，その客観的状況から再構成して，事前と行為時に区別するのではなく，むしろ正当防衛の必要性の問題ととらえるべきことになろう。

判例における積極的加害意思と攻撃意思の扱いについての理解

《多数説》　　　　積極的加害意思——事　前　の　意　思
　　　　　　　　攻　撃　意　思——防衛行為時の意思

《本書の立場》

《段階的》↓

防　衛　の　意　思	×	○	○	○
攻　撃　意　思	○	×	○	○
積極的加害意思	—	×	×	○
正当防衛の可否	否①	可②	可③	否④

　①：偶然防衛・防衛の意思必要説
　②：防衛の意思ある正当防衛
　③：防衛の意思と攻撃意思の併存
　④：積極的加害意思

偶然防衛　偶然防衛において正当防衛を排除するためには，防衛の意思を正当防衛情況の認識であると理解することになる。そういった意味での防衛の意思は必要だとするのが，学説における防衛の意思必要説の大半を占めている。具体的には，設例で，AがBに対してその法益を侵害していることをXが認識していたかどうかがこの意味での防衛の意思である。

　学説の中には防衛の意思不要説をとりつつ偶然防衛において未遂の可能性を留保するもの†がある。しかし，既遂結果が発生しているのに，なお未遂の成立の可能性を論じることは，犯罪論体系の客観的構成には矛盾しよう。

5.4.7　必要性——成立要件5　その1

> **設例**　豆腐売りのXは，Aからしつこく豆腐の貸売りを迫られ，口論となり，その場から逃げたが，Aが追跡してきて豆腐数丁の入ったバケツを蹴ったため，憤激してそばにあった棒でAを殴打してAを死亡させた（**豆腐屋事件（大判昭3年6月19日新聞2891号14頁））。

必要性と相当性　正当防衛は「やむを得ずにした」ものでなければならない。この点について，学説上は，さらに①**必要性**と②**相当性**とに区別する。必要性と相当性は，論者によってその定義・内容は微妙に異なる。一応，**必要性**は，質的判断であって，それが欠ければ過剰防衛すら問題にならないが，**相当性**は，その必要性を満足した後の量的判断であって，それが欠ければ，過剰防衛（36条第2項）だということになる。

　判例は，設例の事案について，仮に豆腐数丁の財産的利益を防衛するための行為だったとしても人命を害するようなものは，防衛の程度を越えたものであると判示した（ただし傍論ではある）。このことは，さらに，一定の場合には権利侵害が存在しても，過剰防衛にすらならない場合がありうることを示唆している。これが必要性である。

緊急避難の補充性との比較　「やむを得ずにした」という文言は，緊急避難にも全く同様に使われている。しかし，この文言から緊急避難では「他にとりうる手段がない」という**補充性**の要請（⇨5.5.4）があるが，正当防衛での「必要性」の範囲はそれよりも広いとされている。すなわち他にとりうる手段，たとえば，その場から立ち去ることが可能であっても，反撃を加えることによって侵害

---

† 平野龍一『刑法総論Ⅱ』（1975年）243頁。

行為を阻止できるならば，一定の限度で，必要性はある。また，手段としてより程度の低い反撃方法があったとしても，やはり一定の程度で必要性は肯定されるのである。なお，前掲・**くり小刀事件は，原判決が他にとるべき方法があったかどうかを急迫性の問題だとしていたのを「やむをえないものであるかどうかの問題」だとした。

ただし，正当防衛でも，無制限に許容される訳ではなく，一定の限度があり，すなわち「客観的ニ視テ適正妥当」のものでなければならない（大判昭2年12月20日判例評論17刑18）。退避義務・公的救助を求めるべき一定の場合には必要性が否定されることになる。判例には，暴力団同士の抗争事件について，正当防衛の成立を否定したもの（大阪高判平13年1月30日判時1745号150頁）として，暴力団組員Xが，その組長Aの床屋での調髪中に身辺を警護していたところ，対立抗争中の組員BがXを狙ってピストルを発射しようとしたので，これに応戦した事例がある。また，パルプ工場の違法な廃液排出を阻止するため，同工場の配水管に生コンクリートを流し込んだ場合に，裁判所に対して仮処分を求めるなどの時間的余裕はなかった訳ではなく正当防衛における急迫性のないとしたもの（高知地判昭51年3月31日判時813号106頁）がある。

**西船橋駅事件（千葉地判昭62年9月17日判時1256号3頁）（⇨5.4.8）
X女は，駅のホームで酔っ払いAに絡まれ，侮辱的な言辞をかけられた上に襟首を掴まれたので，憤激しながら相手を突き飛ばしたところ相手が酔っていたこともあってよろけた上，ホームから落ち，そこに電車が入ってきて轢かれて死亡した。
判旨：その場からの退去ないし公的救助を求める義務はなく，正当防衛が成立すると判旨した。

5.4.8 相当性と過剰防衛——成立要件⑤その2

36条
②防衛の程度を超えた行為は，情状により，その刑を減軽し，又は免除することができる

定　義　必要性は満足するが相当性の要件を欠く場合が過剰防衛である。文理上は，相当性の範囲内が36条第1項の「やむを得ずにした行為」であり，相当性を欠くのが第2項の「防衛の程度を超えた行為」である。

相当性　緊急避難では，保全法益≧侵害法益の関係が必要である（法益の均衡⇨5.5.6）。これに対して，正当防衛ではこういった法益の均衡は必要ではない。しかし保全法益よりも侵害法益が著しく大きい場合（保全法益≪侵害法益）には相当性を欠くことになる（場合によっては，必要性も欠くことがあ

りうる)。

手段の相当性　しかし，相当性については，こういった**結果の均衡**（結果としての相当性）ではなく《**手段としての相当性**》が問題だとする見解もある。相当性について保全法益と侵害法益の均衡ととらえるのは，いわゆる結果無価値論的な違法論に，相当性について手段の相当性を強調するのは，行為無価値論的な違法論に対応するといえよう。

手段と結果　判例の主流は，手段としての相当性を問題とするものが多い†。

＊バンパー打ちつけ事件（最判昭 44 年 12 月 4 日刑集 23 巻 12 号 1573 頁）

　運送会社に勤務する被告人は，貨物自動車の買戻し交渉のため訪ねてきた A と押し問答するうち，A が突然被告人の左手の中指および薬指をつかんでねじあげたので，これをふりほどこうとして同人の胸の辺を一回強く突き飛ばし，その結果同人の後頭部を付近に駐車していた同人の自動車のバンパーに打ちつけさせ加療 45 日の頭部打撲傷を負わせた。原審は過剰防衛とした。

　判旨：「たまたま生じた右傷害の結果にとらわれ……防衛の程度を超えた過剰防衛であるとした原判決は法令解釈の違法（がある）」。

もっとも，結果の均衡を問題とする場合でも，この場合に，著しく均衡を失しているとまではいえないから，正当防衛だとする余地はあろう††。

	手段の相当性	結果の均衡	事　例
I	○	×	西船橋駅事件
II	×	○	菜切包丁事件（原審）
III	×	×	ホテトル嬢刺殺事件
IV	○	○	

---

† なお，手段としての相当性を問題とするとき，武器対等の原則がいわれる場合がある。つまり，素手で向かってきた相手に銃砲刀剣で防衛するのはこの原則に反し，相当性が欠けるというのであろう。しかし，一律に，この原則が妥当するわけではなかろう。たとえば，屈強な男性が素手で襲ってきたのに対して女性が台所の包丁をもちだしたからといって直ちに相当性が欠けることにはならないし，またピストルで撃たれたからといって撃ち返すことが常に許容されるものでもない。手段としての相当性を強調するとしても，武器対等の原則はあまりに形式的な基準にすぎよう。

†† 判例の中にも，手段の相当性ではなく，結果の重大性（つまり保全法益と侵害法益との均衡）から相当性を判断しようとするものがないわけではない（たとえば，橋の上で因縁をつけられ暴行を受けるなどしたため相手を手拳で力一杯突き飛ばしたところ相手はガードレールを越えて河川敷に落下して死亡した場合について，「『相当性』の有無も，狭義の反撃行為だけでなくその結果をも含めた全体について判断」すべきだとした（東京地八王子支判昭 62 年 9 月 18 日判時 1256 号 120 頁))。

Iの場合　手段の相当性と結果の均衡について，概念的に場合分けをすれば表のように4通りあることになる。Iの場合，手段の相当性を強調する立場からは，結果の均衡を欠いても正当防衛だとするべきことになる。この論理に従ったのが，前掲・**西船橋駅事件であり，相手が殺害目的で襲ってきたものではないのに防衛行為によって相手を死亡させた場合でも正当防衛の成立を認めたものである。すなわち「被告人の（被害者）を突いた所為が被告人自身から（被害者）を離すに必要にして相応な程度を越えていたとは到底いえない」としているのである。

IIの場合　では，結果の均衡は欠くことにならないが，手段としての相当性が欠ける場合には，どうなるか。

**菜切包丁事件（最判平元年11月13日刑集43巻10号823頁）
　相手が殴打ないし足蹴りの素振りを示していたにすぎない状態の相手に対して，自己の自動車内に置いておいた菜切包丁を取り出した上でそれを携えて脅迫したのが過剰防衛に当たるとした原判決を破棄して，「防衛手段としての相当性の範囲を超えたものということはできない」とした。

おそらく原審は，殺傷能力のある菜切包丁の携行が，手段の相当性を欠くと考えたのであろう。最高裁は，表面的には「手段としての相当性」を強調してはいるが，「危害を避けるための防御的な行為に終始していた」とする点は，結果ぬきには手段を論じることが無意味であることを示していよう。つまり，IIの場合には，防衛行為の必要性がない場合を除けば事実上はありえないことになる。

IIIとIVの場合　手段の相当性も結果の均衡も欠ける（IIIの場合）か，その逆に，手段の相当性も結果の均衡も満足するような場合（IVの場合）には，おそらく，相当性を手段の問題ととらえるか，結果の問題ととらえるか，いずれにしても，結論は同一となろう。

手段としての相当性も結果としての相当性も欠けるような場合として，**ホテトル嬢刺殺事件**がある。

**ホテトル嬢刺殺事件（東京高判昭63年6月9日判時1283号54頁）
　ホテトル嬢Xが，ホテル室内で客Aから暴行を受けさらにナイフで脅され，手足を縛られるなどしたため，逃げ出す機会をうかがっていたが，Aが放置していたナイフを手にして隙を見てAの腹を一回突き刺し，ドアの方に逃げ出した。これに対し，Aがドアの前に立ち塞がり，さらに暴行を加えたので，殺意をもってナイフで数回Aの胸部・腹部を突き刺し，Aが死亡した。原判決は過剰防衛とした。
　判旨：Aの被告人への攻撃は「被告人の生命までもが危険となることはな」く，「被

告人の本件行為は，前後を通じ全体として社会通念上防衛行為としてやむをえないといえる範囲を逸脱し」ているとして，過剰防衛とした原審の結論を維持した。

この判例は，「社会通念」を根拠としている点では，手段の相当性を問題としているようにも読めるが，「前後を通じて全体として」違法であるかどうかを問題としている点では，結果の均衡をも考慮に入れているとも読める。そしてそのいずれかであるかは，本件がⅢの場合である限りであまり重要性をもたないといえよう。

<u>結論</u>　以上から，事実上，手段としての相当性と結果の均衡で考え方の違いが生じるのは，事実上Ⅰの場合に限られる。しかし，手段の相当性について，結果への故意の有無等も考慮することは不可避であろう。たとえば，**西船橋駅事件**で，相手方が死亡することを認識しながら行為に及べば，手段としての相当性が欠けるという結論になるのではないかと思われる。これは，結局，違法と責任を混同するものであり，むしろ故意犯か過失犯かの区別を相当性の段階に持ち込もうとするものだということになる（結果の均衡から相当性を判断する場合，西船橋駅事件で，致死の結果の認識がなければ傷害致死罪について過剰防衛による減免，致死の結果の認識があれば殺人罪について過剰防衛による減免が考えられるべきことになる）。

<u>質的過剰と量的過剰</u>　相当性の欠如には，**質的過剰**と**量的過剰**の2つがある。**質的過剰**とは，一回の防衛行為によって生じた結果が保全法益との比較において過剰である場合である。**西船橋駅事件**で，ホームから転落するほど強く押さなくても足りたのであれば，この質的過剰にあたるといえよう。これに対して，**量的過剰**とは，相手を突き倒して攻撃を防いだのになおも相手を殴り続けるような場合である。

この両者の区別は，過剰防衛の減免根拠に従って解釈論上意味がある。責任減少説では，この両者共に恐怖・驚愕・狼狽・興奮状態であることは変わりない。これに対し，違法減少説では，質的過剰については過剰防衛の余地があるが，量的過剰については，過剰部分についてはそもそも正当防衛状況ではなく，過剰防衛による減免余地すらないことになる[†]。

[†] 判例は，量的過剰事例について過剰防衛を認めている（最判昭34年2月5日刑集13巻1号1頁）。ただし，第1審は，最初の行為を正当防衛，後の行為を盗犯等防止法1条第1項3号を適用して両方とも無罪としたのに対して，原審が一連の行為を全体として評価して，防衛の程度を超えたものと理解したのを支持したものであった。

過剰防衛は正当防衛ではない。つまり違法性は阻却されない。
過剰防衛の効果
刑法36条第2項は，過剰防衛について任意的な減軽ないし免除（以下単に「任意的減免」）を規定する。この任意的減免の根拠について，Ⅰ**違法減少説**，Ⅱ**責任減少説**，Ⅲ**違法責任減少説**，がある。ただし，違法責任減少説については，そのいずれかに傾斜しているかによって，Ⅲⅰ違法性減少を基本とする違法責任減少説と，Ⅲⅱ責任減少を基本とする違法責任減少説とがある。Ⅱ責任減少説ないしⅢⅱ責任減少を基本とする違法責任減少説が，学説上は多数説である。

Ⅰ違法減少説
違法減少説では，相当性の範囲内では違法性が完全に阻却されるのであるから，その相当性を欠いた過剰防衛においては，相当性を超えた部分の違法性のみが可罰的なのであり，正当防衛状況になかった場合に比較して違法性が減少しているとみる。

違法減少説の問題点
この違法減少説に対しては，過剰防衛で違法性が減少しているのであれば，むしろ常に減軽するべきであって，任意的減軽にとどめている36条第2項の文言に反するとの批判がある。さらに，違法性減少だけで刑の免除まで説明できるかも問題であるとされた。また，狭義の誤想防衛については，もっぱら故意─錯誤論の問題であり，36条第2項の適用も準用もできないことになる。そしてそれは，狭義の誤想防衛が過剰であった場合の誤想過剰防衛についても同様だというのである。

Ⅱ責任減少説
基本的には，「情状」に基づき，完全な刑事責任から免除までを裁量にゆだねている現行刑法の規定そのものは，過剰防衛について，違法要件よりもむしろ責任要件との関連を連想させる。**責任減少説**は，防衛行為に際しては，行為者が恐怖・驚愕・興奮・狼狽状況にあることがあり，防衛行為に相当性が欠けるとしても，そのことについて，完全な責任非難を加えることができないことをその根拠とする。

この責任減少説では，以下の点が派生的に結論づけられることとなる。

① 防衛のため，つまり防衛の意思がある以上，狭義の誤想防衛，つまり正当防衛状況が存在しないのに，存在すると誤認して防衛した場合も，行為者が「恐怖・驚愕・興奮・狼狽」していた点では同じであるから，38条第2項を適用して，刑の任意的減免の可能性を認めるべきことになる（38条第2項の適用の拡大局面。38条第2項については，⇨6.4.4）。

② 逆に，過剰結果についての認識がある場合には，積極的加害意思が行為者

にあるのであって，上記のような「恐怖・驚愕・興奮・狼狽」状態にあったとはいえず，この責任減少が認められないから，38条第2項の適用がないことになる。

　この見解は，相当性を欠く以上，正当防衛として正当化される余地はなく違法であり，減免の根拠は，責任減少による他はないとされるのであろう。

責任減少説の問題点　確かに，防衛状況にあるとき，行為者において，所論のような「恐怖・驚愕・興奮・狼狽」状況があることは否定できない。しかし，相当性の範囲内ならば違法性が阻却されるが，相当性を欠けば一律に違法だと割り切れるかは疑問である。相当の範囲内であるかそうでないかは連続的だからである。さらに，①の点に関し，形式的文理解釈として，36条第2項が「防衛の程度を超えた」場合を規定しているのにかかわらず，誤想防衛をも含むとする解釈にはそもそも疑問が残ろう。

　「その程度を超えた」というのは，客観的な程度の問題であることを示しており，「恐怖・驚愕・興奮・狼狽」という行為者の心情が直接にこの「程度を超えた」に結びつきうるかは問題であろう。また，そもそも，これらの心情状態にある場合については，酌量減軽（66条）による減軽の可能性が用意されているのであり，特に過剰防衛についてのみ特別に責任減軽を設けるだけの必要性には乏しい。

　また，実質的問題として，狭義の誤想防衛については，違法性阻却事由の錯誤であって，その錯誤に対する取り扱いとの関係が問題となる。その錯誤を事実の錯誤と解するか違法性の錯誤と解するか，いずれにせよ故意犯としては犯罪が成立しない場合がありえ，そうだとすると，さらに過失犯としても減免を認めるのかどうかが，違法減少説との対立点になる。

　②の点は，「防衛の程度を超えた」場合であっても，過剰性の認識があれば減免の可能性を否定する点で，36条第2項に関して被告人に不利な解釈であり，罪刑法定主義上問題がある。もっとも，論者によれば，過剰性の認識は防衛意思の問題であり，その意思を欠いた行為はそもそも「防衛のため」ではなく，第2項が前提とする第1項の状態も存在せず，したがって，第2項の適用の余地がないとするのであろう。

Ⅲ 違法責任減少説　違法責任減少説は，36条の減免根拠に，違法減少説と責任減少説を併用しているものといってよい。

　違法責任減少説の中でも有力な見解は，過剰防衛の減免根拠としては，それが減軽の可否を含めて広範な裁量を認めていることから，正当防衛状況における，

「恐怖・驚愕・興奮・狼狽」から責任が減少し，場合によっては刑の免除を許容する程度に至るとし，さらに，それが正当防衛として行われていることにより違法性が減少されることがこの減免に影響を与えうるとするのである[†]。

過剰性の認識　過剰防衛には，過剰性の認識がある場合（**故意の過剰防衛**）と過剰性の認識がない場合（**過失の過剰防衛**）とがある。

たとえば前掲・**西船橋駅事件**で，被告人が被害者を突き飛ばした時，電車に轢かれ被害者が死亡することを認識していた場合，すなわち被害者についての殺意がある場合には，過剰性の認識があったといえる。

[†]　過剰防衛の減免根拠について，正当防衛が違法性阻却事由であり，過剰防衛がその相当性を欠くことから，理論的には違法減少説が妥当だと考えられながら，それが主流にならなかった最大の理由は，36条第2項が任意的減免にとどめていることにある。

　違法を「量」としてとらえることが可能だとすると，きわめて模式的ではあるが以下のような思考実験が許されよう。

　すなわち，いま相当性の範囲での防衛行為を100の違法「量」で，正当防衛とはその違法「量」100全てについて違法「量」が控除され，違法ではなくなるとする（①）。過剰防衛でその過剰性が軽微の場合，その違法「量」を120だとすると，正当防衛による違法阻却根拠により，本来控除される100を差し引いた，20の違法「量」が残る（②）。この20と，本来のおよそ防衛行為がなかった時の，違法「量」100との差額，つまり80が，違法減少の実体なのである。この場合には，理論的には減軽しなければならないといえよう。したがって，同じく相当性を欠く場合であっても，過剰性が著しい場合，たとえば，違法「量」が250であるであるような防衛行為については，正当防衛による違法「量」の控除分100を差し引いても，なお違法「量」は150であり，この場合には，少なくとも違法論としては，減軽する余地はないことになる（③）。免除については，違法性軽微による可罰的違法性による免除だと基礎づけることもできよう。

　以上が，違法減少による任意的減免の根拠であるが，法は「情状による」減免を認めている。この「情状」には違法減少の根拠となる客観事情だけではなく，行為者の心情や行為者がおかれていた特別な事情・状況をも含みうる。したがって，違法減少に加えて，責任非難の点で，特に刑の減軽・免除を認めることができるものと解せられる（違法減少を基本とした違法責任減少説）。

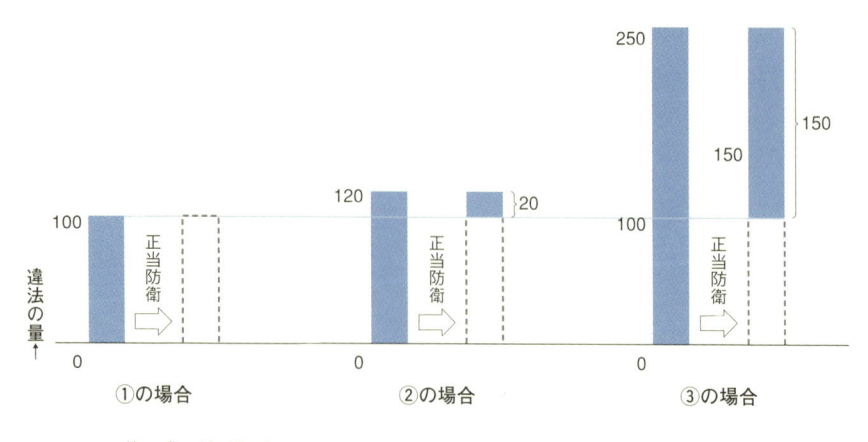

****西船橋駅事件**の判例は，過剰性の認識がなかった本件の事例では正当防衛が成立するとして無罪としたが，殺意があった場合にまで正当防衛の成立を認めるかは疑問である。相当性が客観的判断だとすると，殺意の有無は相当性の判断とは無関係であり，殺意がなかった場合とそうでない場合とで区別することはできない。責任減少説であれば，殺意があったときは，非難可能性が著しく高まるであろうから，36条第2項の過剰防衛の適用の余地すらなく，単なる殺人罪だとすることになるであろう。

　責任減少を基本とする違法責任減少説では，過剰性の認識があった場合であっても，なお違法減少を根拠とする減免の可能性はありうる（なお，いわゆる結果無価値論を前提としつつ，この違法責任減少説による場合，正確には，故意過失に共通する傷害の構成要件該当行為について，まず，違法減少を論じた上で，さらに過剰性の認識の有無に応じて故意傷害罪か過失傷害罪かが決定されることになろう）。

　違法減少説では，行為者＝防衛者の認識内容は違法性判断に影響を与えない。過剰性の認識は傷害の故意の問題なのである。したがって，過剰性の認識があれば，故意傷害罪が，過剰性の認識がなければ過失傷害罪がそれぞれ成立し，それぞれについて，36条第2項に従って減免の可能性が認められる。

　違法減少を基本とする違法責任減少説でも同様だと考えられる。

5.4.9　誤想防衛

> 設例　深夜の路上で，日ごろから折り合いの悪いA男とB女が酒に酔った挙句に口論となって，もみあっている最中に，たまたま通りかかった英国人のXに向かって，B女が，戯れに「ヘルプミー」と叫んだため，AがBに襲いかかっているものと誤信し，Bを助けようと，Aに空手の回し蹴りをくらわせたところ，Aが転倒し，頭の打ち所が悪くて死亡した（****英国騎士道精神事件**（最決昭62年3月26日刑集41巻2号182頁））。

定義　　**誤想防衛**とは，急迫不正の侵害が存在しないのにかかわらず，それがあると誤信して，自己・第三者のために防衛行為を行うことをいう。つまり正当防衛状況に関する錯誤が誤想防衛である。誤想防衛については刑法には直接の規定はない（なお盗犯等防止法1条第2項）。設例は，実際にはBへの侵害がないのにあると誤信して第三者のためにした誤想防衛という側面をもつ（後で述べるように過剰防衛でもある。防衛の意思における設例と正反対の事例であ

る⇨5.4.6)。

違法性阻却事由の錯誤 誤想防衛は**違法性阻却事由の錯誤**（⇨6.5.6）の一典型であり，本来は錯誤論の問題である。違法性阻却事由の錯誤については，基本的には，**違法性の錯誤**とする見解と，**事実の錯誤**とする見解とがある[†]が，違法性の錯誤説は目的的行為論からの厳格責任説（⇨6.5.2）の帰結であり，目的的行為論者が少数である現在，事実の錯誤説が通説である（下級審であるが，盛岡地一関支判昭 36 年 3 月 15 日下刑集 3 巻 3=4 号 252 頁）。

事実の錯誤説 事実の錯誤説は，故意とは，構成要件事実の認識であり，構成要件に該当する事実とは，原則的に違法性を基礎づける事実に他ならない。そして，違法性阻却事由も，この原則的な違法を例外的に阻却する場合であるから，その認識は故意の対象である。したがって，違法性阻却事由の正確な認識を欠いた場合には，相当の理由を問わずに，故意を阻却するとするのである。

この見解からは，設例の場合には，X において正当防衛状況にあることの認識について，落ち度があったとしても，故意責任を問うことはできないことになる。そして，たとえ A に対する殺意・暴行傷害の故意があっても，それらの故意はすべて阻却され，過失致死罪として処罰されうるにすぎない。そして過失の有無は，この正当防衛状況の錯誤についての過失によって判断される（せいぜい重過失致死罪がありうることになろう。**英国騎士道精神事件**の第 1 審は，まさに故意が阻却され，誤想につき過失もないので無罪だとしていた（千葉地判昭 59 年 2 月 7 日判時 1127 号 159 頁）。

防衛行為の錯誤 誤想防衛とは別に，防衛行為自体についての錯誤もある（この両者を区別するために，前者を狭義の誤想防衛，後者を広義の誤想防衛と呼ぶ場合もある）。しかし，これは通常の犯罪における錯誤の応用局面にすぎない。たとえば，X が A に反撃しようとして誤って横にいた B を突き飛ばしてしまった場合。B を突き飛ばすことは，A の攻撃への反撃としては無関係であって必要性はない。したがって，違法性は阻却されないのが原則である（もし，B を突き飛ばすことによって，A の攻撃を防ぐことができたのであれば，これは緊急避難の問題である。なお民法 720 条参照）[††]。

[†] その他に，第 3 の錯誤説［独自の錯誤説］もあるが，結論的に故意を阻却すると理解するものである。

[††] **斧事件**（最判昭 24 年 4 月 5 日刑集 3 巻 4 号 421 頁）は，父親と口論となり，被告人が自宅に逃げ帰った後も，父親が棒状のもので打ちかかってきたため，その場にあった斧を斧とは気づかず

誤想過剰防衛　誤想防衛と過剰防衛の複合が，**誤想過剰防衛**である。つまり，行為者の認識に従って正当防衛状況にあったとしても相当性が欠けるような場合である。

　誤想過剰防衛に関するリーディングケース（*最決昭41年7月7日刑集20巻6号554頁）は，一方的に息子が攻撃されていると誤信して，いまだ何も攻撃をしかけずにいた相手に対して猟銃を発射して負傷させた事例について，誤想防衛であるがその程度を超えたものとして刑法36条第2項を適用するべきものとした。

　設例の判断において，最高裁は，上記昭和41年判例を引用しつつ，「本件回し蹴り行為は，被告人が誤信した（被害者による）急迫不正の侵害に対する防衛手段として相当性を逸脱していることは明らかだとし，被告人の所為について傷害致死罪が成立し，……刑法三六条二項により刑を減軽した原判断は，正当である」とした。

　36条第2項の減免の対象となる犯罪としては，過剰性の認識があるか否かで区別される。

過剰性認識のある場合　過剰結果を防衛行為者が認識していた場合（例：防衛に際して殺意があった場合），これを過剰性の認識があった場合という。通常の過剰防衛については，違法は減少して故意は阻却されないのであるから，誤想過剰防衛では，客観面でも違法性は阻却されず，主観面では，正当防衛状況にあると考えているのであるから，正当防衛で正当化される範囲では故意を阻却（事実の錯誤説に立った場合）し，超える部分については，故意を阻却しない，ということになるであろう。正当化されるのが暴行・傷害の限度だとすれば，過失傷害と故意殺人であるが，前者は後者に罪数論上吸収され，結局，故意殺人罪について36条第2項の減軽可能性があるということになろう。

過剰性認識のない場合　過剰性についての認識がない場合（例：殺意の欠ける場合）は，誤想防衛の部分の過失犯と過剰防衛の部分の過失

◻棒様のものと思って反撃し，興奮のためにその程度を超えて父親の頭部を数回斧で殴って死亡させた場合について，尊属傷害致死罪（旧205条第2項）に過剰防衛による減軽を適用した原審の判断を維持した。この場合，斧であるかどうかの認識は，場合によっては殺害結果についての故意の有無に関連しよう。ただし，斧の認識はないが，「斧だけの重量のある棒様のもので乱打した」のであれば，やはり，少なくとも傷害の，場合によっては殺人の故意すらありうる。

　＊大阪高判平14年9月4日判タ1114号293頁は，Aらから木刀でやられそうになっている兄Bを助けるために車で急後退させたところ，Aに当てたほか，Bも轢死させたという事案について，正当防衛の防衛側と侵害側とでは法定的符合説における人としての同価値性が否定されるとして，Bへの故意を否定したものがある（⇨6.4.5）。

犯が成立しているが，結局，包括一罪として過失犯（ただし，暴行の限度では認識があったであろうから，傷害致死）の成立があり，場合によって36条2項により減軽することになる。**英国騎士道精神事件**において，最高裁が，誤信した侵害に対する防衛手段として相当性を逸脱しているとして，傷害致死罪につき過剰防衛を理由に減軽をみとめた原判断を正当だとしたのは，この理からである。

5.4.10 盗犯等防止法の特例

盗犯等ノ防止及処分ニ関スル法律1条
①左ノ各号ノ場合ニ於テ自己又ハ他人ノ生命，身体又ハ貞操ニ対スル現在ノ危険ヲ排除スル為犯人ヲ殺傷シタルトキハ刑法第三十六条第一項ノ防衛行為アリタルモノトス
　一　盗犯ヲ防止シ又ハ盗贓ヲ取還セントスルトキ
　二　兇器ヲ携帯シテ又ハ門戸牆壁等ヲ踰越損壊シ若ハ鎖鑰ヲ開キテ人ノ住居又ハ人ノ看守スル邸宅，建造物若ハ船舶ニ侵入スル者ヲ防止セントスルトキ
　三　故ナク人ノ住居又ハ人ノ看守スル邸宅，建造物若ハ船舶ニ侵入シタル者又ハ要求ヲ受ケテ此等ノ場所ヨリ退去セザル者ヲ排斥セントスルトキ
②前項各号ノ場合ニ於テ自己又ハ他人ノ生命，身体又ハ貞操ニ対スル現在ノ危険アルニ非ズト雖モ行為者恐怖，驚愕，興奮又ハ狼狽ニ因リ現場ニ於テ犯人ヲ殺傷スルニ至リタルトキハ之ヲ罰セズ

1条第1項　　盗犯等防止法（盗犯等ノ防止及処分ニ関スル法律）1条第1項は，「盗犯ヲ防止シ又ハ盗贓ヲ取還セントスルトキ」等，所定の場合に，刑法36条第1項の防衛行為があったものとしている。これは36条の「やむを得ずにした」の要件が満足されなくとも正当防衛によって不可罰とする趣旨だと考えられている。ただし相当性が全く欠ける場合にまで正当防衛が成立すると考えるべきではない（判例は相当性の要件が緩和されたものと理解する（最決平6年6月30日刑集48巻4号21頁））。

1条第2項　　また，同1条第2項は，1項の所定の場合について，生命身体等に対する現在の危難がなくとも，「恐怖，驚愕，興奮又ハ狼狽ニ因リ」，これらの場合の，「現場ニ於テ犯人ヲ殺傷スルニ至リタルトキハ之ヲ罰セス」としている。これは，誤想防衛について，特別に処罰しないことを規定したものだと一般には解されている（最決昭42年5月26日刑集21巻4号710頁）。しかし，1条第2項は過剰防衛についても適用するべきである。なぜなら，誤想防衛であれば特にこの規定がなくとも故意（場合によっては過失も）を阻却することにより，不可罰の結論を導くことは可能であるはずであり，また，誤想防衛ですら「恐

怖・驚愕・興奮・狼狽」状況での不可罰を認めるのであれば，急迫不正の侵害が存在する過剰防衛にもその適用の余地を認めるべきだからである。

5.5 緊急避難

5.5.1 根拠と要件

> 設例　船が難破して，XとAが海に投げ出された。そこに1枚の板が流れ着いたが，それは1人がようやく掴まって浮いていることができるようなものであった。XがAを突き飛ばしてその板に掴まって助かり，Aは溺死した（「**カルネアデスの板**」事例）。

定義　**緊急避難**は正当防衛と同じく**緊急行為**であるが，正当防衛が不正の侵害に対するもの（**不正対正**）であるのに対して，緊急避難は，不正の侵害の存在が必要ではない点（**正対正**）がことなる。設例でAはXに対して攻撃した訳ではないのに，XがAを「殺す」ことになっても，Xが自己の生命を守るためにやむを得ない行為だったとすれば処罰されないのである[†]。

不処罰根拠　緊急避難の不処罰根拠については，基本的には3つの異なる見解がある。Ⅰ**責任阻却説**，Ⅱ**違法阻却（一元）説**であり，これらの中間として，原則として違法性阻却だが，法益の均衡において同質の法益の場合には例外的に責任阻却だとするⅢ**二分説[二元説]**がある。今日では違法阻却説が多数説である。

Ⅰ責任阻却説　**責任阻却説**は，緊急状況における期待可能性の減少・消滅を根拠に求める。たしかに，設例の場合に，自己保全のために緊急行為としての避難行為を行うことは，期待可能性が減少している面も否定できない。しかし，緊急状況で行為者の期待可能性・非難可能性がないのは，特に「法益の均衡」がある場合に限られない。また，第三者のためにする緊急避難も認められている以上，違法性が阻却されていると見るのが妥当である，とされるのである。

[†] この「カルネアデスの板」事例は，古代ギリシアの政治家であるカルネアデスの講演において比喩として用いられた架空の設例である。実際の判例では，たとえば，豪雨により被告人等が所有する水田の稲苗が水没して枯死するおそれがあったため，排水を妨げていた水利組合所有の板堰を破壊した事例につき，緊急避難を認めて無罪としたもの（大判昭8年11月30日刑集12巻2160頁），外国のものとしては，船の難破に際して，生き延びるために一番弱っていた船員を他の5名の船員が殺害してその人肉を食べた事例（**ミヨネット号事件**（Regina v. Dudley and Stephens, L.R.14 Q.B.D.273 (1884)））がある。

Ⅱ 違法阻却（一元）説　違法阻却説の理由は違法の実質論に連動している。
たとえば，違法の実質論において法益侵害説にたつならば，緊急避難を行おうとする者（避難者）が，保全しようとする法益（保全法益）と，その避難行為によって侵害される，法益（侵害法益）との利益衡量を基本として保全法益が侵害法益よりも優越するから，違法性が阻却されるとするのである（**優越的利益説**）。

優越的利益説の問題点　しかし，保全法益が侵害法益を上回る場合（保全法益＞侵害法益）には，確かに優越的利益があるから法益侵害ではなく違法性が阻却されるとする結論を導きうるとしても，法益が同等の場合（保全法益＝侵害法益）にも，法によって保護される利益が優越するとはいえない。

Ⅲ 二分説　二分説［二元説］は，基本的には緊急避難は違法性阻却事由だとしながら，保全法益と侵害法益が同価値の場合，とりわけ，個人の生命と生命が衝突するような場合には，優越的利益では説明できないから，もはや避難行為は違法とはいえず，むしろ責任が阻却されるべきだとするものである†。

違法阻却・責任阻却の解釈上の違い　緊急避難が，違法阻却か責任阻却かは，緊急避難行為に対して，損害を受ける側が反撃する場合に，正当防衛ができる（責任阻却）か，できない（違法阻却）かの違いをもたらす。

成立要件

37条
①自己又は他人の生命，身体，自由又は財産に対する現在の危難を避けるため，やむを得ずにした行為は，これによって生じた害が避けようとした害の程度を超えなかった場合に限り，罰しない

緊急避難は，①「自己又は他人の生命・身体・自由・財産に対する現在の危難」

---

† 二分説の背景にはドイツ刑法の規定がある。ドイツ刑法は，緊急避難について二分説を採り，「保全された利益が侵害した利益をはるかに超える場合には，違法に行為したものではない」（34条）とする一方で，一般的には，緊急避難は，違法に行為するものであって，「責任なく行為した」に過ぎないとする（35条）のである。
　しかし，同価値衝突の場合といっても，「カルネアデスの板」事例のような場合には，何もしなければ2人が死亡するが自分が相手を押しのければ1人が助かるのであるから，保全法益＞侵害法益の関係が一応成立している（つまり，1人の人間の生命を《1》だとしたとき，−1＞−2の関係が成立しているのである）。これに対して，＊**宗教教団内リンチ殺害事件**（東京地判平8年6月26日判時1578号39頁）のように，相手を殺さないと自分が殺されるような場合には，まさに保全法益＝侵害法益であり，違法ではないとすることは，法益侵害説からは困難であり，むしろ強要された緊急避難の問題である（⇨6.7.1）。

を，②「避けるため」に，③「やむを得ずにした行為」であって，④「これによって生じた害が避けようとした害の程度を超えなかった場合」に不処罰とするものである（37条第1項）。

36条との比較　正当防衛との関連で，①は**緊急避難状況**というが，正当防衛における保全法益，急迫性と侵害行為に対応し，②は**避難意思**であって，防衛意思に対応する。③は，正当防衛の規定と同一であるが，緊急避難では特に**補充性**といわれる。④の文言は，正当防衛の36条にはない。これを通常は**法益の均衡**と呼んでいる。以上から，緊急避難の要件としては，③の補充性と，④の法益の均衡が，特に重要である。

5.5.2　緊急避難状況——要件その①

正当防衛との違い　緊急避難状況を，正当防衛状況と比較すると，ⅰ不正の侵害である必要はないこと，ⅱ保全法益が具体的に列挙されていること，が防衛状況と異なる。

検　討　ⅰの点は「正対正」の関係にある緊急避難の本質的要件である。①の緊急避難状況は，通常，**現在の危難**とされ，それについては，相手方の不正の侵害は不要である。また，判例では，正当防衛においては，対物防衛は認められないのが原則である（対物防衛⇨5.4.4）のに対して，緊急避難では，動物・自然力による現在の危難でもよい。人による侵害であっても，それを避けるために無関係な者に対して行った緊急行為は，なお緊急避難である（民720条第1項のような場合）†。

危難の現在性は，正当防衛における急迫性に準じる。

---

† なお，民法720条第2項は，「他人の物から生じた急迫の危難を避けるためにその物を損傷した場合」に前項を準用するとしている（ドイツ民法228条参照）。隣人の飼いワニが逃げ出して襲ってきた場合に，そのワニを殺害したような場合がそれにあたる。このように，危難の発生源たる人への避難行為について，特に**防禦的緊急避難**として，通常の危難の発生には全く無関係な者に対する緊急避難（これを**攻撃的緊急避難**と呼ぶ）よりも，緩やかな範囲で正当化を認めようとする立場がある（小田直樹「緊急避難と個人の自律」刑法雑誌34巻3号（1995年）1頁以下）。しかし，これはまさにいわゆる対物防衛そのものであって，すでに指摘した（⇨5.4.4）ように，飼いワニが逃走したのであれば，隣人の過失行為を観念でき，それは，隣人の不法な行為であって，対「人」防衛そのものだと考えることになろう（防禦的緊急避難の理論は，そもそもは，対物防衛を認めないドイツの学説の理論の影響を受けているが，このように考えれば，対物防衛という観念すら必要はないことになる）。また，隣人が厳重に管理していたのに，近所の子供がいたずらしてそのワニを解放し，その結果として襲ってきたのであれば，その隣人に対しての緊急避難ということになるであろう。

※*最判昭 35 年 2 月 4 日刑集 14 巻 1 号 61 頁[†]

　村所有の吊橋が老朽化し，人馬の通行に危険となっていたために村当局に再三架替えを要請したがらちがあかなかったので，雪害によって落下したように装えば災害補償金の交付により架替えが容易になるだろうと考えて，ダイナマイトで爆破し，爆発物取締罰則違反ならびに往来妨害罪（124 条）が問われた。

　判旨：「200 貫ないし 300 貫（引用者注：1 貫＝3.75 キログラム）の荷馬車が通る場合には極めて危険であったが，人の通行には差し支えなかった」等の事情の下では，「本件吊橋の動揺による危険は……切迫したものではなかった」として，危難の現在性を否定し，緊急避難も過剰避難も認めなかった。

　ⅱの点は，特に列挙していることが，正当防衛に比較してその成立範囲を限定的にしようとしたものだとする見解もあるが，実質的に違いはないとされている[††]。

　なお，第三者のための緊急避難も正当防衛の場合同様に認められる[†††]。

5.5.3　避難意思――要件その②

防衛意思との関係　　避難意思の必要・不要説は，原則として，正当防衛における防衛意思の必要・不要説に対応している。偶然防衛と同様に偶然避難もありうる。

[†]　なお，この事案と類似した，※*堰根橋（関根橋）事件（最判昭 32 年 10 月 18 日刑集 11 巻 10 号 2663 頁⇨6.5.4）とは別事件である。
[††]　広島高松江支判平 13 年 10 月 17 日判時 1766 号 152 頁は，中国からの密入国事案について，被告人が中国の一子政策に反して妊娠しており，中絶手術が強制されるという胎児の生命と被告人の身体の安全に対する現在の危険があり，それを避けるためのやむを得ない行為としての程度を超えたものであるとした原審（松江地判平 10 年 7 月 22 日判時 1653 号 156 頁）を排斥し，「日本で安全に生みたいという気持ちがまったくなかったとはいえないが，それはあくまで付随的なものである」として，密入国の目的は日本で働いて金を稼ぐことにあったものとして，緊急避難はもとより過剰避難も認めることはできないとした。
[†††]　法文上は第三者の範囲に限定がないが，正当防衛よりは限定するべきであろう。解釈論としては補充性・相当性で緊急避難による不可罰範囲を限定することになろう。ドイツ刑法 35 条は免責的緊急避難については特に近親者等に限定している。

5.5.4 補充性——要件その③

> **設例** Xは，自分の家が火事になったので，そこから脱出するために隣のA宅の垣根を壊して，避難した。

文理解釈　「やむを得ずにした行為」の文言は，正当防衛の場合と全く同じであり，正当防衛では，必要性・相当性の問題であったが，緊急避難では，補充性の問題ととらえられている。補充性を特に要求するのが，同じく緊急行為である正当防衛との決定的違いである。

補充性の意義　**補充性の原則**とは，法益を保全するためには，他人の法益を侵害する以外の他の方法がないことである（大判昭8年9月27日刑集12巻1654頁，最大判昭24年5月18日裁判集10号231頁）。

補充性をさらに，ⅰ**手段の唯一性**と，ⅱ**補充性における相当性**とに区別することがある。

ⅰ唯一性　**唯一性**とは，他にとりうる手段がないことをいう。設例において，隣家Aの垣根を壊さなくとも，自分の家の玄関から脱出ができたような場合には，この補充性を満足せず，緊急避難は成立しない。さらに，反対側の隣家Bの垣根を壊しても脱出できた場合，隣家Aの垣根を壊すことが，唯一の手段ではないから，補充性を満足しないということにもなってしまいそうである。しかし，このような場合に緊急避難を認めないとするのは合理的でない。唯一性とは，事実上他にとりうる手段がなかった場合であり，絶対的にその手段しかなかったことを要求するものではない。隣の垣根を壊さなくとも，ヘリコプターを手配すれば，脱出可能だったとしても，事実上それがとりうる手段でなければ，やはり唯一性を満足する†。

---

† 判例には，粗暴な弟の暴力から逃れるために，飲酒していたにもかかわらず自動車で逃げ警察署に保護を求めた場合について，原審が「本件運転行為のみが被告人にとって危難を避けるための唯一の手段，方法だったとはいい難い」として緊急避難・過剰避難を認めなかったのを破棄して，「やむ得ず行ったものではあるが，その程度を超えたもの」として，過剰避難を認め，酒気帯び運転の罪について免除したものがある（東京高判昭57年11月29日刑月14巻11=12号804頁）。一方，被告人方に住み込みの人夫が胃けいれんにより苦しみだしたため，無免許にかかわらず10km離れた病院に搬送するべく自動車を運転した事例について，救急車の出動，タクシーの依頼ないしは，近隣病院の医師の来診を求めるなどの手段をとり得た状況では，「本件運転のみが（人夫の）危難を避ける唯一の手段，方法であったとはいいがたい」として緊急避難・過剰避難の成立を否定したもの（東京高判昭46年5月24日判タ267号382頁）がある。

iii 補充性における相当性

補充性における相当性とは，唯一性を満足する方法について，さらにその手段と程度の相当性の問題である。つまり避難行為による相手の侵害は必要最小限でなければならない。塀を壊すのが唯一の手段であっても，壊す範囲と方法によってはこの補充性における相当性を欠くことになる†。この補充性における相当性は，法益の均衡（⇩）の相当性とは異なるものである。37条第1項但書の過剰避難には，法益の均衡を失した場合だけでなく，この補充性における相当性を欠いた場合も含まれる（⇨5.5.6）。前掲（⇨5.5.2）・最高裁昭和35年判例は，そもそも現在の危難がないとされたが，「仮に本件吊橋が……切迫した危険な状態にあったとしても，その危険を防止するためには，通行制限の強化その他適当な手段，方法を講ずる余地のないことはな」かったとして，相当性も欠けるとした††。

5.5.5　法益の均衡——要件その④

意　義　**法益の均衡**とは，保全法益≧侵害法益の関係にあることである。この法益の均衡を欠いた場合，すなわち，保全法益＜侵害法益の場合が過剰防衛である。

なお，この緊急避難における「法益の均衡」は，正当防衛における相当性の要件に対応するものである。両者ともに，基本的には保全法益と侵害法益の比較だからである†††。ただし，両者のちがいは，①緊急避難では保全法益＜侵害法益の関係が成立すれば，直ちに緊急避難ではなく過剰避難の問題となるのに対して，正当防衛の場合にはそのような厳密な均衡は必要ではなく保全法益に対して侵害

---

† 自動車を運転中に同乗の次女が高熱を出していることに気づき，救急車を呼ぶことも考えたが，かかりつけの病院がさほど遠くないところにあることから，制限速度50km毎時のところを，88km毎時で走行した場合について，当該病院までは，自動車で7，8分ぐらいの所にあるのであるから，検挙されない程度のスピード（制限速度に15km毎時程度超過した速度）で運転すれば足り，過剰避難にあたるとした上で，速度超過運転罪について免除を認めたもの（堺簡判昭61年8月27日判タ618号181頁）がある。

†† 手段行為の相当性をも考慮に入れると上記判例の結論を説明するのは容易だが，結果の法益均衡から相当性を判断する場合，確かに，表面的には，老朽化した橋の破壊による損害と，橋を供用し続ける危険とを比較することになろう。その場合，ダイナマイトによる破壊の方法が，橋の破壊以外の危険性をももたらすという衡量を行うことも排除されてはいないと考えれば，なお判例の結論を導くことは不可能ではなかろう。

††† ただし，正当防衛における相当性を，手段の相当性と考える立場からは，このようなパラレルな関係を認めることはできないことになろう。

法益が著しく上回ったとき（保全法益≪侵害法益）に限り，（相当性を欠き）過剰防衛になるという点であり，②緊急避難は，まさにこの法益の均衡を37条の条文中に明記しているのに対して，正当防衛は「やむを得ずにした」の文言の解釈から導かれる（そして，緊急避難の場合は，この「やむを得ずにした」を3の補充性の条件だとみる）ことである。緊急避難の場合の「補充性における相当性」は，しかし正当防衛における相当性のように保全法益と侵害法益との比較でない点で混同しないように注意しなければならない（⇨5.5.6）。

5.5.6　過剰避難

37条
　①……ただし，その程度を超えた行為は，情状により，その刑を減軽し，又は免除することができる

　定義　　**過剰避難**は，緊急避難の状況にあったが，緊急行為が「その程度」を越えたものをいう。過剰避難は，緊急避難（37条第1項本文）ではないから，違法性は阻却されず，情状により刑が減軽・免除されうる（任意的減免）こととなる。「その程度」とは文理上は，その直前の法益均衡を指すと考えられるから，法益の均衡を害した場合に，過剰避難となるというのが自然であるが，通説は，さらに補充性の原則（のうちの相当性）を逸脱した場合にも過剰避難の規定の適用を認めている。

　つまり，過剰避難は，i **法益の均衡**（⇨要件4）を逸脱した場合と ii **補充性を逸脱**（⇨要件3）した場合，の両方の場合があるとされるのである。法益の均衡の逸脱は，正当防衛における相当性に対応する。補充性の相当性の逸脱とは異なることに注意する必要がある。

　法益均衡の逸脱　　i の法益均衡の逸脱とは，緊急避難における相当性の逸脱であり，正当防衛において相当性を逸脱した場合の過剰防衛に準じる。ただし，正当防衛では，法益の均衡が厳格に要求されているわけではない。たとえば，身体を保全するために相手の生命を侵害しても，正当防衛の場合には，直ちに相当性を欠くことにならない。これに対して，緊急避難では，法益の均衡は絶対的であり，その均衡を欠けば直ちに過剰避難となる。

　補充性の逸脱　　ii の補充性における相当性の逸脱とは，たとえば，火事に際して隣の家の塀を幅30cmにわたって壊せば脱出できたのに，2mに

わたって破壊したような場合を意味する。2mの破壊であっても法益の均衡は満足している（身体の安全のために財産を破壊するのであるから）。この補充性の相当性については，37条第1項但書は直接には規定していない。「その程度を超えた」とは，本文の「生じた害が避けようとした害の程度を超えなかった場合」に対応していると見るのが自然であるからである。しかし，相当性を欠いた避難行為は，必要性を欠き，過剰避難にもならないとすると結論が硬直的になりがちである。この場合には，必要性の範囲を広げて，一律に不可罰とするか，逆に，必要性がないとして，減免の可能性なく処罰するしかないからである。そこで通説のように，過剰避難には，相当性の欠如の場合を含ませるのは充分に根拠があることといえよう。

減免の根拠　過剰避難の任意的減免の根拠は，過剰防衛におけるそれに準じる。

過剰性の認識　緊急避難が違法性阻却事由である以上その錯誤は故意を阻却する。いわゆる過失の過剰避難とは，誤想避難ないし避難行為における錯誤であり，いずれも故意は欠ける[†]。

過失犯については，過剰防衛の規定による減軽・免除の可能性があろう。

過剰性の認識があった場合にも場合によって，過剰防衛による減免の可能性がありうる（⇨5.4.8）。

法益の均衡と過剰避難　法文によれば，法益の均衡の欠如は常に過剰避難になりうると読める。しかし，高裁の判例には，監禁状態から脱出するために放火したことについて，過剰避難の適用を否定したものがある（大阪高判平10年6月24日高刑集51巻2号116頁）。

この場合，監禁状態から脱出する事実上の手段が，放火しかなかった（唯一性）とすれば，必要性は満足している。むしろ，保全法益は身体の自由であり，侵害法益は公共の危険と考え，放火罪の危険性は，他人の生命身体の総体への危険を含むのだと考えれば，法益の均衡を逸脱していることになろう。正当防衛でも，著しい法益の均衡の逸脱は，過剰防衛にすらならないのであった。同様に，過剰避難でもその限界，つまり過剰避難にすらならない，法益の均衡の逸脱はありえるであろう。

[†]　誤想避難とは緊急状況の判断を誤った場合であり，生命の危機があると思ったが，傷害の程度での危難にとどまっていたような場合である。避難行為における錯誤は，たとえば，自分の家が火事になったので隣家に助けを求めようと隣家の窓ガラスを割ったが，側にいた子供に怪我をさせた場合である。

誤想過剰避難 　**誤想避難**は，基本的には違法性阻却事由の錯誤であり，誤想防衛に準じる（なお免責的緊急避難を認める場合には，その部分の誤想については，責任阻却事由の錯誤の問題となる）。

　誤想過剰避難は，誤想避難と過剰避難の複合形態であり，基本的には誤想過剰防衛に準じる。判例には，駅コンコース内で2人のやくざ風の男から身体に危害を加えられると思いこみ，この危難を避けるため護身用具が必要だと考えて，コンコースに通じる地下街の理髪店から散髪バサミを勝手に持ち出したことは，「現在の危難の誤想に基づく避難行為といえても止むを得た程度をこえた過剰避難である」としたものがある（大阪簡判昭60年12月11日判時1204号161頁）。

5.5.7　特別義務者と緊急避難

37条
　②前項の規定は，業務上特別の義務がある者には，適用しない

特別義務者 　業務上の特別の義務のあるものについては，緊急避難の規定の適用がない（37条第2項）。**特別義務者**としては，消防士，警察官など職務上自らを危険な状況にさらす者をいうとされる。警察官が暴漢から身を守るために市民を盾に使ったとすれば問題であろう。しかし，火災現場で，火勢が強まり身を守るために消防士が建物の一部を破壊して脱出したような場合には，緊急避難の規定の適用を認めてよいと考えられるから，特別義務者について一律に緊急避難の適用が排除される訳ではない。

5.5.8　義務衝突

> **設例**　自動車運転者Xは，横断歩道を横断中の歩行者Aをはね，重傷を負わせた。Aは出血多量であったが，直ちに適切な措置が図られたならば，生命を取り留めることができた状況にあったが，衝突に際して故障した自動車を路上に放置するならば，後続車等がそれに追突して，甚大な交通事故を引き起こしかねないため，直ちに近所の人を呼んで，自動車を路側帯まで移動するために時間を費やし，その間にAが死亡した。

定義 　**義務衝突**とは，一般に，行為者に2つ（以上）の義務が課せられているが，一方の義務を履行するときには，他の義務の履行が不可能であるような場合をいう。衝突する義務が3つ以上の場合でも，義務が2つの場合の

応用にすぎないから，以下では基本的に2つの義務に限定し，それらを第1義務・第2義務とし，第1義務が履行され，第2義務が履行されなかったものとする。

刑法上の義務衝突　義務衝突が刑法上問題となるのは，この2つの義務が現に「衝突している」状況ではなくして，すでに第1義務を履行し，第2義務が「履行されなかった」という事後的な状況に限る。そこでは，第2義務の不履行が刑法上処罰されうるかどうかの問題だからである。つまり，履行された第1義務は，刑法上の義務であることは必ずしも必要ではないが，履行されなかった第2義務は，必ず刑法上の義務でなければならない。そして刑法上問題になる義務衝突は，第三者のためにする緊急避難において，最も先鋭化する。設例の場合，もし，Aの救命措置をとるべき義務と，路上から車を移動する義務とが両立不可能だとした場合，緊急避難状況にあることになり，侵害法益であるAの生命と，保全法益としての，道路上に車を放置しておくことによる他の交通関係者の生命・身体に対する危険とが比較され，後者が前者を上回るかどうかの判断（「法益の均衡」）になろう†。

5.5.9　自招危難

> **設例**　自動車運転手Xは，前方不注意で運転していて，少女Aに接近して初めて気が付き，Aを轢くのを避けるために急ハンドルを切って道路の反対側を歩いていた老女Bを轢いた。

相当性　危難状況が避難行為者自身によってもたらされた場合が**自招危難**（または自招避難）である。自招危難を相当性の要件の欠如を理由に緊急

---

† なお，判例には，業務上過失致死罪事件の被告人Aの弁護を受任した弁護士につき，Bから「自分が真犯人であり自首したい」との申出があったのに，Bの自首を思いとどまらせAが身代わりとして供述するのを黙認したことが，犯人隠避罪に問われた事例において，弁護士は業務上知り得た秘密の黙秘の義務を負い（134条）その義務の下に行為したとの主張に対して，受任した被告人の弁護のために他人の秘密を漏泄する結果となったとしても違法性を阻却するのであるから，犯人隠避罪が成立するとしたものがある（大判昭5年2月7日刑集9巻51頁）。この場合も，134条の義務と，103条の犯人隠避罪上の義務との義務衝突とみることができ，犯人隠避罪上の義務の方が優先すると考えたことになる。

また，対向車がセンターラインオーバーで走行してくるのを避けるために，後方の安全を確認せずに，減速しつつ進路を左側に変更したため，後方からきた自動二輪車を自車左後部に衝突させ，自動二輪車の運転者に加療3週間の傷害を負わせた場合について，対向車との衝突を避けるためのやむを得ない行為であったとして，業務上過失致傷罪について緊急避難を適用して無罪としたもの（大阪高判昭45年5月1日高刑集23巻2号367頁）がある。

避難の適用を否定する見解がある。つまり，このような場合には「やむを得ない行為とはいえない」というのであろう（設例と類似の事例について，大判大 13 年 12 月 12 日刑集 3 巻 867 頁，東京高判昭 45 年 11 月 26 日東高刑時報 21 巻 11 号 408 頁）。しかし，相当性は，あくまでも避難行為の手段ないし程度の問題であり，本来はその欠如は過剰避難による減免の可能性を残すはずのものである。また，緊急状況に至る相当性までを含むとするのは，あまりに相当性の概念を拡張しているといわざるをえないであろう。

　違法性を阻却しないという結論自体には異論はない。むしろ，この場合**「原因において違法な行為の法理」**の過失犯類型と考えるべきである。つまり，緊急避難行為以前の段階での，前方不注意により走行していた段階での違法な行為による因果的結果として，Bの死亡結果がもたらされたものであり，その意味で違法性が阻却されないということになるのである。

5.6 超法規的違法性阻却事由

5.6.1 超法規的違法性阻却事由

一般論　　**超法規的違法性阻却事由**とは，法令の直接の根拠がない違法性阻却事由である。このような違法性阻却事由を認めること自体は，罪刑法定主義に反しないとされている。被告人に有利な解釈であるからである。

　ドイツでは，超法規的緊急避難が議論された。日本でも，補充性の原則などを満足しない場合であっても，なお違法性阻却を認めるべき場合がありうるか，さらには，緊急状況にない，自救行為等，さらには，論者によっては被害者の同意や，可罰的違法性の欠如も超法規的違法性阻却事由だとするものがある†。

---

† この点に関連して，**舞鶴事件**（最決昭 39 年 12 月 3 日刑集 18 巻 10 号 698 頁）の最高裁決定は，戦後の引揚帰国者の大会において同会が非公開となった後も退場していなかった援護局職員を，帰国者らが官憲のスパイと誤認し，①同者を取り囲んで尋問し，②監禁した事例について，第 1 審が，「法律秩序の精神に照らして是認できる限りは，仮令正当防衛，緊急避難，ないし自救行為の要件を充たさない場合であっても，なお超法規的に行為の形式的違法の推定を打破し犯罪の成立を阻却する」との一般論を展開し，第①の取り囲みは違法性が阻却され，②の監禁は相当性が欠けるが刑が免除されるとしたのに，原審が①・②を包括して監禁罪の成立を認めたのを是認した上で「社会通念上許容される限度を超えるものであって，刑法 35 条の正当の行為として違法性が阻却されるものとは認め難い」とした。これに対し，下級審であるが，超法規的違法性阻却を認めたものとして，**東京ポポロ事件**（東京高判昭 31 年 5 月 8 日高刑集 9 巻 5 号 425 頁）がある。

しかし，上記であっても，違法性阻却を認める場合には，最終的には正当行為 (35条) の適条を示せば足りる。したがって，厳格な意味での超法規的違法性阻却事由の概念は，現行の日本の刑法では必要ではないということになろう。ここでは，便宜的に可罰的違法性・被害者の同意で論じなかった，自救行為を扱うこととする。

5.6.2 自救行為

> 設例　Xは自分が先週に盗まれた自転車がAの家の前にあるのを発見して，Aに無断で，新たに付け替えられていた自転車錠を壊して自宅に持ち帰った。

定　義　**自救行為**とは，法ないし法的手段（公的救済手段）によらずに，自らの実力によりその権利・利益の実現・保全・回復その他の救済を図るものである。民法上の**自力救済**とほぼ同義である。自救行為は，不正の侵害に対するものである点では，正当防衛に共通するが，権利・利益の侵害が現に存在するか，しつつあることは必要ではない点で，正当防衛・緊急避難とは区別される。

このような自救行為を広く正当化すれば，社会は実力の社会となって，混乱するだけでなく，自救行為の名の下に，個人の権利・利益が不当に侵害されることにもなりかねない。よって，自救行為が認められるのは，極めて例外的な場合に限られよう。

自救行為の例　設例の場合，法的には，Xは，Aに無断でその自転車を持ち帰ることはできない。極めて硬直的に法的な方法としては，Aに対して民事訴訟で所有権に基づく返還請求訴訟で本案判決をえ，さらに民事執行法などによる手続きによって占有を移すことになろうが，実際にはAが応諾すればそれで済む。Aの承諾を得なかった事例のような場合も，経過時間などは程度の問題であろうが，特にAが窃盗犯自身であれば，Xについて，錠の破壊行為，自転車の持ち去り行為について刑事責任を追及することはないと思われる。自救行為の判例は極めて少ないが，それは，実際に自救行為の理論が適用されていないのではなく，起訴され判例として集積されるに至るようなものがないにすぎないのであろう[†]。

判　例　判例は，「自救行為は，正当防衛，正当業務行為などとともに違法性阻却事由である」が，本件事案が自力救済にあたらないとした，最決

昭46年7月30日刑集25巻5号756頁（経営方針に同意しなかった相手の釣り堀の建物を破壊し，魚類を死滅させた事例）がある。一方，自己の借地内に突出している隣家の軒先を第三者に命じて切除させた場合について，自救行為を否定したもの（最判昭30年11月11日刑集9巻12号2438頁）がある。また，下級審であるが，自力救済を認めたものとして，*福岡高判昭45年2月14日高刑集23巻1号156頁（賃貸借に基づく占有確保のために錠を損壊して取り替えるなどとした事例）がある。

---

† この自救行為の問題は，刑法各論における「**占有説と本権説**」（242条）にも関連している。たとえば，最狭義の「占有説と本権説」は，窃盗罪における占有が所有権その他の本権の裏付けが必要か否かの対立である。設例の場合，徹底した占有説からは，Aがその自転車をXから盗んだ本人だったとしてもAの占有は保護され，XはAに対する窃盗罪となるということになろう。判例は基本的に占有説に立つとされるが，このような「泥棒からの取り戻し」についても，占有説を徹底して窃盗罪を成立させるかは疑問である（おそらく検察が起訴しないであろう）。また，占有説に立ちつつ，構成要件該当性はあるが，違法論から許容されるべき自救行為だとする形式的解決もありうるが，そもそも占有説と本権説の対立は，「窃盗罪において保護されるべき占有とは何か」の対立であったはずであり，その判断は実質的違法判断そのものである。

第6章

責 任 論

6.1 責任の基礎

6.1.1 総　説

責任論の位置づけ　**責任**という概念は多義的である。因果関係も客観的帰「責」ではある。しかし，本章での「**責任**」とは，犯罪論における犯罪の定義における，Ⅰ人の行為であって，Ⅱ構成要件に該当する，Ⅲ違法で，Ⅳ有責なもの，というときの最後の要素である有責性を基礎づける「責任」であり，**主観的帰責**を意味する。

責任の定義　（主観的帰責としての）**責任とは非難可能性**である。非難可能性は，**他行為可能性**から基礎づけられる。**他行為可能性**とは，「その犯罪行為に出ないことができたのにそれをした」ことである。特に故意責任については，**反対動機（形成）可能性**ということもある。他行為可能性から責任を基礎づける立場を，**規範的責任論**という。規範的責任論は一般的な立場といってよい†。

---

† 規範的責任論は，責任を非難ととらえるものであり，非難は他行為可能性を前提とし，それは意思の自由から導かれることになろう。規範的責任論は，それまでの故意・過失を中心とした心理的責任論を発展させ，期待可能性理論（⇨6.7）をその中核としたものであった。
　意思の自由（＝非決定論）と意思決定論とは，しかし，今日においても決着を見たわけではない。新派的な立場からは，犯罪の原因は周囲の環境や本人の性格等によって決定され，そこには自由はない（橋の下で眠る自由が残されているだけである）ことになる。科学の進歩による犯罪原因の理論的究明は，すべてないしはある種の犯罪についてそれぞれの原因の確定を可能にするかもしれず，その場合には，犯罪は決定されていることになる（たとえば，必ず性犯罪を引き起こす遺伝子の存在等）。このような決定論からは，**社会的責任論**が主張される。一方，素朴なモダニズム（市民的秩序原理）からは，個人の自由の絶対（**絶対的意思自由論**）が説かれることになる。新派の社会的責任論と対照的に，後期旧派では，道義的責任論がとられた。
　しかし今日ではそれら両者の立場からの一種の歩み寄りがみられる。たとえば，**やわらかな決定**

責任主義　「責任なければ処罰なし」，すなわち犯罪の成立には責任が必要だとする見解を**責任主義**という†。もっとも，この責任主義は，犯罪の成立には責任が必要だが，責任があれば必ず処罰しなければならないという訳ではない。これを特に**消極的責任主義**と呼び，今日の通説である。

　最近では，この責任主義を修正するものとして，ないしは責任概念に代えて，**予防**という見地から主観的帰責を考えようとする立場がある。たとえば，責任があっても予防的見地から刑罰を科す必要がないと考えられるものについては，刑罰が科せられるべきではないとするのである。

責任主義の内容　高速道路上を運転中に車線に突然歩行者が飛び出してきて轢いて死亡させてしまった場合，他行為可能性が欠け刑事上の責任はない。この場合にも責任があるとすれば，およそ高速道路を自動車で走行すること自体を否定する以外にないことになり，妥当な結論とはいえない。この場合の「責任がない」とは，具体的には故意も過失も欠けていることを意味する。つまり，責任主義とは「少なくとも過失が必要」だとする立場だといってよい††。

責任要素　しかし責任の内容は故意・過失につきない。その概要は次図のとおりである。

▷論　（平野龍一『刑法の基礎』（1966年）13頁）は，決定されていることを認識すること（規範心理）において自由の契機を見いだそうとするものである。それは，基本的には，決定論によりつつ，行為者自身が規範的決断を行った点に非難の根拠を求めていると考えることができる。また，相対的意思自由論は，意思の自由を前提としつつも，それは絶対的な自由ではなく，一定の環境や素質からの制約を認めるものであり，特に，人格的責任論は，主体的な人格を自ら形成したことに責任の本質をみる（團藤重光『刑法綱領総論』第3版1990年258頁。同様に，相対的意思自由論を主張するものとして，大谷實『刑法講義総論』新版第2版（2007年）313頁）。

† これに対して，立法論的には，責任を必要としないという立場もある。これを**厳格責任**（strict liability）・**客観責任**等という。つまり，行為と結果との因果関係があれば故意・過失を問うことなく処罰できるとするものである。英米法等では実例がないわけではない。日本の憲法ならびに刑法も，この責任主義を正面から排除はしていない。しかし一般には，責任主義は憲法上の要請である（憲法13条を根拠とするものとして，内藤謙『刑法講義総論（下）Ⅰ』（1991年）738頁）としたり，また，責任主義がとられなければ，いかに精神を緊張させていたとしても発生した結果について帰責させられることになり，かえって規範意識を低下させて規制の実をあげることができないことになる等の指摘がされる。

†† 刑法38条第1項本文は故意責任を，同但書は過失責任を規定し，無過失での処罰（＝厳格責任・客観責任）は，刑法38条に反すると考えるのが一般である。しかし，刑法38条第1項但書は「特別の規定」による処罰を肯定しているのであるから，責任主義が憲法上の要請でもあるとしない限りは，特別法で厳格責任・客観責任（▷6.6.2）を立法することは可能である。なお，結果的加重犯における重い結果については因果関係さえあればよく，過失（結果の予見）は必要ではないとするのが，判例の一貫した理論である（最判昭26年9月20日刑集5巻10号1937頁）。しかし学説は責任主義に反するとして，少なくとも過失は必要だとしている。

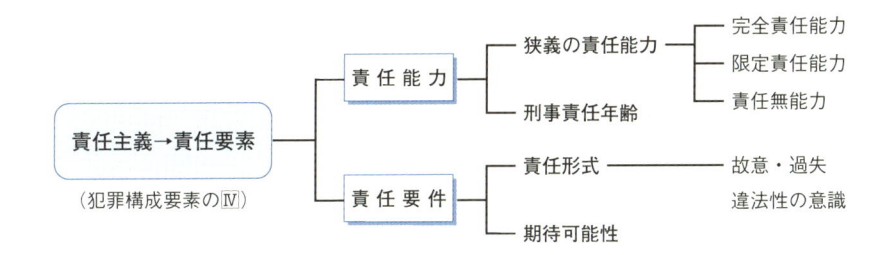

```
責任主義→責任要素 ─┬─ 責任能力 ─┬─ 狭義の責任能力 ─┬─ 完全責任能力
 (犯罪構成要素のⅣ)  │           │                 ├─ 限定責任能力
                    │           └─ 刑事責任年齢    └─ 責任無能力
                    │
                    └─ 責任要件 ─┬─ 責任形式 ─── 故意・過失
                                 │              違法性の意識
                                 └─ 期待可能性
```

6.2 責任能力

6.2.1 総説

定義　**責任能力**とは，刑事責任の帰責のための一般的適応性である。帰責能力といわれる場合もある。ただし，犯罪の行為時を基準とする点で，訴訟能力・受刑能力と区別される。責任能力は，39条の**狭義の責任能力（心神喪失・心神耗弱）**と41条の**刑事責任年齢**とに分けられる。

6.2.2 狭義の責任能力

定義　狭義の責任能力に関連して，心神喪失（者）と心神耗弱（者）がある。心神喪失者［状態］を**責任無能力者**［状態］，心神耗弱者［状態］を**限定責任能力者**［状態］という。責任無能力者は無罪であり（39条第1項），限定責任能力者については必要的に減軽される（39条第2項）。これに対して，完全に責任を問うことができる通常の場合を**完全責任能力**（者）という。

判断の基準　責任無能力・限定責任能力の判断について，以下の3通りの方法がある。

① **心理学的方法**（要素）は，①行為者において，理非善悪の判断をする能力があるかどうか（**弁識能力**）と，②その認識に従って，自己の行為を思いとどまる能力があるかどうか（**制禦能力**）とからなる。

② **生物学的方法**（要素）は，医学的な精神障害の所見から判断しようとするもので，精神障害には，精神病（統合失調症（かつての精神分裂病），そううつ病等）・意識障害（アルコール・薬物・情動行為）・人格障害などが含まれる。

③ **混合的方法**は，①心理学的要素と②生物学的要素を併用するものであり，

今日の日本の判例実務の主流である（大判昭 6 年 12 月 3 日刑集 10 巻 682 頁）。

混合的方法として有名な**マクノートン・ルール**（McNaughten Rule）は，1843 年のイギリスの判例であり，責任無能力につき「被告人が精神の疾患のために（生物学的方法），自己の行為の性質を認識できず，又はそれを認識したとしてもその邪悪性を認識できなかったほど理性の欠けた状況（弁識能力）」と定義しているが，心理学的方法のうちの制禦能力が除かれている。しかし日本では，通常，制禦能力も問題としている†。

責任無能力者等の処遇　責任無能力者の犯罪行為は無罪である。しかし，精神障害者等について，犯罪を犯していながら無罪として何の処置も行わないとすれば，問題があろう。特に，自傷他害のおそれのある精神障害者についてはその必要性は高いと考えられた。そこで，2003 年に制定された心神喪失者医療観察法は，放火，殺人，傷害，強姦，強盗等の重大犯罪を犯した責任無能力者・限定責任能力者について，原則として裁判官 1 名と，精神科医 1 名の合議体によって構成される特別の裁判体により，不起訴処分ないし無罪の裁判があった場合等に検察官の申し立てに基づき，指定医療機関への入院等を命じる決定ができることとした（心神喪失者医療観察 42 条）††。

40 条の削除　瘖唖者（聴覚・言語発音機能障害者）につき必要的減軽ないし不可罰としていた 40 条は，口語化（1995 年）に伴い削除された。削除の理由は，障害者教育の充実や，手話等の意思疎通・教育手段の発展に伴い，それら障害者を特別に扱う合理的理由がなく，精神の発達等の問題があった場合には，39 条の適用で足りるとされたからである。

---

† 責任能力の有無は高度に医学的専門判断を含むものであるから精神科医師の鑑定（**精神鑑定**）を経由することになるが，この場合に，裁判官は，精神鑑定が，確立された医学的方法に則って行われているかどうかを判断すれば足り，そのような方法に従っていると判断される限り実質的に鑑定意見に従うべきであるとする見解（**コンヴェンツィオン**（Konvention）**の理論**）がある。しかし，判例はこの点について消極に解している（最決昭 58 年 9 月 13 日判時 1100 号 156 頁，最決昭 59 年 7 月 3 日刑集 38 巻 8 号 2783 頁）。なお，生物学的方法のみに徹底したものとしてダーラム・ルールがある。

†† なお，この心神喪失者医療観察法以前にも，精神障害者において，過去に犯罪を犯したかどうかは別に**自傷他害のおそれ**がある場合に，精神保健及び精神障害者福祉に関する法律 24 条以下に，都道府県知事による**措置入院**という特別の制度を設けていた（現在も，同法並びに措置入院制度は，数度の改正を経つつも存続している）。しかし，この制度では，強制的な入院措置であるにかかわらず，「自傷他害のおそれ」の判断や入院期間等について司法的な関与がないなど，被収容者の権利保障の点で不十分である反面，逆に措置入院について都道府県知事が積極的でない場合もあり，充分に活用されていなかった。ちなみに，1974 年の改正刑法草案（⇨1.3.2）が当時の弁護士会・学界からの強力な反対をみた最大の理由は，精神障害者について刑事罰にかわる保安処分（改正草 97 条〜）を導入することにあった。今回の心神喪失者医療観察法による指定医療機関への入院命令は，過去の犯罪事実を根拠とするものであり，ドイツ等，各国でも採用されている保安処分といってよい。

6.2.3 心神喪失

39条
①心神喪失者の行為は，罰しない

総説 　心神喪失状態は，①精神病による場合と，②薬物・アルコールの濫用の場合，③さらには情動行為・激情行為等の一時的な憤激状態の場合がある。心身喪失状態を，**責任無能力**という。責任無能力者の行為は責任を欠き不可罰である。

統合失調症（かつての精神分裂病）やそううつ病などの精神病があれば，一般的に責任無能力であるとされる。ただし，混合的方法による以上は，精神病というだけでは責任無能力とはいえない（最判昭53年3月24日刑集32巻2号408頁，及びその第2次上告審である最判昭59年7月3日刑集38巻8号2783頁）。

麻薬・覚せい剤・アルコールなどの薬物の中毒症状における責任能力については近時，特に問題となっている。また情動行為・激情行為等においても行為の時点では，責任能力を欠くか，著しく減殺している場合がある（たとえば，覚せい剤使用の場合に心神耗弱を認めた東京高判昭59年11月27日判時1158号249頁）。これらは行為時前について，**自ら招いた**責任無能力状況が問題となりうる（⇨6.3 自ら招いた責任無能力状況）。

6.2.4 心神耗弱

39条
②心神耗弱者の行為は，その刑を減軽する

総説 　心神耗弱は責任無能力と完全責任能力の中間形態である。これを**限定責任能力**という。限定責任能力者については必要的に減軽される[†]。

精神病の場合 　統合失調症やそううつ病等の精神病であっても当然には無能力とはならないとするのが判例の立場であり，弁識能力・制禦能力の欠如に至らないがそれが著しく減少しているのが心神耗弱状態だということになる。

[†] ドイツ刑法21条は限定責任能力者について任意的減軽にとどめている。

精神病質　精神病に至らない**精神病質**という観念を認める立場からは，精神病と精神病質（**人格障害**等）とは程度の違いであり，場合によっては制禦能力に影響を与えうるとする。これに対して，精神病質は病気ではなく人格異常であり，完全責任能力を認めるべきだとする立場もある。

神経症　**神経症**（ノイローゼ）は，心因性の非器質性心神障害であり，弁識能力・制禦能力に影響を与えない。ただし**心因反応**[†]については，場合によって意識障害・精神病質傷害を引き起こすことがあり，その場合には責任能力が問題となりうる（**新宿バスジャック事件**，東京地判昭59年4月24日刑月16巻3=4号313頁）。

6.2.5 刑事責任年齢

41条
　十四歳に満たない者の行為は，罰しない

総説　刑事責任年齢（14歳以上）に達していない者を**刑事未成年者**といい，その犯罪行為は不可罰である。14歳に限りなく近いもの，たとえば，13歳の少年であれば，通常は，弁識能力・制禦能力に成人と比較して欠けるところはないものと考えられるが，少年の**可塑性**を考慮し，また少年に刑罰を科すことによる将来への悪影響に鑑みて，責任能力を政策的に否定したものである。

　なお，20歳未満の者は，少年法上は一律に「少年」とされ，刑事責任年齢に達している者についても特別の取り扱いが定められている。ただし，かつては家庭裁判所送致時に16歳未満の少年については，**逆送**[††]ができなかったから，事実上刑事訴追されなかった（その意味で，刑法41条は実質的に修正されていたといえる）が，2000年の改正以降，そのような制限はなくなり，14歳以上の者については，逆送して刑事責任を負わせることはできることとなった。さらに，一定の場合，殺人等を犯した16歳以上の少年事件には逆送が義務づけられた（少年20条第2項）。

[†] 欲求不満などの心理的・精神的要因によって引き起こされる精神障害をいう。
[††] 少年の刑事事件については，家庭裁判所に送致するのが原則であるとされたから，家庭裁判所が刑事処分相当と思料して検察官に送致することを《逆》送というのである。

6.3 自ら招いた責任無能力状況
――いわゆる「原因において自由な行為」

6.3.1 総　説

> **設例**　Ｘが自分の息子である嬰児Ａを殺害するに際して，しらふでは殺害する勇気がなかったので，酒を飲むと前後不覚になって暴れ回る性癖であることを知りながら，狭い部屋の中で，傍らに凶器となる日本刀を置いて酒を飲み始め，病的酩酊状態になった段階で，刀を振り回して，Ａを死亡させた。

定　義　　**自ら招いた責任無能力状況（状態）**とは，設例の場合のように，アルコール類・薬物の使用その他によって，自ら責任無能力状況を作出した場合をいう。一般に，行為者自らによる無能力状況の作出行為（設例では飲酒）を**原因行為**，その後の犯罪行為（設例ではＡの殺害）を**結果行為**という†。

不可罰説　　犯罪行為である結果行為だけを取り上げれば，行為者にはその時点で責任能力がないのであるから，処罰できない（責任がない）ことになる。このような結論をそのまま採用する立場を**不可罰説**という。

責任能力は，行為時になければならないというのが，**行為と責任の同時存在の原則**（責任と行為の同時存在の原則）である。「責任」が，非難であり，非難は他「行為」可能性に基づくものである以上，責任は行為時になければならないのは当然であり，その行為を思いとどまることができたかどうかが問題だからである。

自ら招いた責任無能力状況においては，この責任と行為の同時存在の原則を適用すると，結果行為については不可罰とならざるをえない。不可罰説は，この原

---

† なお，**原因において自由な行為**（actio libera in causa；alic）とは，本来，この《自ら招いた責任無能力状況》の可罰性を説明する原因行為説の１つである。「原因において自由」とは，結果行為において責任がなくとも，原因行為では責任があった（＝それ以外の行為を選択する《自由》があった）ことを理由に処罰する論理である。しかし最近では，自ら招いた責任無能力状況という法現象それ自体を「原因において自由な行為」と呼び，あるいは，そのような法現象について処罰する論理一般を，「原因において自由な行為」とする場合すらある。そして，多くの場合それらを区別せずに使っているために理解に困難を生じかねない。それを避けるためにも，法現象は，「自ら招いた責任無能力状況」とするか「いわゆる原因において自由な行為の場合」とし，可罰性の理論については，原因行為説であるか結果行為説であるかを区別するべきだと思われる。

則に忠実な見解だということができるが，少数説である[†]。

可罰説 自ら招いた責任無能力状況を招いておきながら，そのことを理由として処罰を免れるとすれば法的安定性が損なわれる等の理由から，解釈論として可罰的な結論を求めることになる。これを**可罰説**といい，判例・通説は可罰説によっている。

可罰説の根拠 自ら招いた責任無能力状況では，行為は結果行為であり，責任は原因行為にあるから，《行為》と《責任》の同時存在の原則を満足しないというのが不可罰説であった。

可罰説を正当化するには，Ⅰこの《行為》を原因行為に求めることにすることによって，原因行為時において犯罪が成立することにより行為と責任の同時存在の原則が充足されるとするか，Ⅱ犯罪行為（実行行為）は結果行為だが，その処罰には原因行為時における責任の存在で充分だとして，行為と責任の同時存在の原則の例外とするか，のいずれでしかない。Ⅰの立場を**原因行為説**，Ⅱの立場を**結果行為説**という[††]。

学説・判例 学説の多数説は，原因行為説であるが，その内容は多岐にわたっている。一方，判例も可罰説をとりつつ，その立場は必ずしも明らかではないが，少なくとも原因行為説ではないと理解するのが一般である。

Ⅰ 原因行為説 原因行為説についてもいくつかの理由づけがあるが，最も有力とされてきたのが，間接正犯類似形態説である。つまり，原因

[†] 不可罰説からは，立法による解決が図られることになる。この場合，Ⅰ原因行為それ自体を処罰する方法と，Ⅱ結果行為を処罰するものとに分かれる。

（Ⅰ）原因行為それ自体は，たとえば規制薬物であれば，日本の現行法でも処罰はできるが，それが結果行為の犯罪の重大性に見合ったものである保証はない。現行法上，アルコールの摂取については，酒によって公衆に迷惑をかける行為の防止に関する法律4条が，「酩酊者が，公衆の場所又は乗り物において，公衆に迷惑をかけるような著しく粗野又は乱暴な言動をしたとき」を拘留・科料に処するものであり，結果行為が重大な犯罪である場合にはこれでは対応できないことになる。ドイツ刑法323条aは，故意又は過失よる酩酊状態で違法行為を行ったが，責任無能力状態であったことを理由として（結果行為の）処罰を免れる場合について，一律に処罰する（5年以下の自由刑・罰金）ものであるが，この原因行為を処罰するものといってよい。

（Ⅱ）一方，結果行為について，自ら招いた責任無能力状況の場合に責任無能力の規定の適用を排除する立法方法もありうる。スイス刑法12条はその例であり，同様に日本の改正刑法草案17条は，「みずから招いた精神の障害」については，責任無能力・限定責任能力の規定（同16条）を排除する旨，規定していた。

[††] もっとも，原因行為説を構成要件モデル（原因行為を構成要件該当行為と理解するから），結果行為説を例外モデル（行為と責任の同時存在の原則の例外を認めるから）（西田典之『刑法総論』(2006年) 266頁）としたり，原因行為説を構成要件モデル，結果行為説を遡及モデル（山口厚『刑法』(2005年) 135頁）とするなどの場合もあるが，本質的には変わりはない。

行為時において，責任無能力状態の行為者自身を《道具》として犯罪行為を行うことが意図されていることが，他人を道具として利用する間接正犯と類似しており，そこに処罰の根拠を見いだすことができるとするのである。

間接正犯類似形態説の問題点 間接正犯類似形態説は，行為と責任の同時存在の原則を，原因行為時に満足することになる。しかし，設例で酒を飲み始めたがそのまま寝込んでしまったような場合でも，原因行為時に実行行為があったとして，殺人の未遂になりうることになり，そもそも，殺意をもって酒を飲み始めた段階で，殺人未遂になりかねないとの批判がありうる。

そこで，その修正理論として，43条の実行の着手については，結果発生の危険が生じた時点であるが，それとは別に，処罰の対象としての正犯行為は原因行為だとする見解も主張される[†]。

二重の故意論 また，この間接正犯類似形態説では，①原因行為時における構成要件的な結果（危殆化）の発生という通常の故意だけでなく，②自分自身が責任無能力状態になるということの認識も必要だとされることになる。これを特に**二重の故意論**と呼ぶ[††]。

II 結果行為説 結果行為説は，原因行為時における故意が結果行為時にまで継続していることにより，行為と責任の同時存在の原則の例外であっても帰責できるとする。この結果行為説では，したがって，結果行為時で故意があることが少なくとも必要だということになる。これに対して，原因行為説で間接正犯類似形態説では，結果行為時における故意は必要ではない。

故意の連続性論 原因行為説と結果行為説のいわば折衷的な見解として，**故意の連続性論**がある。すなわち，原因行為は，未遂の成立に必要な

[†] 平野龍一『刑法総論II』(1975年) 300頁。いわゆる実質的危険説からは，およそ「行為」にこだわらずに，実行の着手があったといえる段階（状況）の存在によって，未遂の時期が決定されるということになるのであろう。この点については，離隔犯における実行の着手時期の問題と同様の問題である（⇨7.2.3）。なお，本書の立場を明らかにするならば，43条の実行の着手があったかどうかは，実際の事例において殺人の危険があったかどうかから遡及的に決まるだけのことである。設例でXが酔いつぶれたのであれば，そもそもその危険はなく，殺人の未遂にはならない。Xが酔った挙げ句にAに危害を加えたが死亡するに至らなかった場合には，未遂であり，その「実行行為」は，酒を飲み始めたという《行為》だとすれば足りる。

[††] しかし，判例は二重の故意論をとらない（*最決昭43年2月27日刑集22巻2号67頁）。通常の間接正犯の場合に，《道具》である他人の行為がその認識の対象であることは，およそ故意とは，単に結果発生の認識だけではなく，因果経過の認識をも含むことから当然であり，道具が自分自身である，自ら招いた責任無能力状況の場合も同様だといわなければならない。したがってこれを二重の故意とわざわざ呼ぶ必要はないように思われる。したがって，さらに，判例がこの二重の故意を特に問題としていないからといって，原因行為説に立つものではないと判断するのも早計であるように思われる。

危険性までは必要ではないが，結果の惹起につながりうる危険性は必要であり，そのような危険性の認識が原因行為での故意であり，それに加えて，結果行為の一部が実行されてはじめて未遂として処罰でき，その段階では未遂を基礎づける犯罪結果の認識としての故意が必要だとするものである。この理論は，故意だけでなく，いわゆる実行行為についても，原因行為と結果行為の両方を必要とする理論だといってよい。

判例の立場 最高裁として，最初に「原因において自由な行為」という「用語」について言及したのが，最決昭 28 年 12 月 24 日刑集 7 巻 13 号 2646 頁，である[†]。事例は，当時の麻薬取締法 4 条の「麻薬中毒のため自制心を失うこと」に該当するかどうかについて，自制心を失った時点では責任能力がなかったとしても，使用時に責任能力があり，かつ中毒症状に陥ることについての認識があれば，原因において自由な行為として処罰することができるとしたものである。もっとも，これはそもそも麻薬取締法が予定している行為類型だったともいえ，また結果行為も「自制心を失う」という抽象的なものであり，典型的な自ら招いた責任無能力状況の事例とはいえない。

下級審の判例であるが，ヒロポン中毒者である被告人が，塩酸エフェドリンを注射して幻覚妄想を起こし，日頃敬愛する姉を殺害して自分も自殺しようと決意して短刀で同女を殺害した事例について，原審が殺人罪を適用した上で心神耗弱としたのを破棄して，「本件犯行の殺意の点については法律上心神喪失の状態に於て決意されたもの」であるが，「薬物注射をすれば精神異常を招来して幻覚妄想を起し或は他人に暴行を加へることがあるかも知れないことを予想しながら敢て之を容認して薬物注射を為した時は暴行の未必の故意が成立する」として，傷害致死罪の完全責任を認めたもの（名古屋高判昭 31 年 4 月 19 日高刑集 9 巻 5 号 411 頁）がある。この判例は，むしろ原因行為説的である。

過失犯と自ら招いた責任無能力状況 過失犯における自ら招いた責任無能力状況とは，一般に，結果行為時において責任無能力状況であっても，そのような無能力状態を引き起こしたことについての過失責任がある場合である。過失犯の場合，飲酒前の時点での「原因行為」の段階を実行行為とし，その段階での結果（＝たとえば暴行や傷害）発生の予見可能性も肯定されるのであれば，過失犯においては，自ら招いた責任無能力状態という構成そのものが意味がないともいえる。原因行為時において行為と責任の同時存在は満足されているからである（これを特に**引き受け過失**と呼ぶ場合がある）。

判 例 判例によれば，自ら招いた責任無能力状態における過失犯の成立を肯定している（＊最大判昭 26 年 1 月 17 日刑集 5 巻 1 号 20 頁）。

[†] ただし，自ら招いた責任無能力状況に関する事例についての判例についてはそれ以前にも存在する。たとえば，過失犯についての後掲・＊最大判昭 26 年 1 月 17 日刑集 5 巻 1 号 20 頁。

被告人Xは，店で飲酒中，女給にすげなく拒絶されたために殴打したところ，居合わせたAらに制止されたのに憤慨して，肉切り包丁でAに切りつけ，即死させた。原審が，心神喪失を理由に無罪としたのに対して，「多量に飲酒するときには病的酩酊に陥り，因って心神喪失の状態において他人に犯罪の害悪を及ぼす危険ある素質を有する者は居常右心神喪失の原因となる飲酒を抑止又は制限する等前示危険の発生を未然に防止するよう注意する義務」があり，過失致死罪が成立する。

6.3.2 自ら招いた限定責任能力状況

パラドクス　自ら招いた責任無能力状態の場合，不可罰説以外は，結果行為時に無能力であるにかかわらず，完全責任能力がある場合と同様に処罰するのが学説の結論であった。

これに対して，同じく行為者自らによる場合でありながら，責任無能力ではなく，限定責任能力にとどまった場合には，結果行為時は，限定責任能力があるのであるから，39条第2項によって減軽するべきだとすれば，結果行為時だけに着目した場合に，無能力の場合には完全な刑事責任を問われるのに，限定責任能力の場合には減軽されるという矛盾（パラドクス）が生じる。

2つの解決法　この「矛盾」が問題だとする立場からは，責任無能力の場合と同様に，原因行為では完全責任能力があったことを理由として，39条第2項の減軽を否定することになる。判例はこの立場に立つ。

酒屋に自家用車で乗り付けて，はじめから酒酔い運転の意思で酒を飲んだ場合には，運転時に心神耗弱状態であっても，39条第2項の適用を認めないとした（*最決昭43年2月27日刑集22巻2号67頁）。

薬物使用　実務上最も重要なのは，薬物使用による心神耗弱状態での犯罪行為である。下級審の判例には，覚せい剤使用罪について「責任能力があった当時の犯意が継続実現されたもの」である以上，使用時に心神耗弱状態であったとしても刑法39条第2項を適用すべきでないとしたもの（*大阪高判昭56年9月30日高刑集34巻3号385頁）がある。これは，まさに原因行為説によっているといってよいであろう。

実行行為後の心神耗弱　自ら招いた限定責任能力状況は，実行行為時に限定責任能力である場合であるが，実行行為の開始時には責任能力があったが，開始後に薬物・アルコールの影響や興奮等により，限定責任能力にな

った場合も，問題となる。

判例はこのような場合にも，量刑上参酌することは格別，39条第2項を適用するべきではないと解している（東京高判昭54年5月15日判時937号123頁・長崎地判平4年1月14日判時1415号142頁）。

6.4 故　　意

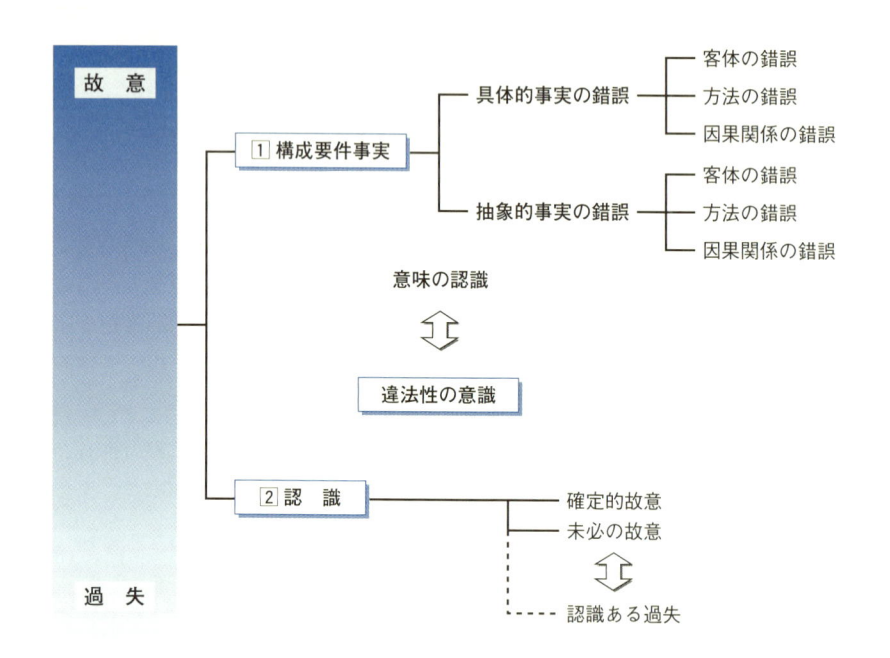

```
故意 ─┬─ 1 構成要件事実 ─┬─ 具体的事実の錯誤 ─┬─ 客体の錯誤
      │                  │                    ├─ 方法の錯誤
      │                  │                    └─ 因果関係の錯誤
      │                  │
      │                  └─ 抽象的事実の錯誤 ─┬─ 客体の錯誤
      │                                       ├─ 方法の錯誤
      │                                       └─ 因果関係の錯誤
      │
      │        意味の認識
      │           ⇕
      │        違法性の意識
      │
      └─ 2 認　識 ─┬─ 確定的故意
                   └─ 未必の故意
                        ⇕
                      認識ある過失
過失
```

6.4.1 総　　説

38条
①罪を犯す意思がない行為は，罰しない。ただし，法律に特別の規定がある場合は，この限りでない

故意の定義　　38条第1項の「罪を犯す意思」が**故意**である。実務上は，**犯意**と呼ぶことが多いが，実質的に同じである。この罪を犯す意思を，通説は，1構成要件事実の2認識である，と理解する（**故意の定義**）[†]。

故意論は，したがって，故意という1認識の対象と，2認識の態様とに分けら

れる。①認識の対象の問題は，主として錯誤論である。錯誤論は，さらに，事実の錯誤と違法性の錯誤に分かれるが，違法性の錯誤については，別途，議論する（⇨6.5　違法性の意識）。②認識の態様は，いわゆる表象説（認識説）と意思説の対立に代表される。

故意犯処罰の原則　刑法38条第1項本文は，この罪を犯す意思がなければ原則として犯罪が成立しないことを規定する（**故意犯処罰の原則**）。

この規定により，個別の犯罪類型についても，原則としてその処罰には故意の存在が必要である。特別法の犯罪類型についても同様である（8条⇨1.1.1）。

ただし，例外的に，個別的に明文の規定がある場合には，故意がなくとも処罰することができる（38条第1項但書）。この特別な場合とは，責任形式としての**過失**を意味するとするのが通説である。責任主義が刑法の原則であり，少なくとも過失を要求するのが責任主義の内容と考えられているからである。

例　示　前方で横断中の歩行者に気がつきながらあえてアクセルを踏み込むとき，行為者には，被害者の死という構成要件事実の認識があり，殺人の故意がある。歩行者の飛び出しが急で，どんなに気をつけていたとしても避けられなかった場合には，過失もなく処罰できない（責任主義）。前方を注視していれば避けられたのであれば過失致死である[††]。

故意と過失　故意は構成要件該当事実を現実に認識していることから，それを認識していない過失よりも，他行為可能性が高く，重い責任非難を加えることができる。すべての故意犯罪に対応する過失犯罪が存在する訳ではなく，過失処罰はむしろ例外的である。刑法典上は，失火罪（116条・117条の2），過失爆発物破裂罪（117条第2項），過失建造物浸害罪（122条），過失往来危険罪（129条），過失致死傷罪（209条・210条・211条）だけである。ただし，例外的には，犯罪類型によっては，故意と過失が同一の法定刑を定めている場合もある（たとえば，速度超過につき道路交通法118条第1項1号（故意犯），同第2項（過失犯），駐車禁止違反につき同119条の3第1項1号（故意犯），同第2項（過失犯））。

[†] もっともこれはドイツ刑法の「悪しき」影響である。ドイツ刑法16条は，故意の定義規定をおき，「法が規定する構成要件に属する事情の認識」が故意だとしている。しかし，このような定義規定のない日本の実定法解釈としては，ドイツの解釈論をそのまま採用しなければならないいわれはない。後でみるように，罪を犯す意思には，事実の認識だけではなく評価の認識をも含みうるものである（⇨6.5.5）。

[††] かつては，自動車運転に伴う過失致死傷は業務上過失致死傷とされていたが，今次の改正（2007年）により自動車運転致死傷罪（211条第2項）が新設され，それによることになっている。

6.4.2 認識の対象としての《事実》

総説 故意の認識対象は，**構成要件該当事実**であるとされる（構成要件の故意規制機能。⇨4.1.2）。構成要件に規定されている事実の認識が故意だからである（⇨6.4.1）。

ただし，①主観的違法要素，②結果的加重犯の加重結果，③客観的処罰条件，は，故意の対象に含まれないとされる。

①**主観的違法要素** 主観的違法要素は，超過的内心傾向であり，たとえば目的犯である「目的」をそれだと理解する場合，その「目的」自体をさらに認識することはできないから，故意の対象外とされるのである†。

②**結果的加重犯** 結果的加重犯とは，傷害致死罪（205条）のように，基本行為（この場合は傷害）にその故意を超過した重い結果（加重結果）が発生した場合について，特にそれを重く処罰する類型をいう。結果的加重犯の加重結果について，判例によれば，基本行為と加重結果の間に因果関係があれば足り，行為者において加重結果の認識（の可能性）は，必要ではないとされている（最判昭26年9月20日刑集5巻10号1937頁）。しかし，学説は少なくとも過失は必要と考えている。強盗致死傷罪（240条）のように，故意のある場合も含むとされる場合もある。

③**客観的処罰条件** 一定の事実の発生が処罰の条件になっているが，それが行為者の行為との因果関係を必要としないものがある。これが**客観的処罰条件**である。ある構成要件に属する事実が，客観的処罰条件であるか否かは，特に錯誤において意味をもつ。事前収賄罪（197条）の「公務員になった」ことについて，破産法265条第1項の詐欺破産罪の「破産手続開始の決定が確定」したこと等が客観的処罰条件である††。

なお，判例はかつて，名誉毀損罪における摘示事実の真実性について，その錯誤は客観的処罰条件であり，故意とは無関係であり，その誤認があっても一切免責されない立場をとっていた（最判昭34年5月7日刑集13巻5号641頁）が，判例を変更し，錯誤について相当の理由があったかどうか判断して刑法230条の2第1項の免責を判断すべきだ（*最大判昭44年6月25日刑集23巻7号975頁）として，一定の限度で真実性の誤認について免責されうることを認めている。

---

† 本書では，主観的違法要素を原則として認めない立場に立った。それゆえ，目的犯の目的などは，故意の内容に解消されるべきである（「危険性の認識」として）か，あるいは，特別故意と理解するべきである（⇨4.2.2）。

†† 学説の中には，客観的処罰条件も故意の対象であるとするものがある（松原芳博『犯罪概念と可罰性』（1997年）269頁）。ただし，行為時には存在しない「条件成就」の認識に代えて，「成就するであろうという予見」が，故意概念と両立しうるかについてはさらなる検討が必要であろう。

6.4.3 事実の錯誤——総説

総　説　**事実の錯誤**とは，客観的に存在している事実と，行為者のその主観的な認識・表象との間の**食い違い**（＝齟齬）である。

事実の錯誤では，このように，現実に存在している事実と，行為者の認識・表象とのあてはめの錯誤（＝積極的錯誤）のみが問題となり，現実に存在する事実の不認識（＝消極的錯誤）は，過失犯の成立が問題になるにすぎない。これに対し，違法性の錯誤では，積極的錯誤だけでなく，消極的錯誤もありうる（⇨6.5.1）。

事実の錯誤に対して，違法性の錯誤とは，行為の違法性の評価に関する客観的評価と主観的評価との食い違いである。

錯誤論とは，その食い違いの許容性に関する議論，すなわちどの程度の食い違いまでなら，故意（ないし故意責任）を認めることが許容されるのか，の問題である。故意の《符合》とは，この許容範囲のことである[†]。

具体的事実・抽象的事実　事実の錯誤について，客観的事実と認識した事実が，ともに同一構成要件に関するものである場合，**具体的事実の錯誤**という。

これに対して，客観的な事実と認識した事実が，異なる構成要件事実に関するものである場合が，**抽象的事実の錯誤**である。

事実の錯誤は，また，**客体の錯誤，方法の錯誤，因果関係の錯誤**，の3つにも区別される。つまり，具体的事実の錯誤，抽象的事実の錯誤のそれぞれについて，客体の錯誤，方法の錯誤，因果関係の錯誤が存在する。

客体の錯誤　**客体の錯誤**とは一般に，客体の同一性に関する錯誤である。**具体的な事実の客体の錯誤**とは，「人違い」のような場合であり，たとえば暴力団の組長を斬り殺したところ，実は被害者は，組長とよく似た別人であったような場合である。**具体的事実に関する客体の錯誤**については，故意は阻却され

[†] 通説が展開する錯誤論は，故意「概念」の拡張の許容範囲の問題であり，そこに錯誤論が故意論から独立して成立する意義がある。つまり本当は《ない》ものを《ある》とするところに，通説の錯誤論の意味がある。《符合》とは，その許容の《幅》を意味する。しかし，これらは，刑事訴訟における事実認定と，理論としての犯罪論を混同するものといってよい。実際の場合には，むしろ行為者の認識に幅（未必の故意・概括的故意）があることが多いのであって，ピストルで狙いながらピアニストの指にあたることだけを意図していたという弁明が実際には通るものでもなかろう。つまり幅を認めるべきなのは概念ではなくて実体のほうなのである。また，それと同時に，未必の認識すらなかった場合に故意犯の成立を認めるのは，「ないものをある」とする論理に他ならず，罪刑法定主義・「疑わしきは被告人の利益に」の原則などに抵触しよう。客観的事実と主観的認識との食い違いがあれば故意を認めるべきではない。「ないものはない」のであり，故意論を超えた，錯誤論それ自体の独立の存在意義はない。

ないことについては学説判例を通じて異論がない（大判大11年2月4日刑集1巻32頁）。その「人」を殺害することの認識がある以上，故意＝《人の殺害についての認識》はあるといえるからである。

6.4.4 抽象的事実の錯誤

38条
②重い罪に当たるべき行為をしたのに，行為の時にその重い罪に当たることとなる事実を知らなかった者は，その重い罪によって処断することはできない

総 説 他人の飼犬だと思って殺害したら人だったとか，その逆に，人だと思って殺害したら飼犬だった場合のように，異なる構成要件間（飼犬の殺害は261条の動物傷害罪，人の殺害は199条の殺人罪）での客体の錯誤，すなわち，**抽象的事実についての客体の錯誤**については，故意が阻却されるとするのが原則である。構成要件事実の認識が欠けるからである†。

刑法38条第2項は，この抽象的事実の錯誤について，客観的には重い犯罪が成立しているが，その重い犯罪についての認識がない場合には，重い犯罪についての故意犯として処罰できないことを規定するが，その逆の場合，つまり重い犯罪の意思で軽い犯罪を成立させた場合も，やはり軽い犯罪についての認識がなければ故意犯として処罰できない（38条第1項）。ただし，通説は両罪に実質的重なり合いのある場合には特別の取り扱いを認める。

そして，飼犬だと思って人を殺害した場合，人に対する過失致死罪（210条，211条）と飼犬に対する動物傷害の未遂の観念的競合（54条⇨9.3.3）であるが，後者の動物傷害罪＝器物損壊罪（261条）には未遂罪処罰規定がないから，不可罰であり，結局のところ，過失致死罪のみが成立する。人だと思って飼犬を殺害した場合には，殺人未遂罪（未遂としての危険があれば）と過失動物傷害の観念的競合だが，動物傷害には過失処罰規定がないから，殺人未遂罪（203条）が成立しうるだけである。

例 外 しかし，覚せい剤と思って所持したところ麻薬だったというような場合にも，既遂罪（麻薬所持罪）の故意犯を認めないのは，取締りの必要上問題がある（一般的に所持罪には過失犯処罰規定がない）と考える立場があ

---

† 抽象的事実の錯誤についても，一般的に故意の符合を認めるのが，**抽象的符合説**である。抽象的符合説は，行為者の危険性を重視した主観主義刑法学の帰結であり，今日そのままそれを主張する者はいない。ただし今日の学説も判例も一定の場合に抽象的事実の錯誤について符合を認めている。

る。

　判例は，覚せい剤の所持と麻薬の所持のように「**構成要件が実質的に重なり合う場合**[†]」に，法定刑が同じなら現実に発生した犯罪の罪名と故意を，違う場合には，常に軽い方の罪名と故意を認める，という理論をとっている。つまり，これは刑法 38 条第 2 項は，「重い罪に当たることとなる事実を知らなかった者」を重い罪で処断することはできないが，実質的に重なり合っている場合には軽い罪の限度では処断できることを根拠づけている，とみるものである。

抽象的事実の錯誤に関する判例理論

客　観 (構成要件)	主　観 (故　意)	罪名・故意	実際の判例
軽い	重い	軽い罪？	判例はなし
同一	同一	客観的に成立している罪	取締法上の輸入罪（昭和 54 年決定）
重い	軽い	軽い罪	関税法上の輸入罪（昭和 54 年決定） 取締法上の所持罪（昭和 61 年決定）

　この点に関して，麻薬と覚せい剤の間の錯誤に関する上記表中の 2 つの最高裁判例（**最決昭 54 年 3 月 27 日刑集 33 巻 2 号 140 頁，**最決昭 61 年 6 月 9 日刑集 40 巻 4 号 269 頁）が重要である[††]。しかし，重い意思で軽い結果を発生させた場合につ

[†] ただ，この構成要件の「実質的な重なり合い」という観念自体が不明確・恣意的なものであることは否定しがたい。たとえば，判例は，麻薬と覚せい剤，無形偽造と有形偽造，との間には実質的重なり合いを認めるが，先ほどの，動物傷害と殺人の間にも，重なり合っているとみる（同じ《生き物》だから）かどうかは明確とはいえない。仮に重なり合いが認められるのだとすると，他人の飼犬と思って人を殺した場合も，人と思って飼犬を殺した場合も，ともに動物傷害罪の故意既遂罪が成立するということになろうが，その結論は妥当ではなかろう。この実質的重なり合いという解釈操作とは別に，むしろ積極的に故意には構成要件に属する事実の認識は不要なのであるから，より実質的に考えて，故意を各構成要件が規定する不法・責任の内容の認識であると理解し，その不法・責任が重なり合う限りで故意の符合を認めようとする立場（町野朔『法定的符合について（下）』警察研究 54 巻 4 号（1983 年）3 頁）がある。不法・責任符合の範囲そのものがどのように決定されるかについては，結局実質的重なり合いの限界と共通する。

[††] それ以前にも，公文書無形偽造の意思で公文書有形偽造を教唆した結果になった場合について，法定刑が同一であることを理由に，公文書有形偽造教唆の成立を認め故意も阻却しないとしていたもの（*最判昭 23 年 10 月 23 日刑集 2 巻 11 号 1386 頁）がある。なお，かつては，抽象的符合説の立場から，軽い罪の故意で重い結果を生じさせた場合に，罪名は重い罪が成立するが，科刑は軽い罪の限度にとどめ，それが 38 条第 2 項の法意であるとする説（**罪名科刑分離説**）もあったが，54 年決定はそのような見解を採用しないことを明らかにしたといえる。

いては直接これを扱った最高裁の判例は存在しない。しかし，おそらくは「軽い結果」についての故意犯の成立を認めることになるであろう。客観的には，軽い結果しか発生していないのであるから軽い罪の構成要件該当性を考え，故意については重い罪の故意は軽い罪の故意に（構成要件が実質的に重なり合っている限度で）代用させることも可能であるはずであるからである†。

† このような判例理論（および通説の考え方）は，実際には認識がないにかかわらず，構成要件の実質的重なりによって故意を擬制するもの（すなわち，「ないものをある」とする論理）であって，まさに錯誤論と故意論とは別物であるという前提に立っている。
　しかし，本来，故意とは「あるかないか」の問題であって，事実の認定でなしうる以上に故意を広げることが許されるかは疑問である。つまり，行為者において，「麻薬か覚せい剤のいずれかであること」の認識があったような場合には，一定の場合に択一的故意により故意が認定されてよい（⇨6.4.8）。そして，検察官・裁判官らは，被疑者・被告人の供述からそういった択一的故意（場合によっては概括的故意）による故意の認定を行うことは可能であるはずである。逆にそういった認定ができなかった場合，それを超えた故意の擬制は認められないのである。
　この点について，遺失物横領（254条）と窃盗（235条）との関係から説明する。
　判例には，占有下にあるのに遺失物と誤認して持ち去った場合に，窃盗罪が成立するが，刑法38条第2項により遺失物横領罪の限度で処断するとしたもの（東京高判昭35年7月15日下刑集2巻7=8号989頁）がある。しかしこれは古い判例であって，おそらく現在の判例理論では，両罪において構成要件が実質的に重なり合う限度で，遺失物横領罪が成立し，故意もそれに従うということになろう。
　この場合，行為者の認識としては，「落とし物だからもっていこう」と思ったのであって，落とし物でないことを知っていればおそらくはもっていかなかったであろうと思われる。両罪の違いは，窃盗罪と遺失物横領罪との法定刑の違いにもあらわれているのである。したがって，この場合には，過失の窃盗（不可罰）と，遺失物横領の未遂（不可罰）だとせざるをえないであろう。
　逆に，他人の占有が及んでいると思って領得したところ実は遺失物だった場合（たとえば網棚の荷物が直下の乗客の物だと思って取って逃げたが実は落とし物だった場合），行為者の認識としては，「是非とも窃盗だけを犯したい」ということではないであろう。「窃盗犯すつもりだが，かりに占有をはなれていたものであってもよい」という未必的ないし択一的認識を含むのが通常であろう（そうでない場合はそのように認定すればよいだけのことである）。したがってこの場合は，窃盗の故意は遺失物横領の故意を含みうるのであり，占有離脱物横領罪の故意を認めてよいのである。つまり判例のような形式的な構成要件の重なり合いが存在するのではなく，重なり合うことがあるとすれば，行為者の認識の内容だということになる。麻薬と覚せい剤についても，たとえば，そのどちらでもよいという択一的ないし概括的故意が行為者にある場合はありうる。その場合には故意を認定してよい。しかし，そのような故意を認定できなかったような場合についてまで，あえて「錯誤論」で検察の立証の失敗を救済する必要はないのである。
　なお，抽象的には，実質的重なり合いによる故意の符合を認めるが，判例などで問題となる事例（たとえば麻薬と覚せい剤，窃盗と器物損壊）について実質的重なり合いを否定する町野朔『刑法総論講義案I』第2版（1998年）230頁以下，を参照。

6.4.5 方法の錯誤

> **設例** Xが，Aを殺害するつもりでAを狙ってピストルを撃ったところ，Aの傍らに立っていたBにあたってBが死亡した。

定　義　**方法の錯誤（打撃の錯誤）** とは，設例のような場合をいう[†]。

　方法の錯誤は，抽象的事実の錯誤もありうる（設例で，Aが他人の飼犬でBが人の場合ないしはその逆）が，それは，具体的事実の錯誤における方法の錯誤の理論と，抽象的事実の客体の錯誤の理論との併用により解決しうるから，以下では，具体的事実の錯誤に限定する。

学　説　方法の錯誤の取扱いをめぐっては，学説では，**法定的符合説** [**抽象的法定符合説**] と**具体的符合説** [**具体的法定符合説**] の対立がある。

　法定的符合説では，方法の錯誤について，一般的に故意の符合を認めるものである。なぜならば，A人を狙って銃を発砲したが側にいたB人にあたった場合でも，およそ人を狙って人が死亡したのであるから，客体の錯誤と同様に故意を阻却しないとするのである。つまり，同一構成要件に属する事実である限度で故意の符合を認めようとするものであり，**構成要件（的）符合説**とも言われることがある。

　これに対し，**具体的符合説**では，狙ったのはあくまでもAであるのにBにあたったというのは，行為者の認識した事実と客観的に発生した事実との間に食い違いが生じており，故意を認めることはできないとする。そしてこの場合，Aに対する殺人未遂とBに対する過失致死罪の観念的競合になる[††]。

判　例　判例は法定的符合説に立つ。

　**びょう打ち銃事件（最判昭53年7月28日刑集32巻5号1068頁）
　被告人Xは，巡査Aから拳銃を強取しようと決意して，周囲に人影が見えなくなったとみて，Aを殺害する故意で，至近距離（約1m）の背後から，建設用のびょう打ち

[†] 事例をあげて説明することができるだけであって抽象的には定義することはできない。これは，方法の錯誤という概念のそもそもの不明確性を意味している。
[††] 具体的符合説を修正して，同一法益主体に属する事実については，故意の符合を認める見解（保護法益符合説）がある。この立場からは，方法の錯誤でも，保護法益主体が同一であれば故意が認められることになる。たとえば，Aの家に放火しようとして新聞紙に火をつけて放置したところ，強風からその新聞紙が隣のBの家に飛んでゆき，Bの家が燃えた場合，放火罪の保護法益が公共の危険であることから，保護法益主体は同一であり，故意に欠けることはないというのである。また，公務員Aを殴ろうと思ったところ，傍にいた公務員Bにあたってしまったという方法の錯誤でも，公務執行妨害罪の保護法益が公務の適正であることから，この場合にも，故意が阻却されないということになろう。これは，具体的符合説からは大きくかけはなれたものといってよい。

銃を改造したものを発射したが，Aに右胸部貫通銃創を負わせただけでなく，Aを貫通したびょうが30m離れていた通行人Bにも命中し，Bにも腹部貫通銃創を負わせた。この場合につき，最高裁は，AとBの両方について殺人未遂罪が成立する，つまりAとBの両方の殺人について故意があったとした。

しかし，法定的符合説も，具体的符合説もともに問題がある。

法定的符合説の問題点 法定的符合説では，**故意の個数**が問題となる。つまり，Aを狙ってBにあたってしまった場合には，Bへの故意殺人のみであるが，AをねらってAとBの両方にあたった場合に困難が生じる。

AにあたらなくてもBに故意を認めた以上，AにあたってもBに対する故意も（そしてもちろんAに対する故意も）肯定できるとする見解を（法定的符合説のうちの）**数故意犯説**という。**びょう打ち銃事件**では最高裁はこの数故意犯説に立っている。数故意犯説では，行為者が1人の人間の殺害を意図したのにすぎないのに2人の殺害を肯定することになる不都合が指摘される。

そこで，Aの死亡が実現した場合には，「本来，意図していた」Aに対する故意のみを認めるべきだとして故意の個数を問題とする**一故意犯説**が主張される。これに対しては，一方，AとBの両方にあたったが，Bのみが直ちに死亡し，Aが重体だった場合には，最初はBへの故意殺人罪で起訴され，刑事裁判の進行中にAが死亡すると，Bへの殺人は消滅して，Aへの殺人に切り替えなければならないというのは不合理であるとか，法定的符合説はそもそも，およそ「人」に対する故意を問題としているのであるから，「本来，意図していたA」とかBという個性を問題にすること自体が矛盾なのだという批判がある[†]。

具体的符合説の問題点 具体的符合説では，客体の錯誤では故意が阻却されないのに方法の錯誤では故意を阻却することになるが，客体の錯誤であるか方法の錯誤であるかが区別が困難な場合にどのように解決するかが明らかでない，と指摘される。

もともと，客体の錯誤と方法の錯誤は，抽象的な概念規定が存在するわけではないから，典型的な場合を除くと，客体の錯誤と方法の錯誤の区別が困難な場合も少なくない。たとえば，プッペ（Puppe）が指摘したように，ライバルに匿名電話で脅迫しようと思って電話をかけたが，電話番号を間違って別人に脅迫してしまったような場合，「人違い」である点では，客体の錯誤であるが，狙ったと

[†] **びょう打ち銃事件**においては，行為者は通行人Bの存在すら認識していない。にもかかわらず故意があるとするのはやはりおかしなことといわなければならないであろう。

ころとは異なる結果が発生した点では方法の錯誤である。また「**共犯と錯誤**」（⇨8.2.5）においても，A家に窃盗に入れと教唆したのに，子分が間違えてB家に入ってしまった場合，正犯である子分については客体の錯誤であるが，親分にとっては，AをねらったのにBになってしまったといえ，方法の錯誤とも考えられる[†]。

正当防衛における方法の錯誤　最近，下級審のものではあるが正当防衛における防衛行為の錯誤について注目すべき判例がある（⇨5.4.9）。

* 大阪高判平14年9月4日判タ1114号293頁

　Aらから木刀でやられそうになっている兄Bを助けるために車で急後退させたところ，Aに当てた他，Bも轢死させたという事案について，一般論としては法定的符合説によりつつも，「（Bは）兄であり，共に相手方の襲撃から逃げようとしていた味方同士であって，故意の暴行を向けた相手方グループ員とでは構成要件的評価の観点から見て法的に人として同価値とはいえ」ないとして，Bへの傷害の故意を否定しBへの傷害致死とした原審の判断を破棄した。

　この判例は《法的同価値性》を根拠としている点では，法定的符合説に立つが，その結論自体は，具体的符合説の場合と同じものとなっている。しかし，故意の存在の有無それ自体は事実的な判断であるはずであり，法定的符合説がここまで規範的判断を強調してよいのかは疑問である。

[†] ドイツの判例に有名な**ローゼ・ロザール事件**（Rose-Rosahl Fall）（Preuβ.OT, GA1859, 332）がある。同事件は，ロザールが使用人のローゼに対して，一定の時間に森の中を通ることになっているSを殺害するように教唆し，ローザはいわれるまま待ち伏せして，その時間に通りかかった人を殺害したが，それは，Hという別人であったという事例である。プロイセン高等法院は，共犯は正犯に従属するから，正犯者にとって故意成立に問題とならない客体の錯誤は，教唆にとってもその可罰性に影響しないとして，ロザールに殺人（謀殺罪）の既遂の教唆犯の成立を認めた。しかし，共犯の従属性だけでこの問題を解決することはできない。また，方法の錯誤であるか客体の錯誤であるかの区別は，それらの概念規定がそもそも曖昧である以上，本質的な手掛かりとはならない。やはり教唆者ローザにおいて，「森の中を通る人間がS」でしかない，と認識していたのであれば，故意は，Hには向けられていたとはいえないが，「場合によっては他の人間も通るかも知れない」との認識の下に唆（そそのか）したのであれば，少なくともHの殺害についての未必の故意はあり，実際にはその程度の確実性しかない場合が多いであろう（被告人が否認しても，そのような故意を認定することは可能だと思われる）。

6.4.6 因果関係の錯誤

> **設例** XはAを首を絞めて殺害したと思って，犯行の発覚を防ぐために砂浜にAを運んだところ，その時点ではAは実際には気絶していただけであったため，息を吹き返したときに砂を吸い込んで窒息死した（**砂の吸引事件（大判大12年4月30日刑集2巻378頁））。

定　義　設例のような場合に，行為者が認識した結果（被害者の死亡）は実現されているが，その意図した因果経過と実際の因果経過との間には食い違いがある。このような因果経過の食い違いが，**因果関係の錯誤**である。

判例の立場　大審院はこの**砂の吸引事件**について，殺害目的の絞扼行為と被害者の死亡との間の因果関係は，「死体」の遺棄の目的でした放置行為によって，遮断されないと判示した。本件における大審院の判断は，客観的な因果関係そのものについてである。つまり，大審院は，客観的に因果関係があり，かつ致死の結果を認識している以上は，故意に欠けるところはないとしているのである。

重要部分の一致　厳密に考えれば，実際に発生した因果経過と行為者の認識した因果経過とはその内容が異なっているのであるから，首を絞めた点について，殺人の未遂，その後放置して被害者を死亡させた点について過失があれば過失致死，ということになりそうである。

しかし，通説は，因果関係の詳細の一つひとつについて，行為者が意図したものと実際に発生した経過とが一致していることは必要ではなく，重要部分が一致していれば足りるとする†。なお，因果関係の錯誤とウェーバーの概括的故意は重なり合う問題である（⇨6.4.8）。

6.4.7　表象説・認識説（未必の故意）

> **設例** Xは，自殺するためにビルの屋上から飛び降りたところ，歩道に落下してたまたまそこを歩いていたAの上に落下し，Aを死亡させたが，自分はかすり傷だけで助かった。

---

† しかし，絞殺死と窒息死とで，因果関係の重要部分が一致するといえるかは疑問である。また，学説の中には，因果関係の錯誤は因果関係の問題そのものであるとするものがある。しかし，溺死させるつもりで橋から突き落としたところ，被害者が橋の橋脚に頭を強打して死亡した場合，通説である相当因果関係説により，その結果の予見可能性を肯定できるならば因果関係はあるとされることになるから，因果関係の錯誤は，因果関係の問題に集約されつくす訳ではない。

概　　説　故意における「認識」の態様について**表象説（認識説）**と**意思説（意欲説）**の対立がある。**表象説（認識説）**とは，故意を犯罪事実の表象・認識にあるとするものである。一方，**意思説（意欲説）**は，犯罪結果の意欲が故意であるとする。

両説の問題点　意思説はおそらく日本刑法の「罪を犯す意思」という規定（38条第1項）には忠実な解釈であろう。しかし，「欲していたかどうか」という高度な内心の傾向を外部的に認識するのは極めて困難である。

故意から情緒的要素を排除し，外部的に認識可能な行為者の表象を基準としようとしたところに表象説の特徴がある。しかし，表象説についても，意欲していないにかかわらず，単なる表象があれば故意を認めてしまうのは問題があるとの批判がある[†]。

蓋然性説と認容説　しかし，解釈論上，表象説と意思説が対立する局面は限られている。たとえば，「一定の認識がありながら，行為に出たことが故意であり，認識によって行為を思いとどまった場合は故意がない」（フランク）と理解すれば，表象説と意思説との違いは，極めて僅かである。両説の対立はむしろ，いわゆる「未必の故意」をめぐる，表象説からの**蓋然性説**と，意思説からの**認容説**の対立の方が，より重要である。

（未必の故意）

表象説［認識説］　→　蓋然性説　┐
　　　　　　　　　　　　　　　├→　動　機　説
意思説［意欲説］　→　認　容　説　┘

未必の故意　**未必の故意**とは，未確定な表象・意欲のことである。未必の故意の対立概念は**確定的故意**である。未必の故意であっても，なお故意があるものとされる。未必の故意は，故意と過失，とりわけ認識ある過失との境界に位置するものである。

設例で，Xが，飛び降りに際して，多数の通行人が歩いているから，その誰かを巻き添えにするかもしれないことを表象・認容していたとすると，殺人罪についての未必の故意があることになる（Xが，Aを道連れにするつもりで飛び下りたのであれば，殺人の確定的故意があることになる）。

認　容　説　未必の故意についての認容説は，意思説の論理的帰結である。

認容説は，確定的に結果を望んでいたとはいえないが，「結果が発生してもやむを得ない」という認容であってもよいとするものである。

認容説も，さらに，構成要件事実が「発生することがよい」と思うという積極的認容が

[†] たとえば，助かる見込みのない瀕死の患者について，だめで元々と手術を行ったが，やはりその手術が直接の原因で死亡した場合，手術を行った医師には，患者の死についての表象はあったことになろう。（⇨動機説）

■ 6.4　故　　意　　195

必要であるとする説（本来の認容説＝ヒッペル（Hippel））や，むしろ発生してもしなくてもどちらでもよい，あるいは仕方がないという消極的認容説（放置説（Gleichgültigkeitstheorie＝エンギッシュ（Engisch）），感情説など）に分かれている。

認容説の問題点　認容説に対しては，結果的には行為している以上，その結果について認容していないことはありえない（結果を認識しながら行為したのに「あえて行為した」といえない場合は存在しない）として，「認容」に限定的な意味がないことになり，常に未必の故意を認めてしまうことになるとの批判がある。

もっとも，少女の手にしたガラス玉をうまく打ち落とせば賞金を与えるという賭に応じて銃を発射した学生については，賞金を手にするために銃を発射したのであるから，少女の手の傷害については認容していないことになるが，しかし，このような場合にはむしろ傷害の故意を認めないのは背理であるとの批判もされた（ラックマン（Lackmann）の事例）。

蓋然性説　一方，表象説では，未必の故意についても認識的な要素から，故意を基礎づけようとする。すなわち，結果発生の高度の蓋然性の認識があれば，故意を認めてよく，それが未必の故意であるとする**蓋然性説**がとられる（H.マイヤー（Helmuth Mayer））。

しかし，一方で過失を結果発生の予見＝可能性の認識ととらえると，蓋然性と可能性とでは，概念上質的な違いがあるとは思われない。つまり，未必の故意と過失の間には程度の差が存在するに過ぎず，特に，認識ある過失と故意との区別は概念的には困難であることになる。

また，蓋然性説では，結果発生の高い蓋然性を認識している場合に故意があるとするから，たとえば，90％の確率で失敗することを認識しながら手術を行った医師は，殺人の故意があることになってしまう反面，1％の確率でしか当たらない下手なピストル撃ちが，相手に向けて撃ったところ，たまたま当たった場合でも，故意がない，ということにもなりかねない。

動機説　蓋然性説の，上記のような問題性を踏まえて，蓋然性説にある程度，認容説の要素を取り入れた折衷的な見解として**動機説**が主張される。

動機説は，結果発生が行為の動機になっているかどうかが，未必の故意の判断に決定的であるとするものである。動機説では，故意を2種類に区別し，①結果を積極的に意図した場合には，その結果発生の可能性が低くとも，故意がある（1％の確率でしか当たらない下手なピストル撃ちが人を狙って発砲した場合）が，②結果の発生の可能性が高い場合には，そのような結果を望んでいなくとも，それを動機として行為した以上故意がある，とするのである。

動機説の問題点　動機説では，下手なピストル撃ちについて故意があることは説明できるが，困難な手術の医師については，蓋然性が高いから意欲の有無を

問わないことになって，やはり故意はあるということになってしまう。そして実質的に考えても，このような場合に，医師の手術の実施は，患者が死亡するという高い蓋然性を動機としているわけではない（その逆である）から，動機説の説明にも限界がある。つまり，結果発生の蓋然性が極めて高くとも，そのような結果を動機として行為しない場合を，動機説では考慮に入れているとはいえないのである。さらに，動機説では，結果の発生が可能であると一応考えたが，結局はその発生を否定して行為したという場合が，認識ある過失であり，そのような否定的な判断が，不注意として，通常の過失に共通する要素であるということになるが，そのような心理状態を問題にすることは，認容説の批判から出発した動機説の前提に矛盾することになろう。

判例における未必の故意　判例は認容説に立つとされている。たとえば，盗品譲受罪（256条第2項）について，「贓物であるかも知れないと思いながらしかも敢えてこれを買受ける意思（いわゆる未必の故意）があれば足りる」（*最判昭23年3月16日刑集2巻3号227頁）としている。また，盆踊り大会の終了後，酩酊状態で貨物自動車を運転して，多数人をはね，うち3名を死亡させた場合につき，運転開始に先立ち歩行者を転倒ないし跳ね飛ばすことについての（暴行の）未必の故意があり，傷害罪・傷害致死罪の罪責を免れないとした（広島高判昭36年8月25日高刑集14巻5号333頁）が，運転開始《時》の未必の故意としたのは，自ら招いた責任無能力状況（いわゆる原因において自由な行為）を意識していたものであろう。さらに走行中の車のボンネット上に腹這いになってしがみついている被害者を振り落とそうとして蛇行運転をしたことについて，殺人の未必の故意があるとしたもの（東京高判昭41年4月18日判タ193号181頁）等がある。

6.4.8　不確定な故意の類型

不確定な故意　不確定な故意としては，いわゆる未必の故意の他，**条件付き故意，概括的故意，択一的故意，事前の故意，事後の故意**，等の類型が指摘される。

条件付き故意　既遂の実行を一定の条件にかからせていた場合を**条件付き故意**という。判例には，「（共謀共同正犯における）謀議された計画の内容においては被害者の殺害を一定の事態の発生にかからせていたとしても，そのような殺害計画を遂行しようとする被告人の意思そのものは確定的であったのであり，被告人は被害者の殺害を認容していたのであるから，被告人の故意の成立に欠けるところはない」とした（最決昭56年12月21日刑集35巻9号911頁）。「被害者の抵抗のいかんによってはこれを殺害することも辞さないとの覚悟」でいた場合に，未必の故意があったとしたものもある（最判昭59年3月6日刑集38巻5号1961頁）。

条件付き故意における「条件」とは，行為者自身において左右できない外在的事情であるから，ピストルの弾が当たるかどうかという蓋然性と同様に，それは結果発生の蓋然性

の問題であり，その程度によって，確定的な故意と未確定な故意としての未必の故意の問題に帰着しよう。

概括的故意・択一的故意　不確定的故意のうち，認識の態様において不確定であるのが未必の故意・条件付き故意である。なお，殺害しようかどうか迷っているような場合を未確定の故意と呼ぶ場合があるが，これは故意とは別の動機の問題であり，不確定的故意とは異なる。これに対して，認識（表象）の対象が不確定なものとして，**概括的故意**と**択一的故意**がある。

概括的故意　**概括的故意**とは，複数の結果の発生を概括的に認識している場合を概括的故意という。被害者宅に赴き長火鉢の鉄瓶に毒薬を混入し家人4名がその湯を昼食時に飲用したが，味がおかしいので，少量にとどめたため死亡するに至らなかったような場合（大判大6年11月9日刑録23輯1261頁）には，4人全員について殺人の概括的故意があることになる。雑踏の中に爆弾を投げ込むような場合には，対象の特定だけでなく，人数の認識も必要ではない（これらの場合，数個の殺人罪は，「1個の行為が2個以上の罪名に触れ」ることになるから，観念的競合（54条）となる⇨9.3.3）。

択一的故意では，複数のうちいずれか1つが排他的に成立する場合であるが，概括的故意では，排他的成立を前提としない。

概括的故意はあくまでも認識の内容が不確定な場合であり，認識の態様が不確定な未必の故意とは区別されるが，概括的故意と未必の故意とが併存する場合もありえよう。雑踏の爆弾の事例では，実際に発生した被害者については，それぞれ未必の故意があるといってよいであろう。しかし，たとえば，何か「やばい薬物」であることだけを知らされて輸入したところ，覚せい剤であったような場合は，一般的に覚せい剤輸入について未必の故意があるとはいえないから，そのような内容の不確定なまま安易に故意の成立を認めることには問題がある。

択一的故意　**択一的故意**とは，複数の事実が発生する可能性があるが発生するとすればその1つであり，そのことを認識している場合である。たとえば，老夫婦が常用している錠剤薬瓶によく似た外観の毒薬1錠を混入させたような場合，老夫婦のどちらかが死亡し，しかしそのうちの1人だけが死亡するのであるから，択一的故意だということになる。

択一的故意は，概括的故意の1つの特殊類型だとみることができる。

一方，認識の対象としての不確定な故意という点では，広義の概括的故意の1つといえるが，択一的故意は，複数の事実の内その1つだけが排他的に発生する場合に限定される意味で，狭義の概括的故意とは異なることになる。したがって，たとえば，AかB，ないしその両方が死亡することの認識の下に，機関銃を発射させたような場合には，狭義の概括的故意の問題であって，択一的故意ではない。択一的故意は，そのいずれにせよ結果の発生を認識（表象）ないし認容しているのであるから，故意の成立を認めて差し支えない。

故意の構成要件関係性　概括的故意や択一的故意が，同一の構成要件にかかわるものであるときは，まさに未必の故意の応用問題である。

　問題は，これらが複数の構成要件にまたがる場合（抽象的事実についての概括的故意・択一的故意）である。たとえば，電車の網棚の荷物がその直下で居眠りしている人の荷物であるのか（領得すれば窃盗罪（235条）），落とし物であるか（領得すれば遺失物横領（254条））は明らかではないが，そのどちらかではあるような場合に，そのような事情を認識しつつ領得するならば，抽象的事実に関する択一的故意である。これは，ある意味では，条件付き故意ともいえる。つまり，いわば蓋然性が五分五分の状態での認識だからである。そうであれば，故意を原則的に認めてよいであろう（⇨6.4.4 脚注）。

　これに対して，抽象的事実についての概括的故意となると，あまりにその認識対象は漠然としており，一般的に故意を認めることには疑問がある。

　判例は「身体に有害であるかもしれないと思っただけで（メタノールであるかもしれないと思ったのではなく）……（有害飲食物取締令）一条違反の犯罪に対する未必の故意ありとはいい得ない」とした（＊最判昭24年2月22日刑集3巻2号206頁）が，正当である。また，「覚せい剤を含む身体に有害で違法な薬物類であるとの認識があった」場合に「覚せい剤輸入罪，同所持罪の故意に欠けるところはない」とした（＊最決平2年2月9日判時1341号157頁）が，覚せい剤であることの蓋然性の認識の程度が高度であったのであれば，かろうじてその結論は支持できよう。

　これに対して下級審判例であるが，「トルエンという劇物の名称を知らなくとも，身体に有害で違法な薬物を含有するシンナーであることの確定的又は未必的な認識があれば」足りるとしたものがある（東京地判平3年12月19日判タ795号269頁）。この判断それ自体には問題があるが，「シンナーにはトルエンが含有していないと思っていたとすれば」故意がないとしたものであるから，上記部分は抽象論かつ傍論にすぎない。

　この抽象的事実における概括的故意・択一的故意の問題は，抽象的事実の錯誤，意味の認識の問題にも重なる（⇨6.4.4，6.4.9）。

縮小認定　この抽象的事実についての択一的故意において，客観的に発生した結果が認定できない場合には，縮小認定が場合によっては許されよう。この点について，＊雪かき事件（札幌高判昭61年3月24日高刑集39巻1号8頁）は，居宅・工場内の雪かき作業をしている被告人を手伝っていた妻が見えなくなったので，ショベルローダーではねたかも知れないと思って雪を掘ったところ反応を示さない妻を発見したので，死亡したものと思い交通事故に見せかけるため敷地内に遺棄した事例について，遺棄の時点で死亡していたかどうかの立証がなかったため，保護責任者遺棄罪（218条）と死体遺棄罪（190条）を比較して軽い死体遺棄罪の成立とその故意を認めた。

事前の故意・事後の故意　故意は実行行為の時点で存在するのが原則であるが，**事前の故意**とは，その実行行為前に，また，**事後の故意**とは実行行為後に生じる故意であ

る。

　事前の故意とは，まさに**早すぎた結果実現**の問題である（⇨4.2.6）。

　事後の故意は，たとえば，過失で被害者に重い傷害を与えたが，その後に殺意を抱いて救急車を呼ばなかったような場合である。これは，不作為の故意の問題であって，特に事後の故意という特別な故意の類型を認める必要性に乏しい（⇨**熊撃ち事件**（⇨4.3.6）参照のこと）。

ウェーバーの概括的故意　ウェーバー（Weber）は，行為者が第1の行為で結果を発生させたと思い，それを前提として第2の行為を行ったが，実際には第2の行為で結果が発生したような場合に，第1行為と第2行為を分断し，第1行為の未遂罪と第2行為の過失罪の併合罪であるとするのは形式的であると批判し，1個の故意既遂罪を基礎づける故意を認めるべきだとした。このような故意概念を，**ウェーバーの概括的故意**という。たとえば**砂の吸引事件**（⇨6.4.6）でも，首を絞めて殺害したと考えそれを前提に砂浜に運んだのであるから，このウェーバーの概括的故意の問題でもある。

　この点，因果関係の錯誤が，構成要件的行為と構成要件的結果との認識については確定的な認識があり，その間には齟齬がないが，行為と結果の因果経過に客観的事実と主観的認識の間に齟齬がある場合であり，発生結果それ自体に齟齬があるウェーバーの概括的故意とは，概念的には区別されるべきだと考えられてきた†。いずれにせよ，第1行為では結果は発生していないのであるから，故意はあってもせいぜい未遂であり，第2行為では，結果はあっても故意はないから，過失（があれば）の問題であろう。

　なお，一般的には，ウェーバーの概括的故意を事前の故意と同視するものが多い。すなわち，第2の行為の結果に対する故意を，「事前」の第1行為の故意で代替できるか，という問題だとするならば，ウェーバーの概括的故意は，事前の故意の一事例ということになる。しかし，ウェーバーの概括的故意では，第2行為に対応する故意，たとえば窒息死させるという故意は，事前にも，そもそも存在せず，第1行為の絞殺に対応する故意が存在するだけであるから，ウェーバーの概括的故意と事前の故意とは区別されるべきである。

6.4.9　意味の認識

> **設例**　ビデオを販売するXが，仕入れたビデオの中に，業界団体の自主規制をパスしていないわいせつなビデオが混入していたが，Xはそのことに気づかず，Aにそのビデオを販売した。

定　義　　**意味の認識**とは，価値的な認識である。
　　　　　　故意とは，構成要件事実の認識であるが，この認識の対象としての

---

† しかし，結果をどの程度まで抽象化するかによって，この区別はあまり意味をもたない。**砂の吸引事件**でも，「被害者の死亡」という結果についてだけみれば，齟齬はないが，《絞扼死》と《窒息死》との結果が異なるとすれば齟齬はあることになる。

「事実」には，どの程度の価値的な表象を含みうるかが重要である。特に，**違法性の意識**との区別が問題となる。

規範的構成要件要素　構成要件事実には，価値的判断がほとんど必要ではない**記述的構成要件要素**（たとえば，「人」，「財物」，「電磁的記録物」など）と，一定の価値判断を必要とする**規範的構成要件要素**（たとえば，「わいせつ性」，「公共の危険」など）が区別される。

しかし，一般的には，記述的要素であるとされる「人」でも，脳死状態の場合や，胎児との限界について，また「財物」についても，電気を含むかどうかなど，価値判断が必要な場合もあり，その区別は相対的なものにすぎない。つまり，記述的要素と規範的要素といってもその区別は絶対的ではなく，むしろ構成要件該当事実は，何らかの一定の価値的な判断を必要とする。この価値的な判断が，一般的に**意味の認識**といわれるものである。

意味の認識　故意には意味の認識を含むか，たとえば，わいせつ物頒布罪（175条）において，わいせつな物それ自体の認識（これを**裸の事実の認識**と呼ぶことがある）に加えて，それが「わいせつなものである」という「意味の認識」もわいせつ物頒布罪の故意の内容に含まれるかどうか，が問題とされる。今日では，何らかの意味で，意味の認識が必要であると考えるのが一般的である。つまり，設例でも，ビデオそれ自体を販売したという認識だけでなく，そのビデオが「わいせつなものである」＝わいせつ性の意味の認識が必要なのであり，それが欠ければわいせつ物頒布罪の故意犯として処罰することはできない。

平行的評価　意味の認識を厳格にとらえるならば，たとえば刑法175条の条文を正確に認識し，そこでの学術的な意味での，「わいせつ性」の認識を備えていなければ，意味の認識が欠け，故意を認めることができないということになりかねない。

そこで，学説の中には，構成要件において規定されている厳密な意味と実質的に同一の内容の認識があればよい（**素人間における平行的評価**；Parallelwertung in der Laiensphäre＝メッガー（Mezger））とする見解がある。実質的な意味の認識でよいというのであれば正当だということができよう。

しかし，判例は，日本に持ち込むことが禁止されているような違法な薬物であることの認識があれば，覚せい剤輸入罪の故意として充分であるとしたが（＊最決平2年2月9日判時1341号157頁），そうだとすると，覚せい剤とその他の薬物との構成要件関係性は必要とされていないことになり，平行的評価すら要求してい

ない。

違法性の意識との境界 　意味の認識は，行為者の価値的認識である点で，違法性の意識と境を接する。処罰の対象となるようなわいせつ物であるかどうか，という意味の認識と，この程度なら処罰されるようなわいせつ物であるかどうか（違法性の意識）とは，ほとんど実質的な区別を見出しがたいであろう。設例でも，ビデオの内容を見た上で，この程度のものなら刑法のわいせつ物販売罪の対象でないと考えたというのであれば，違法性の意識の問題ともなりうるのである。

　最高裁は，公衆浴場の無許可営業罪について，「営業許可があったとの認識のもとに本件浴場の経営を担当していた」以上，「被告人には『無許可』営業の故意はない」とした。届出事項変更願が違法・無効であることについて，意味の認識の問題として，そのような届出が適法であると信じていた行為者の認識の相当性を問うことなく故意を阻却し，無罪としている（****特殊浴場無許可営業事件**（最判平元年 7 月 18 日刑集 43 巻 7 号 752 頁）⇨6.5　違法性の意識）。

6.5　違法性の意識

6.5.1　総　　説

38 条
　③法律を知らなかったとしても，そのことによって，罪を犯す意思がなかったとすることはできない。ただし，情状によりその刑を減軽することができる

> 設例　居酒屋を経営する X は，百円札に類似した割引券つきチラシを作成して，その試作品を知り合いの警察官 A に見せたところ，「おもしろいものがある」といって同僚にも配るなど喜ばれたので，全く問題がないものと思い，本格的に大量に印刷して配布した（**百円チラシ事件（最決昭 62 年 7 月 16 日刑集 41 巻 5 号 237 頁）参照）。

定　義　違法性の意識とは，行為者において，その行為が違法であること，すなわち法によって許されないものであること，の認識である。違法性の意識が欠けていることあるいは誤った認識に陥っていることを**違法性の錯誤**という。**法律の錯誤も基本的には同じ意味である**。単純に意識が欠如している場合を，**消極的錯誤**（あるいは，**法の不知**），誤った認識に陥っている場合を，**積極的錯誤**（あるいは，違法性の錯誤におけるあてはめの錯誤）と呼ぶ場合もあるが，

両者で異なる取り扱いがされる訳ではない。以下，単に「違法性の意識が欠けている」とあっても，原則としてこの両者を含んでいる。

設例では，本件チラシの配布行為が通貨及証券模造取締法1条・2条に違反することの認識が被告人になかったとすれば，この違法性の意識が欠けていたとみることができる。

違法性の意識が欠けていたとしても，犯罪の成立には関係がないとする見解を，違法性の意識不要説（以下単に「**不要説**」）という[†]。確信犯や激情犯，さらには常習犯においては，違法性の意識がないか，もしくは鈍麻しており，これらを処罰できないのは不合理である，というのである。これに対して，違法性の意識は故意ないし故意責任に必要であり，それが欠ける一定の場合に故意ないし故意責任の阻却を認めようとするのを違法性の意識必要説（同「**必要説**」）という。

学説と判例 かつては，違法性の意識は，学説と判例が鋭く対立する刑法総論解釈論の重要領域の1つだと解されていた。つまり，**不要説**をとる判例は，38条第3項を根拠に法律の不知は故意の成否には関係がないとしてきた（たとえば，*「**チャタレイ夫人の恋人**」事件（最大判昭32年3月13日刑集11巻3号997頁）では「猥褻性に関し完全に認識があったか，未必の認識にとどまっていたか，または全く認識がなかったかは刑法38条3項但書の情状の問題に過ぎ」ないとしていた。その他，***メタノール事件**（最大判昭23年7月14日刑集2巻8号889頁），最判昭25年11月28日刑集4巻12号2463頁，等多数）のに対して，学説は**必要説**で一致していた。ただし，学説は，違法性の意識を故意の内容とする**故意説**と，それを故意とは別の，故意・過失に共通の責任要素だとする**責任説**とに分かれていた。

6.5.2 学　　説

責任説 **責任説**は，違法性の意識（の可能性）を，故意・過失とは別の，それとは独立した責任要件だとする。そして，違法性の意識が欠けたからといって直ちに責任が阻却されるのではなく，違法性の意識が欠けた場合や，誤解した場合について，その欠如・誤信が避けられなかった場合（**回避可能性**がなかった場合）にはじめて責任が阻却されるとする（ドイツ刑17条）。「違法性の意識の可能性が，責任要件だ」というのは，上述を言い換えただけにすぎず，違法性の意識が行為者に現実になくとも，その可能性があった場合には，なお責任は

[†] ローマ法諺に「法の不知は恕せず」「法の不知は害する」というものがある。

阻却されないことになる[†]。

厳格責任説・制限責任説 責任説は，目的的行為論の解釈論的な成果の一つとして主張された[††]。目的的行為論を前提とする責任説を**厳格責任説**という。

これに対して，目的的行為論を前提としない立場からも責任説は多くの支持を得ることとなった。行為者の違法判断によって刑事責任が左右されるとするならば責任の過度な主観化であってそれは避けるべきだとされたからである。目的的行為論によらない責任説を**制限責任説**と呼ぶ。

両説の違い 厳格責任説と制限責任説の違いは，**違法性阻却事由の錯誤**（⇨6.5.6）の取り扱いにある。**厳格責任説**は，違法性阻却事由の錯誤を違法性の錯誤と同様に**禁止の錯誤**として同視する。つまり，当該行為が法によって禁止されているかどうかについての判断の錯誤だと理解するのである。したがって，厳格責任説では，たとえば正当防衛状況の誤認があっても故意には無関係であり，その誤認が避けられなかった場合（正しい認識に至る可能性がなかった場合）に限って，責任が阻却されることになる。**制限責任説**では，違法性阻却事由の錯誤は，事実の錯誤であり，相当性の有無を問わずにその錯誤は故意を阻却することになる（⇨5.4.9）。

故意説と解釈論 これに対して，違法性の意識を故意の内容だとするのが**故意説**である[†††]。故意説も**厳格故意説**と**制限故意説**に分かれる。**厳格故意説**は，現実的な違法性の認識を故意の内容とするものであり，それは刑事責任の過度な主観化（「本人が違法ではないと軽々に考えれば故意犯として処罰で

[†] 責任説からは，38条第3項について，以下の解釈がとられることになる。すなわち，同項本文は，違法性の錯誤はまさに故意とは無関係であること，但書による情状による減軽は，違法性の錯誤，すなわち違法性の意識が欠けるときには責任が減少することに基づくものであり，この延長上にいわば被告人に有利な拡張解釈として，責任が可罰的でないほどに減少ないし阻却された場合には——すなわち違法性の意識を欠くことについての回避可能性がなかった場合には——責任が阻却される場合がありえることを排除していないとするのである。

[††] 目的的行為論は，故意・過失を違法要素とする。その結果，空虚となった責任要件を埋めるものとして，故意・過失とは独立し，かつ，それら両者に共通する要素としての違法性の意識の可能性を基礎づけたのである（⇨1.4.3）。

[†††] 故意説からは，38条第3項について，以下の解釈がとられることになる。すなわち，同項本文の「法律」とは，個別的な罰条ないし法規そのものを意味し，故意の成立には，この刑罰法規の認識は不要であることを規定したものであるとする。そして，但書は，刑罰法規を知らないことによって，違法性の意識における違法性の程度についての認識が困難な場合に情状による減軽の措置を規定したものだと理解するのである。しかし，刑罰法規の認識が故意の内容ではないことは，あまりに当たり前のことであり（そうでなければ，刑法を知っている者しか故意犯としては処罰できない），そのような当たり前のことを規定することは無意味であるとする批判がある。この点について⇨6.5.4。

きない」），をもたらすと批判された。これに対して，一定の範囲で違法性の意識の現実的な認識は必要ではないとするのが制限故意説である。ただし日本の制限故意説（團藤説）は，故意の内容として違法性の意識の可能性とするものであり，実質的に責任説と変わるところがない†。

違法性の意識

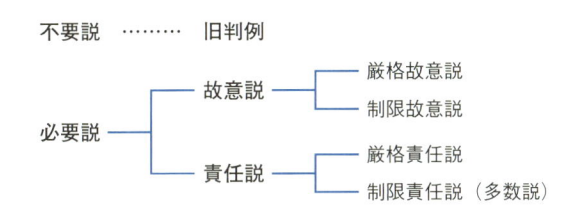

```
不要説  ………  旧判例
                    ┌ 厳格故意説
         ┌ 故意説 ┤
         │          └ 制限故意説
必要説 ─┤
         │          ┌ 厳格責任説
         └ 責任説 ┤
                    └ 制限責任説（多数説）
```

責任説と相当性・可能性　責任説（厳格責任説と制限責任説）では，違法性の意識を欠いたことについて相当の理由があった場合（ないしは違法性の意識の可能性すらなかった場合）には，例外的に責任を阻却することになる。

したがって，その相当性ないし可能性の判断基準が問題となる。

この判断基準として，しばしば援用されるアメリカ模範刑法典では，自己の行為が許されるものであったと考えていた場合に抗弁となりうる場合として，①法規が公示されなかった等，合理的に法規を知りうる状況になかった場合††，②権限ある官庁の有権解釈に従っていた場合，③上級法規ないし確定判例に従っていた場合，をあげている†††。②に関連して，日本でも最近，法令適用事前確認手続（ノーアクション・レター）制度が導入されている。

判例変更のパラドクス　「確定判例に従ったこと」が相当の理由だとすると，従前の判例理論では無罪であった行為については，判例理論を

---

† その他，故意説をとるものとして，大塚仁『刑法概説』第 3 版増補（2005 年）445 頁，厳格故意説をとるものとして，岡野光雄『刑法要説総論』（2001 年）229 頁。その他，かつては，自然犯・法定犯区別説というものもあった。つまり，殺人・放火・窃盗・強盗・強姦等の自然犯については，そもそも違法性の意識が欠けることはありえないが，行政法上の罰則規定などの法定犯については，違法性の意識が欠ける場合がありえ，それらについては，違法性の意識が必要だとするものである。しかし，これは必要説そのものであり（問題となるような場合には，そもそも違法性の意識が欠けているのであるから），また自然犯・法定犯の区別自体が明確ではないことから，今日では主張されていない。

†† これに対して，日本の判例では行為当時は交通が杜絶し処罰法令を知りうる状況になかった場合でもその法令違反につき処罰することを妨げないとした，大判大 13 年 8 月 5 日刑集 3 巻 611 頁がある。

††† もっとも，アメリカ模範刑法典が責任説をとっているということを意味する訳ではない。

変更して有罪にすることが理論上できないというパラドクスが生じる[†]（なお，*岩手学テ事件（最判平 8 年 11 月 18 日刑集 50 巻 10 号 745 頁）では，過去の確定判例では違法でないとされたスト行為を行ったという事案について，行為の時点ですでに被告人には将来的な判例変更が予想されていたのであるから，違法性の意識はあったとした）。

6.5.3 判例の立場

総説 判例は伝統的には，38 条第 3 項の規定を根拠に不要説に立ってきた。しかし，下級審判例には，責任説ないしそれに類似した立場により，被告人が無罪となりそのまま確定するものもある。また，最高裁自身も，一時，責任説への傾斜を深め，しかし現在ではむしろ**意味の認識論**による実質的解決を示唆している。

下級審の判例 下級審の判例の中には，責任説ないしそれに類似した見解をとったものがある。

*こんにゃくだま事件（東京高判昭 27 年 12 月 26 日高刑集 5 巻 13 号 2645 頁）

事案：深夜に，こんにゃくだまを窃取する目的で用具を携えこんにゃく畑に数間（1 間≒1.8m）の距離まで迫った相手をこんにゃく泥棒を防ぐために張り込んでいた被告人が逮捕した。この場合，相手は窃盗の実行の着手があったとはいえず予備にとどまり窃盗予備は犯罪ではないから，現行犯逮捕（刑訴 213 条）による違法性が阻却されない場合であった。

判旨：「犯罪の実行の著手をいかに解するかは，困難な問題であって……窃盗の現行犯人と信じて逮捕し，自分の行為を法律上許されたものと信じていたことについては，相当の理由があった」として，故意を否定した。

その他，同様の理論により故意ないし故意責任を否定したものとして，*黒い雪事件（東京高判昭 44 年 9 月 17 日高刑集 22 巻 4 号 595 頁。映倫通過作品の猥褻性について故

[†] 責任説は結局，違法性の意識の問題を，期待可能性の一局面と理解しているにすぎない。つまり，その免責が認められる，「違法性の意識の可能性がない」場合とは，極限的なものにすぎないのである（責任説を実定法上採用したドイツの判例がまさにそうである）。むしろ違法性の意識の問題は，意味の認識における実質的に「許されていないこと」の認識として解消させるべきであり，それによってこそ，故意責任としての妥当な処罰範囲を確保することができるのである。その意味で，許されているかどうかの問題を意味の認識の問題＝故意論とした，後掲する**特殊浴場無許可営業事件**における最高裁の態度は正当である。なお，詳しくは，齋野彦弥『故意概念の再構成』（1995 年）を参照のこと。本書は，事実の認識と違法性の認識を区別すること自体，基本的には意味がないだけでなく，実際的に不可能であることから，故意説でも責任説でもない立場に立つ。

意犯の阻却を認めた），*石油やみカルテル事件（生産調整事件）（東京高判昭 55 年 9 月 26 日高刑集 33 巻 5 号 359 頁。独占禁止法上のカルテル禁止行為について通産省（当時）の指導に従って行われていた行為について故意がなかったとする）。

最高裁と責任説　これに対して，最高裁でも，一時，責任説への接近を示した。最初の判例が，**羽田空港ビルデモ事件（最判昭 53 年 6 月 29 日刑集 32 巻 4 号 967 頁）（同旨，石油やみカルテル事件（価格協定事件）（最判昭 59 年 2 月 24 日刑集 38 巻 4 号 1287 頁））であり，「被告人は行為当時本件集団示威運動が法律上許されないものであることを認識していたと認められる」として，原審を事実誤認とした。

さらに前掲・**百円チラシ事件では，「このような事実関係の下においては」，被告人 X，Y が，「違法性の意識を欠いていたとしても，それにつきいずれも相当の理由がある場合には当たらないとした原判決の判断は，これを是認することができるから，この際，違法性の意識を欠くにつき相当の理由があれば犯罪が成立しないとの見解の採否についての立ち入った検討をまつまでもなく，本件各行為を有罪とした原判決の結論に誤りはない」としたのである。

意味の認識論へ　しかし，一方では，違法性の意識・錯誤の問題を，むしろ意味の認識論に解消しようとするものがある（⇨6.4.9）。

**特殊浴場無許可営業事件（最判平元年 7 月 18 日刑集 43 巻 7 号 752 頁）

　被告人 X は，その実父 A が得ていた特殊浴場の許可を自己が経営する Y 会社に変更しようとしたところ，特殊浴場の新規申請も名義の変更も事実上できないのが県の方針であることを知り，県議会議員 B らを通じて当初の許可申請自体が本来は Y 会社であったとする営業許可申請事項変更届なるものを提出し，適式に受理されたと信じて営業を継続してきた。ところがこのことが後日県議会で問題となり，被告人は起訴された。最高裁は，「変更届受理によって Y 会社に対する営業許可があったとの認識の下に本件浴場の経営を担当していたことは明らか」であり，『無許可』営業の故意が認められないことになる，として無罪とした。

6.5.4　違法性の意識の内容

概説　**違法性の意識**とは，「自らの行為が違法である」ということの認識である。

　この違法性の意識に，規範の具体性・抽象性の程度から，①刑罰法規の認識（法定刑の認識を含む），②可罰的違法であることの認識，③およそ法に反するとの認識（実質的違法ないし全法秩序違反の認識），④悪いことの認識（反倫理性の認識），に序列づけることができる。

■ 6.5　違法性の意識

通常，違法性の意識として考えられるのは，②の可罰的違法，つまり刑法上処罰されうるものであることの認識，ないし③刑法に限定されないが法によって禁止されているという意味での全法秩序の違法の認識，である。違法一元論からは③が，違法多元論からは②が主張されることになる（違法の一元論・多元論については⇨5.1.3）。

④の単に反倫理的に悪いことであることの認識が故意ないし故意責任を基礎づけえないことは，故意ないし故意責任が法的責任に関係づけられなければならないことから当然であろうが，実質的に③と④の区別は，極めて微妙なものである。①の法規の認識については以下で説明する。

法規の認識　「違法性の意識」といっても，刑罰法規の認識を意味するわけではない。法規の認識がなければ，故意がないとすれば，刑罰法規に詳しい者しか処罰できないという背理に至ることになる。ただし，伝統的な「法の不知は恕せず」における「法」とはまさにこの刑罰法規そのものだったと考えられる。刑法38条第3項の「法律を知らなかったとしても，……罪を犯す意思がなかったとすることはできない」における「法律」について，この法規と理解する余地がないではないが，判例は，それを否定し，むしろ，③の法秩序に反するとの認識であると理解した。

＊＊堰根橋（関根橋）事件（最判昭32年10月18日刑集11巻10号2663頁）
　　村所有の木橋が腐朽し車馬の通行が危険なことから架替えを再三要請したものの，らちがあかず，雪害により落橋したように装えば災害補償金の交付により架替えが容易になるとの意図の下にダイナマイトを利用して爆破した事例（＊＊最判昭35年2月4日刑集14巻1号61頁と事案は類似するが別事件である）につき，被告人等の，ダイナマイトを勝手に使うことが悪いこととは思っていたが，罰金ぐらいですむと思っていた等の供述から，原判決が「被告人等は死刑または無期もしくは七年以上の懲役または禁錮に処せられるべき爆発物取締罰則一条を知らなかった」として，38条第3項但書を適用して減軽したのに対して，「被告人等は右本件所為が違法であることはこれを意識していた」とした。

これは，まさに法規の認識がなくとも，違法性の意識があることを判示したものなのである（同様に，地方公共団体が制定する条例について，その条例の条文を知らなかった場合であっても違法性の意識はありうるとした，高松高判昭61年12月2日高刑集39巻4号507頁）。

6.5.5　違法性の意識と意味の認識の区別

2つの認識の区別　通説は，違法性の意識と故意の内容としての意味の認識とは区別できると考えている。特に，責任説に立つ場合には，前者については，その不認識は直ちに故意責任を阻却しないが，後者については，不認識があれば相当性・可能性を問うことなく故意を阻却することになるから，その区別ができなければならない，はずなのである。

たぬき・むじな　しかし，抽象的な理論ならともかく，実際の事例になると，この両者の区別が困難である場合は少なくない。自分の販売する文書が「わいせつ」であるかどうかの認識であれば，意味の認識であり，自分の販売する文書が，禁止されているようなものであるかどうかの認識は，違法性の意識だとするのはあまりに概念的な議論だからである。

最も有名な事例が，**たぬき・むじな事件**と**むささび・もま事件**である。

＊**たぬき・むじな事件**（大判大14年6月9日刑集4巻378頁）
　被告人はタヌキの狩猟期間中に穴に追い込んだのち，禁猟期になってその穴の中のタヌキを猟犬に咬殺させた。被告人は，当該獣をタヌキとは別物のムジナ（十文字狢）であると誤認していたと主張した。大審院は「法律ニ捕獲ヲ禁スル狸ナルノ認識ヲ欠缺シタル被告ニ対シテ故意ヲ阻却ス」としたが，そもそも捕獲は狩猟期間で終了していたとしたからこの部分は傍論にすぎない。

＊**むささび・もま事件**（大判大13年4月25日刑集3巻364頁）
　被告人はムササビ（鼯鼠）の禁猟期間中にムササビをそれとは別物の《もま》だと思って捕獲した。しかし《もま》とは，ムササビの俗称に他ならなかった。大審院は「被告人カ『もま』ヲ鼯鼠トカ同一ナルコトヲ知ラサリシハ結局法律ヲ知ラサルコトニ帰スル」として事実の認識に欠けるところはないと判示した。

判例の理解　同じような事案について，ほぼ1年後に出た，大審院の両判決について，従来よりその両者を合理的に説明しようとする涙ぐましい努力が払われてきた。しかし，**たぬき・むじな事件**での判示は所詮傍論にすぎないのであるから，判例としての先例性は**むささび・もま事件**にあるとみるべきであろう。**むささび・もま事件**の大審院は，「法律ヲ知ラサル」（刑法38条第3項の旧規定）の「法律」について，法規と理解しているように思われる。しかし，違法性の意識を法規の認識ではなく，法秩序違反と考えた場合であっても，およそ狩猟に従事している者にとって，捕獲資源の保護の見地から，狩猟の対象が限定され，あるいは狩猟期間における狩猟に限定されているということの認識に達する

ことは通常であり，**むささび・もま事件**ではまさにそのような認識はあったというべきであろう（なお，(旧)狩猟法は現在の鳥獣の保護及び狩猟の適正化に関する法律に引き継がれているが，そこでは指定鳥獣の捕獲が一定の場合に許容されるだけであって，その他の指定されない鳥獣の捕獲は一般に禁じられているのである（同法83条以下））。

封印破棄　したがって，このような「違法であることの認識」が欠ける場合には，故意が阻却されることになる。大審院の判例では，仮差押えの封印について，民事訴訟法の解釈を誤解して差押えが存在しなくなったと錯誤し封印を破棄した場合について，封印破棄罪の故意を阻却するとしていた（大決大15年2月22日刑集5巻97頁）。しかし一方では，この論理に従わず，法律の錯誤であって故意を阻却しないとしたもの（最判昭32年10月3日刑集11巻10号2413頁）や，同様に，公務執行妨害罪における公務の適正についても，その誤信は故意を阻却しないとしたもの（大判昭7年3月24日刑集11巻296頁）もあって，統一されているとはいえない。

判例の動向　しかし，一般的には戦後の最高裁は，意味の認識に包摂されうる規範的判断をすべて，法律の錯誤の問題として故意を阻却しないという立場に立っていたといってよいであろう。この戦後の判例の傾向のリーディングケースが，＊メタノール事件（最大判昭23年7月14日刑集2巻8号889頁）であり，そこでは法律の不知があっても事実の認識に何ら欠けるところはないと判示されており，これが戦後の不要説の判例として他の判例において縷々引用されるところとなってきたのである†。

特別法犯　違法性の意識は，殺人・窃盗・強姦等の自然犯では，ほとんどの場合に問題にならない。実際に問題となるのは特別法犯であって，特に技術的な規定になればなるほど，被告人にはその処罰規定を知らなかったということが充分にありうることになる。

たとえば，ブランコが物品税の申告の必要なものであることを知らなかった場合（**ブランコ事件**（最判昭34年2月27日刑集13巻2号250頁）や，サンダル履きで自動車等を運転することを禁止した県独自の公安委員会規則違反（**サンダル履き事件**（東京高判昭38年

---

† もっとも，この＊メタノール事件は，被告人が「仮令『メチルアルコール』が法律上その所持又は譲渡を禁止せられている『メタノール』と同一のものであることを知らなかったとしても，それは単なる法律の不知に過ぎない」とするものであったが，実際にはメタノールをメチルアルコールと知って所持・譲渡していたとの事実を認定しているのであるから，この部分は傍論にすぎないものではあった。

12月11日高刑集16巻9号787頁), 等について, 法の不知であって故意の成立が認められるとしている。

非刑罰法令の解釈 判例の中には, 非刑罰法規の錯誤は, 事実の錯誤だとするものがある。つまり, 刑罰法規の錯誤は刑法38条第3項の「法律」に該当するが, 非刑罰法規はそれにはあたらないから, 事実の錯誤になるというのであろう。

寺院規則が戦後のGHQの日本政府に対する覚書によって失効したものと誤認し, 右規定の手続きによらないで新総代を選出し新寺院規則を制定した上で, それに基づいて登記したことが公正証書原本不実記載罪 (157条) に問われた事案について, 同罪の罪の「構成要素たる事実の錯誤」であって相当の有無を問わず故意を阻却するとした (*寺院規則事件 (最判昭26年7月10日刑集5巻8号1411頁)), 無鑑札の犬は無主犬と見なすとの県令の規定は, 官吏等が獣疫その他の必要ある場合に必要に置いて無主犬を撲殺する関係上設けられたにすぎないのを, 私人にあっても鑑札なければ飼犬であっても撲殺してよいと誤信して, 首輪をつけていたポインターを鑑札がないことから殺害しその皮をなめしたことが, 動物傷害罪 (261条)・窃盗罪 (235条) に問われた事案について, 当該犬について他人の飼犬であることは判っていた旨の供述があったとしても, 「他人所有に属する事実について認識を欠いていたものと認めるべき場合であったかも知れない」として破棄差し戻した (*無鑑札犬事件 (最判昭26年8月17日刑集5巻9号1789頁)) ものがある。

法の不知の過失 故意説からは, 違法性の意識を欠いた場合には, 故意は成立しないが, 過失犯の成立はありうることになる。これを**法の不知の過失**という。

たとえば, 道交法は, 違反行為について広範に過失犯処罰規定をおいている (道交118条第2項, 119条第2項, 119条の3第2項, 119条の4第2項, 120条第2項, 121条第2項, 等) が, その中にはこの法の不知の過失の類型をも含みうると思われる。たとえば, 駐車禁止違反の過失犯 (道交44条, 119条の3第1項1号, 同第2項) とは, 知らないで駐車してしまったという事実の過失の場合よりも, そこが駐車禁止場所であることを知らなかったという法の不知の過失の場合が圧倒的であろう。

問題は, このような法の不知の過失について, 道交法のような過失犯処罰の明文の規定なくして, 法ないし規制の趣旨から処罰することができるかである。原則的には, 刑法38条第1項但書が故意犯処罰の例外については特段の規定を置くことを要求しており, また, そのような特段の規定を置くことが立法技術上極めて困難であるような場合は想定することができないから, 罪刑法定主義の見地からも, 明文がなくとも過失犯処罰を含めることには疑問がある。

判例は, 大審院時代の判例で, 当時の要塞地帯法が要塞地帯の写真撮影を禁止していた

ものであるところ，当該禁止区域内であることを知らなかった場合に過失犯処罰も包含されると解釈した（大決昭 12 年 3 月 31 日刑集 16 巻 447 頁）。しかし戦後においてこの判例を引用して，禁猟区域内であることを知らなかった場合について明文がないのに過失犯処罰ができるとした東京高判昭 35 年 5 月 24 日高刑集 13 巻 4 号 335 頁があるが，問題があろう。むしろ，追い越し区域内であることの認識が欠けることについて故意がなく（当時の道路交通取締令では過失犯は不可罰），無罪だとした判例（東京高判昭 30 年 4 月 18 日高刑集 8 巻 3 号 325 頁）が正当だというべきである†。

6.5.6 違法性阻却事由の錯誤

定義 違法性阻却事由についての誤信を，**違法性阻却事由の錯誤**という。典型的には，誤想防衛（⇨5.4.9），すなわち，正当防衛状況にないのにあると思った場合がそれである。その他には，誤想避難（⇨5.5.6），被害者の同意に関する行為者側の錯誤（⇨5.3.5）等がある。この違法性阻却事由の錯誤については，これを事実の錯誤として扱うもの（事実の錯誤説），違法性の錯誤として扱うもの（禁止の錯誤説），事実の錯誤・違法性の錯誤のいずれでもなく，独自の錯誤ないし第三の錯誤として扱う説（独自の錯誤説・第三の錯誤説）がある。

事実の錯誤説 **事実の錯誤説**は，構成要件該当事実は違法性を基礎づける事実であり，その誤信が故意に関する事実の錯誤であるのと同様に，違法性阻却事由は，例外的に違法性を阻却する事実の錯誤であるから，事実の錯誤であって，その誤信は故意を阻却するとする。

禁止の錯誤説 一方，違法性の錯誤に関する責任説のうちの厳格責任説は，違法性阻却事由の錯誤も，自分の行為が法的に許されていないのに許されていると思っている点では，法の禁止にかかわる錯誤であり，違法性の錯誤と同様に禁止の錯誤として，その誤信は（構成要件）事実の認識としての故意とは無関係であり，誤信について相当の理由がある，ないし正しい認識をする可能

---

† 細かい行政取締において，行為者に違法性の意識を喚起することは酷な場合もある。そのような場合に，責任説のように，「可能性があった」として処罰するよりも，むしろ，立法側として，当該違反行為が刑事罰の対象であることの啓蒙に努めたり，さらには，直罰方式ではなく，一旦行政命令等により是正の可能性を確保した上で，それにも応じない悪質なものについて行政命令違反として処罰することにしても，規制の実を上げることは可能であろう。たばこのぽい捨てに関する，直罰方式の横浜市と，命令違反処罰方式の千代田区の例を参照⇨2.2.3。

性がなかったような例外的な場合に限って，責任を阻却するという結論がとられる（**禁止の錯誤説**）。禁止の錯誤説は本来は目的的行為論を前提としたものであり，今日の多数説は事実の錯誤説に立っている。

両説の違い　事実の錯誤説では，軽々に違法性阻却事由が存在すると誤信した場合でも，過失責任（過失処罰規定が存在することが前提であるが）は別として，故意犯の成立は否定されるが，禁止の錯誤説では，相当の理由がある場合・正しい認識の可能性がない場合に限って責任が阻却されるにすぎないから，軽々に誤信した場合には故意犯の成立に妨げないことになる。たとえば，正当防衛状況ではないのに，あると誤信したことについて，過失があった場合には，事実の錯誤説は，過失致死罪，禁止の錯誤説は，故意殺人罪だということになろう。

消極的構成要件理論　事実の錯誤説は，しかし，理論的な欠陥がある。違法性阻却事由は本来，構成要件に属する事由ではない。構成要件が原則的違法類型であり，違法性阻却事由は，例外的阻却事由であるにすぎない。そして，故意は構成要件事実の認識だとするのが通説である（⇨6.4.1）。そうすると，違法性阻却事由の誤認が故意を阻却するとするためには，違法性阻却事由の不認識も故意の内容であるとしなければならないことになる。このような技巧的な理論を**消極的構成要件の理論**という。つまり，故意には，通常の構成要件該当事実の認識だけでなく，消極的構成要件要素としての，違法性阻却事由の不認識も含まれ，その積極的要素の不認識が故意を阻却するのと同様に，消極的要素の不・不認識，すなわち積極的認識も，故意が阻却されるべきだとされることになるのである。事実の錯誤説は，明示的であるか否か，自覚的であるか否かを別として，故意を構成要件に属する事実の認識だとする前提による限りは，この消極的構成要件の理論からのがれることはできないのである[†]。

独自の錯誤説　このような理論的な欠陥を解消するために，ドイツで主張されているのが，**独自の錯誤説**［第三の錯誤説］である。独自の錯誤説は，違法性阻却事由の錯誤について，事実の錯誤でも違法性の錯誤でもなく，独

[†] なお，構成要件的故意・過失を認めながら，違法性阻却事由の錯誤について事実の錯誤説をとった場合には，錯誤により故意が否定された場合に，再度過失犯の成否を判断するには，構成要件的過失の判断に立ち戻らなければならないことになってしまうという**ブーメラン現象**を認めざるをえず，構成要件的故意・過失の個別化機能に矛盾するという指摘（川端博『刑法総論講義』第2版（2006年）380頁）は，構成要件的故意・過失を認める立場からだけでなく，事実の錯誤説そのものに対する本質的な疑問にもなりうる。

自の［第三の］錯誤だとする。ただ，その結論は，（相当性の有無を問わずに）故意を阻却するというものであるから，実質は事実の錯誤説であり，消極的構成要件の理論を回避するという目的だけのためのものといってよい†。

6.6 過　　失

6.6.1 総　　説

> **38条**
> ①罪を犯す意思がない行為は罰しない。ただし，法律に特別の規定がある場合は，この限りでない

過失の概念　刑法38条第1項は故意犯処罰を原則とするが，但書で，「法律に特別の規定」がある場合には，故意以外の責任形式での処罰を認めている。この故意以外の責任形式は，通常**過失**を意味するとされる。過失犯の処罰は，通常，「過失を処罰する」旨の明文の規定が置かれる（例：209条「過失により人を傷害した……」）。

明文なき過失犯処罰　判例はかつて古物営業法の帳簿の不記載の認識について，明文がないのに過失犯を含みうるとした（最判昭37年5月4日刑集16巻5号510頁。他に，外国人登録証不携帯について，最決昭28年3月5日刑集7巻3号506頁，海上油濁防止の排出行為について，最決昭57年4月2日刑集36巻4号503頁）が，学説はこぞって反対し，明文がない限り，38条の本文の原則により故意犯でなければならないと解している。

6.6.2 過失犯の基本構造

総　説　過失犯の処罰に関連して刑法38条第1項但書は，単に「法律に特別の規定がある場合」に，「この限りでない」，すなわち故意がなくても処罰できることを規定しているだけであり，直截的に，故意犯ではないものについ

---

† 本書は，故意について，日本刑法38条第1項には，ドイツ刑法16条のような制約はなく，故意とは実質的な法益侵害性の認識であり，また，違法性の錯誤についても故意の問題と考えるから，違法性の錯誤と事実の錯誤の区別も意味がなく，結論として，違法性阻却事由の錯誤は，自己の行為について正当化されると誤信して行った場合であるが，それは故意を阻却すると考えるものである。故意を構成要件事実の認識とはしないから，消極的構成要件理論も前提とする必要はない。

て過失が必要だとしているわけではない。また，各犯罪類型を規定する罰条でも過失についての概念規定を欠いている。そこで，過失の本質は，理論に委ねられている。

過失の本質については，**旧過失論**（伝統的過失論）と，**新過失論**の基本的な対立がある。

旧過失論　**旧過失論［伝統的過失論］**は，過失を故意と同様の心理的要素ととらえ，構成要件に属する事実の認識の可能性（＝**予見可能性**）とするものである。これは，故意が心理的要素として，構成要件事実の認識であるのに対応している。

旧過失論では，故意と過失とは連続的なものである。犯罪事実の現実的な認識が故意であり，現実には認識していなかったが，その可能性があった場合が，過失である。自動車運転者は歩行者を轢くことについて認識していたわけではないが，認識しようとすればできた（認識ないし予見可能性）ことに過失の本質があるとするのである。未必の故意と認識ある過失は，その両者の境界領域にある。結果無価値論は旧過失論に結びつく。つまり違法の段階では，故意犯も過失犯も区別できず，責任の違いにすぎないことになるからである。

新過失論　これに対して，過失の本質を，予見可能性ではなく**注意義務違反**に求めるのが**新過失論**である。新過失論においては，過失は義務違反という規範的な要素であり，故意との間には概念の断絶がある。つまり，新過失論は，過失犯を**義務犯**として理解するものである。新過失論は，本来は，目的的行為論の解釈論的帰結の1つとされたのであった。そもそも新過失論は自らの立場から，従来の過失論を「旧」過失論として批判したのである。目的的行為論以外の行為無価値論もこの新過失論に結びつく。

解釈論的帰結であるとは，違法な目的に向けられた意思の操縦が，故意の本質であるのに対して，適法な目的達成に際しての義務違反が過失であるとされることにある。したがって，故意と過失は連続的な概念ではなく，過失は注意義務違反という違法の問題だということになる。

自動車運転者の目的的行為は，たとえば遊園地に遊びにいくという適法行為であるが，前方を注視して運転すべきだという運転者に課せられた注意義務に違反して，歩行者を轢いたという結果が生じた点が過失の本質であるとされる。

新過失論は当初，旧過失論よりも過失の処罰範囲を限定するものだと主張された。つまり，高速度交通機関や，先端医療，大規模な食品・薬品産業，放射性物

質などを扱うエネルギー事業など，現代文明には利便性と同時にその危険性をも孕んでいる。そういった危険については，それを認識しつつ企業活動や社会活動を営むのが通常であるから，予見可能性があれば，過失があるとすると，過失の成立範囲が極めて広くなり，処罰を免れるためには，こういった現代文明の利便性を犠牲にしなければならないことになってしまう。それは不都合であるから，こういった現代文明については，「**許された危険**」の領域が存在する。その許された範囲である限りは，発生した結果について帰責されることがない。許されない範囲がまさに義務の違反がある場合だというのである。

新・旧過失論　　最近では，旧過失論でも，新過失論の影響を受けて，過失に（注意）義務違反性を加味して考える見解が現れるに至った。これを特に**新・旧過失論**という場合がある。つまり，**新・旧過失論**では，過失犯において，一定の注意義務を観念する。ここにおいて過失は，注意義務違反であり，注意義務違反行為が，過失の実行行為だということになる。

そしてこの注意義務は，予見義務と結果回避義務からなる。予見義務は，予見可能性から導かれる。しかし，予見義務だけでは，その可罰範囲が広がりすぎるおそれがある。それを制約するのが結果回避義務である。

新・新過失論　　一方，新過失論の側からも，旧過失論の予見可能性を予見義務の形で導入しようとするものが現れた。これが**新・新過失論**であり，その構造に基づいて，過失の処罰範囲を拡大しようとしたのが，**危惧感説・不安感説**といわれるものである（通常は，危惧感説と新・新過失論とは同視されている）。

新・新過失論は，抽象的には，徹底した結果回避可能性を中核とする構成から脱却し，旧過失論の「予見可能性」を注意義務の中に取り込むものである。

新過失論における許された危険の理論は過失限定的であったが，危惧感説は，むしろ過失の成立を積極的に認めようとした。

判　例　　かつて判例で，新・新過失論をとったとされるのが，**＊＊森永砒素ミルク事件**（最高裁差戻後第1審判決）である（徳島地判昭48年11月28日判時721号7頁）。過失の有無は結果回避義務によって決まるが，その前提として，予見可能性が問題となるとし，その予見可能性については，「具体的な因果関係を見とおすことの可能性である必要はなく，何事かは特定できないがある種の危険が絶無であるとして無視するわけにはいかないという程度の危惧感であれば足りる」としたのである。

つまり，新・新過失論では，予見可能性はかろうじて要求されてはいるものの，その意味は2次的なものにすぎない。

そして結果回避義務の判断の背後には，危険分配の考え方があり，それは民法不法行為法の分野には大きな影響を与えた。

一方，危惧感説を文面上否定した判例もある。＊**北大電気メス事件**（札幌高判昭51年3月18日高刑集29巻1号78頁⇨6.6.3）がそれであるが，結論的には過失を認め，その実質はむしろ危惧感説に近かった。同様に危惧感説を否定しながら，過失を肯定したものとして，＊**熊本水俣病事件控訴審判決**（福岡高判昭57年9月6日高刑集35巻2号85頁）があるが，胎児性水俣病について，「予見の対象に関し内容的に特定しない一般的又は抽象的な危惧感ないし不安感を抱くだけでは足りない」が，「行為者の特定の構成要件的結果及び当該結果の発生に至る因果関係の基本部分に関する実質的予見を有する」程度の予見可能性があれば，結果回避義務の前提として充分であるとした。

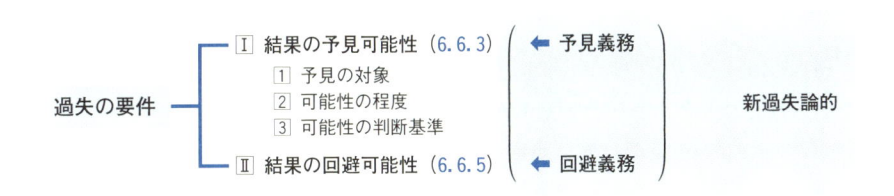

過失の要件 ─┬─ Ⅰ 結果の予見可能性 (6.6.3) ← 予見義務
　　　　　　│　　1 予見の対象
　　　　　　│　　2 可能性の程度　　　　　　　　　　　新過失論的
　　　　　　│　　3 可能性の判断基準
　　　　　　└─ Ⅱ 結果の回避可能性 (6.6.5) ← 回避義務

今日の判例・学説　今日の判例・学説の大勢は，過失を注意義務ととらえ，その内容として**予見義務**［予見可能性］と**結果回避義務**［結果回避可能性］を考えている点では共通する。確かに，義務（新過失論的）とするか可能性（旧過失論的）とするかの違いはあるが，それは具体的な結論にはほとんど影響はないであろう[†]。

なお，最高裁判例である＊＊**黄色点滅信号事件**（最判平15年1月24日判時1806号157頁）では，対面信号が黄色点滅状態にかかわらず「見通しの利かない交差点に侵入するに

[†] 判例には，たとえば，予見可能性を論じてから結果回避義務に言及するもの（＊＊**薬害エイズ事件T大学ルート**（東京地判平13年3月28日判時1763号17頁）がある一方，結果回避義務を先に論じて，予見可能性を考慮するもの（＊＊**薬害エイズ事件厚生省ルート**（東京地判平13年9月28日判時1799号21頁））もある。T大学ルートの判示は，予見可能性が低かったと認定した上で，それを前提とした結果回避義務違反がなかったとして過失を否定したものである。これに対して，**厚生省ルー**↗

当たり，何ら徐行することなく」「進行を続けた被告人の行為は」「業務上過失致死罪の観点からも危険な走行であったとみられる」が，減速して安全を確認していれば，対面赤点滅信号を無視して高速度で侵入してきた他車との「衝突を回避することが可能であったという事実については，合理的な疑いを容れる余地がある」として過失犯の成立を否定した（⇨4.3.7）。

結論 現在の多数の見解を総合すれば，過失とは，Ⅰ予見可能性（義務）とⅡ結果回避可能性（義務）からなる†。

6.6.3 結果の予見可能性——過失の要件Ⅰ

設例 外科手術に際して，看護婦Ｘが電気メスと心電計を接続するに際して，電極のプラスとマイナスを相互に逆に接続したために，手術中に患者Ａの足に取り付けた電極に定格以上の高周波が流れ，その結果，脚部を切断しなければならないほどの重大な火傷を負わせた（＊北大電気メス事件（札幌高判昭51年3月18日高刑集29巻1号78頁））。

結果の予見 過失の成立には，結果（構成要件的結果）の**予見可能性**が必要である。

予見可能性については，①**予見の対象**と，その②**可能性の程度**，③**可能性の判断基準**（誰を基準とするべきであるか）という問題に分かれる。

①予見の対象 予見の対象を最も抽象化したのが，**危惧感説**（⇨6.6.2）である。しかし現在では，結果の具体的予見を中心に考える，**具体的予見可能性説**が通説であり，判例においても，これが主流であるといってよい。

しかし通常は，具体的予見可能性説といっても，その因果経過の詳細部分の総てを予見の対象とするわけではない。つまり通説の「具体的予見可能性説」は，

トの判示は，結果回避義務について，当該医療行為と代替医療行為の「ベネフィットとリスク」による比較衡量を経由した上でその義務を認定し，さらに予見可能性についても，エイズ発症から死亡に至る具体的事実の経過の予見可能性を認定した上で過失を認めている。**厚生省ルート**の判示は，明らかに結果回避義務を中核においているということができる。**T大学ルート**の判示も，結局，予見可能性を一種の判断資料として，結果回避義務によって過失の有無を決定しようとしているのだと評価できよう（厚生省ルートについて⇨6.6.5）。

† 本書では，過失について伝統的ないわゆる旧過失論をとる。過失は心理的要素としての予見可能性である。結果回避可能性は，仮にそれが問題となるとしても因果関係などの客観的帰責の問題であって，過失の要素ではない。なお，合義務的な代替行為を前提とした結果回避可能性を客観的帰属（ないし因果関係）において考慮することについても本書は疑問をもつ（⇨4.3.7）から，結局として結果回避可能性は，過失犯において（帰属の問題にしても過失固有の問題としても）考慮されるべきではないことになる。

ある程度の抽象化を認める。たとえば,「因果関係の重要部分・基本部分」の認識の可能性で足りるとするのが,それである(⇨故意における因果関係の錯誤と対応する)。

この点について,たとえば,工場において空罐(あきかん)をガスコンロにかけたまま消火を忘れて帰宅したために,空だき状態となってガスコンロが過熱して下敷のラワン材に着火し,ガスホースに引火延焼すると共に,ガスの引火も加わってベニヤ板壁に着火し燃え上がったという事案について,「コンロ脇のベニヤ板に直接着火発炎するか,あるいはガスコンロ下に敷いたラワン材に一旦着火発炎ののち,……右ベニヤ板に着火発炎するかという経過の詳細までは,予見が可能である必要はない」としている(東京高判昭53年9月21日刑月10巻9=10号1191頁)。しかし,そのような細かな因果経過までの予見を問題としたところで,結局過失の場合にはその予見が可能であったかどうかであるから,むしろ,予見の対象として絞る必要はなかったようにも思われる。

これに対して,判例の主流は,極めて抽象的な因果経過で足りるとするものが多い。たとえば,*有楽サウナ事件(最決昭54年11月19日刑集33巻7号728頁)は,組立式サウナ風呂の電熱炉の加熱によりベンチが漸次炭化して着火し,それを備え付けたサウナの店舗において顧客を一酸化炭素中毒死させたという事案につき,組立式サウナの開発製造にあたった被告人に対して,木製ベンチ部分の火災発生可能性という抽象的な結果の予見可能性に代えて過失を認定した。なお原審では,漸次炭化による無焔着火の予見可能性を肯定していたものであり,より,具体的な事情の予見を問題としていたのであった。

また,*生駒トンネル事件(最判平12年12月20日刑集54巻9号1095頁)は,トンネル内電力ケーブル接続工事に際して接地銅板のうちの1つを接続しなかったというミスで火災が発生し電車の乗客が死傷した事案について,「炭化導電路が形成されるという経過を具体的に予見できなかったとしても,右誘起電流が大地に流されずに本来流れるべきでない部分に長期間にわたり流れ続けることによって火災の発生に至る可能性があることを予見できたもの」であったとして過失を肯定している(前掲(⇨6.6.2)・*北大電気メス事件(札幌高判昭51年3月18日高刑集29巻1号78頁)では,特殊な回路の形成自体が当時の状況では予見不可能な場合であった)。

一方,*ハイドロプレーニング現象事件(大阪高判昭51年5月25日刑月8巻4=5号253頁)は,「ハイドロプレーニング現象という名称,あるいは同現象の正確な内容の理解までは必要ではない」が,「極度にすべり易い状態のあり得ることを認識し得た」かどうかが問題であるとして,予見可能性を否定した。他に,具体的予見可能性説から過失を否定したものとされる判例として,*フグ中毒事件(大阪高判昭45年6月16日刑月2巻6号643頁)がある。

判例には,自車貨物車を制限速度の2倍を超える高速度で走行中ハンドル操作を誤って信号柱に激突させたところ,荷台に勝手に乗車していた者を死亡させた場合について,

「そのような無謀な運転をすれば人の死傷を伴う事故を惹起するかもしれないことは当然に認識しえた」として業務上過失致死罪の成立を認めた判例（*最決平元年3月14日刑集43巻3号262頁）があるが，ここまで抽象化してよいかは疑問である。

　この点に関連して，下級審の比較的古い判例ではあるが，自動三輪を運転して崖に転落させ荷台に勝手に乗車していた被害者を死亡させた場合について過失を否定したもの（福岡高宮崎支判昭33年9月9日裁特5巻9号393頁）があるが，むしろこの方が正当であろう（この判例では助手が同乗しているのを認識している以上「人の乗車の予見」はあったという法定的符合説的な検察官の主張をも排斥している点が注目される）。

2 可能性の程度　　「可能性」は規範的概念であり，抽象的に可能性の程度の高低を論じても，あまり意味はないが，認識の対象と可能性の程度には相関関係がある。すなわち，認識の程度につき高度の具体性を要求しても，その可能性の程度を下げるならば，過失の成立範囲は広がることになる。逆もまた真である。また，予見可能性が低くとも，行為者の職業・立場その他から予見義務が課されるとする判断構造もありうるが，これは，3 の予見可能性の判断基準の問題（⇩）ということができる。

3 予見可能性の基準　　予見可能性が《誰にとって》可能であったかについて，**主観説・客観説・折衷説・個別化説**の対立がある。**主観説**は，行為者の能力を基準とするものであり，**客観説**は，通常人［平均人］の能力を基準とする。**折衷説**は，基本的には，行為者の能力を前提とするが，行為者の能力が特に通常人を上回っている場合には，通常人を基準とするべきだとする。**個別化説**は，行為者のおかれていた状況にあった場合の，通常人の予見を問題とする。

　客観説といっても，常に通常人の能力が問題となっているのではなく，当該過失において問題となっている状況に照らして，一般に要求される通常の能力が基準となっているのであり，**個別化説**は，そのことを明確にしたにすぎない。

　判例は基本的には，客観説に立ちつつ，その過失において一般的に要求される通常の能力を基準としている。たとえば，前掲・*ハイドロプレーニング現象事件は，「自動車運転者ことに高速バス運転者が，本件当時に，認識し，あるいは認識し得たものでなければならない」としている。これに対して，前掲・*フグ中毒事件は，むしろ折衷説に立つ（「被告人にとってはもちろんのこと，神戸地方でふぐ料理を提供する一般業者，これを指導監督している保健所にとってもとうてい予見し得な」かったとした）。

6.6.4 予見可能性に関する特別類型

総説 予見可能性の程度について，**認識ある過失**と**認識なき過失**とが区別される。ただし，現行法上は，この両者について取り扱いを異にするわけではない。むしろ認識ある過失と**未必の故意**（⇨6.4.7）との限界の方が重要である。

業務上過失と**重過失**は，通常の過失の加重形態である。過失犯で業務上過失・重過失は例外的な類型として論じられるが，実務上は，特に業務上過失致死罪（211条第1項）は，交通事犯その他の犯罪において適用事例が多く，極めて重要である（ただし，2007年の改正により，交通事故については自動車運転過失致死傷罪（211条第2項）の適用をみることになった⇨6.6.7）。

> 設例1　医師であるX₁は，心臓疾患患者A₁について，心臓移植手術を行うことを決意し，その成功する確率は10%以下であるが，今回は成功するだろうと思って手術を実施したが，移植に失敗し，A₁を死亡させた。

認識ある過失 **認識ある過失**とは，結果について行為者が予見したが，そのような結果が《起きないだろう》と思って行為に及んだ場合である。設例1では，医師X₁は，「患者A₁が死なないであろう」と思って，手術し死亡させたのであるから，認識ある過失だということになる。結果について行為者が予見し，その結果が《起きるだろう》と思って行為にのぞめば，通常の故意であり，予見し，その結果が《起きてもかまわない》と思った場合が，未必の故意である。

業務上過失 211条第1項前段の業務上過失致死傷罪は，「業務上必要な注意を怠り，よって人を死傷させた」場合を，209条・210条の単純過失致傷・致死罪と比べて重く処罰している。この211条の業務上過失致死傷罪の他，業務上過失往来危険罪（129条第2項），業務上失火罪（117条の2）等の過失の加重類型を，**業務上過失**という。なお，加重されない通常の過失を，**単純過失**という場合がある。

判例によれば，業務上過失致死罪における「業務」とは，「社会生活上の地位に基づき反復継続して行う行為であって，かつその行為は他人の生命身体等に危害を加える虞あるもの」（最判昭33年4月18日刑集12巻6号1090頁）である。この論理から，自動車を運転中に交通事故を起こして人を死傷させた場合には，職業的なドライバーでなくとも，原則として業務上過失致死傷罪が成立するとされ，この点については学説上も異論をみなかった（⇨6.6.7）。

もっとも、現在の刑事司法で業務上過失致死傷罪が拡大的に適用されてきた傾向は否定し難いものがある。その理由の少なからぬ部分は、単純過失致死罪（210条）、過失傷害罪（209条）が、法定刑が軽きに失し、特に致死罪であっても罰金刑が選択できるにすぎないことに起因しているといえる。現に、業務上失火罪（117条の2）については、判例は、「職務として火気の安全に配慮すべき社会生活上の地位」として（最決昭60年10月21日刑集39巻6号362頁）、職務者であることの限定を加えており、文言の解釈としてはむしろこの方が自然でもある。

> **設例2** X_2 は、路上でゴルフクラブの素振りの練習をしていたが、後ろから来た自転車に乗った A_2 に気がつかずに、ゴルフクラブを振り上げ A_2 の頭部にゴルフクラブをぶつけて、A_2 を死亡させた。

重過失 　重過失致死傷罪（211条第1項後段）、重失火罪（117条の2）等における「重大な過失」を**重過失**という。重過失も業務上過失と同様に、単純過失と比べて特に加重された類型である。

過失を義務違反と考える場合には、重大な過失とは、重大な義務違反だということになる。これに対して、予見可能性だと考えると、「重大な予見可能性」というのは語義的に無理があるが、結果発生の予見可能性が《重い》＝「可能性の程度が高度である」と考えることになろう。設例2では、X_2 について業務性を認めることはできないが、路上でゴルフクラブの素振りをすることは、重大な義務違反であると考えるか、ないしは、容易に歩行者に危害を加えることが可能であると考えれば、重大な過失があり、重過失致死罪で処罰されるということになる（類似事例について重過失致死罪の成立を認めた、大阪地判昭61年10月3日判タ630号228頁、参照。なお、業務上過失と重過失の関係につき、最判昭26年6月7日刑集5巻7号1236頁、参照）。

6.6.5　結果の回避可能性——過失の要件 II

> **設例** トレーラーを運転するXは、前方を走行する自転車に乗るAを追い越すに際して、ドイツの道路交通法上は（1〜1.5m）の間隔を空けなければならないのにかかわらず、75cmの間隔で追い越したが、その際にトレーラーの引き起こす風圧によってAがバランスを崩し、トレーラーの後輪に巻き込まれて死亡した。しかし、仮に1mの間隔で追い越したとしても、同じように、トレーラーの風圧によって、Aは転倒したであろうということが明らかになった（**トレーラー事件**）。

総説 予見可能性（予見義務）と並んで，**結果回避可能性・結果回避義務**は過失の成立要件であるとされるのが一般である。

結果回避可能性がないとは，**合義務的（代替）行為**が行われていたとしても同一の結果になったであろう場合である。

設例はドイツの判例の事例を基にしているが，1〜1.5mの間隔を空けて追い越すことが合義務的行為であり，それによっても同一の結果になったのであれば，結果回避可能性がなく過失は否定されるというのである。

＊＊京踏切事件（大判昭4年4月11日新聞3006号15頁）では，①ブレーキを踏めば間に合う段階では，認識可能性がなく，逆に，②子供を線路上に発見した時点ではブレーキを踏んだとしても間に合わない状態にあった事例について過失を否定したが，①では，過失（予見可能性）が否定され，②は，結果回避可能性の問題だということになろう。

結果回避可能性と違法阻却 判例の中には，結果回避可能性を違法論の枠組みで考えているのではないかとみられるものがある。たとえば，前掲・＊＊薬害エイズ事件厚生省ルートでは，結果回避可能性を肯定しているが，そこでは非加熱製剤の投与によるベネフィットとリスクという利益衡量が妥当であったかどうかを問題にしているのである。

許された危険と結果回避可能性 過失は，故意とともに，違法要素だと理解する立場（いわゆる「行為無価値論」）からは，過失の義務違反性が強調される。法的な義務は，なんぴとも守るべきであるが故に，その義務違反が違法だとされるのである。その逆に，誰もが守れないような義務は，違法ではないということにもなる。したがって，注意義務も結果回避義務もともに違法要素として扱われるべきことになる。

一定の危険性がある行為であっても，その行為によって得られるベネフィットが，そのリスクを上回る場合には，義務違反ではないというのが「許された危険」の法理であった。前掲・＊＊薬害エイズ事件厚生省ルートの判例（⇨6.6.2）の結果回避可能性判断の構造もこのような考え方に近いといえる。しかし，義務違反性としての利益衡量であるか，35条の正当行為としての利益衡量であるかは，あまり本質的な違いがあるとはいえない。いずれにせよ違法阻却として，利益衡量することでは変わりがないからである（＊＊薬害エイズ事件T大学ルートも参照せよ）。

逆にいえば，このことから，とかく誤解されやすい「許された危険」という概念を，特にもち出す必要性については，疑問がある。

6.6.6 信頼の原則

定義 許された危険の法理の一環として**信頼の原則**がある[†]。信頼の原則とは、被害者ないし第三者の適切な行為を期待することが相当である場合には、それらの者（＝被害者・第三者）の不適切な行為により損害が発生したといえるならば、その結果に対する刑事責任が排除されるという理論である。

この信頼の原則の法理は、1930年代のドイツで展開され、当初は、自動車同士の交通事故において、交通法規を遵守しなかったような被害者の損害について過失の成立を否定するための理論であったが、後に交通事案以外にもその適用範囲が拡張されていった。

判例 [*]最判昭42年10月13日刑集21巻8号1097頁は、自車（原付自転車）が右折する場合に「あえて交通法規に違反して、高速度で、センターラインの右側にはみ出してまで自車を追い越そうとする車両のありうることまで予想」する必要はなく、注意義務に欠けるところはないと判示した（交通事案以外の例として、終電近くの深夜、酔客を終着駅であることから起こして下車させたものの、その後列車連結部から落下して這い上がろうとしていたことに気づかず列車を発車させたことについての駅員の過失について、信頼の原則から過失を否定した、最判昭41年6月14日刑集20巻5号449頁）。一方、主として被害者の重大な過失によるものであったとしても、行為者自身にも過失がある場合には、過失は否定されない（最判昭41年12月20日刑集20巻10号1212頁）。さらには、自動車運転者がバス停に停車しているバスを認めたが、減速したのみでバスとすれ違い、バスから降りて横断しようとした女児（4歳）を即死させた事案について、「バスを下車した人がその直後において道路を横断しようとすることがありうるのを予見することが、客観的にみて、不可能ではなかった」として信頼の原則の適用を否定した（[*]最決昭45年7月28日判時605号97頁）。信頼の原則は（違法一元論を前提とした）規範的判断に過失の有無を委ねるところにその理論の特徴もまた利点もあるのに、事実上の可能性判断に回帰することにより、その特徴は没却されることになろう。

[†] しかし、本書は許された危険の法理という特別な論理は、違法一元論と過失の客観化でこそ意味があると考え、予見可能性を基本とする伝統的な過失論とはなじまないものと考える。許された危険の類型は、因果関係論における第三者ないし被害者の（介入）行為の問題であり、それゆえ最近では、結果回避可能性の理論の適用場面とする見解も現れるに至っているのである。本書も因果論の問題であると考えるが、結果回避可能性理論における合義務的代替行為そのものの設定に疑問をもつから、その理論もとらない。単に因果論の延長上でしかないのである。たとえば、自動車運転者が同乗者である妻の降車に際して「ドアをばんと開けるな」といっただけでは、後方から来る原付自転車の衝突を避けるための注意義務を果たしたとはいえないとした判例がある（[*]「ばんと開けるな」事件（最決平5年10月12日刑集47巻8号48頁））が、そこでは、まさに客観的な因果性とその認識としての予見可能性の対象が問題になっているといえる。

最近の傾向　なお最近でも，信頼の原則の法理は，判例実務に一定の影響を与えてはいる（たとえば，*最決平16年7月13日刑集58巻5号360頁は，対向車の対面信号が実際には青だったのに自車の対面信号が赤であることから間違って赤と信頼したことについて，信頼の原則の適用を排除しているが，これはまさにそういった信頼が正当でない場合であったといえよう）。しかしたとえば，前掲・**黄色点滅信号事件（⇨4.3.7）では，過去の同様の事案では，信頼の原則の適用によって過失の成立を否定していたのに，今回は結果回避可能性の問題として過失責任を否定したことからも現れているように，その重要性はうすれつつある。

6.6.7　自動車運転と過失

経緯　自動車は，従来の交通手段と比較して，個人レベルでの高速度の人の移動・大量の物資の運搬を可能とする利便性をもつ反面，その道路交通における人の殺傷その他の危険性をももつ。日本では，特に戦後に自動車交通の飛躍的増大（モータリゼーション）をみ，交通事故が深刻化した（「交通戦争」）。

そのことは，刑事手続法の分野ではいくつかの改革をみてきた。たとえば，1954年の**交通事件即決裁判手続法**が制定され，一時もっぱらそれが利用されたが，1968年からは**交通反則金制度**（道路交通法125条以下）が導入され，現在では，略式手続きと並んで，これによるのが主流となっている。

しかし，実体法たる刑法の分野では，道路交通・自動車運転についての特別な規定は，道路交通法等の特別法においていわゆる形式的違反行為に対する処罰行為を規定していた他は，人の死傷については，刑法典の従来の犯罪類型の適用にとどまっていた。具体的には，自動車運転者が道路交通において人を死傷させた場合には，業務上過失致死傷罪（211条）の適用をみることとなっていたのである。

この点について，日曜ドライバー等の，いわゆる業務として自動車を運転しない者についても，業務上過失の対象であるとすることは，「業務とは社会生活上の地位に基づく反復継続行為」であるとの解釈の範囲内であるとされてきたが，その背景には，仮に単純過失致死罪（210条）だとすると，法定刑は，罰金刑（50万円以下）に限られ，その責任が軽きに失すると考えられたことがある。

最近の改正　しかし，最近では，飲酒運転等についての社会的な非難が高まり，自動車運転についても刑法典の改正の形でいくつかの新しい規定の成立をみている。その第①は，2001年の危険運転致死罪（208条の2）の新設であり，これは飲酒運転・無謀運転等による人の死傷について，業務上過失致死罪よりも重く処罰することとした。反面，自動車運転による業務上過失傷害につき情状による刑の免除を認めた（211条第2

項)。これらは，刑法典において，自動車の運転についての言及がなされた初めての例である。

211条の改正経緯　第②に，2007年には，この211条第2項が，「自動車の運転上必要な注意を怠り，よって人を死傷させた者は，7年以下の懲役若しくは禁錮又は100万円以下の罰金に処する。ただしその傷害が軽いときは，情状により，その刑を免除することができる」に改められ，従前の第2項は但書となった。

自動車運転過失致死傷罪　211条第2項本文の**自動車運転過失致死傷罪**の新設により，同改正施行後は，自動車運転に伴う過失死傷事故については，211条第1項の業務上過失致死傷罪ではなく，基本的にはこの自動車運転過失致死傷罪の適用となる。

　この改正によって，従来の業務上過失における業務性について，自動車運転に伴う死傷事故について拡大的な適用をする必要性はなくなった。その点については，概念・解釈の純化という点で評価はできる。すなわち，従来は，営業的な自動車運転以外でも，また自動車運転免許を取得している者であれば，反復継続的に運転を行っていなくとも，その業務性が肯定されていたが，たとえば，全くの無免許者が，初めて自動車を運転して死傷させたような場合には，そのような拡大的な適用でも，業務性があるというのが困難であるから，せいぜい重過失致死傷罪（211条第1項後段）の適用がありうるにとどまったが，今回の改正によってその点は，一律にこの自動車運転過失致死傷罪の適用があることになる。

　しかし反面では，この改正によって，以下のような，問題点が新たに生じることとなる。①自動車運転過失致死については，単純過失であっても，210条の過失致死罪（50万円以下の罰金のみ）よりもはるかに重く，第1項の通常の業務上過失致死よりも，さらに重く処罰される（自由刑の長期が5年→7年に加重されている）ことの正当化，特に，業務性や重過失がないような場合のそれは，極めて困難である。②業務性が肯定されうるような場合でも，たとえばタクシー・バスで乗客や歩行者が死傷した場合と，飛行機・列車・船舶の乗客等に死傷者が生じた場合とで，特に前者の方を重く処罰されなければならない合理的根拠は希薄だというべきである。③この点は，特に致死事案（正確には，軽傷害以外の致死傷）については，同項但書の免除の可能性も排除されているから，一層，問題である。

　おそらくは，今後の自動車過失死傷において，その処罰範囲の妥当性を確保するには，従来の過失論（主観的帰責）による限定から，むしろ因果関係（客観的帰責）による限定が必要となってこよう（いわゆる事故原因の問題だけでなく，たとえば，高速道路で前方を走るバスから乗客が身を乗り出して転落した直後にその路上を走行した自動車によって轢かれた場合，いわゆる結果回避可能性の問題について，過失論からよりも客観的帰責の問題からとらえる他はないと思われる）。

6.6.8 監督過失

> **設例** ホテルの社長であるXは，日頃から管轄消防署からスプリンクラーなどの防火設備の不備を指摘されていたが，費用がかさむため改善を怠っていた。ある日宿泊客のYが，自室でたばこの火の不始末により，出火させ，防火体制が整っていなかったために，100名の宿泊客が，焼死した（*ホテルニュージャパン事件（最決平5年11月25日刑集47巻9号242頁）参照）。

意義 過失の実行行為に関連して，複数の行為者による場合がある。それが**監督過失**と**過失の共犯**である[†]。

定義 **監督過失**とは，ホテル・病院・デパートなど不特定多数の人が出入りする施設において，火災等が発生し，防火体制や人的配置などの管理が不届きであったり，それら防火体制の担当者に対する監督が不十分であったことにより，多数人が死傷した場合に，その出火等の直接原因者（設例ではY）とは別に，監督管理の責任を負う，経営者・建物管理者（設例ではX）等の過失をいう。

建物それ自体や，それに設置される消火設備の設置・管理に起因する過失については，特に**管理過失**，それに対して，防火体制や火災現場での人的活動についての担当者に対する監督を，管理過失とは区別した意味で（狭義の）監督過失という場合もあるが，通常は，管理監督過失ないし単に**監督過失**という（監督過失の例として，いずれも火災に際しての業務上過失致死傷罪が問題となった事例であるが，*川治プリンスホテル事件（最決平2年11月16日刑集44巻8号744頁）ではホテルの女将の，*千日デパートビル事件（最決平2年11月29日刑集44巻8号871頁）では建物を所有する会社の管理課長，テナント会社の代表取締役および支配人について，*ホテルニュージャパン事件（最決平5年11月25日刑集47巻9号242頁）では，ホテルの代表取締役について，それぞれ管理監督的地位にあった者として過失が認定されているが，*大洋デパート事件（最判平3年11月14日刑集45巻8号221頁）では，デパートの経営会社の取締役人事部長，売場課長，営繕部課員については，過失が否定されている。その他，*信越化学事件（新潟地判昭53年3月9日判時893号106頁）では，塩ビモノマーのバルブの誤操作により同ガスを漏出させ，爆発により作業員1名が死亡し，周辺住民に重軽傷を負わせるなどの被

[†] このような現代的問題に対応しようとするものとして，企業組織体責任論がある。板倉宏『刑法総論』補訂版（2007年）291頁。

害を生じた事案について，工場長と製造に関する課長について結果の予見可能性があったとして過失を認定し，また，*北ガス事件（札幌地判昭61年2月13日刑月18巻1=2号68頁）は，ガスの熱量変更に際しての作業ミスから一酸化炭素中毒による死傷事故を生じた事案について，熱量変更本部長であった専務取締役と本社営業技術課長について，予見可能性を肯定した。これに対して，*白石中央病院事件（札幌高判昭56年1月22日刑月13巻1=2号12頁）では，病院のボイラーマンの過失から生じた火災により新生児・入院者等6名が死傷した事案について，病院長の過失について，原審を破棄して予見義務がなかったとして無罪としたものである）。

6.6.9 過失の「実行行為」

> 設例　Xは，自動車を運転して道路上を制限速度40キロメートル毎時のところを60キロメートル毎時で走行中，ポケットからすべり落ちた携帯電話に気を取られて，前方の横断歩道を横断中のAの姿の発見が遅れ，急ブレーキをかけようとしたところ，誤ってアクセルペダルを踏んで，かつ，あわててハンドル操作を誤り，Aを避けようとしたのにかえってAに正面から衝突するに至り，Aを全身打撲により死亡させた。

総説　因果関係の起点であって，事前の実質的危険のある行為としての実行行為概念を認めるのが通説の立場であるが，故意犯の場合にはその実行行為の確定には比較的問題が少ない（それでも，離隔犯・間接正犯・自ら招いた責任無能力状態等では問題になる）とされる。つまり，一定の犯罪意思の存在が実行行為の認識根拠になりうるからである。しかし，過失の場合には，予見（可能性）ととらえるか，義務違反ととらえるか，いずれにせよ故意とは異なり無形的であるから，実行行為の認定が困難である場合が少なくない。

特に，複数の過失実行行為が存在する場合にはそれが一層，顕在化する。

過失の競合　同一の結果について複数の過失行為が同時に存在するのを，過失の競合という。過失の競合には，①異なる主体における競合，と②同一主体における競合とがある。監督過失は，①の1つといえる。また一般的には，過失の共犯・過失同時犯の問題である。過失の共犯については，共犯論において論じられる（⇨8.6.8）。

段階過失　②の，同一人（行為者）において，過失が競合する場合が，一般に，段階（的）過失といわれる場合である。設例の場合，①スピードを超

過して走行したこと，②前方不注意，③ブレーキの踏み違い，④ハンドル操作の誤り，等，いくつかの過失が段階的に存在している。

直近過失論とは，こういった段階的過失の場合に，もっとも結果発生に近い時点での過失を刑法上の過失（いわば過失実行行為）としてとらえるものである。

これに対して，結果に関係する全ての過失を総体としてとらえるべきだとする立場もある。そのいずれをとるかは，実務上は，「罪となるべき事実」においてどこまでが過失実行行為として摘示されるべきかについて違いをもたらすことになる[†]。

忘却犯 とは，たとえば，踏切転轍手が，夜中に踏切を切り替えるべきであるのにそれを忘れて居眠りして切り替えなかったような場合をいう。これは古典的には，過失における行為性の問題とされていた。つまり踏切を切り替えるのを忘れたことによって，列車が脱線転覆して死傷者がでた場合，その過失行為が居眠りしているという行為だとすると，はたして意思に基づく身体の動静（⇨3.2.2）といえるかどうかが問題とされたのである。しかし，居眠り開始時点で，そのまま居眠りを開始すれば切り替えの懈怠と列車の脱線が因果的に決定されているのであって，居眠りを開始する《行為》をもって過失の実行行為ととらえればよく，その時点で予見可能性ないし義務違反があれば過失犯が成立すると考えてよいであろう。しかしこういった思考方法を可能とするためには，間接正犯・自ら招いた責任無能力状況・離隔犯等における，原因行為説・利用行為基準説をとらなければならない。結果行為説・被利用者基準説をとるのならば，なお忘却犯の問題は解決されていないことになる。

6.7　期待可能性

6.7.1　総　　論

> **設例**　Xは，人里離れた山中で毒蛇に噛まれた自分の子供Aを助けるために自家用自動車で病院に連れて行く途中，制限速度40キロメートル毎時のところ，80キロメートル毎時で走行させた上，赤信号を無視して交差点に進入し，横断歩道を横断している歩行者Bをはねて死亡させた。

[†] 理論的には，時間的に直近であることが，決定的であるとは限らないであろう。因果的に決定的な「行為」についてその過失の有無を問うべきであり，因果的に決定的でも過失がなければ，さらに他の行為について因果性を検証するという作業を繰り返す他はなかろう。

定義　「期待可能性がない」とは，適法行為の選択の可能性が事実上ないような極限的に例外的な場合のことである。期待可能性がない場合には，他行為可能性がなく，責任が阻却される。

期待不可能の場合に責任が阻却されるとする理論を，**期待可能性理論**という。逆にいえば，期待可能性理論は，刑事責任の基礎に，違法行為を選択しないことについての期待可能性を必要とするものであり，**規範的責任論**（⇨6.1.1）からの帰結である。

実定法上の根拠　期待可能性がない場合に責任が欠如することについて，日本刑法にはその実定法上の直接の根拠はない。つまり，一種の**超法規的責任阻却事由**だということになる。ただし，これは被告人に有利な取扱いであるから，明文なき責任阻却を認めても罪刑法定主義違反にはならないと解される。

ただし，緊急避難について一律にないしは部分的に責任阻却事由だとする場合には，一種の期待可能性の欠如による免責を実定法上規定していることになる。過剰防衛・過剰避難の減免根拠も，責任減少すなわち期待可能性の類型的減少を規定しているとみる見解もある。＊＊**宗教教団内リンチ殺害事件**（東京地判平 8 年 6 月 26 日判時 1578 号 39 頁）は，殺害せよとの命令に従わなければ自分が殺害されるよう強要されていた事例について，過剰避難の成立を認めているが，それをしなければ殺害されるような場合には他行為の可能性もなく，責任を阻却して無罪としてもよい場合があろう。

判例　実際の判例で期待可能性を理由とする犯罪の不成立を認めた事例は極めて少ない[†]。最高裁の判例では，これを正面から認めたものはこれまでのところ存在しない。

下級審判例の中には，子供の急病のために自家用車で病院に運ぶ際のスピード違反について，期待可能性理論による犯罪成立を否定したものがある（東金簡判昭 35 年 7 月 15 日下刑集 2 巻 7=8 号 1066 頁）。この場合には，救急車を呼ぶなど他の手段をとりうる可能性がなかったなどの事情が存在していた。設例でも，A の生命を救うために速度超過した行為（道路交通法違反）については緊急避難ないし期待可能性の理論から責任が阻却され無罪としてもよいだろう。しかし，B の生命が奪われた点（業務上過失致死）になると，せいぜい責任の減少にとどまると

[†] たとえば，労働争議に際し，会社側の不誠実な対応に激昂して暴行に及んだ場合につき，責任を阻却するとした，福岡高判昭 30 年 6 月 14 日判時 61 号 28 頁。

いえよう。

昭和 33 年の最高裁の**納金スト事件**（最判昭 33 年 7 月 10 日刑集 12 巻 11 号 2471 頁）では，原審が期待可能性の主張を入れて無罪としたのに対して，「保険料を現実に納付しうる状態に置いたにかかわらず，これを納付しなかった場合」にはあたらず，構成要件に該当しないとしたものがある。これは期待可能性理論の採用を避けたものといえる。

<u>可能性の判断基準</u>　期待可能性における可能性判断にあたって，一般人を基準とするのか，行為者を基準とするのかが争われている。

行為者基準説ないし，**行為者標準説**は，他行為可能性とは当該行為者にとっての可能性を問題とする以上，行為者を基準とせざるをえないと主張する。この行為者基準説に対しては，それを認めれば，責任の主観化を招くという批判がある。確信犯・常習犯などは，それらの行為者を標準にすれば，他行為の期待可能性がなく，処罰することができないことになってしまうというのである。**一般人基準説ないし平均人基準説**［一般人標準説・平均人標準説］は，一般人（平均人）が，行為者の立場に置かれたとして他行為可能性があったかどうかを判断しようとするものである。この場合には，責任の主観化は避けられるというのである[†]。

<u>期待可能性の錯誤</u>　期待可能性は他行為可能性から基礎づけられる。期待不可能の前提事実に離齬がある場合であってもその誤信がやむを得ないと考えられる場合には，責任減少，さらには責任阻却が認められるべき場合があろう。ただし期待可能性論による責任阻却が限定的なのであるから，その錯誤については例外の中の例外であるということになろう。

[†] しかし，どの程度の抽象化＝具体化を認めるかにより，一般人基準・行為者基準の違いは相対化する。あまり意味のある議論とは思われない。

第7章

未 遂 論

7.1 総　説

7.1.1 総　説

未遂論の体系上の位置　犯罪とは,「Ⅰ人の行為であって, Ⅱ構成要件に該当する, Ⅲ違法で, Ⅳ有責なものであった。この定義に従って, 行為論・構成要件論・違法論・責任論が論じられ（第3章〜第6章）, 犯罪の基本類型としては完結した。

上記の構成要件該当性における「結果」とは, 基本的には, 現実的な（構成要件的）結果の発生が観念されていた。このように構成要件的な結果の発生が現実にあったものを**既遂**と呼んでいる。しかし, 一定の場合には, 現実に結果が発生しなくても, その危険性があったことを理由として処罰しなければならない場合がありうる。それが**未遂**である。

たとえば, 殺意をもって相手を剣で斬りつけ, 死亡しなかった場合には殺人既遂ではなく, 殺人未遂だが, 仮に, 未遂の処罰がなければ, 単に傷害罪（204条）の限度で処罰されるにすぎないことになる。しかしながら, 傷害罪の成立には, 殺意や致死の危険性の存在は無関係であり, それらのない, 単なる傷害と同様に処罰してよいとすれば不合理であろう。

未遂についてどのような場合を処罰するか（**未遂の要件**）, またその根拠は何か（**未遂の処罰根拠**）が, 本章の未遂論で論じられるべきことになる。

未遂は, 既遂の犯罪類型の拡張形式である点で, 正犯処罰を拡張している共犯とともに, **処罰拡張類型**ととらえられる。未遂処罰が, 既遂の結果の発生前に処罰するという意味づけを与えられうるとすれば, 未遂罪は処罰の早期化＝時間的拡

張であり，共犯が人的拡張であることと対照をなす。しかし，共謀罪のような類型では，その両者にまたがりうる[†]。

7.1.2 未遂の概念

43条
犯罪の実行に着手してこれを遂げなかった者は，その刑を減軽することができる。ただし，自己の意思により犯罪を中止したときは，その刑を減軽し，又は免除する

定　義　43条本文のⅠ「犯罪の実行に着手して」，Ⅱ「これを遂げなかった」場合を未遂罪（未遂犯）という。

未遂罪の要件　通説によれば，このⅠとⅡとは独立した要素である。

Ⅰ「実行の着手」とは，実行行為の一部ないし全部の実行である。

Ⅱ「これを遂げなかった」とは，（既遂）結果の**不発生**を意味する。

つまり，Ⅰ**実行行為の着手**とⅡ**結果不発生**が未遂の成立要件である（二元的構成）。

Ⅰ実行の着手　未遂には，「実行の着手」が必要である。実行の着手は，未遂と予備を分かつ要件である。

実行の着手がなければ，予備罪の可能性が残るだけである。殺人のために剣を用意しただけでは，「実行の着手」はなく，殺人未遂罪ではなく，殺人予備罪（201条）が問題になりうるにすぎない。剣を振りかざして斬りつけたのであれば，実行の着手があることになる。

43条の文言は，単に「実行の着手」としているが，通説は，これを「**実行行為の着手**」と理解している。剣を振りかざして斬りつけ，相手の急所に突き通すのが実行行為だとすれば，実行行為の着手はその一部の開始だけで足りるというの

[†]　未遂犯とは既遂犯処罰の例外的な拡張類型であるとすると，未遂犯における故意は，既遂における故意と同様だということになる。つまり，殺意をもって相手に斬りつけることが，既遂・未遂に共通する《故意》だということになる。このような通説の理解は，未遂については，現実には既遂結果が発生しない以上，超過的認識要素であり，主観的違法要素として基礎づけられることになるのである。つまり，瀕死の重傷を負わせた場合に，傷害罪なのか殺人未遂なのかは，客観的結果としては区別ができず，行為者の殺意という既遂故意の有無によって決定されるということである。

これに対して，未遂犯を危険犯の一種だと理解する場合，未遂の処罰根拠は，既遂結果の危険性＝可能性であり，故意とはその《危険性の認識》だということになる。実際の結論において，既遂結果の危険性＝可能性の認識と解するか，超過的認識としての既遂故意と理解するかは，さほどの違いはなく，体系論的に，主観的違法要素としての未遂犯における既遂故意を認めるかどうかにかかわる。

であろう。

　実行行為に着手したが，結果が発生しない場合は，2通りありうる。つまり，①実行行為に着手し，その実行行為が完了せずに結果が不発生の場合と，②実行に着手し，実行行為が完了したが，結果が不発生だった場合とである。前者①を**着手未遂**，後者②を**実行未遂**という。

　着手未遂と実行未遂との区別は，もっぱら後述の中止未遂で意味をもつことになる。

Ⅱ 結果不発生　　　43条本文の「これを遂げ」ないとは，結果の不発生を意味する。
　　　　　　　　　　結果不発生は，2つの機能をもつ。

　① 結果不発生は，未遂と既遂を分かつ要件である。「犯罪の実行に着手して」「これを遂げた」場合，すなわち結果の発生は既遂罪を基礎づける。つまり，ここにおける《結果》とは，既遂罪の構成要件的結果である。

　　XがAを剣で斬りつけ，それによりAが死亡すれば，殺人の既遂罪であり，相手が死亡しなければ，「遂げなかった」のであるから未遂罪である。殺人未遂罪が成立するためには，殺人既遂罪の構成要件的結果（＝被害者の死）が不発生に終わることが必要である。

　② 結果不発生は，可罰的な未遂と，不可罰の**不能犯**とを分かつ要件でもある。**不能犯**とは，形式的には犯罪の実行の一部ないし全部が行われたが，結果発生の可能性が全くないような場合である。不能「犯」といわれるが，処罰されることはない。

　つまり，Ⅱ結果の不発生とは，①「発生しなかった」という消極的な意味だけではなく，②「結果発生の危険性があった」という積極的意味が必要だとするのである。

　先述の例で，Xの剣が誰かにすり替えられていて，模造刀であった場合には，この危険性がなく，殺人としては未遂としても不可罰である（殺人罪の不能犯）ことになる。

　要するに，「これを遂げない」＝結果不発生とは，結果発生の危険性のことである。

未遂罪の効果　　　　未遂罪は，「減軽することができる」（43条本文）。
　　　　　　　　　減軽することが「できる」のであって，減軽するか否かは裁判官の裁量に委ねられている。すなわち，これは**任意的減軽事由**である。この点は，中止未遂（⇩）が**必要的減免事由**である点と対照をなす。減軽の方法は，法律上の減軽に関する68条の規定に従う。

中止未遂　未遂罪の中でも，特に「自己の意思により犯罪を中止した」場合は，減軽ないし免除しなければならない（43条但書）。

この「自己の意思により犯罪を中止した」場合を**中止未遂**（犯）ないし**中止犯**という。

中止未遂については，「減軽することができる」のではなく，「減軽し，又は免除する」のであるから，裁判官は少なくとも減軽し，場合によっては免除しなければならない（これを一般に「**必要的減免**」という）。

中止未遂は未遂罪のうちの特別な類型であり，未遂の一般的成立要件を満足してから，特にその成立要件を満足するものについて，中止未遂が成立するとされる。中止未遂でない通常の未遂を，中止未遂に対して特に，**障害未遂**［**障礙未遂**あるいは**障碍未遂**］という。つまり，広義の未遂には，障害未遂と中止未遂があることになるが，通常は，障害未遂を単に未遂罪（犯）とする場合も少なくない（狭義の未遂としての障害未遂）。たとえば，43条本文の「未遂犯」とは狭義の未遂，すなわち障害未遂を意味する。

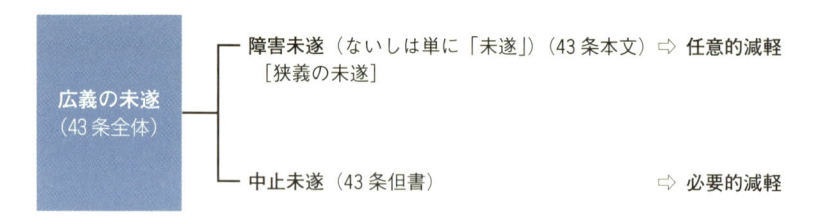

```
広義の未遂      ─ 障害未遂（ないしは単に「未遂」）（43条本文）  ⇒ 任意的減軽
（43条全体）       ［狭義の未遂］
                 
                └ 中止未遂（43条但書）                         ⇒ 必要的減軽
```

中止未遂と障害未遂　実際の刑事司法では，中止未遂が認められるのは極めて例外であり，さらに中止未遂を理由とする刑の免除は，ほとんどない。したがって，本来であれば，未遂の一般的成立要件は，障害未遂・中止未遂に共通し，さらに中止未遂の成否を検討した後に，中止未遂ではないものが障害未遂となるはずであるが，未遂の一般的成立要件といいながら，その中心は，障害未遂についてであり，その後に，例外的に中止未遂が成立する場合を論じるのが通常である。

実行中止と着手中止　実行未遂と着手未遂の区別は，特に中止未遂において，結果防止のための新たな行為が要求されるかどうかの見地から意味をもつとされてきた。実行未遂である中止未遂が**実行中止**，着手未遂である中止未遂が**着手中止**である。実行中止においては結果防止のための新たな行為が必要であるが，着手未遂については，実行行為が中断されるのであるから結果発生がそれによって中断され新たな行為は必要ではないとされるのである[1]。

7.1.3　未遂処罰規定

44条
　未遂を罰する場合は，各本条で定める

<u>総　説</u>　43条本文を根拠があるからといって，すべての既遂罪について，その未遂の処罰が認められることになる訳ではない。未遂罪を処罰するには，特にその処罰が具体的に規定されている場合に限られている（個別的列挙主義）。

　未遂の処罰は，この点で，等しく処罰拡張事由でありながら，原則として一般的に処罰されうる共犯とは異なる（ただし，共犯についての例外として，たとえば64条）。

　もっとも，未遂罪処罰規定は，刑法典犯罪に限ってみても，広くその処罰規定が置かれており，例外的な処罰拡張規定だとは，必ずしもいえない。

<u>不作為・過失の未遂</u>　**不作為犯の未遂**は実定法上も存在する（例：132条）。作為義務が発生したが，その作為可能性があるまでに時間的間隔がある場合には未遂になりうる（将棋に負けたために相手に対していったんは「おまえなど出ていけ」といったが，相手が家を出ていく前に気が変わって「もう一局やろう」と退去要求を撤回した場合）。**過失の未遂**は現在は存在しないが，立法上ありえないわけではなかろう。

7.2　未遂罪の成立要件

7.2.1　総　説

<u>未遂罪の成立要件</u>　刑法43条から，未遂には，Ⅰ実行行為の着手とⅡ結果の危険性が必要である（二元的構成——通説）。†

---

† 　未遂罪が危険犯であると理解する事実的因果論からは，未遂罪は既遂罪を基本類型とする処罰拡張類型ではなく，単なる危険犯の一類型であるにすぎないことになる。そこでは，通説の二元的構成ではなく，「結果の危険」という一元的構成による。したがって，「実行（行為）の着手」は未遂の要件ではない。

7.2.2　実行の着手——要件Ⅰ

実行の着手　未遂が成立するには，**実行の着手**が必要である。

実行の着手とは，実行行為の一部（着手未遂の場合）または，全部（同・実行未遂）の存在である。実行の着手がなければ，予備になりうるにすぎない。

たとえば，牛乳瓶の中に農薬を入れて，明朝に夫に飲ませるつもりで冷蔵庫に保管したが，夜中に思い直して廃棄してしまった場合，殺人の実行行為はないから，殺人未遂ではなく殺人予備罪 (201条) が成立するにとどまる（⇨7.4　予備・陰謀等）。この場合の殺人の実行行為とは，妻が夫に牛乳を差し出して飲ませようとすることであり，提供した段階で夫が気がついて飲むのをやめたとか，飲んだが毒薬が致死量に達しなかったために死亡しなかった場合に，初めて殺人未遂になりうるのである（なお，妻が明朝に殺害するつもりで毒入り牛乳を冷蔵庫に入れておいたところ，夜に帰宅した夫がその毒入り牛乳に気がつかずにそのまま飲んで死亡した場合 (**冷蔵庫牛乳事例**) には，「早すぎた結果実現」の問題になる⇨4.2.6，7.2.5）。

実行行為の概念　実行行為とは何かについて，**形式的客観説**と**実質的客観説**の対立がある[†]。しかし今日では，実行行為の内容よりも，いつから実行行為の着手を認めるかという，実行の着手時期という問題の設定がより関心を集めている。実行行為の内容と，実行の着手時期は関連している。

形式的客観説　**形式的客観説**は，実行行為を構成要件に該当する行為であるとする。しかし，これを徹底すると，たとえば，侵入窃盗で，住居に侵入した後にタンスの中を物色している段階では，財物の「窃取」という行為の一部とはいえないから，窃盗の予備にすぎないことになってしまう。そこで，形式的客観説は，構成要件該当行為に接着する行為も実行行為の一部だとする（拡張された形式的客観説）。しかし，そうだとすると，形式説のもつ，利点である形式的一義性は失われる。何が《接着する行為》であるかは，実質的判断によらざるをえないからである。

実質的客観説　**実質的客観説**は，実行行為について，構成要件的結果を発生させうる実質的危険をもつ行為であるととらえる。未遂罪の処罰根拠

[†] かつては，主観主義刑法学の下で，犯罪意思の表動をもって実行の着手とする主観説も主張されたが，現在はその支持者はいない。

について，既遂結果に対する危険をもたらしたところにあるとすれば，実行行為についても実質的な危険の発生が要件になるとするのである。実質的客観説は，構成要件該当行為という形式的基準の限定を受けないところにこの見解の特色がある。特に**離隔犯**（⇨7.2.3）・**間接正犯**（⇨8.4）では，実質的危険が発生した段階で実行の着手を認めるという立場を可能にする点で，発送時説・利用者基準説に立つ形式説とは結論が異なることになる。

判例の立場の理解 判例は，基本的には，実質的客観説に立つと理解するのが一般的である†。

判例の事例として，たとえば，窃盗罪については，物色中でも実行の着手があるとし（金銭の物色のためにタンスに近寄った場合（＊大判昭9年10月19日刑集13巻1473頁），住居に侵入して室内を物色中（最判昭23年4月17日刑集2巻4号399頁），電器店に侵入し，現金を入手するためにタバコ売場に近づいた時点（＊**タバコ売場事件**（最決昭40年3月9日刑集19巻2号69頁）），について実行の着手を認めた。下級審の中には，この物色行為を強調し，家屋侵入だけでは，窃盗の実行の着手はないとしたものもある（東京高判昭24年12月10日高刑集2巻3号292頁）。一方土蔵については，その破壊行為だけで窃盗の実行の着手を認めた（名古屋高判昭25年11月14日高刑集3巻4号748頁）のは，土蔵の場合には，建物全体が窃盗の客体の財物を収蔵し，あたかもタンスに手をかけたのと同視できるという特殊な事情によるものであろう（車上荒らしの目的で自動車のドアを破壊した場合も，実行の着手があるとしたものもある（東京地判平2年11月15日判時1373号145頁））††。

7.2.3 実行の着手時期

> 設例　XはAを殺害するつもりで毒入り砂糖を郵便局で郵便局員Bに郵送を付託し，その結果，郵便配達員CがA宅に配達して，Aがその砂糖を調理に使ったところ，食材が変色するなどして異常が発見されたため摂食するには至らなかった（＊**毒入り砂糖事件**（大判大7年11月16日刑録24輯1352頁））。

---

† ただし，その判例の結論の中には，拡張された形式的客観説でも説明できる場合がほとんどである。たとえば窃盗罪における物色行為は，窃盗罪の構成要件該当行為たる「他人の財物を自らの占有に移すこと」そのものではないが，それに場所的時間的に接着した行為ではある。判例は，次（⇨7.2.3）に述べる，実行の着手時期の問題において，基本的に到達時説に立つから，このことによって，（拡張された）形式的客観説ではなく，実質的客観説だということになるのであろう。

†† 未遂罪において通説が二元的な構成をとることの意義は，未遂の成立には，「行為（実行行為の一部）」と「危険（既遂結果の）」の双方がなければならないとするものであったはずである。前者の「行為」を「危険」と読み替えるのであれば，それはこのような二元的な構成がすでに破綻していることを意味しているのである。

実行の着手時期の意義 　実行の着手がなければ未遂ではなく，予備にすぎない。では，どのような行為があれば実行の着手があったといえるかという問題について，行為者の行為を時系列的にみた場合に，「いつから実行の着手があったといえるか」が，**実行の着手時期**といわれる問題である。

　実行行為の着手についての形式的客観説と実質的客観説の対立は，特に，行為者の行為と結果の危険発生の間に時間的・場所的な間隔が著しい，**離隔犯**や，**結合犯**（⇨7.2.4），さらには**間接正犯**において，その結論の妥当性をめぐって対立する。

　設例のような犯罪現象を**離隔犯**という。行為者の行為と結果の発生の間に時間的・場所的な間隔がある場合であるといえる。離隔犯の場合，形式的客観説と実質的客観説の対立は，**発送時説**と**到達時説**に基本的には対応する。また間接正犯の場合には，**利用者基準説**と**被利用者基準説**と呼ばれることがある。

発送時説 　**発送時説**は，設例の場合，郵便局員Bに付託した段階で実行の着手があるとする。なぜなら，実行《行為》であり，実行行為の形式的側面に着目する形式的客観説からは，行為者の行為の契機は付託した行為に求める他はなく，郵便局員Bに付託し，郵便配達員Cが被害者Aの許に届けるのは，あたかも，郵便配達システムを一種の道具・装置と考え，当該付託行為はAに毒薬を摂取させるための装置のスイッチを入れたのと同様だとするのである。間接正犯の場合も，道具としての利用行為の段階で実行の着手があり（たとえば，責任無能力者に「盗んでこい」と命じた段階），被利用者が実際に法益侵害行為を開始する以前の段階で，間接正犯の実行の着手を認めることになる。

　しかしながら，単に付託した時点や利用者を利用した時点で実行の着手があったとすると，未遂罪の処罰範囲が広きに失する，という批判がされることがある。設例の場合，郵便局員Bに付託しただけでは，被害者の死亡の危険性が切迫しているとはいえず，この段階で未遂犯として処罰するのは適当でないというのである[†]。

到達時説 　構成要件該当行為ないしそれに接着した行為という形式的な基準ではなく，既遂結果の危険性という実質的な危険発生をもって実行の着手と考える実質的危険説からは，行為者の行為の契機がないところでも実行の着手を認めることは可能である。つまり，設例でいえば，毒入り砂糖がA宅に到達

[†] しかし，実際に毒入り砂糖が到着しなかった場合には，そもそも未遂犯が成立することはないのであるから，処罰すべき場合を広げているというのはあたらない。

した段階，つまり既遂結果の危険性が切迫した段階で実行の着手を認めることになる（**到達時説**）。同様に，間接正犯でも，被利用者が法益侵害行為を開始した段階をもって実行の着手を認めることになろう。

　もっとも厳密にいえば，実質的危険説は，既遂の結果発生の危険性が切迫した状態をもって実行の着手があったとする立場であるから，離隔犯の場合であっても，常に到達時という形式的な時点を問題としているわけではない。場合によっては被害者が摂食する直前であったり，その逆に特段の事情があれば，発送時においてそういった切迫した危険性を肯定することは，実質的危険説からは不可能ではない（この点をとらえて，特に**個別化説**†という場合もある）。

判例　設例の事案について，大審院は，「A カ之（毒入り砂糖）ヲ受領シタル時ニ於テ同人又ハ其家族ノ食用シ得ヘキ状態ノ下ニ置カレタルモノニシテ既ニ毒殺行為ノ著手アリ」とした。これを通常は到達時説と理解している。

　また，下級審の判例には，家族に拾得・飲用させるつもりで，農道の道ばたに毒入りジュースを分散して配置したところ，同所を通りかかった他人のAがそれを飲用し，死亡した」という事案について，上記大審院判例他多数の判例を引用した上で，分散・配置しただけでは予備にとどまるが，被害者において拾得・飲用される直前において実行の着手があったとしたものがある（＊**毒入りジュース事件**（宇都宮地判昭40年12月9日下刑集7巻12号2189頁））。その他，銀行から金銭を詐取する目的で内容虚偽の電信頼信紙を郵便局に提出したがその発信前の段階で発覚した事案について，詐欺行為の実行の着手がなかったとしたもの（大判大3年6月20日刑録20輯1289頁），恐喝目的での文書の郵送について，名宛人に到達した段階で実行の着手ありとしたもの（大判大5年8月28日刑録22輯1332頁），郵便物区分に従事していた郵便局員が自宅宛に郵便物の宛名を勝手に書き換えた場合につき，窃盗の実行の着手を認めたもの（東京高判昭42年3月24日高刑集20巻3号229頁），等がある。

7.2.4　結合犯と実行の着手

> **設例**　Xはみずから運転するダンプカーに友人のYを乗せ，強姦の故意で歩行中の被害者Aをむりやり運転席に引きずり込み，ダンプカーを発進して当該場所より約5000m離れた護岸工事現場にて強姦に及んだが，引きずり込む際の暴行により，同女に対して全治10日間の傷害を負わせた（＊**ダンプカー強姦事件**（最決昭45年7月28日刑集24巻7号585頁））。

---

† 因果関係論における（一般化説に対応するものとしての）個別化説（⇨4.3.1）とは全くの別物である。

結合犯における実行の着手時期　結合犯とは、本来それぞれが独立して犯罪を構成すべき複数の犯罪が一個の構成要件として規定されているものをいう。設例の場合、208条の暴行罪と、177条の強姦罪における姦淫の手段としての暴行との区別が問題となる。判例はこの場合について、「被告人（X）がAをダンプカーの運転席に引きずり込もうとした段階においてすでに強姦に至る客観的な危険性が明らかに認められるから、その時点において実行の着手があったと解するのが相当である」として、引きずり込み行為に際して生じた傷害の結果について、強姦致傷（181条）として評価したのである。

強姦に関する下級審事例　強姦罪における引きずり込み行為については、下級審の判例の蓄積があり、判例は具体的危険を基準に実行の着手を判断しているということができる。

実行の着手の肯定例としては、友人2名とともに、人家からほど遠い路上を夜間帰宅途中の女子高校生を姦淫目的で、友人1名とともに車内に押し込めようとしたところ、被害女性が極力抵抗したため断念して逃げ去った場合につき、「一旦車内に押し込められてしまえば、……人気のない場所に拉致されて輪姦されることが必至の状況であった」とし（東京高判昭47年12月18日判タ298号441頁）、姦淫の目的でタクシーでラブホテル前に下車後、被害女性が逃げ出すや、追いかけて同ホテル敷地内に強引に連れ込んだ場合に、ラブホテル敷地内という特殊性から、強姦の結果の発生する客観的危険性が高かったとして、強姦罪の未遂罪の成立を認めている（東京高判昭57年9月21日判タ489号130頁）。

これに対して、否定例としては、定員4名の軽自動車（排気量360cc）に友人3名とともに乗車していた被告人が、助手席を降りて強姦目的で被害女性を無理に助手席に乗車させようと暴行を働いたところ、友人が「人が来た」と告げたので、同女を突き飛ばして逃走した場合については、「同女が姦淫される具体的危険性はその段階では生じていない」としたもの（京都地判昭43年11月26日判時543号91頁）、自動車で連れ去り姦淫する目的で、被害女性に目をつけ、同女のマンションの出入り口から20m離れた所に自車を停車させた後、同マンション2階エントランスにて暴行を加えて自車に乗せようともみ合ったが、同女の友人等に目撃され、警察官が駆けつけるなどして目的を遂げなかった場合に、「自動車に連れ込んで強姦に至る客観的危険性がない」としたもの（広島高判平16年3月23日・公刊判例集未登載）、等がある。

その他の結合犯　判例には、「加重逃走罪のうち拘禁場又は械具の損壊によるものについては、逃走の手段としての損壊が開始されたときには、逃走行為自体に着手した事実がなくとも」加重逃走罪（98条）の実行の着手があるとしたもの（*最判昭54年12月25日刑集33巻7号1105頁）がある。

7.2.5　早すぎた結果実現

<small>定　義</small>　**早すぎた結果実現**とは，広義には，行為者が当初考えた計画上の時点よりも結果が早く発生してしまった場合をいい，狭義には，実行の着手以前に結果が発生したことをいう。結果が発生してしまっているのであるから，未遂の成立要件のⅡ①結果の不発生を満足しないから，厳密には未遂の問題ではない†（詳しくは⇨4.2.6）。

7.2.6　結果の危険性——要件Ⅱ

<small>意　義</small>　未遂は，構成要件的な結果が発生しない場合ではあるが，結果の発生しないという消極的な状況は無限にありうるから，そのすべてを処罰することは不可能でありまた不適当でもある。新聞紙を丸めたもので相手の頭を叩く行為や，唾を吐きかける行為が，「殺意」をもって行われたが《相手を死亡させなかった》として，常に殺人未遂になるわけではない。

　未遂罪は，構成要件的結果が①現実には発生しなかったが，②その危険性があった場合を処罰するものであり，そこに未遂罪を処罰する積極的な根拠がある。結果の危険性がない行為が，**不能犯**と呼ばれるものである。不能犯は，未遂罪としても処罰することはできない。

　不可罰である以上，不能「犯」というのは矛盾するが，伝統的にこの用語が用いられている。

<small>判例＝純客観説</small>　判例の伝統的な考え方は，危険性の判断を事後的（*ex post*）に客観的に理解し，結果の発生が絶対的に不可能であったか，絶対的に不可能であるとはいえないかで区別し，前者の場合には不能犯であり，後者の場合には未遂罪だとしている（**純客観説**ないし**絶対的不能・相対的不能区別説**）。

　判例は，手榴弾が安全栓を抜いて投げ込む程度では絶対に爆発せず，人を殺害する目的

---

† もっとも，たとえば＊＊**クロロホルム事件**（最決平16年3月22日刑集58巻3号187頁）で，実行行為を拡張することによる故意既遂罪の成立を否定しつつ，墜落の直前に被害者が生きていた可能性がなかったわけではないという意味で，本来の「実行行為（＝崖からの転落）」による被害者の致死の危険性が肯定できれば（＊**死体に対する殺人事件**（広島高判昭36年7月10日高刑集14巻5号310頁）と同様），なお殺人未遂だとする構成もありうるであろう（クロロホルム窒息死についての過失既遂罪は成立することは当然である）。

だったとしてもその目的とした危険状況を発生させる可能性がないことを理由に爆発物取締罰則1条違反の罪ならびに殺人未遂罪の成立を否定している（※東京高判昭29年6月16日東高刑時報5巻6号236頁）†。

絶対不能・相対不能の例　殺害する目的で硫黄を飲食物ないし水薬に投入した場合につき「絶対的不能」だとし（*大判大6年9月10日刑録23輯999頁），一方殺意をもって空気注射する場合について，実際に注入した量が，30ccないし40ccだったが，致死量についての鑑定意見は，70cc以上とするものと300cc内外とするものがあったところ，致死量以下であっても「身体的条件その他の事情の如何によっては死の結果発生の危険が絶対にないとはいえない」から，未遂罪が成立するとした（※空気注射事件（最判昭37年3月23日刑集16巻3号305頁））。

覚せい剤の製造について「真正の原料でなかったため，覚せい剤を製造することができなかった場合は，結果発生の危険は絶対に存しないのであるから，覚せい剤製造の未遂罪をも構成しない」としたものがある（東京高判昭37年4月24日高刑集15巻4号210頁）一方で，「工程中において使用せる或る種の薬品の量が必要量以下であったため成品を得るに至らず，もしこれを二倍量ないし三倍量用うれば覚せい剤の製造が可能であったと認められる場合には」未遂罪が成立するとしたもの（最決昭35年10月18日刑集14巻12号1559頁）がある。また，線引小切手について正当な所持人であることを装うだけでは支払いを受けることはできず，「支払人を欺罔することが定型的に不能である」から，詐欺罪未遂は成立しないとしたもの（東京地判昭47年11月7日刑月4巻11号1817頁）がある。

学説の対立　可罰的な未遂罪と不可罰的な不能犯を区別することになる，危険性の判断については，さまざまな見解の対立がある。また，学説の用語とその内容についても，論者によって若干の違いがあることに注意する必要がある。

大きく分けると，行為者の危険判断を基準とする立場（**主観説**），一般人の危険判断を基準とする立場（いわゆる**具体的危険説**）と，判例と同じく客観的な結果発生の可能性を基準とする立場（**純客観説**ないし**絶対的不能・相対的不能区別説**あるいは，**客観的危険説**）に分けることができる。今日では，学説上は，具体的危険説が多数説であり，その他は，おおむね純客観説に立っている。

純主観説　**主観説**はさらに**純主観説**と**抽象的危険説**に分かれる。**純主観説**は，行為者の認識した事実とその危険性判断を基本に危険性を考える。すな

† ただし，この事例は爆発物取締罰則1条の「爆発物の使用」にはあたらないとしたところに主眼があり，また，同1条の法定刑は殺人罪よりも重いなどの事情も右判断に影響した可能性がある。

わち，純主観説は，行為者の危険性判断を基礎に未遂罪の成否をかからせるものである。しかしながら，これは，主観主義刑法論の未遂罪における論理的な帰結であり，過度に主観的な未遂罪処罰を正当化するものであって妥当ではない。また，純主観説でも，常に行為者において，結果の発生がありうると考えれば（＝危険性の認識），未遂罪を成立させる訳ではない。純主観説でも**迷信犯**や**幻覚犯・錯覚犯**，たとえば，丑の刻参りなどで相手を殺害できると信じて行った場合については，未遂の成立が否定されるが，その根拠と限界は必ずしも明らかではない。今日では，この純主観説をとる立場はみあたらない。

抽象的危険説 [**主観的危険説**] は，純主観説の修正形式であり，行為者の認識・表象した事実を判断基底におきながら，危険判断については一般人を基準に考える立場である。食塩を青酸カリと誤認して，それを殺意をもって投与した場合は，青酸カリであるという認識を判断基底に，その危険性を一般人を基準に判断するのであるから，殺人罪の危険性が肯定され未遂罪が成立する。これに対して，食塩にすぎない塩化ナトリウムを毒薬と誤解して相手に投与した場合には，判断基底は食塩そのものであるから，一般人の判断として危険性は肯定されず，不可罰の不能犯だということになる。また，迷信犯についても，わら人形に釘を打つという事実の認識を判断基底においた上で，一般人の危険判断によれば，危険性が否定され，不能犯だということになろう。

　しかし，判断基準は一般人に求めるのに，判断基底については行為者の認識・表象に従うとすると，たとえば，単なる食塩を青酸カリと誤認したが，それが有毒だとの認識がない場合，青酸カリであることの認識が判断基底となって，未遂罪が成立すべきことになろうが，客観的にも主観的にも危険性はないのに，妥当な結論とは思われない。

具体的危険説は，基本的には一般人の認識し得た事情を判断基底に，危険判断も一般人の危険感を基準とするものである。危険感とは，一般人がその行為当時に立ったとしたら下すであろう判断（事後予測）に基づくものであり，事前の（*ex ante*）危険判断だということになる。これは，事後判断を基準とする純客観説との決定的な違いである。

　もっとも，たとえば，被害者が脳梅毒に罹患しており軽く頭部に衝撃を加えただけで死亡する危険を特に行為者が知っていたような場合，そのような事情は一般人が認識しえないことを理由に未遂罪の成立を否定して不能犯とすることには，疑問があるとして，判断基底に，行為者の特に認識した事情を加えるのが通常であ

る。

そうだとすると，結局，具体的危険説とは，一般人の認識し得た事情を原則としながらも，それに行為者が特に認識していた事情を判断基底に加え，危険判断は**一般人の危険感**を基準とするものである，ということになる。

さらにいえば，具体的危険説の本質はこういった，一般人の危険感を未遂罪における危険性の本質ととらえるものである。具体的危険説によれば，たとえば，空気注射事例では，こういった一般人の危険感を根拠に，未遂罪の成立を認めることになるであろう。

下級審判例と具体的危険説 客観的な結果発生の可能性がなくとも，行為者ないし一般人の危険感を根拠に未遂罪の成立を認めたもの（具体的危険説に近い立場のもの）が最近の下級審の判例では散見される。たとえば，天然ガス化された都市ガス（一酸化炭素が含有されていないため，中毒死することがない）による無理心中について殺人未遂を認めたもの（*岐阜地判昭62年10月15日判タ654号261頁），懐炉灰を利用した遅延放火行為について，行為者と一般人の危険性の認識を根拠に，客観的に「可燃物に延焼する可能性がなかったこと」が，放火未遂の成立を否定する事由にならないとしたもの（*東京高判昭58年8月23日判時1106号158頁）がある。

具体的危険説の問題点 具体的危険説は，主観説と客観説の一種の折衷的な見解である。もっとも，具体的危険説における「行為者の特に認識した事情」と，抽象的危険説における行為者の認識・表象とは，その内容が異なる。前者はあくまでも客観的に存在した事情であることが前提であるからである。

一般人には空の布団だと認識できるのに行為者がそこに《人が寝ている》と思ってピストルを撃ち込んだような場合に，一般人の認識・表象よりも行為者の認識・表象を優先させ，可罰的な未遂を基礎づけるのだとすれば，実質的には，抽象的危険説と何ら変わらないことになってしまう。具体的危険説のいう，「行為者の特に認識していた《事情》」とは，客観的に存在する事情について，行為者が特に認識していたことという前提であろう。そうであれば，空の布団の事例では，具体的危険説では不能犯になるが，抽象的危険説では未遂だということになりそうである（⇨7.2.7）。

もっともこういった客体の不能などでも，常に不能犯として不可罰の結論をとるわけではない。

7.2.7 構成要件欠缺の理論

定義　未遂罪成立のための積極的要件としての結果の危険性を基準とする不能犯と未遂罪の区別に代えて、あるいはそれと併用して、**構成要件欠缺の理論**による、不可罰的な未遂の領域が説明されることがある。

構成要件欠缺の理論は、結果以外の構成要件事実の欠如は、未遂として不可罰（不能犯）だと説明するのである。そして、そのような場合として、①**客体の不能**、②**主体の不能**、③**方法の不能**をあげる。

このような形式的な基準についてはその理論的な根拠と結論の妥当性の両面から疑問が多く、広く賛同を得ているとはいえない。もっとも、未遂犯・不能犯の個別的な検討を加えるに際しては、客体の不能・主体の不能・方法の不能という概念的カテゴリーは、一定の利用価値はある。

①客体の不能　**客体の不能**とは、たとえば、布団がふくらんでいるので人が寝ていると行為者は思ってピストルで撃ったが、実際には寝ていなかった場合（**空のふとん事例**）である。客体の不能については、具体的危険説の立場からも不能犯だとする見解がある。

しかし、形式的に客体が存在しないからといって、結果の発生の可能性がないとはいえない。金目のものが全くない貧乏な刑法学者の家に窃盗にはいったからといって、窃盗の不能犯だという訳にはゆかないであろう。**空のふとん事例**で、人が寝ていなかったのが、たまたまトイレに立っただけであれば、ピストルで撃たれて死亡する可能性もあったのであるから、危険性を肯定してよいはずである。右のポケットには財布が入っていなかったのに、スリが、右ポケットに手をいれた場合、スリが、たまたま手をいれたのが右ポケットに過ぎなかったとか、逆に被害者がたまたま右ポケットには財布をいれていなかったという事情であれば、行為者において被害者の財布を窃取する可能性があったのであるから、やはり窃盗の未遂を肯定することは充分に可能である（***空ポケット事件**（大判大3年7月24日刑録20輯1546頁））。

判例　判例には、死亡直後に侵害行為を加えた場合について、殺人未遂の成立を認めたものがある（***死体に対する殺人事件**（広島高判昭36年7月10日高刑集14巻5号310頁）。ただし、判示するところは、被告人が被害者の生存を信じていただけでなく一般人においてもその死亡を知り得なかったことを根拠としており、むしろ具体的危険説に近い）が、死ぬ前だった可能性を根拠に、純客観説からも危険性を根拠づけるこ

とは不可能ではなかろう†。

|2|主体の不能　**主体の不能**とは，たとえば，公務員ではないのに公務員だと思い，公務員に限定されている犯罪を犯した場合である。

主体の不能に関する学説　主体の不能については，不可罰だとする見解が強い。たしかに，主体の不能が問題となるのは事実上は身分犯であり，身分関係は一定の継続的あるいは絶対的な関係・状態であるから，そのような身分が現実にはないのに，それがたまたまだったということは考えにくい。

もっとも，身分犯であっても背任罪における事務処理者，業務上横領罪の業務者，営利目的覚せい剤所持の営利目的，のように，必ずしも継続的・絶対的とはいえないものもある。自分の所掌の事務であると認識して背任行為を行ったが，そうではなかったような場合には，なお未遂罪の成立の可能性がありうるといってよいであろう。

|3|方法の不能　**方法の不能**は，**手段の不能**ともいわれる。本来は，そのような方法では結果が発生しない場合であるが，「本来結果が発生しない」のは，まさに未遂の積極的要件としての《結果に対する危険》そのものであり，結局は，危険性についての実質論，つまり，純客観説・具体的危険説・抽象的危険説などの理論によらざるをえないことになる。

空気注射について，注射した量がたまたま 40cc であったとしても，情況によっては，致死量である 70cc 以上ないし 300cc 内外を超える可能性があったか，ないしは，判例も指摘するように，特殊な体質により，当該注入量でも致死の可能性があったような場合には，判例の結論である殺人未遂の成立を肯定することは不可能ではなかろう。

これに対して硫黄の殺人は，一般人による危険感が肯定できても，硫黄の摂取は，下痢などを引き起こすことはあっても生命の危険まではないとすれば，不能犯である（硫黄を用いた殺害について，前掲 ⇨7.2.6）・*大判大 6 年 9 月 10 日刑録 23 輯 999 頁は，絶対的不能だとした）。

警官のピストルを奪って発射したが弾が装填されていなかったという場合は，そのピストルに弾が入っていなかったことは，たまたまであり，むしろ弾が装填されていることが可能性としてあったということであれば，ピストルの引き金を

---

† つまり，危険性とは一種の可能性であり，その対象の抽象化の程度によって，可能性もまた，変動することになる。

引くことについての一般人の危険感を根拠とすることなく未遂罪の成立を導くことは不可能ではない（福岡高判昭 28 年 11 月 10 日判特 26 号 58 頁。判示も「行為の当時，たまたまその拳銃にたまが装てんされていなかったとしても……不能犯ということはできない」としている）。

7.3　中止未遂

7.3.1　概　　説

> **設例1**　青年 X_1 は高利貸しの老婆 A_1 を殺害しようとして，ナイフを振りかざしたが，命乞いする A_1 をみて殺害するのをやめた。
> **設例2**　青年 X_2 は高利貸しの老婆 A_2 を殺害しようとして，ナイフで斬りつけたが，出血をみて急に，A_2 を不憫に思い病院に連れて行って一命を取り留めた。

定　義　**中止未遂**とは，（広義の）未遂罪のうち，「自己の意思によりやめたもの」であり，必要的減軽ないし免除がなされる（43 条但書）。その点で，障害未遂が任意的減軽にとどまるのと区別される。

設例1の場合，X_1 は実行行為の途中で殺意を翻意して，やめている。これが**着手中止**である。一方，設例2では，X_2 は実行行為をいったん終了し，その後で翻意して，結果発生のための防止措置である病院への搬送を行っている。これが**実行中止**である。実行中止では，いったん実行行為が終了している以上，単純な中止だけでは足りず，**結果不発生のための積極的な行為**［**真摯な努力**］が必要だとされるのである。

判例は，この着手中止と実行中止の区別を前提にしている。たとえば，＊**牛刀事件**（東京高判昭 62 年 7 月 16 日判時 1247 号 140 頁）は，被害者に牛刀で一撃を加えたにとどまったが，当初は，最初の一撃で殺害の目的が果たせなかった場合にはさらに追撃に及ぶ意図があった場合には，実行行為は終了しておらず着手未遂であり，着手未遂の場合には，それ以上の実行行為をせずに犯行を中止すれば，中止未遂になるとしている[†]。

[†] しかし，これは極めて概念的な区別であって，妥当とは思われない。3撃で殺害するつもりで1撃目でやめたとしても，何もしなければ死亡するような場合，結果的には未遂にはならずに，既遂になってしまうはずだからである。この東京高裁判決も，被告人が被害者を病院に連れて行った事情，すなわち，結果防止のための積極的な行為の存在をも考慮している。

必要的減免の根拠　障害未遂が任意的減軽にとどまったのに対して，中止未遂は，少なくとも減軽されなければならないし，場合によっては刑の免除を受けることができる（これを通常，「必要的減免」と呼んでいる）。なぜ，中止未遂については，このような軽い刑事責任が障害未遂と比較して特別に正当化されるのかの根拠については，**法律説**と**政策説**の対立がある。

法律説　**法律説**は，減免の根拠を，犯罪の構成要素のいずれかが類型的に減少（ないし消滅）するためであると考えるものであり，それはさらに，**違法減少説**と**責任減少説**とに分かれる（それらを併用した違法・責任減少説もある）。

法律説のうち，違法減少説は，主観的違法要素としての故意を前提とするのが通常である。つまり，客観的な違法性としての危険性は，障害未遂でも中止未遂でも同じだと考えざるをえないから，違法性の違いを求めるとするならば，中止未遂においては，既遂結果発生の認識・認容としての既遂故意が欠如していることに求めるのである。

また法律説のうちの**責任減少説**は，行為者が自らの意思で実行行為の継続を放棄し，あるいは結果発生の防止につとめることが，行為者に対する非難を減少させるとするのである。

政策説　**政策説**は，中止未遂が特に犯罪の結果発生を防止するためにそのような努力をした行為者に対して報奨を与えるというものである。フランクによれば，中止未遂は「犯罪者が引き返すための金の橋である」と表現される。政策説は，いったん成立している未遂罪について，その違法性・責任はすでに充足されているのであり，中止未遂が成立する場合に遡ってその違法性・責任の量が変動するのは論理的に破綻するとする。

これに対して，法律説からは，政策説では，その中止未遂の実質的な減免根拠が明らかにされないことについて批判がある。また，特に無罪ではなく単に必要的減免で足りる日本の中止未遂の規定では「報奨」というには不十分であるとする批判や，さらに政策説の減免根拠は結局のところ違法性の減少か責任の減少ないしはそれらの両方しかありえないのであり，法律説との違いは相対的なものだとする見解もある。

危険の消滅　近時において，政策説を復活させたと見る見解が主張されている。それは，未遂罪がすでに成立している以上，違法減少はありえない。したがって中止行為は，それ自体を独立した，「既遂結果の危険性惹起の消滅」

を奨励するための純粋な政策的なものとして，中止未遂を基礎づけようとするものである[†]。このような**危険消滅説**は，政策説の一種であるが，この場合の中止未遂とは，通常の犯罪，すなわち違法結果をもたらすための行為を行って，刑罰という不利益を科されるというプロセスの逆であり，結果回避をもたらす行為を行って，減免という利益を得るという構造をとるものであり，原則として中止行為を前提とする実行中止を想定しているといえる[††]。

7.3.2 中止未遂の成立要件

> 設例1　X_1 は，商店に忍び込んでレジの現金を盗もうとその引き出しに手をかけたところ，ガードマン A_1 がやってきたために，何もとらずに逃げた。

概観　中止未遂は①自らの意思により（任意性），止めた（②中止行為，③結果の不発生）ことが必要である。

①任意性　設例で，X_1 は，盗むことを「止めて」はいる。しかし，ガードマン A_1 がきたから止めたのであって，このような場合に中止未遂を認めてしまえば，障害未遂との区別が困難となるばかりでなく，実際にも不当な結論といえよう。そこで通説は，「自らの意思により止めた」とは，任意のものでなければならず，設例1のような場合はガードマン A_1 がきた以上，実際には逃げざるを得なかったのであって，任意性は欠けると考えている。

つまり中止犯の成立には中止の任意性が必要である。

フランクの公式＝主観説　フランクは，任意性について，「やろうと思ってもできなかった」場合が障害未遂であり，「やろうと思えばできたが，あえてやらなかった」場合が中止未遂であるとした。この「やろうと思えばできたがやらなかった」基準を，通常**フランクの公式**と呼んでいる。フランクの公式は，可能＝不可能の判断基準を行為者自身に求めており，これを**主観説**と呼ぶ。

主観説と客観説　これに対して，可能＝不可能の判断基準を，一般人を基準とした通常の判断に求めるものを**客観説**とよんでいる。

たとえば，気の弱い行為者が被害者の出血に驚いて止めた場合に，通常人なら

[†] 山口厚『問題探究刑法総論』(1998年) 224頁。
[††] 中止未遂の判例は極めて少ない。しかし，これは判例の基準が厳しすぎることを必ずしも意味しないであろう。つまり，検察の起訴の段階で中止未遂で免除相当と考えられるものについて，中止未遂としてあえて起訴することはなく，たとえば，殺人の中止未遂であれば，傷害等に訴因を落とす，（他の犯罪であればそもそも起訴しない）などの措置がとられているからだと思われる。

ば，驚かない程度であれば，主観説では，行為者にとっては「やろうとしてもできなかった」のであるから任意性が否定され，これに対して客観説では，一般人は「やろうと思えばできた」のであるから任意性が肯定される。逆に，通常人なら驚いて止めるような場合に，行為者が特に肝がすわっていて動じなかったという場合には，客観説ならば任意性が否定されるが，主観説では，任意性が肯定できることになろう。

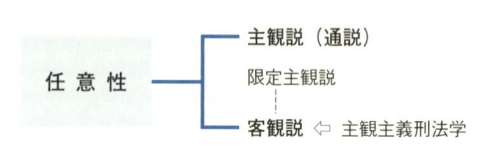

```
                     ┌── 主観説（通説）
           任 意 性 ──┤    限定主観説
                     └── 客観説 ⇐ 主観主義刑法学
```

　客観説は，本来は主観主義刑法学の立場から主張されたものである。中止減免の根拠を危険性の除去と考えたからである。確かに行為者がどのような認識であったかどうかは，実際には明らかでない場合が少なくないと思われるから，客観説にも一理がない訳ではない。しかし，法文上，「自らの意思により」とある以上，行為者を基準とする主観説が通説であり，基本的には妥当であると考えるべきである。

　学説の中には，**広義の後悔**（自己の行為に対する否定的な規範意識＝悔悟・慚愧・恐懼・同情・憐憫など）に基づいて中止したときに任意性があるとするものがあり，これを**限定主観説**という。限定主観説は，中止減免の根拠を責任減少説に求めるものであり，それはむしろ実質的客観説に近いものだということができる。

判断基準と判断資料　そもそも主観説と客観説は任意性の判断基準についての行為者標準と一般人標準の対立だったはずである。これに対して，限定主観説は，まさに判断資料としての，「広義の後悔」を考慮しようとするものだったのである。学説相互ならびに判例の理解についての混乱は，この判断基準と判断資料の混同に基づく。

判　例　判例が，外部的要因ではなく内部的要因によって「止めた」場合が中止未遂だとするのは，主観説ではなく，まさに一般的な基準として内部的要因でありうるかどうかを問題としている点で，客観説なのである。つまり判断資料は内部的要因であるが，その判断基準は一般人を基準とするべきだとするものなのである。

大審院時代には，殺害の目的で短刀で突き刺したところ血がほとばしるのを見て改心した場合に「意外ノ障碍ニ外ナラ」ないから任意性に欠けるとし（*大判昭 11 年 3 月 6 日刑集 16 巻 272 頁），線香を利用した時限装置を設置したが，夜が明ける時刻になって放火が発覚するのをおそれて消火した場合について犯行の発覚をおそれた中止は「経験上一般ニ犯罪ノ遂行ヲ妨クルノ事情タリ」うる（*大判昭 12 年 9 月 21 日刑集 16 巻 1303 頁）としていた。戦後の最高裁も，強姦の目的で女性の陰部に指を挿入したところ，電車の前照灯で指に血痕が付着しているのをみて驚愕して逃げ帰った場合について，「強姦の遂行を思い止まらしめる障礙の事情として，客観性のないものとはいえない」とし（最判昭 24 年 7 月 9 日刑集 3 巻 8 号 1174 頁），下級審でも，姦淫の目的で押し倒したところ，被害女性の鳥肌をみて欲情が減退し止めた場合に，「一般の経験上，……行為者の意思決定に相当強度の支配力を及ぼす外部的事情」であったことを理由に任意性を否定している（東京高判昭 39 年 8 月 5 日高刑集 17 巻 5 号 557 頁）。

判例の修正　しかしながら，純粋に内部的要因だけから，つまり外界の変化からは無関係な中止の動機形成だけが《任意》だとするならば，中止未遂が認められる場合が極めて限定されてしまう。判例において，広義の後悔があれば任意性を認める「いわゆる限定主観説」は，判例の客観説のあまりに峻厳な判断を緩和するという実際上の機能をもつ。判例においては，客観説と限定主観説は，必ずしも両立しえないものではない。

　たとえば，昭和 32 年の最高裁は，自殺の道連れとして就寝中の実母をバットで殴った後，流血して自分の名前を呼ぶ被害者を見て驚愕恐怖した場合について，「犯罪の完成を妨害するに足る性質の障がいに基づくもの」を理由に中止犯を否定したが，その点では客観説的であるが，そこでは，「右意力の抑圧（は）……被告人の良心の回復又は悔悟の念にでたもので」なかったことが強調されていたのである（*最決昭 32 年 9 月 10 日刑集 11 巻 9 号 2202 頁）。この，最高裁判例は，逆に，良心の回復・悔悟の念からでたものであれば，任意性を認めると解釈されうる。そして，下級審の中には，この理に従って，被告人が被害者の出血を見て驚愕すると同時に「大変なことをした」という反省・悔悟の情が込められている場合には，任意性があるとして中止未遂を認めた（*福岡高判昭 61 年 3 月 6 日高刑集 39 巻 1 号 1 頁）。この判例でも，「通常人であれば，本件の如き流血のさまを見ると，被告人の前記中止行為と同様の措置をとるとは限らない」としている点では，客観説であり，そこでは両説が両立している†。

---

† 同様に，出血をみて驚愕すると同時に大変なことをした，悪いことをしたと思い中止した場合について，中止未遂を認めた，東京地判平 8 年 3 月 28 日判時 1596 号 125 頁，被害者の「性病かもしれない」との言を信じたからではなく，妊娠させるのを不憫に思って姦淫を中止したものだとして任意性を認めた，大阪地判平 9 年 6 月 18 日判時 1610 号 155 頁，等。ただし，こういった限定主観説以外の立場の判例もあり，現在では，判例理論には一貫したものがあるとはいえない。たとえば，反省↗

> **設例2** X_2 は，A_2 を日本刀で殺害するに際して，2回斬りつけて殺害するつもりでいたが，1回斬りつけた段階で，A_2 が気の毒になり重傷を負わせたにとどめた（*二の太刀事件（東京高判昭51年7月14日判時834号106頁）参照）。

[2]中止行為　　通説は，着手中止については，実行行為の中断で結果が不発生であるが，実行中止については，そのままでは結果発生の可能性があり，新たにその結果発生を阻止する中止行為が必要であると考えている。

しかし，実行行為の概念は必ずしも明らかでないから，実行行為がいつ終了しているかを判断するのは困難な場合が少なくない。設例2で，2回斬りつけるつもりでいるときには実行行為が終了していないと考えれば，A_2 が重傷を負っても，そのまま立ち去っても中止未遂を認めるべきことになろう。

前掲・*牛刀事件はまさにこの論理によっているが，設例2の参考とした*二の太刀事件では，日本刀で1回斬りつけた後，「二の太刀」を加えようとしたところ，それをやめた場合に，実行行為の終了の有無を問わずに中止未遂を認めているのである。つまり，結果の不発生だとしても，それが中止行為者によるものであったこと（結果不発生との因果性）が必要であり，他人や他の要因による不発生では中止未遂にはならないのである。「結果不発生のための真摯な努力」（⇨7.3.1）とは，そういった意味である。

中止行為は，結果の発生を阻止するようなものでなければならない。病院につれていって適当な処置を依頼する場合のように，総てが行為者によって行われなければならないわけではないが，たとえば，放火を試みたが，途中で翻意し，たまたま通りかかった通行人に「よろしくたのむ」といって走り去るだけでは充分でない（*よろしくたのむ事件（大判昭12年6月25日刑集16巻998頁）──結果発生の防止に自らあたったと同視するには不十分だとしている）。その他，自宅を保険金目的で焼燬（しょうき）しようとしたが，点火後思いとどまり隣人の助けを借りて消火した場合について，中止犯の成立を認めた（大判大15年12月14日新聞2661号15頁）。また，被害者の救命のために警察へ通報した場合についても中止犯の成立を認めている（東京地判昭37年3月17日下刑集4巻3＝4号224頁）。これに対し，被害者を病院に搬送したものの，「一応の努力」をしたに過ぎず，医師に対して，

> ・悔悟の事情はなかったが，被害者の哀願があっても，通常であれば犯行を中止するとは限らないとして中止未遂を認めた，浦和地判平4年2月27日判タ795号263頁は，限定主観説を否定して客観説にたつものであり，同じく被害者が機転を利かせて被告人の気をひくような言動に基づいて被告人が病院へ搬送した場合について中止未遂を認めた，札幌高判平13年5月10日判タ1089号298頁は，「自らの意志で犯行を中止した」点を強調しており，むしろ主観説的であるといえよう。

被害者負傷の経緯の説明や治療費の負担の申し入れなどがなかった以上,「真摯な努力」はなかったとしたもの（大阪高判昭44年10月17日判タ244号290頁）があるが, やや厳格にすぎるように思われる。

3 結果の不発生　中止未遂も未遂の一種であるから, 既遂結果が発生してしまった場合には認めることはできないとされる。たとえば, ピストルで相手を殺害しようとして, 発射させ, 被害者に弾があたった後に, かわいそうになり, 救急車で運んだが死亡したような場合には, 結果が発生しているからこの要件を欠く。

学説の中には, このような場合にも少なくとも中止未遂の規定を類推して減免をみとめるべきだとする見解がある[†]。

7.4　予備・陰謀等

7.4.1　概　説

総　説　実行行為は, 既遂・未遂に共通の要件であり, 実行行為の着手すらない行為は, 処罰されないのが原則である。しかし例外的に, 実行行為の以前で早期に処罰する場合がある。それが, **予備罪・陰謀罪**等といわれる類型である。

予備罪　**予備罪**については総則の規定はない。個別の犯罪類型による規定に委ねているのである。現行法上の予備罪は, 極めて限定されている。すなわち, かつて刑法典では, **8種の予備罪**に限定されているとされていた（殺人

[†]　しかし, 殺人の既遂結果が発生している以上, そもそも未遂ではないのであるから, 酌量減軽(66条)などの量刑事情にはなりえても, 中止未遂の規定を適用することは困難であるように思われる。

ただし, 結果の発生が, 行為者の行為の因果的な結果である場合に, 中止未遂の規定の適用がないのであって, およそ結果が発生してしまっても, それは別の因果原因による場合には, なお未遂でありうるのであるから, 中止未遂の規定の適用の可能性もあることになる。たとえば, 重傷を負わせた後に, 悔悟して被害者を病院に運び, 通常ならば延命できたのに, 不十分な医療体制が原因で被害者が死亡したような場合には, 未遂を観念でき, したがって任意性があれば, 中止未遂の成立の余地がある。

一方, 結果不発生のための真摯な努力を行ったものの, 実はそのような努力がなくとも既遂結果が不発生であったような場合（これを**欠効未遂**という）, 結果不発生は中止行為とは無関係といえるが, しかし, 実行中止と着手中止の区別を相対的なものと考えれば, このような場合も, さらに, 新たな既遂結果への行為を選択しなかったという意味においてなお結果不発生に寄与したといえ, 中止未遂の成立を認めてよい。

予備 (201条), 身代金目的略取等予備 (228条の3), 強盗予備 (237条), 放火予備 (113条), 通貨偽造予備 (153条), 内乱予備 (78条), 外患予備 (88条), 私戦予備 (93条))。しかし, 近時 (2001年), 支払用カード電磁的記録不正作出準備罪 (163条の4) が追加され, **9種**となった。この追加は, 支払用カード (いわゆるクレジット・カード) が, 通貨と同様の機能をもつことから, 一般的な電磁的記録不正作出行為はその準備行為を処罰しない (161条の2) のに, 本罪については通貨偽造罪同様に, その予備罪を処罰することとしたものであろう。

刑法典以外にも, 予備罪は少なく, 破壊活動防止法に政治目的放火予備 (破防39条), 政治目的騒乱予備 (破防40条) 等が散見されるにすぎない。

陰謀罪 **陰謀罪**は, 予備罪よりもさらに限定されている。すなわち, 刑法典では, 内乱陰謀 (78条), 外患陰謀 (88条), 私戦陰謀 (93条) だけであり, 特別法としては, 破壊活動防止法の政治目的放火陰謀 (39条), 政治目的騒乱陰謀 (40条) 等に限られる。

予備罪と陰謀罪の異同 陰謀罪は, いわば**必要的共犯** (⇨8.5) の**多衆犯**である。つまり, 複数の者の間で意思の連絡がなければならない。これに対して, 予備は単独行為でもなしうる。

予備罪は既遂・未遂と比較した場合の早期的行為であり, 陰謀罪はさらにその前段階だという見解もあるが, 必ずしもそうとは限らないであろう。また, 予備罪と陰謀罪は, 一種の犯罪の準備行為として実質的に同一だとする見解もあるが, 予備罪だけで陰謀罪を規定していない場合に, 単なる陰謀行為があっただけでは, 予備罪としては処罰することはできない。

独立予備罪 上記の犯罪類型のうち, 私戦予備・陰謀以外は, 実行行為後の犯罪類型 (既遂・未遂等の類型) をもつ。これを**基本犯**ということがあるが, 殺人予備の基本犯は, 殺人既遂罪・未遂罪 (199条・203条) である。

これに対して, 私戦予備・陰謀 (93条) だけは, この基本犯が存在しない。基本犯の存在しない予備罪を**独立予備罪**という。

自己予備・他人予備 殺人予備罪 (201条) は, 「199条の罪を犯す目的で, その予備をした」, 強盗予備罪 (237条) は, 「強盗の罪を犯す目的で, その予備をした」場合を処罰する。このように,「～を犯す目的」の形式で規定されている場合には, 予備罪は, 自己の犯罪遂行のための準備であること (**自己予備**) が原則だとされている。

これに対して, 通貨偽造予備罪 (153条) は, 通貨の「偽造又は変造の用に供

する目的で，器械又は原料を準備した」行為を処罰し，これは，他人の偽造行為の場合を含むとされるから，**他人予備**をも含みうるとされるのである。

しかし，条文の文理上の文言だけから，自己予備だけか，他人予備をも含みうるかを区別するのは，困難である。たとえば，新設された支払用カード電磁的記録不正作出準備罪（163条の4）では，第1項前段で，支払用電磁的記録不正作出行為の用に供する目的で電磁的記録の情報を取得した者を処罰する他，同後段で「情を知って，その情報を提供した者」をも処罰することとしているが，これは明らかに前段を自己予備，後段を他人予備としているものと理解される。しかし，この前段の規定の仕方（「犯罪行為の用に供する」）は，まさに他人予備を含みうるとされる，通貨偽造予備のそれと同一なのである。

その他，他人予備の処罰に関するものであることを明文で規定するのは，79条の内乱予備幇助である。

他人予備罪を処罰するのが例外的な規定だとすれば，この79条や163条の4第1項後段のような特段の規定がない場合には，自己予備に限ると解するべきである。

自己予備と他人予備とでは，自己予備の場合には，基本犯（既遂犯または未遂犯）が成立すれば，予備罪はそれらに吸収されるのに対して，他人予備については，それぞれ独立して犯罪が成立する，という違いがある。

また，自己予備だとして，共犯の成立を一般的に認めるならば，実質的に自己予備と他人予備の区別は意義を失う。

予備の共犯　　**予備の共犯**の処罰については以下の各立場がある。（Ⅰ）特別の規定が必要であり，刑法典総則の**共犯例**（60条以下）の適用がなく，予備の共犯一般を処罰することはできないとする立場（**消極説**），（Ⅱ）その逆に，刑法典総則の共犯例は，予備を排除していないのであるから，一般的に予備の共犯を認めてよいとする立場（**積極説**），（Ⅲ）予備の幇助については79条のような特別の規定の存在が必要であるが，予備の共同正犯については他人予備も認め，60条を適用して処罰できるとする立場（**限定積極説**）等がある。

判例は，（Ⅲ）限定積極説の立場に立っていると考えられる（殺人予備の共同正犯を認めた，最決昭37年11月8日刑集16巻11号1522頁）（⇨8.6.7）。

60条・61条の「実行」という文言から，共犯例の適用には，「実行行為」の存在が必要だとすると，予備罪には実行行為が欠けるから，共犯例の適用がないという消極説が正当だということになろう†。

---

† 通説の立場では，実行行為概念が重要であるから，消極説が理論的には一貫していることにな

その他の準備形態 特別法では，たとえば，単なる「企て」を処罰するものもある（たとえば，国公110条第1項17号・地公64条4号）。

また，外国の立法例ではさらに「共謀」ないし「謀議」そのものを処罰するもの（英米法の**コンスピラシー**（conspiracy）），犯罪のための結社を処罰の対象とするもの（ドイツ刑法129条の結社罪）等もあり，国際協調から，これらの新しい処罰類型が日本でも導入される可能性がある（たとえば現在，**共謀罪**の導入が議論されている）。

これらは，処罰の早期化という側面と，共犯の処罰範囲の拡大という，2つの側面をもっている†。

7.4.2 予備と中止未遂

> **設例** Xは強盗を働こうとして出刃包丁を購入したが，強盗を働いてまで金を得ることがいやになり出刃包丁を処分した。

問題の所在 一般的に，予備を行った後で，本犯の犯行を実行行為前に，任意に思いとどまった場合，中止未遂の規定（43条但書）の類推適用がないかが，**予備の中止**の問題とされている。

設例のように，強盗の予備行為は行ったが，基本犯である強盗に着手する前に自発的に翻意してやめた場合，強盗予備罪の刑の減免の可能性を認めるかどうか，なのである。

もっとも字義上は，予備の中止は，予備の既遂に概念的に対立する予備の未遂のうちの，中止未遂についてを指すように思われる（設例でいえば，出刃包丁を買おうとして止め

ると思われる。しかし，「実行」ないし「実行行為」という概念に実質的な意義をみいださないならば，この60条以下の文言だけでは，共犯例の排除を正当化できない。

むしろ「予備」という文言が使われているからといって，すべて一律に予備罪として扱うのが適当であるかは疑問がある。予備罪が特別な考慮を要するのは，それが例外的な処罰の早期化であるからであり，早期化であるかどうかは，基本犯の存在について決まる。つまり，基本犯類型がある場合には，その「予備罪」は特別な早期化類型なのであり，その処罰がそもそも例外的なのであるから，特別の規定がない限りは，共犯の成立を認めるべきではない。

これに対して，独立予備罪の場合には，それ自体が基本犯であるのだから，特別の規定がない限りは共犯の成立を認めてよい，ということになるはずである。

† これらの新しい犯罪類型について，特に立法論では，実行行為概念は，無力である。むしろ，事実的因果論における，結果ないしその危殆化に対する可罰的因果原因と位置づけられるか，またその想定される結果ないし危殆化が基本法（憲法）に基づいて保護に値するものであるかどうかという観点から，その導入の可否が決定されるべきことになろう。

場合）が，一般的には上記の場合，すなわち予備行為は完了したが，基本犯には着手しなかった場合を指す。なぜならば，そもそも，予備罪の処罰が限定的であることから，その未遂形態は処罰されていないから，さらにその中止形態を論じることが意味がないと思われてきたからであるが，理論的には，予備罪の未遂処罰はありえるから，その中止減免も通常の未遂罪と同様に考えることはできよう。厳密には予備罪ではないが，たとえば，163条の4第1項の支払い用カード電磁的記録不正作出準備罪については，その未遂が処罰されている（163条の5）。したがって，この作出準備の中止行為は観念できることになる。

消極説　判例は，この点について一貫して消極に解している（**消極説**）。形式的にいえば，予備罪が完成している以上，未遂罪について規定する43条の適用の余地はなく，したがって，43条但書の中止未遂の適用もないのというのである。

積極説　これに対して，強盗の未遂において，実行の着手後でも中止行為であれば減免されるのに，その前の段階である，実行の着手前に翻意して，着手にも至らなかった場合に，減免の可能性を否定するのは，均衡を失するから，予備罪にも中止未遂の規定の類推適用を認めるべきだとする**積極説**が，学説上は多数説である。

たとえば，殺人予備罪（201条）は情状による免除の可能性を認めているから，中止減免の規定の類推適用の必要性は低いが，内乱予備罪（78条），強盗予備罪（237条）には，情状による免除規定はないから，中止犯の類推適用による減免の可能性を認めないと，この不均衡を回避できないことになる。

第8章

共犯論

8.1 共犯の概念

8.1.1 共犯とは何か

> **設例** 暴力団の組員Xは，組長Yから抗争中の暴力団組長Aの殺害を命じられ，子分Zとともに組事務所に乗り込みXとZとがそれぞれピストルを発射してAを殺害したが，その際，A事務所のWと内通して中から鍵を開けてもらった。

共犯論の意味 　犯罪論の基本類型および未遂まで（第3章〜第7章）は，原則として行為者が1人である場合（単独正犯・単独犯）を想定していた。しかし，実際の犯罪現象では，複数の行為者が結果惹起している場合も少なくない。

複数の行為者の犯罪を扱うのが**共犯論**である[†]。『複数の行為者』には共犯だけでなく正犯も含まれる。つまり，共犯論とは，共犯それ自体だけでなく，共犯との関係の限度で正犯（ないし共同正犯者相互間，さらには同時正犯もその検討の範囲に入りうる）をも論じるものでもある。共犯および共犯と正犯の関係を含めて**共犯現象**ということができる[††]。

[†] 共犯制度と，近代主義（モダニズム）の個人主義の原則との調和には微妙なものがある。共犯は究極的には他人の行為を理由に処罰されるものであるからである。前近代（封建時代）における刑罰制度は，連座制等にみられるように団体主義的であり，それを克服して個人責任の原則を樹立したところに近代化の1つの成果があった。統一的正犯概念と純粋惹起説の結合には，その意味で，共犯論を個人責任に再構成しようとする積極的な意義を認めることができないわけではない。反面では，現代の経済活動等において企業法人その他の団体の比重は飛躍的に高まっていることも否定できない。したがって，現在の共犯理論を越えた，新たな団体責任も今後検討されるべきことになろう。

[††] なお，複数の行為者が1つの結果をもたらしても，それぞれが全く無関係であれば，共犯現象とはいえず，単なる**同時犯**である。共犯現象でも，同時犯でもない正犯は単独正犯である。

共犯論は共犯現象を扱うのである。

1つの犯罪に複数の行為者が結果惹起する場合を論じるのが，共犯論である。これに対して，複数の犯罪に1人の行為者が結果惹起する場合を扱うのが，罪数論である（ただし，罪数論は，犯罪論だけでなく刑罰論の側面もある）。なお，「共犯」の対立概念は「正犯」であるが，日常用語においては「共犯（者）」というと，共同正犯や，教唆犯・幇助犯だけでなく，これらの共犯に対する正犯をも含めている場合も少なくない。刑法学・刑事訴訟法においても，このような意味で「共犯」という用語が用いられることもないではない（例：共犯者の自白）。

共犯の実定法上の根拠・定義　共犯とは，正犯に対するものであり，実定法上は，刑法典に規定されている，**共同正犯**（60条），**教唆犯**（61条），**幇助犯**（62条）を意味する。

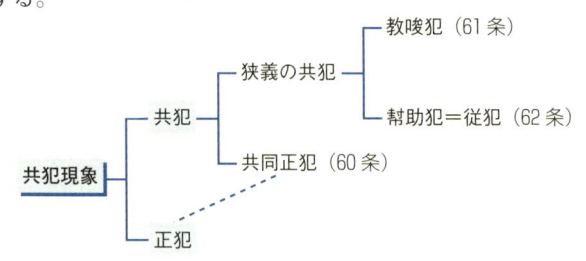

```
                       ┌─ 教唆犯（61条）
               ┌ 狭義の共犯 ┤
               │       └─ 幇助犯＝従犯（62条）
共犯現象 ─┬ 共犯 ┤
         │     └─ 共同正犯（60条）
         │               ╱
         └ 正犯 ─ ─ ─ ─
```

共犯の種類　上記のうち，教唆犯と幇助犯の2つを特に，**狭義の共犯**と呼ぶ（加担犯とよぶこともある）。これに対して共同正犯は，この狭義の共犯に比較して，正犯と共犯の間に位置する中間的な形態だとされる。

共同正犯は共同正犯者どうしの間に成立し，狭義の共犯のように「正犯」の存在を必要としない。また60条は「正犯として処罰する」と規定している。これらを根拠に，共同正犯を正犯の一種として扱う立場もある。しかし通常は，共同正犯は，正犯『として』処罰されるだけであって，正犯そのものではない，と解している。

61条
　①人を教唆して犯罪を実行させた者には，正犯の刑を科する

教唆犯とは，他人に「教唆して犯罪を実行させた」者であり，教唆とは「唆（そそのか）す」ことである。教唆犯は正犯の刑を科する[†]。

62条
　①正犯を幇助した者は，従犯とする
63条
　従犯の刑は，正犯の刑を減軽する

幇助犯［従犯］とは，「正犯を幇助した」者であり，「幇助」とは犯罪の実行を容易にするためにそれを手助けすることである。幇助については，正犯の刑を減軽しなければならない（必要的減軽）。

60条
二人以上共同して犯罪を実行した者は，すべて正犯とする

共同正犯とは，「二人以上共同して犯罪を実行した者」であり，「正犯として」処罰される。意思を共同すれば，実行行為の一部を行った場合であっても，それぞれが正犯として処罰される（たとえば，設例でAに向けてXとZがピストルを発射したが，Xの弾がそれ，Zの弾だけがあたってAが死亡しても，Xについても殺人既遂罪の共同正犯となる）。これを**一部実行全部責任**という。つまり共同正犯では，相互作用補充関係が必要なのである。

小 括 つまり，現行法上，共犯として列挙されている形態は3種あり，共同正犯は正犯として処罰し，教唆犯については正犯と同様に扱い，幇助犯については必要的減軽を定めていることになる。

設例で，Xに殺害を命じたYは，XとZのA殺害についての教唆犯であり，A殺害について共同して実行したXとZとは共同正犯であり，Xらの実行を助けたWは幇助犯である。

8.1.2 その他の共犯の類型

間接教唆

61条
②教唆者を教唆した者についても，前項と同様とする

「教唆の教唆」を**間接教唆**という。間接教唆も教唆と同様に処罰される。教唆の教唆には，XがYに対して「Zへ教唆せよ」と教唆した場合だけでなく，XがYに犯罪を教唆したところ，YがさらにZに教唆した場合も含まれる（最判昭28年6月12日刑集7巻6号1278頁）。

---

† 口語化前の61条は「正犯ニ準ス」とあったのであり，この文言から実質的に教唆犯を正犯よりも重く処罰することはできないと解釈されていた。共謀共同正犯が実務に浸透していったのは，1つには，この61条の規定による教唆犯の科刑の制限が影響していたのである。現行刑法は「正犯の刑を科する」ことができるのであるから，たとえば実行正犯を死刑とする時に，教唆犯にも死刑を科すことの抵抗は薄れたといえよう。つまり，この61条の口語化は，それに伴う解釈の実質的変動（具体的には，従来の共謀共同正犯の拡大適用傾向の是正）をもたらす可能性がないとはいえない。

教唆の教唆の教唆を**再間接教唆**という。間接教唆が「前項と同様」であるから，教唆となり，その教唆であるから再間接教唆（さらにはその再々間接教唆等）もすべて可罰的だとするのが判例（大判大11年3月1日刑集1巻99頁。ただし被再間接教唆者も実行行為を行っている事例であるから，純粋な再間接教唆の事例とはいえない）・通説であるが，文理解釈として，実質的にも無限の連鎖を認める点からも妥当とは思われない。

幇助の教唆・間接幇助

62条
②従犯を教唆した者には，従犯の刑を科する

従犯の教唆，つまり**幇助の教唆**，たとえば，見張りを教唆したような場合，従犯の刑を科する。これに対して，幇助の幇助（**間接幇助**）については規定はないが，可罰的だとするのが判例である（最決昭44年7月17日刑集23巻8号1061頁）。

共犯の制限

64条
拘留又は科料のみに処すべき罪の教唆者及び従犯は，特別の規定がなければ，罰しない

拘留・科料のみに処すべき罪とは，刑法典犯罪では，侮辱罪（231条）だけである。また特別法としてはたとえば，軽犯罪法の罪（軽犯1条）があるが，これについては，教唆・幇助を処罰しうる旨の規定がおかれている（軽犯3条「正犯に準ずる」）。

8.1.3 正犯概念

正犯概念——正犯と共犯の関係に関する政策論　正犯だけでなく，共犯を処罰するかどうか，また処罰するとして，それをどのように処罰するかという，共犯処罰の立法形式についての類型が，一般に**正犯概念**といわれるものである。つまり，ここでの「正犯概念」とは，共犯「ではない」者としての「正犯」を意味し，実定法上の「消極的な正犯概念」なのである†。この正犯概念は，**統一的正犯概念，拡張的正犯概念，限縮的正犯概念**の3つに分類される。

統一的正犯概念　**統一的正犯概念**とは，共犯という特別の規定をもたず，犯罪に一定の結果惹起をした者をすべて正犯として処罰する立法形式をいう。イタリア刑法（110条）は，この統一的正犯概念をとっている。

---

† 一方，「正犯でないものを正犯とする」見解を消極的共犯概念という。しかし，正犯でない因果的関与がすべて共犯として可罰的な訳ではない。これは限縮的正犯概念のコロラリーでもある。したがって消極的共犯概念に代えて，ないしそれに加えて，実質的共犯概念が必要であるが，ここでは触れない。

統一的正犯概念は，犯罪に結果惹起した者すべてを正犯として処罰するのであるから，共犯の固有の問題というのは存在しないことになる。そこでは，もっぱら因果的な結果に対する作用の程度が問題となるにすぎない。「頑張って窃ってきてね」と送り出す窃盗犯の妻の行為や，ポリタンク入りのガソリンを放火殺人者に売り渡すガソリンスタンドの店主の行為と，窃盗・殺人の結果との因果性の問題が残るだけである。

統一的正犯概念は，要するに共犯という特別の犯罪類型を知らない立法形式だということになる。

これに対して，共犯という犯罪類型を正犯と区別して処罰しようとするのが，拡張的正犯概念と限縮的正犯概念である。

拡張的正犯概念 **拡張的正犯概念**とは，統一的正犯概念のように，本来は一定の結果惹起者は，正犯であるのだが，共犯の規定を満足する類型については，特別に（減軽して）処罰するという立法形式である。この拡張的正犯概念では，共犯は処罰拡張事由ではなく，正犯に対する特別減軽類型であり，これらの共犯の規定に該当しないものは，原則に戻って正犯として処罰されるということになる。たとえば，過失の教唆・幇助（例：殺意をいだいている者にそれを知らずに簡単な殺害の方法を教えた）は，過失の共犯処罰がないから，正犯としての過失致死罪が成立することになる。

限縮的正犯概念 **限縮的正犯概念**とは，共犯の規定を拡張処罰規定と考えるものであり，正犯としては処罰できない結果惹起形式に特別に処罰類型を設けたものとする立法形式である。この立場では共犯は，本来正犯としては処罰されないのであるが，共犯規定の存在をまって初めて処罰が可能となるような類型だということになる。つまり，共犯は拡張された減軽類型である。この見解からは，過失の教唆・幇助は，故意の共犯が成立しない場合には，不可罰である。

通説＝限縮的正犯概念 通説の理解は以下のとおりである。すなわち，日本の現行刑法は60条以下に特に共犯の規定を設けており，統一的正犯概念をとっていないことは明らかである。そして，拡張的正犯概念と限縮的正犯概念のいずれかについては，限縮的正犯概念とみるべきだとされることになる。なぜならば，共犯処罰規定による共犯以外の結果惹起形態が正犯として処罰されるのは処罰範囲を不当に拡大するものであり，特に過失正犯を安易に肯定するのは問題だからである（**共犯処罰の謙抑性**）。

正犯と共犯の区別 限縮的正犯概念をとる通説において，何が正犯であり何が共犯であるか，言い換えれば正犯と共犯との区別が問題となる。

この点について，大きくは，**主観説**と**客観説**とにわかれる。**主観説**は行為者の正犯意思の有無をもって区別する見解であり，**客観説**は，実行行為を自ら行った者を正犯とする見解をいう。

■ 8.1 共犯の概念

実行行為を自ら行った者が正犯であり，それ以外の者が共犯だとするのが**客観説**であり，現在の通説であるといってよい。

客観説はさらに実行行為を構成要件該当行為を基本とする形式的基準で決しようとするもの（**形式的客観説**）と，構成要件の実現過程における重要な役割であるかどうかによって正犯と共犯を決するもの（**実質的客観説**）とに分かれる。

実行行為について，構成要件該当行為を基本とする形式的客観説には，その形式性を徹底できない限界がある（特に間接正犯・共謀共同正犯）。そこで実質的客観説が主張され，結果に対する重要な役割による，正犯と共犯の区別が説かれる[†]。

一方，複数の原因は，結果に対して因果的であるかないかだけが問題となり，程度の差を見いだすことができないとする**等価説**（⇨4.3.1）に立つ場合には，正犯と共犯についても，その因果性の区別は不可能であり，客観的側面での因果関係で区別できない以上，主観面での区別によらざるをえないことになる。

判例 判例の中には，正犯であるか幇助であるかはその意思の内容によるとするものがある（*千葉地松戸支判昭55年11月20日判時1015号143頁。強盗に際しての逃走用の自動車を運転した事例について強盗の実行者らを利用して「自らも強盗する意思」がなかったとして強盗幇助の成立にとどめた）。しかし，客観的な役割の程度も指摘しているから，純粋に正犯意思・幇助意思だけを問題にしている訳ではない。つまりその結果を自らのものとするのが正犯であり，幇助的意思にとどまる場合には幇助犯だというのであろう。しかし，「意思」という主観的側面で正犯と共犯を区別することには疑問がある。判例の現在の主流は主観説とはいえない。たとえば共謀共同正犯について，戦前は主観説によりこれを基礎づけようとしたが，戦後，**練馬事件**（⇨8.1.4）以来，基本的には実質的客観説に立つとされてきたのである[††]。

8.1.4 共謀共同正犯理論

正犯性の理論における，主観説・客観説の対立は，単独正犯と共犯を区別する

[†] しかし，実質的客観説の基準——重要な役割——は，あまり明確なものとはいえない。特に，実行行為の一部を行うに過ぎない場合に，それが幇助なのか共同正犯なのかの区別が困難である。たとえば，強姦罪で手足を押さえつけたに過ぎない者も，「暴行脅迫」という構成要件該当行為の一部を実行しているが，理論的に共同正犯であるか幇助であるかを区別することは困難であるように思われる。

議論（たとえば，間接正犯論）だけではなく，共犯内部での，共同正犯と狭義の共犯との区別においても適用されることとなる。共謀共同正犯は，まさにその点が問題となるのである。

定義　**共謀共同正犯**とは，みずからは実行行為を行わないが，犯罪行為の全体についての謀議（**共同謀議**）に参加し，その役割分担をはたした場合に，共同正犯として扱われるものをいう。これに対して，通常の共同正犯を特に区別して**実行共同正犯**とよぶ。60条の共同正犯は，「共同して実行」したことを要件としている。しかしこの「実行」をいわゆる「実行行為」と理解すると，現場には赴かない組織の首領などの背後者は，共同正犯としては処罰できないことになる。この不合理を避けるために，戦前からの判例理論によって生み出されたのが，「共謀共同正犯」の理論である。

判例　戦前の判例は，主観説からこの共謀共同正犯理論を正当化していた（*大連判昭11年5月28日刑集15巻715頁）。しかし，戦後の最高裁は，むしろ実質的客観説により，共謀共同正犯を基礎づけようとしてきた。その点についての有名な判例が，**練馬事件**（最大判昭33年5月28日刑集12巻8号1718頁）である。この判例では，「他人の行為をいわば自己の手段として犯罪を行った」ことが，自分自身で犯罪を行った場合と刑事責任上区別する実質的な差異がないことに求めている。

学説　学説はかつては，共謀共同正犯理論に対する**消極説**が圧倒的であったといえる。60条の「実行」を形式的に実行行為と理解し，事前謀議への参加にすぎない場合には，共同「実行」したとはいえず，それにもかかわらず共同正犯で処罰するのは罪刑法定主義違反だと考えたからである。しかし現在では，形式的客観説によって，確立した判例理論を正面から否定するよりも，実質的客観説により，「重要な役割」の要件を実質化しようとする立場が学説上も通

---

†† これに対して，ドイツの判例は戦前戦後を通じて主観説が主流であった。有名な1962年のドイツの**スタシンスキー事件**（BGHSt 18, 87）判決では，ソ連のKGBの指令により亡命者を暗殺した被告人を殺人の幇助としている。このような場合について，主観説以外からも，犯罪の「実行行為」を行い，それについて故意があっても，それが他人のためである場合について，特に（**故意ある**）**幇助的道具**として，正犯性を否定し，その背後者を正犯ないし間接正犯とするべきだとする立場がある。たしかに，看護婦が毒薬であることを知らずに医師に命じられて注射する場合と，毒薬であることは知っているが，医師がその患者を殺害して保険金を詐取するのを助けるつもりで注射する場合とで，前者には実行行為がなく，後者には実行行為があるとするのは，実行行為概念に故意が含まれていることを示唆しよう。しかし，だからといって，逆に，幇助的道具を認めることは，正犯性の判断について過度に主観主義に傾斜していることになろう。

説だといってよい†。しかし，最近では，学説から，共謀共同正犯の成立範囲を安易に広げすぎているのではないかとの批判を受けている判例がある。

＊＊スワット事件（最決平 15 年 5 月 1 日刑集 57 巻 5 号 507 頁）
事案：暴力団幹部の被告人が，上京するに際して，ボディガードを意味する「スワット」らに，けん銃等で護衛させていた。
判旨：「被告人とスワットらとの間にけん銃などの所持につき黙示の意思の連絡があ」り，「彼らを指揮命令する権限を有する被告人地位と彼らによって警護を受けるという被告人の立場を併せ考えれば，実質的には，正に被告人がスワットらに本件けん銃を所持させていたと評し得る」として，けん銃の不法所持の共謀共同正犯を認めた。

つまり，この事例では，けん銃の所持について黙認していただけで明確な役割分担が存在していたとはいいがたいのに，共謀共同正犯を認めているというのである。

正犯と共犯の区別　事前の謀議が行われて，それに基づいて実行された場合，謀議参加者や実行参加者の総てが共同正犯であるわけではない。幇助犯の場合もありうる。つまりここでの正犯と共犯の区別とは，共同正犯（共謀共同正犯）と幇助犯との区別なのである。

この点に関して，（Ⅰ）主観的な観点から区別する立場（主観説）と，（Ⅱ）客観的な観点から区別する立場（実質的客観説）とがある。（Ⅰ）は，いわゆる正犯意思・幇助意思によるものであり，（Ⅱ）は，役割分担を重視する††。

正犯意思・共犯意思　判例の主流はⅠの正犯意思・幇助意思の区別による，とされてきた。「意思」による区別の点をとらえて一種の主観共犯

---

† 学説としては共謀共同正犯理論に反対していた團藤が，最高裁判事となった時点で改説したことについて自ら言及したものとして，最決昭 57 年 7 月 16 日刑集 36 巻 6 号 695 頁（「團藤意見」参照）。最近でもなお，消極説を維持するものとして，たとえば，中山研一『口述刑法総論』新版（2003年）285 頁，曽根威彦『刑法総論』第 3 版（2000 年）283 頁，浅田和茂『刑法総論』補正版（2007年）418 頁，山中敬一『刑法総論Ⅱ』（1999 年）825 頁，等。本書は，60 条の「実行」に直観的実行行為概念を結びつける必然性はなく，いわゆる「実行」共同正犯に限定されないと考えるが，その範囲は，まさに共同正犯として処罰するに値する因果性の存在に依存する。ある種の「共謀」は，違法結果について共同正犯として処罰するに値する因果性を有する場合があり，それを「60 条の『実行』と呼びたくば呼べばよい」だけのことである（なお，共謀共同正犯を，「実行」共同正犯と再構成するべきだとするものとして，荘司邦雄『刑法総論』第 3 版（1996 年）473 頁，内田文昭『刑法概要・中・犯罪論（2）』（1999 年）487 頁）。ちなみに，間接正犯理論と共謀共同正犯理論とは，実質的客観説によって基礎づけられるという意味において，連動しているはずのものである。つまり，共謀共同正犯理論を形式的客観説から否定するならば，間接正犯も否定しなければならないことになる。
†† なお，形式的客観説といわれるものは，実行行為を自ら行ったかどうかで正犯と共犯を区別しようとするものであって，この場合には，そもそも実行行為を行わない共謀共同正犯という概念それ自体を否定せざるをえないことになる。

論（責任共犯論）だとする批判もある。

　しかし，実際の判例では，純然たる主観的意思の内容で判断しているわけでは必ずしもない。

　　たとえば，現金輸送車強奪に際して，逃走用の車の運転者をつとめた者について，事前謀議・下見に参加していないことや，犯罪の報酬が他の共犯者が山分けした部分の一部から支出されたにすぎない等の客観的事情から，正犯意思が欠けるとしている（前掲・*千葉地松戸支判昭 55 年 11 月 20 日判時 1015 号 143 頁）。

　　また，幇助意思ないし，**故意ある幇助的道具**の判断では，幇助意思の有無といいながら，やはり，犯罪結果の帰属や利得，犯罪目的物の使用・利用状況等からそれを判断しているとも見ることができる（たとえば，覚せい剤を頼まれて買い手に手渡した場合の譲渡罪（横浜地川崎支判昭 51 年 11 月 25 日判時 842 号 127 頁），頼まれて覚せい剤を注射してやった場合の覚せい剤使用（大津地判昭 53 年 12 月 26 日判時 924 号 145 頁）等において実質的に役割分担を考慮に入れている。もっとも，主観説がなお主観説にとどまるとすれば，実行行為の一部を分担しても，なお幇助意思にとどまる限り幇助犯だとすることにあろうが（福岡地判昭 59 年 8 月 30 日判時 1152 号 182 頁），それは形式的客観説との違いを強調しうるものではあっても，実質的客観説への接近を回避できるものではない。上記一連の判例では，役割分担などは正犯意思・幇助意思の判断のための資料の 1 つであるという構造は維持されているものの，それを除けば，実質的客観説だといってさしつかえないであろう。

　一方，役割分担を強調したとされるものとしては，たとえば，長崎地佐世保支判昭 60 年 11 月 6 日判タ 623 号 212 頁，大阪地判昭 58 年 11 月 30 日判時 1123 号 141 頁，等がある。

共謀の意義　　犯罪にかかる謀議をした場合が全て共謀共同正犯となるのではない。**練馬事件**大法廷判決でも，「2 人以上の者が，特定の犯罪を行うため，共同意思の下に一体となってお互いに他人の行為を利用し，各自の意思を実行に移すことを内容とする謀議」の存在を要求する。そのような謀議があれば，「他人の行為をいわば自己の手段として犯罪を行った」といえるからである。

　と同時に，同大法廷判決によれば，その謀議は，「罪となるべき事実」であって，厳格な証明が必要だとしている。もっとも同大法廷判決はそれに続けて，その謀議の存在自体は厳格な証明が必要だが，「謀議の行われた日時，場所またはその内容の詳細，すなわち実行の方法，各人の行為の役割分担等についていちいち具体的に判示することを要するものではない」としている点に注意する必要がある。

事前謀議　　問題は，こういった謀議が，実行行為以前の事前のものに限られるかである。しかし，事前謀議に限定する必要はなく，順次謀議・現場謀議でも，**練馬事件**判決が指摘するように，その謀議を通じて「他人の行為を自

■ 8.1　共犯の概念　　269

己の手段として利用する」関係が成りたつならば，なお共謀共同正犯を認めることになるといってよいであろう。

8.1.5 共犯の処罰根拠

意 義　共犯の処罰が形式的には刑法60条以下の規定に基づくものだとしても，実質的な処罰根拠が必要だと考えられた。それが，共犯の処罰根拠論とされるものである。

共犯の処罰根拠としては，**責任共犯論・不法共犯論**と**因果共犯論［惹起説］**に大分される。

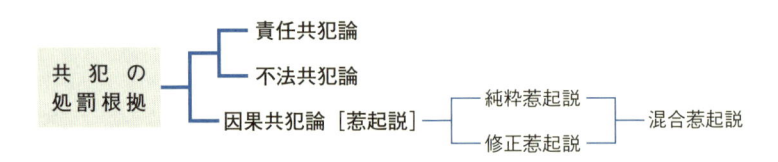

```
                 ┌─ 責任共犯論
共犯の          ├─ 不法共犯論
処罰根拠        │                    ┌─ 純粋惹起説 ─┐
                 └─ 因果共犯論［惹起説］─┤              ├─ 混合惹起説
                                       └─ 修正惹起説 ─┘
```

責任共犯論　**責任共犯論**は，共犯が処罰されるのは，正犯を誘惑し堕落させることによって，正犯を犯罪に導いたことが共犯の処罰根拠であるとする。この立場からは，正犯が実行行為にでたことは必要でなく，正犯に犯罪意思を形成させたことが共犯の《結果》であり，この《結果》がある以上は処罰できることになる（独立共犯処罰）。

不法共犯論　**不法共犯論**も，責任共犯論と同様，正犯の不法を誘致する行為が共犯固有の不法であるとする。たとえば，殺人罪について，正犯は「他人を殺してはならない」という規範違反であるが，共犯については「殺人をすすめてはならない」という禁止に違反したものだと理解するのである。

因果共犯論　責任共犯論は，主観主義刑法学の立場からの帰結であり，今日では学説としてとる者はいない。不法共犯論も，実質的にはこの責任共犯論の系譜に属するものであるのみならず，教唆犯の処罰根拠を説明するのには適合的であるが，幇助犯や共同正犯については，必ずしもその実体を把えているとはいえない。したがって，今日の学説では，共犯の処罰根拠を，違法結果に対する因果的寄与に求める**因果共犯論［惹起説］**が通説である。

因果共犯論は，さらに，共犯の結果に対する固有の因果的惹起だけを問題とする**純粋惹起説**と，正犯を通じた因果的結果惹起を根拠とする**修正惹起説**とがあり，

さらにその両者を折衷し，両者の因果的惹起が揃ってはじめて処罰できるとする，**混合惹起説**がある。現在は，混合惹起説が多数説であるといってよい[†]。この点について，これら，因果共犯論のそれぞれの立場の違いが，解釈論上も結論の違いをもたらすとされることがある。

たとえば，教唆者 X が正犯 Y に X 自身に対して生命の危険があるような重い傷害を教唆した場合に，傷害行為は Y にとっては違法であるが，X 自身については自己損傷行為（**自傷行為**）であって違法ではない。この場合，修正惹起説は，X が正犯 Y の違法結果をもたらしている以上，傷害の教唆で処罰できるが，純粋惹起説および混合惹起説では，共犯固有の違法が観念できない以上，共犯としては処罰できないことになる，というのである[††]。

判例 判例の立場は必ずしも明らかではないが，その中には実質的に責任共犯論に近いと批判されるものもある[†††]。

[†] 純粋惹起説として，浅田・前掲書 407 頁。

[††] しかし，以上のような解釈論上の《実益》を共犯の処罰根拠論に求めるのは疑問がある。たとえば，上記事例の逆に，X が，Y に対して Y 自身を損傷するように教唆した場合，共犯固有の違法結果をもたらしているから，純粋惹起説では共犯として処罰できるが，修正惹起説および混合惹起説では正犯を通じての違法結果の惹起が欠けるから，共犯としては処罰できないことになる，ものでもなかろう。共犯の従属性からは，正犯について犯罪とならないのにそれを処罰することはできないはずだからである（このことから，むしろ，実行従属性と因果共犯論との論理的関係性が示唆されよう）。

因果共犯論とは，共犯処罰の根拠を因果的結果惹起に求め，そのことによって，本来は他人の行為であるのに，場合によっては正犯と同様に処罰されることがなぜ正当化されるかという，純粋な理念的根拠論だったはずである。上記の事例の解決についても，処罰根拠論ではなく，違法概念の相対性等の問題に解消されるべき分野だといえる。理念的な根拠論としては，純粋惹起説では，おそらくは正犯同等の罪責を正当化することはできない（もしそれができるほどの因果の原因であれば，むしろ正犯として処罰できるはずであり，共犯処罰自体を否定することになる），一方，修正惹起説では，他人の因果的惹起の仮借だけで，やはり正犯と同等の罪責を基礎づけることは困難である。その結果として，混合惹起説が因果共犯論の中では比較優位をもつということになろう。

[†††] 犯人自身の隠匿行為は不可罰であるが，犯人が他人を教唆して自己を隠匿させた場合には，犯人蔵匿罪の教唆犯が成立する（*最決昭 40 年 2 月 26 日刑集 19 巻 1 号 59 頁）。また，犯人自身による証拠偽造教唆につき，*最決昭 40 年 9 月 16 日刑集 19 巻 6 号 679 頁）。1947 年改正前の 105 条は，犯人の親族について蔵匿隠避・証拠隠滅行為について不可罰としていたところ，犯人の親族が他人を教唆して犯人を隠避させた場合には，犯人隠避教唆犯が成立するとした（*大判昭 8 年 10 月 18 日刑集 12 巻 1820 頁）。これらは，「蔵匿隠避・証拠隠滅する」結果についての惹起ではなく，「蔵匿隠避・証拠隠滅させる」こと自体を処罰しようとするものであり，責任共犯論に近いとされるのである。なお，組織犯罪対策法はその 3 条で，賭博，殺人，逮捕監禁，強要，身代金目的略取，等の犯罪が「団体の活動……として，当該罪に当たる行為を実行するための組織により行われたときに」通常よりも加重された刑を科すこととしている。これは，たとえば殺人罪の通常の刑の有期懲役の下限が 5 年であるのが同法では 6 年に加重されているなど，さほど加重されているとはいえないものの，加重の根拠が，犯罪が「犯罪組織」によることだとすると，因果性からそれを説明することができるかは疑問である。

これに対して，**ゴツトン師事件**（最判昭 25 年 7 月 11 日刑集 4 巻 7 号 1261 頁⇒8.2.5）では，最高裁は，教唆行為と正犯の犯罪との間の因果関係があったかどうかを問題としており，因果共犯論に近いものと評価できる。

共犯の因果性の意味　因果共犯論をとる場合であっても，共犯における因果関係は，正犯のそれとは異なるとするのが一般的である。なぜなら，たとえば，**見張り**は幇助の典型とされるが，この場合，条件公式をあてはめると，見張りがなくても犯罪が成立したであろうといえ，因果性が否定されてしまいかねない。

そこで，共犯の因果性は，正犯の行為ないし結果の発生の促進で足りるとされる（促進関係）。判例には，幇助においては，犯罪の遂行に必要不可欠のものでなくても「犯罪遂行ノ便宜ヲ与ヘ之ヲ容易ナラシメタルノミヲ以テ足」るとしたものがある（大判大 2 年 7 月 9 日刑録 19 輯 771 頁）が，同趣旨である。しかしその促進の程度いかんでは，共犯の因果性も否定されることになる。

たとえば，犯行に際して被っていた鳥打帽子・足袋の提供それ自体は，「強盗ヲ容易ナラシムルコトハ特殊ノ場合ニ属スル」として，それらの提供を強盗幇助とした原審を破棄したものがある（***鳥打帽子事件**　大判大 4 年 8 月 25 日刑録 21 輯 1249 頁））。

****目張り事件**（東京高判平 2 年 2 月 21 日判タ 733 号 232 頁）。

実行正犯 Y が宝石商 A を殺害するに際して，当初ビル地下室内でピストルで殺害する計画であったため，X はピストルの音が外部に漏れないように当該地下室において目張りを行ったが，現実には Y は地下室では殺害せず，A を車で連れ出して，走行中の車内で殺害した。目張り行為についても強盗殺人の幇助だとした原審を破棄して，この点についての幇助を認めなかった。

「目張り等の行為が，それ自体，Y を精神的に力づけ，その強盗殺人の意図を維持ないし強化することに役立ったことを要する」が，本件ではそのような事実はないとした。この判例は，物理的因果が肯定される場合（目張りが Y の現実の実行行為に「役に立」った場合）だけでなく，正犯の犯罪遂行意思（意図）の維持強化という心理的因果もありうることを認めた上で，本件では Y が目張りそのものを認識していた証拠もないことから消極に解したものである。

心理的因果性　心理的因果性の端的な例は，**心理的幇助**［精神的幇助］である。正犯に対して「頑張れ」と励ます行為は，場合によっては幇助になりうる。

判例では，「男というものはやるときにはやらねばならぬ」等と申し向けた場

合について殺人未遂罪の幇助犯を認めたもの（**「男なら」事件**（大判昭 7 年 6 月 14 日刑集 11 巻 797 頁））がある。一方，賭博開帳に際して，景気づけのために塩まき行為をしたことは，「単に縁起のものであって……直ちに賭博開帳図利行為を容易ならしめるもの」ではないとして，無罪を言い渡したものもある（**塩まき事件**（名古屋地判昭 33 年 8 月 27 日―審刑集 1 巻 8 号 1288 頁））。

8.2 共犯の従属性

8.2.1 総　説

従属性の意義　狭義の共犯は，正犯を前提とする。このことを共犯の（正犯に対する）**従属性**という。一方，共同正犯間ではそれらのうちで，どれが《主》でどれが《従》ということはない。従属性は，原則として，教唆と幇助の狭義の共犯について論じられることになる。

ただし，共犯が他の行為者の犯罪にどの程度連帯しているかは，共同正犯でも問題になりうる。特に罪名従属性の実質的判断は，共同正犯における犯罪共同説・行為共同説に対応することになる。狭義の共犯だけではなくこの点を明らかにするには，「**従属性**」に代えて「**連帯性〔独立性〕**」としたほうが適切である。

3つの従属性　従属性には，①実行従属性，②要素従属性，③罪名従属性の 3 つがあり，そのそれぞれは，別の次元の問題であるとされる。

```
┌ ① 実行従属性                    （⇨8.2.2）
│   実行従属性説 ⟺ 共犯独立性説
│ ② 要素従属性                    （⇨8.2.3）
│   ・最小従属性説
│   ・制限従属性説
│   ・極端従属性説
│   ・誇張従属性説
└ ③ 罪名従属性                    （⇨8.2.4）
    罪名従属性説≒犯罪共同説 ⟺ 罪名独立性説≒行為共同説
```

① **実行従属性**とは，共犯が成立するためには，正犯が少なくとも実行行為を行ったことが必要であるかどうか，の問題である。

② **要素従属性**は，正犯の犯罪行為について，構成要件該当性・違法性・有責

性・客観的処罰条件のどこまで充足していれば，正犯を処罰できなくとも共犯を処罰できるか，の問題である。言い換えればこれらの要素のうちどの要素まで具備していれば，共犯が従属するべき正犯が存在していたといえるか，の問題である。

3 **罪名従属性**とは，正犯の罪名と共犯の罪名は常に一致していなければならないか，の問題である。

8.2.2 実行従属性

実行従属性　共犯を処罰するには正犯が実行に着手したことが必要であるか，が**実行従属性**の問題である。実行従属性を不要とする見解が，**共犯独立性説**であり，独立共犯処罰を認めることになる。これに対して，実行従属性を要求する，すなわち，共犯が処罰されるには少なくとも正犯が実行に着手していなければならないとするのが，**実行従属性説**であり，今日の通説である。

たとえば，教唆者Xが，正犯Yに対してAの殺害を教唆したが，正犯YがAを見つけだすことができなかった場合，Yは実行の着手はない。この事例について，共犯独立性説によるならば，教唆者Xについて，教唆行為それ自体は終了しているのだから，殺人教唆罪の既遂罪として処罰できることになる。共犯独立性説は，共犯の成立には，教唆犯の「そそのかし」の相手が存在することは必要であっても，その相手が実行に着手することは必ずしも必要ではないとするものであるから，未遂・既遂は，教唆行為について決する（教唆しようとして途中でやめたのが教唆の未遂，正犯が未遂や未遂に至らない場合であっても，教唆行為が終了していれば教唆の既遂）ことになる。この共犯独立性説は，共犯の正犯への働きかけによる正犯の堕落を共犯の処罰根拠とするものであり，主観主義刑法学の理論的帰結であり，因果的共犯論とは相容れないから，今日ではこれを支持する者はいない[†]。

実行従属性説　実行従属性説は，共犯の未遂・既遂も，正犯の未遂・既遂による。つまり，正犯が未遂に終わった場合に，教唆犯も未遂罪だということである。

教唆の未遂と未遂の教唆　実行従属性説において，教唆者が正犯について当初から未遂で終わらせるつもりで教唆する場合を，「**未遂の教唆**」として，上述の「**教唆の未遂**」と区別することがある。特に，おとり捜査で，捜査官が犯罪者を教唆して犯罪を実行させ，その途中で検挙するような場合，これを**アジャン・プ**

---

† ただし，共犯独立性説は個人責任の強調という積極的な意味をもちうる。

ロボカトゥール（agent provocateur：教唆する司法巡査）といい，教唆者は不可罰となるのではないかとの議論がある。覚せい剤の買い受けを教唆し，取引相手に覚せい剤に見せかけた砂糖を用意させた場合に，不能犯であって，不能の教唆は不可罰だとする見解もあるが，不能犯であるなら正犯も不可罰でなければならない。正犯について未遂が成立するなら，教唆者についても原則として可罰的であり，場合により，35条等による正当化による不可罰がありうるにすぎない[†]。

8.2.3 要素従属性

総説　共犯を処罰するためには正犯が成立していなければならない，というのが共犯の従属性であるが，その場合に，「正犯が成立している」とはどこまでの犯罪構成要素についてをいうのか，というのが**要素従属性**の問題である。

実行従属性から，正犯には少なくとも実行行為の着手がなければならないが，正犯が，さらに，構成要件該当性・違法性（違法性阻却事由の不存在）・責任要件（有責性）・一身的処罰条件等の犯罪成立要素のどこまでを満足しなければならないかどうか，がそこでは問題とされるのである。

要素従属性の分類　要素従属性は，ドイツのM. E.マイヤーによって，論理的に整理された。つまり，共犯が処罰されるために正犯に必要な犯罪構成要素の具備について

Ⅰ　**最小［最小限］従属性説［形式］**：正犯に構成要件該当性があれば足りるとする。

Ⅱ　**制限従属性説［形式］**：正犯に構成要件該当性と違法性が必要だとする。

Ⅲ　**極端従属性説［形式］**：正犯に構成要件該当性・違法性に加えて有責性が必要だとする。

Ⅳ　**誇張従属性説［形式］**：正犯に構成要件該当性・違法性・有責性の他に（一身的）処罰条件[††]まで必要だとする。

[†]　故意が欠けるから不可罰だとするものとして，西田典之『刑法総論』(2006年) 318頁。
[††]　一身的処罰阻却事由とは人的処罰阻却事由ともいわれ，行為者の属性・身分・地位に基づく特別の処罰阻却事由である（おそらくは，誇張従属性説の立場からは，阻却事由だけでなく，減軽事由や加重事由も従属するべきことになろう）。具体的には，刑法244条の，親族関係に基づく特例（親族相盗），同様の257条，さらに105条（親族隠匿），がある。

学説の対立状況　誇張従属性説は，その支持者はほとんどおらず，また最近では，最小従属性説も見直されつつあるが，基本的には，極端従属性説と制限従属性説の対立が重要であった。そして，かつては「正犯が成立した」という以上，正犯に一身専属的にかかわるべき「一身的」処罰条件を除いた，有責性までが正犯に具備していることが必要であるとする，極端従属性説が有力であった。

極端従属性説の根拠は，刑法 61 条の教唆犯は，「教唆して犯罪を実行させた」とし，62 条の幇助犯は「正犯を幇助した」とあり，実行行為ないし正犯は，犯罪行為すなわち，構成要件に該当する違法で有責な行為と解するのが自然であるからである。

しかし，極端従属性説では，刑事未成年者に対する教唆行為を教唆犯としては処罰できないことになる。そしてその不可罰の結論を避けるためには，利用者（教唆者）について間接正犯だとすることになる。それは，実質的には，むしろ共犯独立性説に近づくことになる。

また，実定法上「実行」や「正犯」と規定していることをもって，文理上，有責性までも必要とすることが明らかだとは，必ずしもいえない。

現在の通説　そこで，学説では**制限従属性説**が有力化した。その根拠は，犯罪論体系上，責任要素は行為者にとって個別的な要素であって，共犯・正犯のそれぞれで独立して判断されるべきであるが，違法要素は対世的な要素であって，共犯・正犯に共通して（連帯して）判断されるべきである。

標語的には，「**違法は連帯し，責任は個別に**」（判断するべき）だとされることになる。

判例の立場　従来は極端従属性説に立つ†とされてきた判例の立場は，微妙である。むしろ制限従属性説・最小従属性説に近づいている。

** **お遍路事件**（最決昭 58 年 9 月 21 日刑集 37 巻 7 号 1070 頁）

「被告人は，当時 12 歳の養女 A を連れて四国八十八ヶ所札所を巡礼中，日頃被告人の言動に逆らう素振りを見せる都度顔面にタバコの火を押しつけたりドライバーで顔をこすったりするなどの暴行を加えて自己の意のままに従わせていた同女に対し，本件各

---

† 一般にはそのように理解されている。ただしばしば引用される，大判明 37 年 12 月 20 日刑録 10 輯 2415 頁（10 歳に達しない幼児の利用），仙台高判昭 27 年 9 月 27 日高刑判特 22 号 178 頁（13 歳未満の少年の利用）等，において正犯ないし間接正犯だとするものにすぎず，いずれも制限従属性説等からでも間接正犯が成立すると見うる事例であった。

窃盗を命じてこれを行わせていたというのであり，これによれば，被告人が，自己の日頃の言動に畏怖し意思を抑圧されている同女を利用して本件各窃盗を行ったと認められるのであるから，たとえ所論のように同女が是非善悪の判断能力を有する者であったとしても，被告人には本件各窃盗の間接正犯が成立する」。

この事例について，制限従属性説と最小従属性説によれば，被利用者である12歳の養女が正犯だとすれば，養父は教唆犯であり，責任能力が欠ける養女が不可罰であっても，養父について窃盗の教唆で処罰することが可能であるはずである。一方，極端従属性説では，刑事未成年である養女について責任能力がなければ，教唆犯としては不可罰であり，処罰の間隙を埋めるために，養父について間接正犯の成立が問題になりうる。

もっとも，極端従属性説でも，共犯が成立しないことをもって，直ちに間接正犯が成立しうるのではなく，間接正犯固有の処罰根拠を満足して初めて，その処罰が可能となるものである。

この判例では，本件のような事実関係の下で，被利用者に判断能力があったとしても，意思の抑圧が強度であれば，被利用者にとっては，利用者の意志に反した行為を選択する可能性がない限りで，「道具」といえるのであり，間接正犯が成立するとしているのである。

制限従属性説と間接正犯　この**お遍路事件**の事例について，制限従属性説や，さらには最小従属性説からも間接正犯を肯定することは不可能ではない。つまり，制限従属性説・最小従属性説は，正犯が責任無能力者であっても，共犯が成立しうることを認めるだけであって，正犯が，同時に背後者にとって被利用者でもあり，背後者の道具と同視できるならば，間接正犯の成立を認め，重い間接正犯のみの成立を認めるという結論をとることは不可能ではないからである（⇨8.4　間接正犯）。

そうだとすると，この**お遍路事件**では最高裁は，極端従属性説・制限従属性説・最小従属性説のいずれも排除してはいないことになろう。

これに対し，**スナックママ事件**（最決平13年10月25日刑集55巻6号519頁）は，12歳の息子を利用して，スナックへの強盗を行わせた場合について，間接正犯の成立を否定して共同正犯の成立を認めた。

この判例の結論は，基本的には極端従属性説では説明ができない。なぜなら，極端従属性説ならば，12歳の未成年者の利用は，まさに間接正犯とするべき場合だからである。したがって，この判例によって，少なくとも極端従属性説（お

よび誇張従属性説）は排除されたということはいえるであろう†。

なお，古い判例の中には，制限従属性説に近いとされてきたものもある。

※ 大判昭9年11月26日刑集13巻1598頁
証拠隠滅罪について，旧規定（1947年改正前のもの）105条では，本犯の犯人の親族が犯人の利益のために犯した場合に処罰しないとしていたところ，被告人が横領罪の被疑者の妻を教唆して証拠を隠滅させた場合について，犯人の親族の証拠隠滅行為は適法行為と同視すべきなのであるから，被告人については間接正犯も教唆犯も成立しないとしたものである。この判例においては，犯罪の主観的要素を具備しないことによる相対的な不可罰行為とは事情が異なるとされており，これらの場合には，正犯が不可罰でも共犯としては処罰可能であるかのような口吻を示していた，のである。

要素従属性の相対化 　一方，正当防衛などの違法要素について，判例は，「例外的な」独立性判断を認めることによって，むしろ最小従属性説に接近しているともいえる（⇨※フィリピンパブ事件；5.4.3）。

8.2.4 罪名従属性

> 設例1　X_1 は，Y_1 に対して A_1 への強盗を教唆したところ，たまたま A_1 が不在だったので黙って財物を窃取してきた。
> 設例2　X_2 は，Y_2 に対して A_2 宅の窃盗を教唆したところ，A_2 に気づかれて抵抗されたため，強盗を行った。
> 設例3　X_3 は Y_3 と A_3 方への窃盗について謀議して，共に A_3 宅に侵入し，A_3 宅の部屋ごとに手分けして窃盗を実行したが，X_3 のいる部屋とは別の所で Y_3 が A_3 に見つかり，Y_3 は A_3 に暴行を働いた。

罪名従属性・犯罪共同説 　罪名従属性とは，共犯の罪名と正犯のそれとの従属性である。言い換えれば，異なる犯罪の間で共犯が成立するか，また成立するとすればどの範囲かという問題である。

罪名従属性を認める立場が，**罪名従属性説**である。共犯の罪名は正犯のそれに従属する必要はないというのが，**罪名独立性説**である。

罪名従属性も「従属性」の1つであるから，正犯への従属を念頭においており，狭義の共犯を前提としている。もっとも，共同正犯者間でも，罪名の食い違いは生じうる。共同正犯者間での罪名の食い違いについての見解の対立が，**犯罪共同**

---

† もっとも，判例はそもそも要素従属性という観念にこだわっていない可能性もある。間接正犯の論理は，※お遍路事件も※スナックママ事件も基本的には変わっていない。したがって，両判決の間には連続性があるというべきであろう。

説と行為共同説である。基本的には，犯罪共同説は罪名従属性説，行為共同説は罪名独立性説に対応すると考えられている。そこで以下では，煩瑣を避けるために特に区別する必要がある場合を除いて，犯罪共同説に罪名従属性説を，行為共同説に罪名独立性説を，それぞれ含めて説明する。

基本学説　犯罪共同説を**数人一罪**，行為共同説を**数人数罪**ということがある。かつては，旧派・客観主義が犯罪共同説，新派・主観主義が行為共同説に立つとされたが，現在ではそのような図式的な理解は妥当しない。新派・主観主義が退潮したのにかかわらず，行為共同説も有力に主張されている。

設例の説明　罪名従属性説からは，設例1の場合，正犯 Y_1 について強盗の未遂が認められるならば，X_1 についても強盗の未遂で罪名が一致することになるが，強盗未遂が成立せず，単に窃盗の既遂だとすれば，強盗を唆した X_1 との間に罪名は一致せず，共犯の成立はないことになる。設例2でも，正犯 Y_2 の強盗と教唆犯 X_2 の窃盗教唆の間には罪名の一致がないから，やはり共犯の成立を認めないというのが一貫している。

一方，罪名独立性説なら，設例2で正犯 Y_2 が強盗で，教唆犯 X_2 について窃盗教唆であっても，罪名が一致する必要はないのであるから，共犯が成立することになる。しかし，設例1では，正犯 Y_1 について窃盗で，教唆犯 X_1 について強盗教唆でよいかは，実行従属性との関係から（正犯 Y_1 について暴行脅迫がないから，強盗の実行があったとはいえない）問題があることになろう。

共同正犯の場合　共同正犯において犯罪共同説は，異なる犯罪類型について共同正犯を認めない。設例3では，Y_3 の強盗と X_3 の窃盗では罪名が違うことから，共同正犯として処罰することはできず，それぞれの単独正犯の同時犯が成立することになろう（ただし設例3のような場合であれば，共同正犯を否定して単独正犯だとしたところで特段の不都合があるわけではない。共犯関係を認めなければ不都合があるのは，たとえば，傷害や致死の結果がどの行為者の行為によるものであるか不明の場合である（なお，**同時傷害**（207条）⇨8.6.4）。一方，行為共同説であれば，設例3の場合，X_3 が窃盗，Y_3 が事後強盗のそれぞれ共同正犯を認めることになる。

学説の状況　犯罪共同説（罪名従属性説）は，それを徹底すれば，共犯の成立範囲を著しく狭めることになる。一方，行為共同説（罪名独立性説）も，どのような犯罪の間にも共犯が成立するとすれば，共犯の成立範囲を著しく広げてしまうことになり，いずれにせよ具体的結論の妥当性の点でも問題がある

とされる。

そこで今日では、行為共同説からも犯罪共同説からもともに歩み寄った折衷的な見解が主張されている（**制限された行為共同説**，**部分的犯罪共同説**など）。特に，構成要件が実質的に重なり合う限度での部分的犯罪共同説が有力だといってよい。

部分的犯罪共同説 **部分的犯罪共同説**とは犯罪共同説の修正形式として，原則として罪名は同一であることが必要だが，構成要件が重なり合う場合には，異なる罪名であってもよいとする立場である。設例3であれば，重なり合う窃盗の限度で共同正犯が認められることになる。Y_3の強盗についてはなお単独正犯であり，Y_3は，窃盗共同正犯と強盗の単独正犯の観念的競合（1個の行為と評価できる場合）になる。

この論理を狭義の共犯における罪名従属性に適用した場合，構成要件が重なり合うことが前提であるが，設例2では，Y_2の強盗の正犯に対して，X_2には窃盗の教唆犯が成立することになる。一方，設例1については，Y_1が窃盗の正犯であり，「従属性」から，X_1には，正犯より重い強盗の教唆は成立せず，窃盗の教唆が成立することになる。

制限された行為共同説 行為共同説も，それを徹底する立場（完全行為共同説）は，偽造と殺人，放火と窃盗等のような場合であっても共犯になりうることになる。しかし，実行従属性が共犯の前提である以上，罪質の全く異なる犯罪間においても共犯関係が成立するということに対しては批判が強い。そこで，一定の罪質の同一性等を前提として共犯を認めようとするのが，**制限された行為共同説**である。

罪名従属性についての判例理論 判例では，この問題はもっぱら共同正犯について争われてきた。判例はかつては，重いほうに合わせた強引な犯罪共同説に立ち，38条第2項による罪名と科刑の分離を図るという立場に立っていた。すなわち，Xが恐喝の故意，Yが強盗の故意で共同した共同正犯について，ともに強盗の共同正犯が成立するが，Xについては恐喝罪の科刑の限度で処断されるとしていた（＊最決昭35年9月29日裁判集135号503頁＝昭和35年決定）のである。

ところが，**昭和54年決定**において実質的に判例を変更するに至った。

＊＊最決昭54年4月13日刑集33巻3号179頁＝昭和54年決定
　暴力団組長X，組員Yら，7名が，暴行・傷害の共謀の下に，Aの勤務する派出所に押し掛けたが，Aの応対に激昂したYが未必の殺意をもって持参していたくり小刀で，Aを刺殺した。

判旨:「殺意のなかったXら6名については，殺人罪の共同正犯と傷害致死罪の共同正犯の構成要件が重なり合う限度で軽い傷害致死罪の共同正犯が成立すると解するべきである」「Xら6名には殺人罪という重い罪の共同正犯の意思はなかったのであるから，Xら6名に殺人罪の共同正犯が成立するいわれはなく，もし犯罪としては重い殺人罪の共同正犯が成立し刑のみを暴行罪ないし傷害罪の結果的加重犯である傷害致死罪の共同正犯の刑で処断するにとどめるならば，それは誤り」である。

昭和54年決定の意味 　**昭和54年決定**の趣旨は，①構成要件が実質的に重なり合う限度で，②異なる犯罪の間でも共同正犯の成立を認め，③罪名と刑を一致させる，というものである。

昭和54年決定を行為共同説を採用したとみる見解もあるが，必ずしもそれは正しくない。本決定では，Xら6名については，殺人の共同正犯ではなく，傷害致死の共同正犯になるとしているだけであって，殺人故意のあったYについて，殺人の共同正犯が成立することについての判断を行っているわけではないからである。つまり原審が是認する第1審では，昭和35年決定に従って，XとYらの7名すべてについて，殺人の共同正犯になるが，刑は，Xらについては傷害致死の限度にとどめるとし，その点が上告審では争点になっているものであって，Yが殺人の単独正犯（Yについてはさらに傷害致死の共同正犯が成立するが，吸収一罪により殺人が成立するか，ないしは少なくとも観念的競合により科刑上，殺人罪の刑で処することになろう）にとどまる（部分的犯罪共同説）のか，Yについては，Xらの罪名とはかかわりなく殺人の共同正犯が成立する（行為共同説）のかという，部分的犯罪共同説と行為共同説との対立は，なお未解決のままであった。

しかし最近では，さらに部分的犯罪共同説に近い判例が示されるに至っている。

**シャクティパット事件（最決平17年7月4日刑集59巻6号403頁）

「未必的な殺意をもって，上記医療措置を受けさせないまま放置して患者を死亡させた被告人には，不作為の殺人罪が成立し，殺意のない患者の親族との間では保護責任者遺棄致死罪の限度で共同正犯となる」として，殺意のある者について，殺人の共同正犯の成立を否定し，重なり合う限度での保護責任者遺棄致死罪の共同正犯になるとした。つまり部分的犯罪共同説を採用することを宣言したものということができよう。もっとも，この事例で，共同正犯の成立範囲まで言及する必要があったかは疑問であり，いわゆる傍論にすぎないともいえる†。

---

† ただし，この部分的犯罪共同説と，（判例も最近ではそれを採用したと理解されることの多い）制限従属性説（⇨8.2.3）とが両立するかは疑問である。****シャクティパット事件**の判旨が前提と

8.2.5 共犯と錯誤

総説　犯罪共同説と行為共同説の対立（罪名従属性）は，修正された構成要件該当性の問題であり，錯誤は主観的要素にかかわる。ただし，「罪名」という概念は多義的ないし曖昧であるから，「犯罪共同説と行為共同説」の問題と「共犯と錯誤」の問題は，一部重複しうる†。

共犯の過剰　**共犯の過剰**とは，一般的には，共犯と正犯ないしは共同正犯者相互間の犯罪の食い違いのうち，正犯・共同正犯が，他の共犯・共同正犯よりも重い犯罪を犯した場合を意味する。典型的には，狭義の共犯において，正犯がそれよりも重い犯罪を犯した場合，であるが，共同正犯者間で，他の共同正犯が重い犯罪を犯した場合も含まれる。なお，正犯よりも教唆犯・幇助犯の方が重い犯罪にかかわる場合には，「従属性」から共犯の成立が排除されると考えているのであろう。犯罪の食い違いには，罪名が異なる場合（例：窃盗を教唆したが正犯が強盗に及んだ場合）と，罪名は同一であるが，犯罪の質ないし量（例：1万円の窃盗を教唆したが，100万円を盗んだ場合），犯罪の数（例：1人殺せと教唆したが，2人殺害した場合）等がある。

その食い違いが「罪名」にかかわれば，まさにいわゆる「犯罪共同説と行為共同説」の問題となりうる。また，食い違いである点で，一部は，**共犯と錯誤**の問題でもある（罪名のうち，客観的構成要件該当事実の食い違いであって，さらにその認識について「錯誤」が存在する場合）。

被告人以外の者が当初から強盗の意思で強盗の結果を招来したのに，被告人はそのことを知らずに窃盗の意思で見張りをしていた場合について，刑法38条第2項により窃盗の幇助犯が成立するとした（＊最判昭23年5月1日刑集2巻5号435頁）。

するように，保護責任者遺棄致死罪と殺人罪の違いが殺意の有無にあるとするならば，まさに，責任要件が異なるだけであるのだから，制限従属性説からは，殺人罪の共同正犯と保護責任者遺棄致死罪の共同正犯が成立するのでなければおかしいことになるからである。

　もっとも，構成要件的故意・過失を認める立場からは，故意・過失は構成要件要素であって，制限従属性説をとっても連帯し，このことと犯罪共同説とは矛盾しないとする形式論による反論も考えられないことはない。しかしながら，そもそも，制限従属性説の実質的根拠（いわゆる結果無価値論）と，構成要件的故意・過失は相容れない。もしこのことについてさらに反論するならば，なぜ構成要件的故意・過失が「連帯する」のかについての特段の実質的根拠が示されることが必要なのである。

† 通常，罪名従属性における罪名には，故意・過失が含まれる。これは，故意・過失を構成要件要素としない，いわゆる結果無価値の立場からもそうである（⇨4.1.1）。そうすると，たとえば被害者への共同加害行為で被害者に対して殺意があったかどうかは，まさに罪名従属性（犯罪共同説／行為共同説）の問題となる。

> 設例 1　X_1 は，Y_1 に対して A_1 に対する窃盗を教唆したが，Y_1 は A_1 に対して強盗を犯した。
> 設例 2　X_2 は，Y_2 に対して A_2 に対する強盗を教唆したが，Y_2 は A_2 に対して窃盗を犯した。
> 設例 3　X_3 は，Y_3 に対して A_3 の家に窃盗に入るように教唆したが，Y_3 は B_3 の家を A_3 の家と勘違いして窃盗を行った。
> 設例 4　X_4 は，Y_4 に対して A_4 の家に窃盗に入るように教唆したが，Y_4 は A_4 の家よりも B_4 の家のほうが金持ちだと思って，B_4 の家に窃盗に入った。
> 設例 5　X_5 は，Y_5 に対して現金を盗むように教唆したが，Y_5 は宝石を盗んできた。

共犯と錯誤──定義　**共犯と錯誤**とは，共犯現象（⇨8.1.1）における錯誤をいう。つまり，（狭義の）共犯と正犯，ないしは，共同正犯者の間で，その認識の内容に不一致があることである[†]。

共犯と錯誤において，共犯と正犯，ないしは共同正犯者間に罪名の食い違いがあれば，罪名従属性（共同正犯の場合ならば「犯罪共同説と行為共同説」）も問題となりうる。また，その逆に，罪名従属性が問題になるならば，常に「共犯と錯誤」の問題であるわけでもない。なぜなら，その場合に共犯・正犯者において常に錯誤があるとは限らないからである。たとえば，設例 1 で X_1 が窃盗を教唆して正犯 Y_1 が強盗を行った場合には，教唆者 X_1 には錯誤に陥っているといえる。しかし，正犯 Y_1 には，X_1 が窃盗を教唆したことは認識しているのであるから錯誤があるわけではない。もっとも，Y_1 において，教唆者 X_1 が，窃盗を教唆したのに強盗の教唆と誤解していたのであれば，X_1 だけでなく Y_1 にも錯誤があることになろう。また，傷害の限度で共同して暴行したが，そのうちの 1 人が単独で殺意を抱いた場合にも，共同意思を誤解していない限りは，殺意を抱いた者については錯誤はない。暴行の限度で共同実行した他の共同正犯者が錯誤に陥っていることになる。

罪名と構成要件　罪名とは客観的違法類型である構成要件に責任要素を加えたものであるから，故意の食い違いも罪名従属性の問題とはなりうる。近時有力な，部分的犯罪共同説によった場合，たとえば設例 1 で，窃盗を教唆し，強盗の結果が生じた場合，構成要件が，財物の占有者の意思に反した移転という限度で重なり合うとするならば，窃盗の範囲で共犯が成立する。強盗の共犯は，正犯者において少なくとも強盗未遂にならない限りは成立しないことは，

[†]　「共犯と錯誤」について
（1）　その錯誤が，罪名（≒構成要件）を超えた錯誤の場合には，罪名連帯性が問題になる（設例 1・設例 2）。
（2）　同一罪名の範囲内の錯誤であれば，罪名連帯性は，問題とならない（設例 3・設例 4・設例 5）。

実行従属性から明らかである†。

判　例　**ゴツトン師事件**（最判昭 25 年 7 月 11 日刑集 4 巻 7 号 1261 頁）
　　Xは，Yに対してA方の窃盗を教唆したところ，実行犯たるYならびにZ他3名は，隣のBラヂヲ商会への強盗を働いた。
　　判旨：「犯罪の故意ありとなすには，必ずしも犯人が認識した事実と，現に発生した事実とが，具体的に一致（符合）することを要するものではなく，右両者が犯罪の類型（定型）として規定している範囲において一致（符合）」していれば足りる。「住居侵入強盗の所為が，被告人Xの教唆に基づいてなされたものと認められるかぎり，被告人Xは住居侵入窃盗の範囲において」Yの強盗の所為の責任を負う，という一般論を展開した上で，第1審公判調書中のYの供述記載によれば，A方母屋に侵入する方法を発見できなかったので断念し，Yは諦めて帰りかけたが，Z他3名において，「吾々はゴツトン師（＝仕事師の隠語）であるからただでは帰れない」と言い出し，隣のBラヂヲ商会に入っていったので外で待っていたという趣旨の記載があることから，「これによれば（YのBラヂヲ商会における）犯行は，被告人Xの教唆に基づいたというよりむしろ……（Zら3名が強硬に主張したことから）決意を新たにして遂にこれを敢行したものであるとの事実を窺われないでもない」から，教唆行為とYの強盗実行行為との間との因果関係について原審が認定したものであるかどうかが疑問であるとして，破棄差戻した。

　この**ゴツトン師事件**では，窃盗を教唆して（その因果性が持続している限りで）強盗の結果を生じた場合には，法定的符合説を根拠に窃盗の限度で共犯が成立するとしているのである（もっとも，構成要件の実質的重なり合いを認めるのは，法定的符合説に限られないから，ここで判例理論が法定的符合説を援用したのはいわずもがなの論理であったとはいえよう。構成要件の実質的重なりについては，⇨6.4.4）。

　因果性の点は，さらに重要であり，判例においては，共犯と錯誤の問題について無限定にその故意犯成立の範囲が拡張されるものでないことが，ここに示されている。つまり，故意は抽象化されうるとしても，共犯行為と現実に発生した結果との因果性のある限度に限られるということである。

共犯形式の錯誤　　実質的に重なり合う限度では，故意を認めるという論理は，異なる共犯形式間における錯誤についても当てはまる。たとえば，教唆だと思ったところすでに犯罪意思が形成されており，幇助にとどまる場合，軽い限度での幇助犯が成立するといってよいであろう。厳密には，間接正犯は共犯ではないが，判例には，刑事責任年齢に達していなかったことを知らずに教唆

した場合について，客観的には間接正犯が成立するが，38条第2項により軽い教唆の刑で処断するとする判例（仙台高判昭27年2月29日判特22号106頁）がある。ただし，現在の判例理論では，罪名と科刑は一致させるのが通例であるのみならず，最小従属性説ないし制限従属性説に近いと思われる判例の立場からは，このような場合，教唆犯の成立を認めて差し支えないということになるであろう（⇨8.2.3）。

---

† ただし，客観面でもはたして，強盗の構成要件と窃盗の構成要件が重なり合うかは問題である。なぜなら，被害者にわからないように財物を移転させるのが窃盗であり，被害者の意思を抑圧して財物を移転させるのが強盗だからである。意思の抑圧がない場合が，ある場合をかねるということは論理的には不可能のように思われる。

仮に強盗と窃盗が構成要件上，窃盗の限度で「重なり合う」というのであれば，設例1では，窃盗の教唆の故意があったのであるから，窃盗の範囲で教唆が成立するということになろう。それが**ゴツトン師事件**の最高裁の論理でもある。

設例2では，逆に，強盗教唆で，正犯が窃盗を実現した場合である。この場合，主観的にも，強盗教唆の故意について窃盗の教唆の故意が含まれるとしてよい。なぜなら，強盗をやってこいと命じる場合には，通常は，かりに被害者が不在で強盗ができなかったとしても，窃盗によって財物を取ってくるということが，いわば未必的に認識・意図されているといえるからである。もっとも絶対に強盗でなければならないと考えていたような特段の事情が存在する場合もないではない（恨みをはらすことが主目的にあったような場合）が，通常は強盗教唆の故意をもって，窃盗教唆の故意に代替できるといえよう。

つまり構成要件該当性では小が大をかねるわけであるが，責任の段階では小が大をかねる，のではなく，大が小をかねることになるのではないか，ということである。

しかし，共同正犯の場合でも，共犯者相互間での錯誤はありえ，これは共同正犯の成立に関する，犯罪共同・行為共同とは別の問題である。もっとも，共同正犯の場合にはさらに意思の連絡が前提となるから，その段階である程度は故意は確定しているとはいえるが，たとえば，ZとWの共同正犯者の間で，Zが殺害の意図で，Wが傷害の意図で共同して被害者に暴行を加えた，という場合において，いったいどの範囲でならば，共同したといえるのかは，実は問題となりうる。Zが殺意があることを秘しており，仮にZが殺害する予定であることを知っていたならばWは共同行為に加わらなかったであろうような場合に，構成要件の重なりを根拠に，Wに傷害の共同正犯の故意を認めてよいかは疑問がある。これは，さらに，窃盗の限度で共同して被害者宅に侵入したが，一方は強盗の意図を秘しており，強盗の結果を生じさせた場合，先ほどの教唆の場合と同様である。つまり，強盗に入るということを知らずに共同した場合に窃盗の限度でも共犯の成立を認めてよいかということである。つまり，謀議の内容の問題なのである。

8.3 共犯と身分

8.3.1 共犯と身分

> **65条**
> ①犯人の身分によって構成すべき犯罪行為に加功したときは、身分のない者であっても、共犯とする
> ②身分によって特に刑の軽重があるときは、身分のない者には通常の刑を科する

共犯と身分　　一定の身分のある者を処罰するのが**身分犯**である。刑法65条は、身分犯の共犯現象について、特別の取扱いを規定している。これが**共犯と身分**といわれる問題である。

身分の意義　　身分犯が何かについて、刑法は特に一般的規定を置いているわけではない。判例によれば、身分犯における**身分**とは、一定の犯罪行為に関する犯人の人的関係である特殊の地位または状態である。

*最判昭27年9月19日刑集6巻8号1083頁（以下、昭和27年最高裁判決）
　　身分について「男女の性別、内外国人の別、親族の関係、公務員たるの資格のような関係のみに限らず、総て一定の犯罪行為に関する犯人の人的関係である特殊の地位または状態」をいうものとしている（同旨、大判明44年3月16日刑録17輯405頁）。

たとえば、秘密漏示罪（134条）に列挙された職業、偽証罪（169条）の「法律により宣誓した証人」、重婚罪（184条）における「配偶者のある者」、収賄罪（197条〜）の公務員たる地位、などが身分である。

身分の例　　他に、判例において身分だとされたものとしては、堕胎罪（212条）における医師（大判大9年6月3日刑録26輯382頁）、強姦罪（177条）における男性（*最決昭40年3月30日刑集19巻2号125頁）、横領罪（252条）における占有者（前掲・*昭和27年最高裁判決）、等の職業や地位、属性の他、各種犯罪における営利目的（拐取罪（225条）につき、大判大14年1月28日刑集4巻14頁、麻薬密輸入罪につき、最判昭42年3月7日刑集21巻2号417頁、大麻輸入罪につき、東京高判平10年3月25日判時1672号157頁）、賭博罪（186条第1項）の常習性（大判大2年3月18日刑録19輯353頁）も身分とされ、さらには、事後強盗における窃盗犯であること（東京地判昭60年3月19日判時1172号155頁・大阪高判昭62年7月17日判時1253号141頁）も身分だと解されている。

消極的身分 なお，**消極的身分**という概念を特に論じる場合がある。つまり《一定の身分にないこと》が処罰事由となっているようなものについて，その身分を消極的身分とするのである。たとえば，無免許医業罪（医師17条・31条）は，「医師でなければ，医業をなしてはならない」命令違反罪であるから，「医師」であることを消極的身分とする身分犯であることになろう。しかし，この場合，《医師でないこと》という身分についての身分犯だと考えれば，特に消極的身分の概念が必要だとは思われない。

　無免許医業罪は，消極的身分と解するか積極的身分と解するかを問わず，「医師でない者」による真正身分犯であり，その身分を有しない者，すなわち医師がこれに加功した場合には，65条第1項により共犯として処罰できることになる（65条を明示しなかったが，医師による同罪の幇助を認めたものとして，大判大3年9月21日刑録20輯1719頁）。

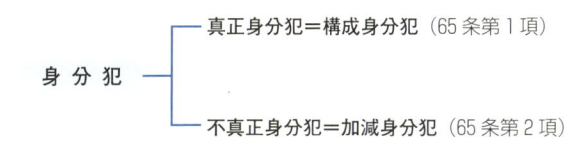

```
                    ┌─ 真正身分犯＝構成身分犯（65条第1項）
        身 分 犯 ──┤
                    └─ 不真正身分犯＝加減身分犯（65条第2項）
```

身分犯の種類 　一定の身分のある者を処罰するのが**身分犯**である。身分がない者（非身分者）について処罰規定がないのに，身分者だけが処罰される場合を，**真正身分（犯）**ないし**構成身分（犯）**という。非身分者についても処罰規定があるが，身分者について特にその加重ないし減軽類型が定められている場合を，**不真正身分（犯）**ないし**加減身分（犯）**という。

刑法65条の趣旨 　刑法65条は，第1項で，身分のないものにも共犯については犯罪が成立するものとして身分犯における**連帯性**を，第2項では，非身分者には通常の刑を科するものとして，共犯の**個別性**について規定している。一見矛盾するかに見えるこの両規定をどのように理解するかについて，以下の3つの見解の対立がある。

Ⅰ　同条を形式的に理解し，第1項を構成身分犯に関するもの，第2項を加減身分犯に関するものと理解する（判例・通説）。

Ⅱ　第1項を，構成身分・加減身分を通じてすべての身分犯について共犯が成立することに関する規定であるとし，第2項を特に加減身分について科刑の

点について規定したものと理解する（**罪名科刑分離説**）[†]。

Ⅲ　むしろ実質的に理解し，第1項を違法身分に関するもの，第2項を責任身分に関するものと理解し，違法＝連帯，責任＝個別，の原則が共犯と身分の問題にも貫徹することを規定したものと理解する（**違法身分・責任身分区別説**）[††]。

判例・通説の検討　　Ⅰの立場は，最も単純でありかつまた文理にも合致する。つまり，第1項は，構成身分犯に関するものであり，第2項は，加減身分犯に関するものであると解釈し，非身分者について特別の処罰規定がなければ，その者の加功については，身分犯の共犯として処罰するが，非身分者について特に加減処罰規定があれば，それに従って共犯の規定も個別的に考慮するということだからである。判例ならびに通説はこのように理解している。

8.3.2　共同正犯と65条

　65条第1項の共犯には狭義の共犯だけではなく，共同正犯を含むか，がここでの問題である。ドイツ刑法28条は明文で，第1項の連帯性については，教唆・幇助の狭義の共犯に限定し，第2項の独立性については，こんどは共同正犯を含めて，両者を区別している。しかし日本刑法の65条は単に「共犯」とあるだけでその点については明確ではない。

判例・通説の積極説　　判例・通説は，文理上の限定がないことを根拠に，65条について，共同正犯を含めている。むしろ，かつての旧い判例は，65条を共同正犯の規定であって，教唆犯には適用すべきでないとすらしていた（大判明44年10月9日刑録17輯1652頁）。65条第1項に「加功」とあるからである。

[†] 　大審院はかつて，このⅡ説に立った原審の判断を明確に否定した（大判大7年7月2日新聞1460号23頁）。團藤説について，團藤重光『刑法綱要総論』第3版（1990年）418頁。

[††] 　平野龍一『刑法総論Ⅱ』（1975年）367頁，西田典之『共犯と身分』新版（2003年）282頁。このⅢ説によれば，責任身分については，構成身分犯であっても非連帯性を認めることになる（たとえば，常習面会強請（暴力行為処罰2条第2項）は，常習者の面会強請を処罰し，非常習者の処罰規定がないから，Ⅰ説からは，構成身分犯であって，非常習者が加功した場合には65条第1項により共犯としては処罰できることになるが，Ⅲ説からは，むしろ不可罰とすべきことになる）。一方，違法身分については，加減身分犯についても連帯を認める（たとえば特別公務員職権濫用（194条）を教唆した非公務員について，Ⅰの通説は逮捕監禁罪（220条）の教唆と理解するが，Ⅲ説は特別公務員職権濫用罪の教唆に，また同様に，保護責任者に遺棄・不保護を教唆した場合，Ⅰの通説は単純遺棄罪の教唆であるが，Ⅲ説は，保護責任者遺棄罪の教唆となる（西田典之『刑法各論』第4版（2007年）34頁）から，この点では，被告人に不利な解釈ということができる。

しかし，今日では，共同正犯，狭義の共犯問わず65条の適用があるとしている（大判昭9年11月20日刑集13巻1514頁）。つまり，構成身分犯・加減身分犯にかかわらず，共同正犯についても非身分者・身分者の間で成立し，それぞれに応じて身分犯・非身分犯の共同正犯が成立することになるのである（たとえば，強姦罪への女性の加功につき共同正犯の成立を認めた，*最決昭40年3月30日刑集19巻2号125頁）。

これは，行為共同説に親和的な結論だといってよい。実際の判例でも，教唆犯はほとんど事例がなく，幇助も少なく，共犯として処罰されるのは，共同正犯（なかでも共謀共同正犯が圧倒的）である。そのことを反映してか，65条の適用についても，共同正犯についてがそのほとんどを占めている。

消極説 これに対して，構成身分犯については，身分を欠いた者には実行行為としての定型性を欠くから，共同実行がありえず，共同正犯には65条第1項の適用を論じる余地がないとする少数説がある†。この立場の論者は，第1項を共犯の成立に関するもの，第2項を加減身分における科刑についての規定だと理解し，さらに厳格な犯罪共同説をとるから，結局，加減身分についても，共同正犯の場合には，身分犯の共同正犯が成立するが，科刑は非身分者については，基本犯の限度にとどめるという結論になろう。

8.3.3 重層的身分犯の場合

総説 業務上横領罪（253条）は，「業務者」という身分（加減身分）と，「占有者」であるという身分（構成身分）を含む二重の身分犯である。これを**重層的身分犯**ないし**多重的身分犯**という。

判例の立場 この業務上横領に，非業務者かつ非占有者である共犯が加功した場合には，どのようになるか。判例は，65条第1項を適用して，いったん業務上横領罪の共犯が成立するとした上で，65条第2項により，業務者でない共犯について，単純横領罪を成立するものとしている（大判明44年8月25日刑録17輯1510頁，*最判昭32年11月19日刑集11巻12号3073頁）††。

---

† 團藤・前掲書・420頁。
†† これに対して，65条の規定について，違法身分・責任身分の区別を前提としたものであるとの理解を前提として，業務上横領罪の業務者は，責任身分であってそれを65条第1項により連帯させるのは正当ではなく，まず，占有侵害を根拠とする違法身分の連帯から，65条第1項を適用して単 ↗

■ 8.3 共犯と身分

8.3.4　65条と逆の場合

> **設例**　学生Xに対して，賭博の常習者Yが，賭博の方法を教えて，Xはそれに従って実際に賭博をした。

総　説　65条は，身分者である正犯に対して，非身分者が共犯として加功した場合であるが，その逆，すなわち，非身分者である正犯に対して，身分者が加功した場合にどのようになるか，がここでの問題である。判例によれば，65条第2項は，非身分者の正犯行為に加功した身分者についても適用があると解している。

大連判大3年5月18日刑録20輯932頁
　単純賭博の正犯に加功した常習者について常習賭博罪の共犯の成立を認めた。

　学説も，制限従属性説から，基本的に加減身分は責任身分であり，個別的作用は正犯が基本犯で，共犯が身分者の場合にも適用があるとしてこの判例の立場を支持する。文理上も，65条第2項は，「身分のない者には通常の刑を科する」とあるのであって，身分のない者が正犯であるときを排除しないと読むことが可能だとするのである。

8.4　間接正犯

8.4.1　総　説

定　義　被利用者を利用する背後者が教唆・幇助等の共犯ではなく，正犯として扱われるべき場合を，**間接正犯**という。間接正犯も，正犯の一種であり，通常の正犯を特に，**直接正犯**とよぶことがある。

▷純横領罪を正犯と共犯について認めた上で，個別的な作用を定める第2項で，正犯に業務上横領罪の成立を認めるべきだとする見解（西田典之『刑法総論』(2006年) 387頁）がある。ドイツ刑法28条第2項とは異なり，65条第2項は，正犯を含めた個別作用を規定したものではなく，65条全体も共犯の正犯に対する従属性（連帯性）を基本としていると考えられることから，判例のように考えるのが妥当のように思われる。なお，構成要件を純粋に違法類型と理解し，さらに「業務性」は責任要素だとすれば，単純横領罪と業務上横領罪とは《構成要件が同一》だということにはなる。しかし，この場合でも，一旦「単純横領罪が成立する」のではなく，単純横領と業務上横領の共通構成要件が満足されて，その後，責任段階で，正犯に業務上横領罪が成立するのであって，正犯に単純横領罪が成立するわけではない。また業務性は通常は客観事情であって，違法類型としても構成要件に属するであろう。

意義　極端従属性説において，正犯に責任要件が欠ける場合に教唆者は教唆犯として処罰することができないのであった。しかし，それでは，責任無能力者・刑事未成年者を介在させれば利用者が不可罰となって，刑事政策上問題があると思われた。そこで考え出されたのが本来の間接正犯の概念である。

制限従属性説では，極端従属性説との対照上，責任能力を欠いた者への教唆も，教唆となるはずである。しかし，教唆犯は正犯に対する犯罪意思の形成にあるとする教唆犯の理解からは，正犯の側において犯罪意思を形成するだけの判断能力ないし判断の自由が必要であり，それらが欠ける場合には，教唆犯は成立しないことになる。制限従属性説でも，やはり処罰の間隙を埋めるために，間接正犯の概念が必要となるのである。

このように政策的な要請から生まれた間接正犯の概念の内容とその処罰の理論的根拠は，必ずしも明解なものとはいいがたい。

間接正犯を根拠づける理論の1つは，**道具理論**であり，いま1つの理論は**行為支配説**である。

道具理論　**道具理論**は，被利用者を，いわば道具のように利用するところに，利用者（背後者）の正犯性を認める。責任無能力者を利用して被害者を殺害させることは，あたかもピストルという道具を用いて被害者を殺害するのと同様だというのである。

道具理論では，間接正犯の「実行行為」は利用行為時になると思われる。被利用者は，ピストルとその弾のように，利用者の利用行為から，自動的に構成要件的結果へ至る一連の因果連関を引き起こす道具そのものだからである。しかし，意思をもち自己決定するべき他人を，道具と同視できるか，特に責任無能力者の行為を道具と同視することは，人間について価値的な差異を強調することにならないかという問題がある。

行為支配説　これに対して，**行為支配説**は，被利用者の行為を利用者が支配しているところに正犯性を見出すものであり，実行行為は被利用者の「実行行為」ということになる。学説の中には，間接正犯の場合の実行の着手時期が，利用行為であるとすると未遂の発生時期が早きに失するとする批判があるが，行為支配説ではその批判を回避できることになる。ただし，行為支配といっても，実質的に道具理論との相違は明らかではなく，単に実行の着手時期の問題だけだとすれば，本質的とはいえない。

間接正犯の理論は，本来は極端従属性説等をとった場合の処罰の間隙を埋めるための理論であったが，共犯が成立しない領域のすべてが間接正犯によって処罰されるわけではない。共犯の成立と間接正犯の成立とは排他的な関係にあるとはいえない。処罰の間隙を理由に間接正犯の成立が認められるわけではなく，被利用者を利用した行為が，正犯としての行為と評価できるかどうか，が重要である。

間接正犯に関する判例　この点について，判例では，被利用者の，①是非善悪の判断能力と，②利用者による意思の抑圧，の2つの要素から判断している（＊お遍路事件⇨8.2.3）。この基準に従って，12歳の息子を利用して強盗を行わせた場合について，①と②の要件をいずれも欠くとして間接正犯を認めなかった，＊＊スナックママ事件（最決平13年10月25日刑集55巻6号519頁⇨8.2.3），10歳の少年の利用について窃盗の間接正犯の成立を認めた＊大阪高判平7年11月9日高刑集48巻3号177頁，等がある†。

その他の事例　母体に危険を生じさせて医師に堕胎させた場合について，「医師ノ……正当業務行為ヲ利用シテ堕胎ヲ遂行シタ」といえるものとして堕胎の間接正犯だとしたもの（大判大10年5月7日刑録27輯257頁），執拗かつ強力なリンチが2時間以上にわたって行われた状況で被害者が命じられるまま自分の右第5指をかみ切った場合について被害者自身を被利用者とする間接正犯だとしたもの（鹿児島地判昭59年5月31日判時1139号157頁），等がある。

他人を利用した直接正犯　通説は，実行行為を行為者自ら行うのが直接正犯であり，それ以外が間接正犯だと考えている。しかし，実行行為概念も一義的ではないから，他人を利用すればすべて間接正犯だともいえないであろう。たとえば，郵便で脅迫状を送る場合に，あえて郵便局員を被利用者とする間接正犯だとする必要はない。判例には，会社の使用人を使って，運搬させた場合に，その会社の代表取締役を実行正犯としたものがある（最判昭25年7月6日刑集4巻7号1178頁）他，何ら処分権限がないのにかかわらず会社所有の機械設備を情を知らない業者に売却し，さらに転売先業者において当該設備を順次解体・搬出した場合について，間接正犯ではなく，単なる窃盗罪正犯の成立を認めたものがある（最決昭31年7月3日刑集10巻7号955頁）。

---

† なお，戦後の下級審判例で，13歳未満の少年を利用して窃盗を行わせた事案について間接正犯としたものがある（仙台高判昭27年9月27日高刑判特22号178頁）が，単に該少年には刑事責任がないことを根拠としており，上述のような判断を経由した上でのものではないことに注意。

故意ある道具とは，被利用者において故意がある場合であり，故意がある以上は，規範障害のない「道具」と同視できるかが問題となるとされる。もっとも，**目的なき故意ある道具**（故意はあるが目的犯における目的が欠ける），**身分なき故意ある道具**（故意はあるが身分犯における身分が欠ける）等については，なお，背後者においてそれらの目的・身分を補完することによって間接正犯たりうるとされることになる。

　目的なき故意ある道具とは，たとえば，システムのテストのためと偽って X_1 が Y_1 に通貨を偽造させるような場合である。この場合，通貨偽造罪の作成者には，行使の目的がない。身分なき故意ある道具とは，たとえば，公務員 X_2 がその妻 Y_2 に賄賂を受け取らせるような場合である。これらの場合に，
（Ⅰ）　X_1・X_2 を背後にいて Y_1・Y_2 を道具として使っているとみることができるならば，X_1・X_2 は，間接正犯であるとされることになる。そして幇助の要件を満足する場合には，Y_1・Y_2 は幇助犯となりうる。
（Ⅱ）　しかし，Y_1・Y_2 にて故意がある以上は，道具と同視するのは困難であるとの考えの下に，X_1・X_2 の正犯性は否定され，X_1・X_2 は教唆であり，Y_1・Y_2 が幇助だとする見解がある（「**正犯なき共犯**」を認める立場）。
（Ⅲ）　この「正犯なき共犯」については，共犯の処罰根拠との関係から，まさに問題であるとして，むしろ，X_1・X_2，Y_1・Y_2 との間に共同正犯が成立するというのが，比較的問題の少ない結論となろう。もっとも，目的の欠けることや身分の欠けることが，被利用者にとって道具性を帯びる場合もある。また反面では，共同正犯を認めるためには，意思の共同その他の共同正犯の成立要件が必要であるから，場合によっては，（間接）正犯と幇助犯となる場合を排除できないように思われる（なお，単なる故意ある道具ないし幇助的故意ある道具については，⇨8.1.4）。

コントロールド・デリバリーとは，おとり捜査の一類型として，薬物その他の禁制品等の捜査において，それら禁制品等を捜査機関において発見した後も，充分な監視統制の下に搬送・到達させることによって，関係経路ないし関係者を特定し検挙する手法のことである。現在の日本では，麻薬特例法や銃砲刀剣類取締法等にその根拠規定があり，一定の手続きの下で許容されている。通常，禁制品等を運送業者に委託して国内に輸入するとき，実際の搬送作業は当該運送業者によるものであって，それらの禁制品等輸入罪はいわば運送業者を被利用者とする間接正犯だということになる。ところがコントロールド・デリバリーの場合，捜査機関の監視統制におかれた段階以降は，まさに利用しているのは当該捜査機関であって，行為者による利用は捜査機関の発見以前の

段階までではないのか，ということが問題となる。この点について，*最決平9年10月30日刑集51巻9号816頁は，コントロールド・デリバリー実施後も，運送業者の引き取り配達は，被告人等による運送契約上の義務の履行の性質を失うものではないとして，輸入罪の既遂を認めた（未遂だとする遠藤裁判官の「意見」が付されている）。

自手犯　行為者自らが犯罪を犯すことが予定されていて，間接正犯を観念できない犯罪を<u>自手犯</u>という。自手犯という概念を認めない立場もある。形式的自手犯と，実質的自手犯を区別する場合もある。

　形式的自手犯とは，すでに実定法上間接正犯類型が規定されているようなものであり，その例として，虚偽公文書作成罪の間接正犯類型は，公正証書原本不実記載罪であり，それ以外の間接正犯を処罰しない趣旨だというのである†。しかし，公文書と公正証書原本は同一ではないし，また公正証書原本不実記載罪が間接正犯の全ての類型を尽くしているとはいえない。したがって，一律に公正証書原本不実記載罪によって，虚偽公文書作成罪の間接正犯が排除されていると見るのは無理があろう††。

---

† 　大谷實『刑法講義総論』新版第2版（2007年）163頁。
†† 　実質的自手犯については論者によってその範囲はまちまちである。たとえば，自動車免許不携帯罪（道交95条・121条）がその典型とされる。しかし，たとえば，いつも免許証を入れている定期入れから免許証をこっそり抜き取ったような場合，本人においてその認識が欠けていれば，やはり抜き取った人間が免許不携帯罪の間接正犯になりうるように思われる。無免許運転（道交117条の4）についても，自手犯として無免許の者について強制して運転させた場合に無免許運転の間接正犯が成立しないとする見解がある（山口厚『刑法総論』第2版（2007年）44頁）が，妥当とは思われない。強制下において飲酒の上，運転させれば，自ら飲酒して運転しなくとも，飲酒運転の間接正犯になるのと同様である。

8.5 必要的共犯

8.5.1 総　説

　犯罪類型の中には，そもそも複数の結果惹起者によって犯罪行為が完成されることを前提としているものがある。このような犯罪を，**必要的共犯**という（これに対して，通常の共犯を**任意的共犯**とよぶ場合がある）。

　たとえば，重婚罪 (184条) は，配偶者のいる者と重ねて婚姻しようとする者がいなければ成立しない。また，凶器準備集合罪 (208条の3) は「2人以上の者」が共同加害の目的で凶器を準備して集合した場合を処罰するものである。前者のようなものを**対向犯**，後者のようなものを**多衆犯**［**衆合犯**，**集団犯**］として区別する場合もある。いわゆる必要的共犯についての総則の共犯規定の不適用の問題は主として対向犯で問題になるとされるが，厳密な区別は困難であり，区別の意味も乏しい。

必要的共犯の意義　　必要的共犯であることは，通説によれば以下の2つの意義を有する。

1　必要的共犯は，本来的に複数の行為者の結果惹起を予定している以上，通常の単独正犯を原則とした犯罪とは異なるのであり，そもそも総則の共犯の規定の適用はない。

2　そして，必要的共犯であるにもかかわらず，特に処罰規定を設けていない場合には，立法者が特にそれらを処罰しないこととしたものと考えて，不可罰と扱う。

政策説　　通説のように，必要的共犯について結果惹起者についての処罰規定が欠けている場合には，立法者が特にそれを処罰しないこととした趣旨だとする見解を**政策説**［**立法者意思説**］と呼ぶ。

　しかし，犯罪が成立するために不可欠な結果惹起行為について処罰規定を置かなかったことが，逆に刑法総則の共犯の規定による処罰を前提としているという反対解釈も可能であり，さらに立法者がそのことについて特別に配慮しなかった場合もありえないわけではない。

実質説　　そこで，一般的には，必要的共犯の不可罰根拠は，形式的な立法形式からではなく，その実質的な理由に求めるべきであり，それは，個別

■ 8.5　必要的共犯

的な考慮に基づく，とされることになる（**実質説**）。

そして，この実質説によるならば，必要的共犯において処罰規定がないことが，一律に不可罰の結論を導くのではなく，不可罰とする実質的理由を欠く場合には，通常の共犯として処罰されることになる。ただし，実質的基準で共犯の成立範囲を決定するにあたっては罪刑法定主義の明確性の原則に抵触しないようにしなければならない。

政策説の修正　もっとも政策説でも，「原則として共犯にならない」だけであって，通常予定されている結果惹起行為の程度を越えた結果惹起については，なお共犯が成立しうるとする見解もある（最決昭52年3月16日刑集31巻2号80頁。補助金の不正な受交付罪について，公務員についても受交付罪の共同正犯を認めた。團藤補足意見は，むしろ，「受交付罪に対する定型的な結果惹起形式としての単なる交付行為」を越えるから交付罪の教唆犯となるとしていた。また，東京高判昭58年9月22日高刑集36巻3号271頁は，児童福祉法の「淫行をさせる行為」について，その仲介者に対し，自らに紹介するように依頼した場合でも，同行為の教唆犯になるとした）。

判例の検討　判例は，基本的には政策説に立つ。

非弁活動事件（最判昭43年12月24日刑集22巻13号1625頁）

第一審ならびに原審は，Ａに対する弁護士法違反の罪（弁護士法72条，77条）の教唆罪の成立を認めた。

最高裁は政策説に従って無罪を言い渡した（なお最判昭46年7月14日刑集25巻5号690頁は，弁護士法の当該規定は依頼人保護にあるとする）。

違法性阻却説　学説の中には，上記のような場合，違法性が欠けるから処罰されないのだとするものがある[†]。つまり，これが，被害者の同意のあるないし自損行為だというのであろう。しかし，仮に違法性が阻却されるのであれば，原則として，正犯も違法性が欠けることにならなければならないはずであり，弁護士ではないことを知らずに依頼した場合を除いて処罰できないことになろう。

必要的共犯の現代的問題　最近では，不正融資などにおける背任事案で，借り手側の責任が問われることが多くなっている。不正融資が，融資を受けるという対向関係を前提としていると，まさに必要的共犯の問題ということになる。この場合，背任罪一般が必要的共犯ではないから，政策説では，問題解決にはなら

[†] 平野龍一『犯罪論の諸問題（上）』（1981年）196頁。

ない。

> ***導入預金事件**（最判昭 51 年 3 月 18 日刑集 30 巻 2 号 212 頁）
> 　預金等に係る不当契約の取締に関する法律は，金融機関に対して預金を媒介する者が，その報償として，無担保で当該金融機関から自らないし特定の第三者に融資を受けること（導入預金）を禁止していたが，融資を受ける第三者自体は処罰していなかった。
> 　判旨：「預金者又は媒介者と特定の第三者が通じたことの内容が，一般的にはこれらの者との共謀，教唆，又は幇助にあたると解される場合であっても，預金者又は媒介者の共犯として処罰しない趣旨である」。

　また，出資法の浮玉貸しについて，借り受け側について幇助犯の成立を否定した，東京地判平 6 年 10 月 17 日判タ 902 号 220 頁，もある。同様の問題状況は，刑法 247 条の背任罪の第三者利得行為における「利益を受ける第三者」についても当てはまることになる。実質説からは，一定の場合に共犯として処罰しうることになる[†]。ただ，問題はその範囲である。

> ****住専事件**（最決平 15 年 2 月 18 日刑集 57 巻 2 号 161 頁）
> 　不正融資の相手先と背任の共犯の成否につき，相手方の任務違背行為や相手方会社に生じるであろう財産上の損害について高度の認識を有していたことに加えて，相手方会社取締役などにおいて自己または被告人側会社の利益を図るものであることを認識し，「融資に応じざるを得ない状況にあることを利用」して融資を受けた場合には，特別背任の共同正犯が成立し，会社取締役の身分のない被告人には，刑法 65 条第 2 項により刑法上の背任罪が成立する[††]。

8.6　共犯成立の限界

8.6.1　総　　説

成立の限界　ここでは，共犯の成立範囲の限界を検討する。
　時系列的な限界としては，途中からの離脱が，**共犯からの離脱**であり，そこでは共犯の未遂，とりわけ中止未遂との関係が問題となる。逆に，途中からの参加

[†] 平野・前掲書・198 頁。
[††] 「融資に応じざるを得ないような状況」の利用がどのような場合であるかは，判文上も必ずしも明らかではなく，**住専事件**の事案で，どの点が決定的だったのかも明確とはいえない。不正融資の相手方が背任の共同正犯になりうるとしても本件でそれを認めたのは，処罰範囲が広きに失したように思われる。

が，**承継的共犯**である。処罰早期化との関係では，**予備の共犯**の問題がある。

共犯者相互間の意思の連絡の限界としては，**片面的共犯**が，また行為の特殊性に関しては，**不作為の共犯**がある。責任形式の特殊類型としては，**過失の共犯**が論じられる。

8.6.2　共犯からの離脱

> **設例**　Ｘは，Ｙの舎弟分であるが，スナックで飲んでいたＡの酒癖が悪いのをたしなめたのに反抗的態度を示したのに憤慨し，謝らせるべくＹ方に連行し，Ｙと意を通じて竹刀・木刀でこもごもＡの身体に約１時間ないし１時間半にわたって暴行を加えた後，「おれ帰る」とだけ告げてＹ方を立ち去った。ＹはＸが帰った後からも，Ａに暴行を加え，その後Ａは死亡したが，その死因はＸの帰る前のＸとＹの共同暴行によるものであるか，その後のＹの単独暴行によるものであるかは明らかではなかった（＊「おれ帰る」事件（最決平元年６月26日刑集43巻６号567頁））。

定義　**共犯からの離脱**とは，犯罪の完成前に，他の正犯ないし共同正犯者がなお犯罪を継続しているのに，それらから離脱した場合である。設例において，最高裁は，Ｘにおいて「成り行きにまかせて現場を去ったにすぎないのであるから，……共犯関係が解消したということはでき」ないとして，仮に致死の結果が立ち去り後のＹの暴行によるものだったとしても共犯としての責任を負うとした。また，この最高裁決定は，逆に，一定の場合に，離脱において共犯関係が解消される可能性を肯定しているということがいえるのである。

通説の立場　通説は共犯からの離脱について，他の正犯・共同正犯の実行の着手の有無で区別してきた。つまり，

1　実行行為の開始前（着手前）の離脱は，他の共犯者・共同正犯者のその離脱の認識・了解があればよいが，

2　実行行為着手後は，単に犯罪行為を止めるだけでは足りず，他の正犯者・共同正犯者に働きかけるなどして，結果不発生のための積極的な防止措置が必要だとしてきたのである†。

1着手前の離脱　判例によれば，離脱の意思の表示と他の共犯者（共同正犯者）の了承が必要である（東京高判昭25年９月14日高刑集３巻３号407頁）。ただし，この離脱の意思表示は，明示的ではなくても，黙示のものでもよいとしたものがある（＊福岡高判昭28年１月12日高刑集６巻１号１頁）。黙示の意思表示の場合には，残余の者によって改めて共謀がなされなければ，その了承があ

ったとみることはできないであろう（前掲・福岡高判は，「犯行を阻止せず，又該犯行から離脱すべき旨明示的に表意しなくても，他の共謀者において，右離脱者の離脱の事実を意識して残余の共謀者のみで犯行を遂行せんことを謀った上犯行に出たとき」は，離脱の黙示の表意を受領したものと認めるべきであるとしている）。また，他の共犯者に順次，離脱の表意が伝達されるのでもよい（*大阪地判平2年4月24日判タ764号264頁）。

実行行為前の離脱が原則的に共犯関係を解消するのは，その表示と了承によって事前共謀の結果への因果性が終了すると考えられるからであろう。しかし，共謀において主導的な地位にあった者が離脱する場合には，この因果性の解消について特段の考慮が必要となる。この点について，「共謀者団体の頭にして他の共謀者を統制支配しうる立場にあるものであれば，……（その離脱に際しては）共謀関係がなかった状態に復元させなければ，共謀関係の解消がなされたとはいえない」（松江地判昭51年11月2日刑月8巻11=12号495頁）としたものがある。

2 着手後の離脱　「実行行為着手後」，共犯関係が解消されたと判断するためには，基本的に，他の共犯者がその実行を継続することを阻止す

---

† この通説の分類は，「共犯」からの離脱とはいっているが，もっぱら意識されているのは，共同正犯であり，特に共謀共同正犯において，離脱後の他の共同正犯者による結果についても，責任を負うかについて基本的には妥当する。実行行為後の離脱でも，謀議の内容の実現とみうるかどうかが，その結果の共同責任を負わせることの決定的な根拠になるからである。しかし，教唆犯・幇助犯や実行共同正犯についても「共犯からの離脱」が理論的に考えられないわけではないが，そこでは実行の着手という形式的基準だけでは問題解決は困難である。一般的にいって，因果性を切断するような行為が行われれば一旦成立した共犯関係は解消し，その後の他の者（正犯ないし他の共犯）の惹起した結果の責任を負わないことはありうる。ただし，教唆などの場合，一旦形成された心理的因果性を否定するのは実際には困難な場合が少なくないであろう（A宅が海外に長期旅行中であることを示して窃盗を一旦は教唆したが，翻意して止めさせたのに，正犯が盗みにはいった場合）。

幇助犯でも，たとえば，窃盗の正犯に対して被害者宅の金のありかを教えたような場合，正犯の実行の着手前に翻意したとしても，因果性を切断することは事実上困難であろう。一旦教えてしまった知識を取り消すことは困難だからである。しかし，このような幇助の類型について一切の離脱が認められないとすることも不合理である。*福岡高判昭28年1月12日高刑集6巻1号1頁は，強盗の謀議に加わり，見取り図なども渡したが，実行の直前に一方的に降りる旨電話で告げた場合について，強盗の共同正犯を否定し強盗予備罪の成立のみを認めた。この判例については，見取り図を示したことが単なる心理的因果性を超えた強い影響を与えたとして，共犯関係が解消されたとはいえないとする見解もある（前田雅英『刑法総論講義』第4版（2006年）488頁）。ただ，「単なる心理的因果性を超えた強い影響」とは，《単なる心理的因果ではない》心理的因果なのか，《心理的因果ではない》物理的因果なのかは明確ではない。むしろ，心理的因果こそ，単純な離脱があれば因果関係が解消されるものでもないことは，教唆犯の例により明らかである。問題は，物理的因果・心理的因果にかかわらず，因果性を遮断しているといえるかどうかであり，*福岡高判の事例では，見取り図は犯罪の実行に決定的な役割を果たしているとはいえないのであるから，単に離脱の意思を表明しそれが了承された段階で，共犯としての結果に対する因果性は遮断されたといってよいように思われる。

ることが必要だとする。**「おれ帰る」事件の最高裁も，「格別これを防止する措置を講ずることな」く立ち去ったことが，共犯関係を解消するに至っていないとするのであるから，共犯関係が解消したと見うる事情が存在すればよく，既遂の結果不発生がもたらさなければ，常に離脱が認められないわけではない[†]。

判例には，他の共犯者によって暴行を受け失神していた後の加害行為については，共犯関係が解消していると指摘したものがある（名古屋高判平 14 年 8 月 29 日判時 1831 号 158 頁）。まさに，ここでは，物理的な因果性の終了ないし切断が問題となっているのであって，通説の，共謀関係の解消からだけでは，共犯からの離脱についての統一的な問題解決が導かれないことが示されているといえよう。

正当防衛と離脱　**ファミレス事件（最判平 6 年 12 月 6 日刑集 48 巻 8 号 509 頁）

事案：被告人 X は，中学時代の同級生である友人 Y，Z，W（以上被告人等 4 名），A 女らとファミレスで食事後，その道路反対側歩道上で雑談中，I が Y の乗用車のアンテナをひっかけたことをとがめた Y に対して，I が突然 A 女の長い髪をつかみ引き回すなどの乱暴を始めた。そこで被告人等 4 名は，これを制止し A から I を引き離すべく，I に暴行を加え，ファミレス駐車場まで追っていった。被告人は I が A への暴行を加えた後，駐車場入り口までは暴行を加えたが，その後 I が A の髪から手を放した時点以降は暴行を加えてはいない。その後 Y と Z が I に暴行を加え，直接的には Y の殴打によって I は転倒してコンクリート床に頭を強打し加療 7 か月の傷害を負った。

判旨：(I が A の髪を放すまでを反撃行為，その後の行為を追撃行為とした上で）被告人も加わっていた反撃行為は正当防衛であり，相当性も逸脱していない。追撃行為については，「被告人ら 4 名が一団となっていたからといって……暴行を加える意思があ

[†] 学説の中には，実行行為の着手後の離脱は，実行行為を分担していた以上，少なくとも未遂が成立するとして，あとは，その離脱意思が任意であるかどうかによって，障害未遂と中止未遂が区別されるとする見解がある（山口厚『刑法』(2005 年) 174 頁，西田典之『刑法総論』(2006 年) 348 頁等）。確かに，既遂結果が発生しても，その既遂結果について離脱者の行為が因果性をもたず，しかし既遂結果の危険性があった場合には，未遂であり，かつ任意性があれば中止未遂となることにもなろう。しかし，実行行為を開始し，被害者に暴行を加えた後に離脱し，その後に残余の者においてさらに暴行を加えて被害者を死亡させたような場合には，離脱ではあっても未遂は問題になりえない。こういった学説が主張されたのは，さきにみたように，学説が共犯の離脱について共謀共同正犯における謀議の因果性の消滅を基本的に念頭におき，さらに，実行行為の開始の有無という形式的基準を設定しているからである。しかしながら，共犯の離脱と共犯における中止未遂の問題は別の問題である。加害後に離脱した後の暴行致死の罪責は，まさに離脱者の因果性の解消の有無にかかっているのであって，実行行為とは関係はない。もっとも，共同正犯者が実行行為後，そのうちの 1 人が離脱を表明した上で犯行中止を他の共同正犯者に説得して，他の共同正犯者がそれに応じた場合には，総てについて未遂罪であり，離脱者の離脱理由が中止未遂の任意性を満足する場合には，中止減免の恩恵が与えられるということにはなろうが，常に離脱は未遂になるわけでもなく，またその逆も，共犯の中止未遂は共犯からの離脱に限るわけでもない。

り，相互にその旨の意思の連絡があったとはいえない」として暴行の共謀の成立を否定した（無罪）。

判例はこの事案で分析的な方法をとっている。正当防衛としての適法行為における意思の連絡と，違法行為（過剰防衛ないし新たな加害行為）の意思の連絡とは別物だというのであろう。しかし，こういった分析的な方法が，反撃行為と追撃行為とが連続的になされたような場合にまで貫かれうるかどうかは疑問である。むしろ全体的に考察して，過剰防衛であるが免除するという結論でも本件の事案の内容から見て妥当であったのではなかろうか。

8.6.3 共犯と中止

> 設例　XはYとA宅に強盗に入ったが，Aからわずか900円しか差し出されなかったので，Xは「お前の家も金がないなら金はとれん」といい，Yに「帰ろう」と申し向けて表に出た。しばらくして出てきたYは，「お前は仏心があるからいかん。900円は俺がもらってきた」といってAから奪ってきた（*仏心（ほとけごころ）事件（最判昭24年12月17日刑集3巻12号2028頁））。

総説　結果が不発生に終わった場合であって，しかしその危険性があった場合，それが共犯者の任意の行為による場合には，中止未遂である[†]。任意性の有無は属人的な要素であるから，他の共犯者には中止減免の効果は当然には及ばない（大判大2年11月18日刑録19輯1212頁）。

*仏心事件について，最高裁は，「（相被告人Yの）右金員を強取することを阻止せず放任した以上」中止犯は成立しないとした。この場合，結果は発生している。そしてその既遂結果とXとの因果性が切断されていない以上は，そもそも中止未遂を認めることは困難であろう。逆に，因果性が否定された場合（たとえば，Yにその金員を諦めるように説得し，いったんYはA宅を出たが，後日改めてYがA宅に赴いて再び強取したような場合）には，未遂であり任意性も認められるであろうから中止犯だということになる[††]。

判例によれば，実行行為後であって実行行為完了前はまさに着手未遂であるか

[†]　実行行為前の離脱は，まさに予備だけが問題となる。
[††]　通説が，離脱後の結果についての帰責を否定するには結果防止のための措置を講じることが必要だとする定式が正確ではないことは既に指摘した（⇒8.6.2）とおりだが，その逆に，実行行為が開始後に他の共犯者の行為に対してそれを阻止し，結果不発生のための措置を講じることがなされなければ，結果が未遂に終わったとしても中止未遂になりえないというのは，結論自体は合っていることになる（大判大12年7月2日刑集2巻610頁）。

ら，実行行為の更なる遂行を止め，他の共犯者にもそれを及ぼさせれば，中止犯となりうる（*二の太刀事件（東京高判昭 51 年 7 月 14 日判時 834 号 106 頁））。

8.6.4 承継的共犯

> 設例　YとZは，A宅に押し入りAを金員強取の目的で殺害した後，金庫を発見したが開け方がわからなかったのでXを呼び出して，Xに金庫を開けさせ，金員を領得した。

<u>総説</u>　共犯からの離脱が，共同行為の途中からの脱落であるのに対して，**承継的共犯**は，途中からの加功である点で対照的である。設例で，Y・Zの強盗殺人罪の共同正犯に対して，途中から加功したXの罪責について，強盗殺人罪の共同正犯（ないしは幇助犯）が成立するかどうかが争われる。

承継的共犯については学説上は，**消極説**が有力であるが，積極説と消極説の中間的見解（**中間説**）もある。判例はかつては**積極説**であったが，最近の下級審では積極説と消極説に分かれており，実務上は重要である。

消極説に立つものとして，浦和地判昭 33 年 3 月 28 日一審刑集 1 巻 3 号 455 頁，広島高判昭 34 年 2 月 27 日高刑集 12 巻 1 号 36 頁，福岡地判昭 40 年 2 月 24 日下刑集 7 巻 2 号 227 頁，積極説に立つものとして，札幌高判昭 28 年 6 月 30 日高刑集 6 巻 7 号 859 頁，東京高判昭 34 年 12 月 2 日東高刑特報 10 巻 12 号 435 頁，*名古屋高判昭 50 年 7 月 1 日判時 806 号 108 頁，等。

なお，承継的共犯では，明らかに教唆犯は問題にはならず，承継的幇助犯と承継的共同正犯のみが考えられる。学説の中には，承継的幇助について積極説，承継的共同正犯について消極説をとるもの†があるが，共同正犯と幇助犯の因果的な連続性を考えると疑問である。

<u>積極説</u>　積極説は，設例のような場合に，途中から加功したXについても，A殺害の事実を利用して財物を取得しているのであるから，因果的にA殺害についても帰責でき，結果としてXについても強盗殺人罪の共同正犯を認めることになろう（昭和 13 年の大審院判決も，夫の殺害行為後に，その殺害の事実を知って強取行為の一部を実行した（ろうそくによる照明により財物取得の犯行を容易にした）妻について，強盗殺人罪の幇助犯の成立を認めている（大判昭 13 年 11 月 18 日刑集 17 巻 839 頁）。

---

† 中野次雄『刑法総論概要』（1979 年）132 頁，146 頁。

消極説　消極説であれば，この設例の場合には，Xについては窃盗罪（の共同正犯）が成立するにすぎない（なお，この場合屋内であるから「死者の占有」を認めなくても窃盗になりうる）。消極説は，加功以前の結果については心理的物理的いずれの意味でも因果的な帰責は不可能であることを根拠としている。

ただし，判例において積極説がとられることの実務的背景としては，共犯現象において，こういった分析的な立場をとると，立証が煩瑣になるという不都合があろうことは否めない。たとえば，1人の被害者を袋叩きにしている最中に途中から参加し，その後被害者が死亡した場合，死亡の原因となった暴行が参加時点以降であったことが立証されなければ，途中参加者については，傷害致死罪の共同正犯にならないというのが消極説の帰結であるからである。さらにたとえば，監禁に際して，後から参加したが，被害者は拘禁性の精神障害をきたしたような場合，監禁致傷罪の成立を認めるためには，加功時点以降の監禁のみでその障害が発生したことが立証されなければならないということになるであろう。

中間説　学説の中には中間的な見解（**中間説**）も主張されている。つまり加功前でその効果が終了している結果と，加功後もなおその効果が継続している結果とを区別し，前者については，共犯の成立を認めないが，後者については，なおそれを知って利用しつつ加功した場合には共犯になるとするのである。この見解では，たとえば，先行者が監禁中に負わせた傷害結果については，途中からの加功者には共犯としての責任を負わせない（監禁致傷ではなく監禁罪の共犯となる）が，設例のように，死亡結果によって財物の取得が可能となっている状態が継続している場合には，共犯関係が成立するというのであろう†。

判例における中間説　＊名古屋高判昭58年1月13日判時1084号144頁
XらがAに対して総額2000万円の恐喝行為を行った上，1000万円を受領したが残り1000万円が未履行であった時点以降に参加したYについて，原審は

---

† しかし，積極説はもちろん，効果の継続という限定下での共犯を認める中間説でも，自己の行為による因果的な結果以外のものを過去に遡って帰責させるという点で，やはり因果共犯論を前提とする共犯の処罰根拠に反するといわざるをえない。確かに，強盗の故意で途中から参加したが，被害者がすでに死亡していた場合に，さらに暴行・脅迫を加えることは，やろうと思ってもできなかっただけだという実質的判断もありうるが，そのような主観的な意図のみで結果に対する因果的寄与を前提とするべき共犯の処罰を正当化することはできないのである。また，中間説において，「効果が継続している」かどうかが，明確な基準たりうるかも疑問である。たとえば，監禁に際して傷害を負わせた場合でも，傷害は，被害者の脱出能力に何らかの《効果》があり，その低下をもたらしているとみるならば，後からの加功者についても監禁致傷の共犯となるはずである。

恐喝既遂の共同正犯としたのに対して，Xらの脅迫並びにこれによる被害者の畏怖状態や「残りの1000万円の支払いの約束を容認したうえ，これらを利用して爾後の犯行を遂行することを共謀し，現にこれらを利用して自らも右金員支払いの要求行為を行っていると認められるから，……同被告人に事前共謀があった場合と価値的に同視しうるものと考えられ，この意味では共同正犯としての責任の内容について先行行為を承継しているということができる」から加功後に自ら被害者に対する脅迫行為がなかったとしても，残りの1000万円についての恐喝未遂罪が成立するとした。

同時傷害との関係 **同時傷害の特例**（207条）は，2人以上の暴行による傷害について，それぞれの暴行による軽重を知ることができないか，または傷害を生じさせた者を特定できない場合でも，共犯の例によるとするものである。「共犯の例による」とは，つまり共同責任を負わせることになる。全く共犯関係にない場合に207条の適用によって行為者の行為によるものであるか否かが不明であったとしても傷害の責任を負うという趣旨である。

一方，承継的共犯について消極説をとった場合に，共同して暴行して被害者が傷害を負ったが，それが，行為者の加功前か加功後であるかが不明であれば，「疑わしきは被告人の利益に」の原則から，暴行の限度で処罰されることになる。このことは，意思の連絡があれば，暴行の限度なのに，意思の連絡がなければ，207条により傷害の責任を負うことになり不合理である。

この点について，**大阪高判昭62年7月10日高刑集40巻3号720頁は，承継的共犯について中間説によりつつ，207条は，いずれについても立証ができないことにより傷害の責任について暴行の限度どころか，誰も刑事責任を負わないことになる不合理を回避するための例外的な規定であって，不合理だとの批判はあたらないことを，判例としては異例といえるまでに懇切に説明している。

ところが，この**大阪高判**の判例を引用しつつ，「共謀成立の前後にわたる一連の暴行により傷害の結果が発生したことは明らかであるが，共謀成立の前後いずれの暴行により生じたものであるか確定することができない」場合にも207条を適用するべきだとする判例が現れるに至っている（大阪地判平9年8月20日判タ995号286頁）。

しかし，207条は個人責任の原則に反する極めて例外的な規定であり，その適用範囲を拡大することには疑問がある。

8.6.5 片面的共犯

> **設例** 兄貴分Xは，弟分Yが，対立組長Aをピストルで殺害するに際して，こっそり手助けするつもりで，Yの射撃と同時にAめがけて撃って，XとYの弾があたってAが死亡した。

総説 **片面的共犯**とは，正犯が知らない間に幇助行為を行うこと（**片面的幇助**），他の共同正犯者が知らないのに犯罪を共同すること（**片面的共同正犯**）である。片面的教唆は論理上ありえない。教唆したのに正犯が気がつかなければ，「教唆した」ことにはならないからである。

判例は，片面的幇助については認めている（*大判大14年1月22日刑集3巻921頁（賭博開帳の正犯の知らない間に客を勧誘した事例），*大判昭3年3月9日刑集7巻172頁（不正投票をあえて黙認した選挙長。これは不作為の共犯の事例でもある），東京地判昭63年7月27日判時1300号153頁（輸出するテーブルにけん銃が隠匿されているのではないかとの未必的な認識をもったが，そのまま発送したことについて，その役割から共同正犯を否定して幇助にとどまるとしたもの））が，片面的共同正犯については否定している（共同正犯に必要な意思の連絡が欠けるからである（大判大11年2月25日刑集1巻79頁））。学説は（Ⅰ）片面的幇助・片面的共同正犯の両方について認める説，（Ⅱ）判例と同様に，片面的幇助のみを認める説，（Ⅲ）片面的共犯一般について消極的な立場（否定説）などに分かれている[†]。

片面的共同正犯を認める立場は，否定説が，共同意思の存在という責任共犯論的な側面を強調しすぎることを指摘し，因果共犯論と行為共同説から片面的共同正犯を認める。そして設例において，Aの死亡結果が，Xの弾であるかYの弾であるかが不明である場合には，Yは，単独正犯であってせいぜい殺人未遂になるが，Xについては殺人既遂罪の共同正犯が成立することを認めることになる[††]。

[†] 片面的共犯の関係で，インターネット上に著作権侵害を容易にできるソフトウエアを配布することと，著作権侵害罪の共犯の成否の問題がある（**ウィニー事件**（京都地判平18年12月13日判タ1229号105頁））。

[††] 共同正犯でも，共同正犯者相互において，他の共同正犯者の因果性を利用することの認識が必要であると考える（つまり，共同正犯の成立において，故意の内容の一部である因果性の認識として，他の共同正犯の因果的行為の認識が必要と考える）ならば，やはり共同正犯の片面的類型を考えることは困難である。つまり，片面的共犯といっても，基本的には片面的幇助が問題となるにすぎない。片面的幇助では，幇助されていることの認識ないし意識が正犯に要求されるわけではないであろうからである。したがって判例が片面的幇助についてのみ認めているのはそれなりの理由があるというべきであろう。

8.6.6 不作為の共犯

> **設例** Y女は，元夫Aとの間に設けた子供B（3歳）らとともに内縁の夫Xと生活していたが，次第にXがYやBらに対して暴力を振るうようになり，ついにある日，Bの顔面および頭部を激しく殴打し硬膜下出血等により同人を死亡させるに至ったが，その暴行の間，YはXに対して制止する等の措置をとらなかった（**折檻事件**（札幌高判平12年3月16日判時1711号170頁））。

総説 **不作為と共犯**では，不作為正犯に対する作為共犯も問題となりうるが，それは，不作為正犯の問題であり，共犯との関係では，作為正犯（および不作為正犯）に対する**不作為での共犯**がその中心となる（これを通常，**不作為の共犯**と呼んでいる）。そこでは，作為と不作為の共同正犯も含まれる。

折檻事件の検討 設例では，内縁の夫Xの傷害致死罪について，子供Bの母親であるYは，何らの措置をもとっていない。この場合のYについて，単独の不作為正犯であるか（たとえば殺意があれば殺人正犯，暴行・傷害の限度での故意なら傷害致死罪），それとも，Xとともに，傷害致死罪の共同正犯であるか，ないしは，Xの傷害致死罪正犯に対する不作為による幇助なのか，さらには，無罪であるかである。

設例で，原審（釧路地判平11年2月12日判時1675号148頁）は，YがBの唯一の親権者であったなどのことから，Bに対するXの暴行を阻止する作為義務はあったが，その結果回避可能性について，「犯罪の実行をほぼ確実に阻止し得たにかかわらず，これを放置した」ことが必要であるところ，Yが，実力でXの暴行を阻止することは全く不可能ではなかったものの，その場合にはY自身が相当の傷害を負う可能性があり，さらに，Yが妊娠していた等の事情からは，実力で阻止することが極めて困難な心理的状況にあったのであるから，結果回避可能性については，Xの暴行を阻止することは著しく困難な状況にあったのであり，Yの不作為を，作為による傷害致死幇助罪と同視できないとして，無罪とした。

これに対して，札幌高裁は，作為義務については，原審とおおむね同様の基準からそれを肯定しつつ，その結果回避可能性の要件について，原審の「ほぼ確実に阻止し得た」までは必要はなく，また，実力による阻止に限定されず，Yの側で監視し，言葉によって制止することは相当程度可能であり，さらに実力による阻止についても，胎児の健康に影響が及んだ可能性は低く，実力による阻止が困難であったとはいえないから，作為による幇助と同視できるとして，傷害致死罪

の幇助犯の成立を認めたのである（この両判決の結論の違いは，札幌高裁が説示する，結果回避可能性の基準そのものについての考え方の違いというよりも，その程度についての事実評価の違いにあるということもできるであろう。なぜならば，札幌高裁も，本件について，「結果回避可能性がほぼ確実とはいえない場合であっても，作為と同視できる」とまで判示するものではないからである）†。

＊スコップ事件（大阪高判昭 62 年 10 月 2 日判タ 675 号 246 頁）

被告人Ｘは，元暴力団組員Ｙとともに会社社長Ａを山林に連れまわし暴行・脅迫を加えた。Ｘは，ＹのＡ殺害を阻止する意図があったものの，Ｙからつるはしとスコップをとってきて欲しいと依頼されたことを奇貨として，両名のそばを約 10 分間離れ，その間にＹはＡを絞殺した。

判旨：Ｘが同席して殺害を阻止する構えを崩さない限り，体力的にもはるかに劣るＹにおいて，Ａ殺害の挙に出ることはまず考えられず，万が一Ｙが右殺害を図ったとしても，特段の凶器を有しないＹの行動をＸは容易に阻止し得たと認められること，右山林内には，他に，ＹのＡ殺害を阻止し得る者はいなかったこと，から，Ｘには不作為による殺人幇助罪が成立するとした。なお，検察官の予備的訴因である，不作為の殺人罪正犯については，「Ａの殺害を積極的に意欲していたものではなく，単にこれを予測し容認していたに止まるものであること等諸般の事情を総合して考察すると」殺人罪

---

† 「不作為による共犯」の解決の鍵は，「不作為の因果性」と「共犯の因果性」という二重の因果性をどのように調整するかにかかっている。

不作為犯において，作為との同価値を求める通説は，実行行為としての作為義務とその因果関係としての結果回避可能性を問題とする。

コンビニの万引を偶然目撃しただけの別の客においては，そもそも作為義務はなく，因果関係を論じる以前の段階で実行行為性が否定され無罪となる。

これに対して，同じく万引を目撃した警備員については，作為義務はないとはいえない。まさに会社の財産などを外部の侵害から守るのが警備員の職責だと考えられるからである。また，設例でも，Ｂの母親であるＹについて，作為義務を認めること自体は困難ではなかろう。

ただ，作為義務を認めて，実行行為性を肯定した上で，さらに，それが幇助犯であるか，共同正犯であるか，単独正犯であるかは，むしろ共犯の因果性にかかわる。そして，正犯としての因果性まではないが，共犯としての因果性を問題とする場合であって，不作為正犯において結果回避可能性が 1 つの要件であるという立場に立つならば，正犯において要求される結果回避可能性よりも緩和された可能性でも足りるという理解も論理的にありえるであろう。しかし，「結果回避可能性が確実では《なく》とも，不作為幇助として処罰できる」ことは，「結果回避可能性が確実」であっても不作為幇助で処罰することを妨げるものではない。一方，不作為の単独正犯については，《確実な》結果回避可能性が必要だとするのが判例（⇨4.4.6）であるから，結局，不作為幇助，不作為共同正犯，不作為単独正犯のいずれであるかを，結果回避可能性で区別することは不可能なのである。

もっとも，幇助意思，正犯意思という意思的側面で，正犯と共犯を区別する判例の主観説からは，因果性で区別できない領域はさらに意思の内容で区別され，コンビニ万引の黙認事例では正犯意思が欠けるからせいぜい不作為の幇助だということになるのであろう（ただし，この主観説でも，因果性を離れては，共同正犯と単独正犯とは区別できないことになる）。

の正犯として問擬するのは相当ではない。

この**スコップ事件**では，正犯の「犯行を容易ならしめた」ことをもって，不作為の因果性を肯定している。

一方，**折檻事件**の地裁判決は，因果性について，「ほぼ確実に阻止できた」ことが必要だとしていたのに対して，高裁判決は，そのような確実性は必要ではなく，**スコップ事件**と同様に「正犯者の実行を容易にした場合」でよいとしているのである。

不作為犯の因果性について，正犯であれば，＊＊**十中八九事件**（最決平元年12月15日刑集43巻13号879頁⇨4.4.6）で示されたように，期待された行為（合義務的行為，つまり作為）と結果不発生との間には合理的疑いを超えない程度の確実性が必要であるが，幇助犯については，作為による幇助犯でも，通説は，正犯の因果性とは異なり，条件関係すら必要ではなく，正犯の犯行を容易にする程度で足りるとしているのであるから，不作為の幇助犯についても，同様に，（期待された作為によって）確実に阻止できたことまでは必要ではなく，「実行を容易にした」程度で足りるということになるであろう。

その他の事例　その他，不作為による共犯の事例は多くはないが，著名なものとしては，違法な代行投票（選挙干渉罪）を黙認した選挙長について，不作為による片面的幇助だとした事例（＊大判昭3年3月9日刑集7巻172頁）がある。一方，また，過激派同士が駅ホーム上で衝突した場合について，「実行行為に出ない者であっても，右闘争の展開する現場に踏み留まっていた以上，……共謀共同正犯の責任を免れない」とした，東京高判昭55年1月30日判タ416号173頁は，統率者の指揮の下でいつでも闘争に移れるような態勢で，反対派からの襲撃に備えていたという特殊事情を考慮する必要があろう。これに対して，飲食店営業の許可の名義貸しをしたが，同店では買春の場所提供がなされており，被告人もうすうすそれを知っていたが放置していた場合について，売春防止法上の罪の不作為の幇助が成立するとした原審を破棄して，幇助の成立を否定したもの（大阪高判平2年1月23日高刑集43巻1号1頁）がある。この判例では正犯行為を防止する法律的作為義務がなかったことがその根拠となっている。

一方，同僚から勤務先の系列のパチンコ店に対する強盗の計画を知らされたものの，警察に通報するなどしなかった者について，原審が強盗致傷の幇助犯としたのを破棄して，無罪とした＊＊**パチンコ店事件**（東京高判平11年1月29日判時1683号153頁）は，正犯を基礎づける**保護義務**と，共犯（幇助）を基礎づける**阻止義務**を区別し，雇用契約による従業員たる地位一般からこの両義務を導くことはできないとした。また工場放火の計画を社長からうち明けられたが，聞き流し阻止しなかった場合について無罪とした，名古屋高判昭31年2月10日高刑集9巻4号325頁，がある。

8.6.7 予備の共犯

> **設例** Xが、Yとその密通相手のZ女からZの夫Aの殺害について相談を受け、青酸カリを用意してZに渡したが、YとZは共謀の上で、Aを絞殺した（*最決昭37年11月8日刑集16巻11号1522頁）。

判例 予備罪について共犯の規定の適用があるか、争いがあるが、判例は設例のXについて殺人予備の共同正犯を認めている（上記判例）†。

消極説 これに対して消極説の根拠としては、予備罪には「実行行為」がないことから、実行従属性の前提が欠けるという形式的理由のほかに、予備罪を処罰するのは、処罰の早期化という意味で例外であり、共犯処罰も限縮的正犯概念から例外だとすれば、予備の共犯は「例外の例外」にほかならず、その処罰については、特にそれについての明文の根拠が必要であるとする。ただし、消極説であっても、内乱等幇助（79条）など、特別に予備の共犯の規定が用意されている場合にその規定に従って処罰することを否定するものではない（他に、破防法38条第2項1号）。ただ、積極説では特別減軽類型であることになるのに対して、消極説では処罰拡張類型だということになる。

また、学説の中には、予備罪についても、殺人予備罪・強盗予備罪などのように、未遂・既遂罪の前段階を特別に処罰している類型と、**独立予備罪**（⇨7.4.1）を区別し、後者については、実行行為を観念でき、したがって予備罪が成立するとするものもある（大判昭4年2月19日刑集8巻84頁は通貨偽造準備罪（153条）は独立予備であって共犯が成立しうるとする。なお、この判例を引用しつつ、密出国企図罪（出入国管理71条）についても共犯が成立しうるとした、大阪高判昭38年1月22日高刑集16巻2号177頁がある）。

しかしながら、何が独立予備罪であるかは必ずしも明確ではない。凶器準備集合罪（208条の3）は、立法当初は、殺人、暴行・傷害、器物損壊・建造物損壊、放火などの犯罪の予備罪だと考えられていたが、今日では、独立した犯罪と考えるのがむしろ通常だとされているからである（⇨7.4.1）。

---

† 積極説の中には、単独正犯としての他人予備はありえないが、共同正犯ならば可能だとして、結論として上記判例の結論を支持するもの（西田典之『刑法総論』（2006年）369頁）がある。

8.6.8 過失の共犯

総　説　共犯は故意犯が前提であるが，共犯が修正された構成要件該当性の問題だとすれば，過失の共犯もありうる。過失の共犯には，①過失正犯に対する故意共犯，②故意正犯に対する過失共犯，③正犯・共犯ともに過失犯，④過失の共同正犯，の4つの場合がありうる。通常，議論されているのは，②と④である。②については消極的であるのが多数説である†。

> **設例**　X・Yは，共同して地下トンネル内で，電話ケーブルの点検作業を行い，断線箇所を発見してその対策を検討するためにトンネルから退出する際に，それぞれ使用していたトーチランプの火が確実に消火したことを確認しなかったため，トーチランプの1つが防護シートに延焼し，さらに電話ケーブルに類焼させた（＊**世田谷ケーブル事件**（東京地判平4年1月23日判時1419号133頁））。

過失の共同正犯　過失の共同正犯を認めるメリットは，設例で結果がどちらの行為によるのかが明らかではないときに，ともに既遂の責任を認めることができるところにある（それぞれについて因果関係の立証が可能であれば過失正犯の同時犯としてそれぞれが処理されうる）。過失の共同正犯については，可罰的だとするのが学説の多数説である。

判　例　判例は，当初，過失については共犯が適用されないという立場をとっていた（大判明44年3月16日刑録17輯380頁）。しかし，戦後の最高裁は，過失については60条の共同正犯がありうることを示すに至った。リーディングケースとして，＊**最判昭28年1月23日刑集7巻1号30頁**（メタノール含有についての飲食店の共同経営者の過失）がある。

その後も，過失については共犯の規定の適用がなく同時犯とするべきだとするもの（広島高判昭32年7月20日高刑裁特4巻追録696頁）もあるが，多くは，過失の共同正犯を認めている。たとえば，失火罪（116条）につき名古屋高判昭31年10月22日高刑裁特3巻21号1007頁，業務上失火罪（117条の2）につき名古屋高判昭61年9月30日高刑集39巻4号371頁，秋田地判昭40年3月31日下刑集7巻3号536頁，等がある††。

---

† 京都地舞鶴支判昭54年1月24日判時958号135頁は，被告人Xが，相被告人Yが覚せい剤を使用すれば幻覚妄想の支配下での心神喪失状態になることを知りながら，Yに対して脇差しに2本を渡し，Yにおいてその内妻Aを殺害した事例について，Yには原因行為の段階で故意がなかったことを理由に重過失致死罪を，XについてはYのA殺害の認識があったとして，殺人の幇助罪の成立を認めたものである。これは①類型である過失正犯に対する故意共犯を認めたものである。

†† なお，消極説の学説を引用しつつ，それに反論する形で積極説の根拠づけを試みたものとして，京都地判昭40年5月10日下刑集7巻5号855頁。そこでは「共同者がそれぞれその目的とする一つの結果に到達するために，他の者の行為を利用しようとする（等の）意思（は）……共同正犯の綜合的意思であ」るとする。

設例の世田谷ケーブル事件で，東京地裁は「社会生活上危険かつ重大な結果の発生することが予想される場合においては，相互利用・補充による共同の注意義務を負う共同作業者が現に存在するところであり，しかもその共同作業者間において，その注意義務を怠った共同の行為があると認められる場合には，その共同作業者全員に対し過失の共同正犯を認めた上，発生した結果全体につき共同正犯者としての刑事責任」があるとして，業務上失火罪の共同正犯を認めた。

第9章

罪数論

9.1 罪数論の体系的地位

罪数論の意義 　1つの犯罪に複数の主体が関与するのが，共犯現象であり，それを扱うのが共犯論（第8章）であったが，これと対照的に，1つの主体が複数の犯罪に関与することを，**犯罪の競合**という。罪数論は犯罪の競合を扱う。

① 1罪であるか数罪であるのかの判断＝一罪―数罪判断（**一罪論**）は構成要件該当性の問題であり犯罪論に属する。犯罪論上の一罪を**本位的一罪**という。本位的一罪でないものは，**数罪**である。

② その数罪について，科刑の方法を決め，科刑上一罪と併合罪という特別の取扱いを認める（**数罪論**）のは，刑罰論の問題である。

単純化すれば，一罪論は犯罪論であり（⇨9.2　本位的一罪），数罪論は刑罰論である（⇨9.3　数罪論）。刑法典は数罪の刑罰論上の扱いに関して 45 条以下の規定をおいているにすぎない。一罪論は究極的には犯罪各論の解釈の問題（⇨1.1.1）である†。

9.2 本位的一罪――犯罪論としての罪数論

9.2.1 総　説

概　観　**本位的一罪**，すなわち犯罪論上の一罪には，**単純一罪**，**法条競合**，**包括一罪**がある。単純一罪以外の本位的一罪を**評価上の一罪**という。

---

† 罪数論の体系については，只木誠『罪数論の研究』（2004 年）175 頁以下を参照。

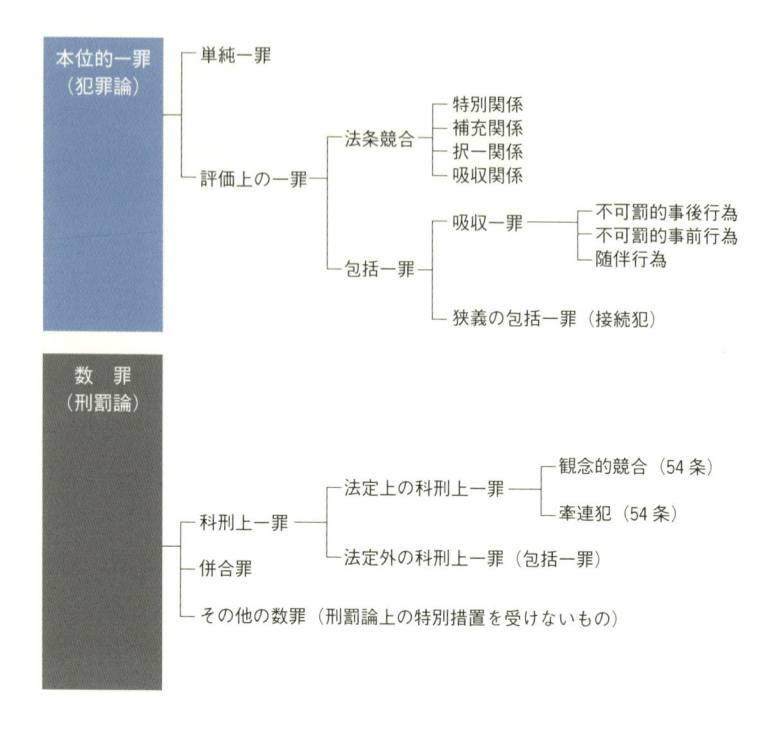

```
本位的一罪 ─┬─ 単純一罪
(犯罪論)   │
           └─ 評価上の一罪 ─┬─ 法条競合 ─┬─ 特別関係
                            │             ├─ 補充関係
                            │             ├─ 択一関係
                            │             └─ 吸収関係
                            │
                            └─ 包括一罪 ─┬─ 吸収一罪 ─┬─ 不可罰的事後行為
                                         │             ├─ 不可罰的事前行為
                                         │             └─ 随伴行為
                                         │
                                         └─ 狭義の包括一罪（接続犯）

数　罪 ─┬─ 科刑上一罪 ─┬─ 法定上の科刑上一罪 ─┬─ 観念的競合（54条）
(刑罰論)│                │                        └─ 牽連犯（54条）
        │                │
        │                └─ 法定外の科刑上一罪（包括一罪）
        │
        ├─ 併合罪
        │
        └─ その他の数罪（刑罰論上の特別措置を受けないもの）
```

9.2.2　単純一罪

定　義　「1個の行為」によって「1個の犯罪類型（≒構成要件）」が充足される，のが**単純一罪**である[†]。

たとえば，人を1人殺害した場合とか，自動車を1台盗んだような場合，それぞれ，一個の行為によって殺人罪・窃盗罪という1個の犯罪類型が充足され，殺人罪・窃盗罪の単純一罪が成立する。

集合犯・結合犯　「複数の行為」であっても，「犯罪類型」において複数の行為によって充足されることが予定されていた場合には，なお1つの犯罪類型が充足されたといってよい。これが単純一罪としての**集合犯・結合犯**である。

[†]　ここでの「構成要件」とは，故意・過失を含んだもの（「殺人と過失致死は異なる構成要件だ」ということになる）であり，本書の立場からは「犯罪類型」とすべきものであるが，一般的には，構成要件とする場合が多い。

集合犯　**集合犯**とは、犯罪類型の性質上、複数の同種の行為が行われることを予定している犯罪である。たとえば無免許医業行為（医師17条・31条）については、患者に対する医療行為それぞれについて違反行為が成立するのではなく、また、常習賭博罪について賭博行為のそれぞれについて常習賭博罪となるのではないとされるのである。前者を**営業犯**、後者を**常習犯**と呼ぶ場合がある。

　判例は、数回の常習賭博について包括一罪だとしている（最判昭26年4月10日刑集5巻5号825頁）。集合罪における一罪性の意義にもよるが、判例は集合犯を少なくとも単純一罪だとは考えていない。

　また出資法違反事件について、原審が個々の違反の貸付行為について包括一罪としたものを破棄して併合罪だとしたものがある（最判昭53年7月7日刑集32巻5号1011頁）。

結合犯　同種の複数の行為からなるのが集合犯であるが、同種とはいえない複数の行為からなるのが**結合犯**である。集合犯とならんで結合犯を包括一罪だとする立場もある。ただし、一般に結合犯とされる強姦罪・強盗罪は、暴行脅迫行為と姦淫・強取行為の結合であるが、これらはそもそも、包括されるのではなく犯罪類型の解釈上、暴行罪・脅迫罪等の成立が排除されるのであり、法条競合（⇨9.2.3）の一類型に他ならない。

9.2.3　法条競合

定　義　**法条競合**とは、1つの行為が、形式的には複数の犯罪類型に該当するように見えながらも、犯罪類型を規定する法文の論理関係その他の解釈上、1つの犯罪類型しか成立しない場合である。

　たとえば、未成年者を営利目的で誘拐した場合、形式的には未成年者略取誘拐罪（224条）と営利目的略取誘拐罪（225条）の両方に該当するように見えるが、法条競合により、重い営利目的略取誘拐罪1罪のみが成立する。

　法条競合には、① 特別関係、② 補充関係、③ 択一関係、④ 吸収関係の4つがある。

類　型　① **特別関係**とは、2つの犯罪類型が、一般法—特別法の関係に立つ場合であり（刑法上の背任罪と会社法上の特別背任罪（会社960条））、② **補充関係**とは、犯罪類型の一方が他方を補充する場合であり（現住建造物放火（108条）、非現住建造物放火（109条）に対する、110条の「前2条に規定するもの以外の放火」罪）、③ **択一関係**とは、2つの犯罪類型が相互に部分的な包摂関係（交差関係）にあるような場合（寄託を委任された他人の財物を領得したような

場合の横領罪と背任罪），4 **吸収関係**とは，既遂罪に対する未遂罪等であるとされる。吸収関係については，包括一罪における吸収一罪と混同してはならない。法条競合においては，1つの行為について複数の犯罪類型が該当することが前提である。

9.2.4　包括一罪

定　義　　単純一罪ならびに法条競合論からは，数罪になりうるにかかわらず，一定の価値判断からなお一罪と扱うのが**包括一罪**である。

この価値判断が恣意的でないかを含め，包括一罪は体系的・論理的に多くの問題をはらんでいる。

評価上一罪と科刑上一罪　　包括一罪は，「法文の解釈上は数罪なのに，一罪として扱う」点では，科刑上一罪に共通するものがある。そしてこの点をとらえて，包括一罪を（**法定外の**）**科刑上一罪**（⇨9.3.2）の1つだとする見解もある。

科刑上一罪であるか評価上一罪であるかは，司法実務上は大きな違いがある。つまり，科刑上一罪であれば，犯罪論上は数罪なのであるから，その複数の犯罪類型についてすべて罪となるべき事実と罰条を示し，その上で，科刑上「一罪」として法定刑を決めることになる。また，付加刑としての没収も軽い罪についてできることになる（なお49条第2項参照）。これに対して，包括一罪であれば，犯罪論としての一罪であるから，その1罪についてのみ，事実を認定して罰条を適用すればよい。

一罪として扱うことは一般的に被告人に有利な取扱いであるから，法定外でも罪刑法定主義に反しないとする考え方もあろう。しかしながら，平等原則などの見地からみだりに法定外の科刑上一罪を認めるべきではない。そもそも評価上一罪としての包括一罪の概念それ自体に疑問がある。

包括一罪は，さらに，**吸収一罪**と**狭義の包括一罪**とに分かれる。

9.2.5　吸収一罪

吸収一罪　　**吸収一罪**は，複数の異なる犯罪類型について，重い罪に軽い罪が吸収されて包括して一罪として扱われるものである。

吸収一罪には，**随伴行為，不可罰的［共罰的］事前行為・不可罰的［共罰的］事**

後行為，等がある。

例示　**随伴行為**とは，ピストルで人を殺害したがその際に衣服を破損した場合，器物損壊は殺人に吸収されるものである（傷害に伴う眼鏡の損壊について，器物損壊罪は吸収されるとした，東京地判平7年1月31日判時1559号152頁。その他，判例では，現住建造物放火に重過失致死傷は吸収されるとする（熊本地判昭44年10月28日刑月1巻10号1031頁））。**不可罰的事後行為**とは，たとえば，窃盗犯人がその盗品を損壊したという場合の器物損壊罪（判例では，盗品有償譲受の後に盗品を運搬しても，不可罰的事後行為だとする，最判昭24年10月1日刑集3巻10号1629頁），**不可罰的事前行為**とは，既遂・未遂罪に対する予備罪等がある。ただし，判例は窃取した貯金通帳を利用して貯金を引き出す行為については，不可罰的事後行為とはせずに，別に詐欺罪を構成するとしていることに注意をしなければならない（最判昭25年2月24日刑集4巻2号255頁）。既遂罪に対する未遂罪は法条競合の吸収関係（「1つの行為」）だが，予備と既遂・未遂罪とは2つの行為を観念できる点が異なる。

9.2.6　狭義の包括一罪

総説　**狭義の包括一罪**は，同一の犯罪類型について複数回該当するようにもみえるが，それを包括して一罪として扱われるものである。

さらに①行為が1個である場合と，数個の行為があってもなお，②それぞれが接続・継続している（**接続犯**）ことのゆえに，あるいは③全体を1つの集合として扱うべき（**集合犯・結合犯**）ことから，一罪として扱うべき場合とに分けられる。

①行為が1個である場合　この場合は，科刑上一罪のうちの観念的競合と類似の形態であるといえ，その区別が問題となりうる。たとえば，1度に10個の宝石を盗んだ場合には，包括して1つの窃盗罪が成立するのである。これに対して，時限爆弾で10人の人を殺害した場合には，1つの行為ではあっても10個の殺人が成立し，観念的競合により科刑上一罪とするのが一般的である。それは，論理的な帰結というよりも，生命については一人一人の価値を尊重すべきだという政策判断からに他ならない†。

---

† この場合，法益の主体が違うからだと説明されることがある。

[2] 接続犯　一晩のうちに何回か分けて他人の家の財物を盗み出すような場合のように，時間的場所的に接着して行われる複数の行為であって，同一の犯罪類型に該当する行為は**接続犯**として，包括して一罪として扱われる（例：2時間に3回にわたって同一倉庫から米俵を盗んだ場合（最判昭24年7月23日刑集3巻8号1373頁）。しかし，2日間で7回の舞台での公然わいせつ行為は7つの行為である（最判昭25年12月19日刑集4巻12号2577頁））。

接続犯は1947年に廃止された**連続犯**（旧55条）との区別が問題となるが，判例は，連続犯の解釈においてその適用範囲を広げ，その一方で本位的一罪としての接続犯の概念も認めていた。したがって55条廃止後も接続犯の概念は残ったのである。

判例によれば，同じ相手に対して何回か連続して殴ったような場合も，1個の暴行罪に包括される。同一人物に対して数次の攻撃を加えて，死亡させた場合，日時・場所が異なっても一個の殺人罪である（大判大7年2月16日刑録24輯103頁・大判昭13年12月27日刑集17巻980頁）。判例の中には，同一の相手に約4か月間38回にわたり麻薬を投与した場合について，同一の犯意継続を理由に包括一罪としているものがある（最判昭32年7月23日刑集11巻7号2018頁）が，ここまで包括してよいかは，疑問がある†。

[3] 集合犯・結合犯　**集合犯**は，単純一罪だとする立場もあるが，判例は吸収一罪だと理解している（既述）。いずれにせよ数罪（併合罪）とすべき場合との区別は微妙である（約19.4km離れた地点での道交法上の速度違反行為について，包括一罪だとしていた原審を破棄して併合罪とした，最決平5年10月29日刑集47巻8号98頁）。

9.3　数罪論——刑罰論としての罪数論

9.3.1　総　　説

総　説　犯罪論上数罪とされた犯罪行為であっても，刑罰論として，数罪についての特別な取扱いを刑法は一定の場合に認めている（なお訴訟法的

---

† なお，**熊撃ち事件**（最決昭53年3月22日刑集32巻2号381頁）は，業務上過失傷害罪と殺人罪とは「責任条件を異にする関係上併合罪の関係にある」としている。つまり，判例の包括一罪は犯意の継続という主観的な側面が重要なのである。

な意味もあることに注意)。それが，**科刑上一罪**と**併合罪**である。科刑上の取扱いとしては，原理的には，**吸収主義，併科主義，加重主義**のいずれかによる。

科刑上一罪・併合罪のいずれにもあたらない単なる数罪については，数個の独立した犯罪としてそれぞれが規定されている刑罰が科されることになる。

9.3.2 科刑上一罪

> **54条**
> 1個の行為が2個以上の罪名に触れ，又は犯罪の手段若しくは結果である行為が他の罪名に触れるときは，その最も重い刑により処断する

定義および効果　**科刑上一罪**とは，犯罪論上の数罪が成立する場合であっても，一定の場合にそれらを「科刑上」は一罪として，扱うべき場合のことである。

なお，科刑上一罪は，刑事訴訟法上の訴因変更の可否，一事不再理効も及ぶ点で，併合罪とことなる。つまり，科刑上一罪は，刑罰論上だけでなく訴訟法上も一罪なのである。

法定上の科刑上一罪には，①**観念的競合**と②**牽連犯**がある（54条）。①**観念的競合**とは，「1個の行為が2個以上の罪名に触れ」る場合（54条前段）であり，②**牽連犯**とは「犯罪の手段もしくは結果である行為が他の罪名に触れる」場合（54条後段）である。

かつては連続犯（55条）も科刑上一罪であったが，戦後の刑事訴訟法改正と共に削除された。

科刑上一罪の効果——吸収主義　科刑上一罪については，**吸収主義**がとられる。つまり「その最も重い刑により処断する」（54条）。これは，原則的に加重主義をとる併合罪より軽く，さらに単なる数罪である場合の，併科主義に比較すれば，より軽く処断刑が決められることになる。

「最も重い刑」とは，上限（自由刑であれば長期）は重い罪の刑が上限であるが，下限（同・短期）については，下限は，重い罪の下限ではなくて，最も重いものによるとされる（最決昭28年4月14日刑集7巻4号850頁）。

9.3.3 観念的競合

定　義　1個の爆弾で2人を殺害した場合のように,「1個の行為」で数罪を犯すのが**観念的競合**である（54条前段）。判例によれば,「1個の行為とは, 法的評価をはなれ構成要件的観点を捨象した自然的観察の下で, 行為者の動態が社会的見解上一個のものとの評価を受ける場合」であるとされる（*最大判昭49年5月29日刑集28巻4号114頁）。行為者の動態が自然的行為・社会的事象として1個であるといえるかが, この最高裁大法廷判決の基準である。

　しかし,「1個の行為」というのも明確な基準だとはいえない。殺害目的で被害者宅に侵入しても, 1つの行為ではなく, むしろ牽連犯であるとされる。また, 通説によれば崖から被害者を突き飛ばして立ち去った場合には, 殺人罪と死体遺棄罪の併合罪だということになろう。一般に殺人と死体遺棄について併合罪とされているからである（大判明43年11月1日刑録16輯1812頁）†。

　酒酔い運転と重過失傷害罪とは, 観念的競合の関係を認めることはできず, 併合罪である（最決昭50年5月27日刑集29巻5号348頁）。また, とび口を自動車車内の助手席上に, 覚せい剤をセカンドバックに入れていた場合について覚せい剤所持罪ととび口所持にかかる軽犯罪法の罪とは併合罪にあたるとした（最決平15年11月4日刑集57巻10号1031頁）。一方, 既遂時期がそれぞれ異なっているとしても, 覚せい剤の輸入について覚せい剤取締法上の罪と関税法の無許可輸入の罪とは社会的見解上, 1個の覚せい剤輸入行為であるから観念的競合となるとしたものがある（最判昭58年9月29日刑集37巻7号1110頁）。

不作為犯と観念的競合　最高裁は, 道交法上の救護義務違反と報告義務違反罪の両罪の関係について,「各義務違反の不作為は社会的見解上1個の動態と評価すべきもの」であるから, 観念的競合の場合に相当するとしている（最大判昭51年9月22日刑集30巻8号1640頁）。

9.3.4 牽 連 犯

定　義　**牽連犯**とは, 数罪の間で手段ないし結果関係があるものである（54条後段）。

---

† 「突き飛ばし」は作為による殺人の実行行為で,「立ち去り」は不作為による死体遺棄の実行行為とみうるならば2つの行為だということになる。

観念的競合と違って，むしろ複数の行為による数罪を予定し，それらの間に**(目的—) 手段関係**，**(原因—) 結果関係**にある時，それらの犯罪類型の法定刑を比較して，「最も重い刑」が処断刑となる。

判例によれば，この関係は行為者の主観的な意図が基準となるのではなく，「通例手段結果たるかどうか」，つまり社会通念における一般的な関係が基準となる（最大判昭 24 年 12 月 21 日刑集 3 巻 12 号 2048 頁）。銃砲刀剣所持と強盗殺人未遂とは「通常手段又は結果の関係あるべきものとは認め得ない」から牽連犯ではないとされている。

牽連犯の例　判例は，住居侵入罪と，窃盗・強盗・強姦・殺人・放火等について（窃盗につき 大判大 6 年 2 月 26 日刑録 23 輯 134 頁，強盗につき 最判昭 23 年 12 月 24 日刑集 2 巻 14 号 1916 頁，殺人につき 大判明 43 年 6 月 17 日刑録 16 輯 1220 頁，放火につき 大判明 43 年 2 月 28 日刑録 16 輯 349 頁，等），また，文書偽造罪と詐欺罪（大判明 42 年 1 月 22 日刑録 15 輯 27 頁），文書偽造罪と行使罪（大判明 42 年 3 月 11 日刑録 15 輯 210 頁），偽造文書行使罪と詐欺罪（大判明 42 年 1 月 22 日刑録 15 輯 27 頁）等について，それぞれ牽連犯としている。これに対して恐喝の手段としての監禁（最判平 17 年 4 月 14 日刑集 59 巻 3 号 283 頁），営利目的での麻薬の譲受けと譲渡（最判昭 54 年 12 月 14 日刑集 33 巻 7 号 859 頁）については，牽連犯ではなく，併合罪と解している。

9.3.5　併 合 罪

45条
確定裁判を経ていない2個以上の罪を併合罪とする。ある罪について禁錮以上の刑に処する確定裁判があったときは，その罪とその裁判が確定する前に犯した罪とに限り，併合罪とする

定　義　**併合罪**とは，同時審判の可能性のある数罪のことである。

併合罪は，本位的一罪だけでなく科刑上一罪をも一罪と数えた上での数罪について，**同時審判の可能性**のある犯罪について，処断上の配慮をするものである。

ドイツ法にならってこの併合罪を**実在的競合**という場合があるが，観念的競合と概念的な対偶関係に立つものではないから避けるべきである。

法は，45条前段において，現実に同時審判の可能性が「ある」場合，つまりそれら数罪についていまだ確定判決を経ていない状態および，45条後段において，同時審判の可能性が「あった」が，現実にその一部について確定判決を経てしまった場合，を規定している。

通常この両者をあわせて，「併合罪とは同時審判の可能性のある犯罪だ」とす

るのである。

45条前段　45条前段は，**確定裁判前の併合罪関係**を規定している。
　つまり，甲罪→乙罪がその順番で犯され，甲罪と乙罪について同一の刑事手続きで裁判がされる場合には，甲罪，乙罪が併合罪ということである。

45条後段　45条後段は，**確定裁判後の併合罪関係**を規定している。
　つまり，甲罪→乙罪がその順番で犯され，乙罪についてのみ確定判決が出た後であっても，両罪について同時審判の可能性があった点では同様であるから，甲罪の裁判において，甲罪と乙罪を併合罪として扱うというのが，45条後段の趣旨である。甲罪と乙罪の両方をいずれかの確定前に起訴するかどうかは，訴追側の事情による。そういった事情によって，確定前ならば併合罪処理により有利な取扱いを受けられたものが，確定後に起訴されることにより，被告人に不利益となるのは不合理であることに基づく。ただし，宣告刑が禁錮以上の刑であることが必要である。

　なお1968年改正前は，禁錮刑以上の制約はなかった。この改正は道路交通事犯の増加に対応して，煩瑣な前科調査を省くことを目的としたものであった。

併合罪の例　実務上は，牽連犯と併合罪との区別が重要である。判例は一貫して，殺人と死体遺棄（大判明43年11月1日刑録16輯1812頁），強姦と監禁（最判昭24年7月12日刑集3巻8号1237頁），放火と火災保険金詐欺（大判昭5年12月12日刑集9巻893頁），窃盗教唆と盗品譲受（大判明42年3月16日刑録15輯258頁），等について併合罪としているが，手段結果関係があるこれらについて牽連犯としないことについては批判が強い。

併合罪の効果　現行刑法上，死刑・無期懲役については**吸収主義**がとられる。つまり併合関係にある数罪のうち死刑に処するべき罪があるときは，他の刑を科さない（没収を除く）（46条第1項）。同様に，併合関係にある数罪のうち，無期懲役・無期禁固に処するべき罪がある場合，有期懲役・有期禁固・拘留は，科さない。

　これに対して，罰金と他の刑とは，**併科主義**をとる（48条第1項本文）。ただし，当然のことながら，死刑がある場合は除かれる（46条第1項，48条第1項但書）。没収（49条），拘留科料（53条）も併科主義である。併科主義では訴訟法的な効果を除外すれば，単なる数罪だとする扱いと異ならないことになる。

罰金刑相互の併合罪 2つ以上の罰金が併科される場合は，それぞれの多額の合計以下で処断する（48条第2項）。

これを併科主義とみるか，加重主義とみるかの対立がある。

併科主義と解する立場からは，48条第2項は同第1項から当然の規定であるが，有期懲役・禁固刑についての加重主義との関係上，念のために設けられた規定だと理解する。

しかしながら，第2項の意義は，罰金額の合算額による1個の罰金刑を科すものであって，数個の有罪宣告を前提とする併科主義とは異なるものであり，むしろ加重単一刑主義とみるべきである。つまり，数個の罰金刑に相当する併合関係の数罪については，個別の各罪の罰金額を算定し，それを明示する必要はなく，各罪の罰金額の合算額として正当化される額を示し，1つの罰金刑を宣告すれば足りることになる。この場合，最も重い犯罪の刑の上限よりも重い罰金刑を科すことができるのであるから，加重主義であるといってよい。犯罪全体について1つの罰金刑を科すのであるから，併科主義とは異なっている。この点，併科主義をとる科料の場合は，それぞれの犯罪について個別に科料の額を確定して，それぞれ言い渡さなければならない。

自由刑と加重主義 有期懲役・有期禁固刑については，**加重主義**であり，その中でも**加重単一刑主義**がとられる[†]。つまり，2個以上の併合関係にある数罪については，その最も重い罪について定めた刑の長期にその2分の1を加えたものを長期とする（47条）。この場合，それぞれの刑の長期の合計を越えることはできない（47条但書）。要するに，重い罪の長期の1.5倍が，長期となるのである。2つの窃盗罪が併合関係にあれば，10年の1.5倍である15年が長期の上限になる。また3つ以上の窃盗罪が犯された場合でも15年が上限となる。47条但書の規定は，併科主義よりも重くすることができないことに基づく。下限については規定がないが，判例は，下限は，有期刑の短期の最も長い罪の刑によるべきであるとしている（東京高判昭35年4月19日高刑集13巻3号255頁）。

余罪の処理 確定後の併合罪関係を特に余罪の処理とよぶことがある。たとえば，甲罪→乙罪の順に犯して，甲罪が起訴され，有罪の判決が確定した場合（45条後段），乙罪については，法は単に「更に処断する」（50条）としているだけであって，処断刑自体には，併合罪の効果（吸収主義・加重主義）の効果

[†] この点について，最近の最高裁判例は極めて重要な判断を示している（****新潟監禁事件**（最判平15年7月10日刑集57巻7号903頁））。すなわち，第1審が，逮捕監禁致死傷罪の犯情には特段に重く，その法定刑の範囲内では到底妥当な量刑を行うことができないものと思料し，窃盗罪（下着の窃盗という軽微なもの）と併合罪加重した刑期の範囲内で量刑したとしたのを，原審が，47条の加重主義は，併合罪を構成する個別犯罪についてその本来の法定刑を超えた量刑は許されないとしたのに対して，併合罪加重にはそのような制約はないとしたのである。

は及ばず，執行について46条・47条と同様の制限があるにすぎない（51条）。

ただ実際上は，確定前の併合罪の場合の加重主義の刑の長期を越えた重い刑期が言い渡されることは少ないものと考えられる。

立法論としては，**追加刑主義**，すなわち，この場合の乙罪の言い渡しについては，甲罪と乙罪が同時審判されていれば出されたであろう刑の範囲において残りの刑を言い渡すというやり方もありえるであろう。特に，併合関係に立つ数罪がそれぞれ有期懲役・禁錮刑であるような場合についてはそれが妥当でもある。しかしながら，このような立法にも問題がないわけではない。たとえば甲罪について死刑が言い渡され確定後，乙罪については，懲役刑を言い渡すべき場合などは，併合罪の処理であれば死刑に吸収されるからといって，乙罪について刑の免除の言い渡しをするというのは抵抗があろう。また，再審によって，甲罪が無罪となった場合には，乙罪について不利益再審を認めない以上，刑を執行できないという不合理も生じる。また逆に，甲罪について有期懲役刑が言い渡され確定後，乙罪について，死刑判決を言い渡すべき場合には，今度は，甲罪の判決を何らかの形で取り消さなければならないことにもなる。しかもそれは乙罪の確定後でなければならないであろうから（そうでなければ被告人の地位が極めて不安定である），そうだとすると，乙罪についての確定後，甲罪について再審ないしそれに相当する特別な手続きで甲罪の確定判決を取消す必要に迫られることになる。これも煩瑣なことといわなければならない。そこで問題はあるものの，現行法の規定にはそれなりの合理性があるといえることになる。

9.4　個別的問題

9.4.1　かすがい理論

> 設例　Xは，A宅に侵入し，出刃包丁ではじめにAを，続いて物音を聞きつけて起きてきたその妻Bを殺害した。

かすがい理論の定義　**かすがい理論**とは，本来併合罪の関係にある複数の犯罪が，それらとそれぞれ科刑上一罪の関係にある1つの犯罪が存在するとき，その後者の犯罪をいわば「かすがい」として，これらすべての犯罪全体が科刑上一罪になるというものである。

かすがい理論は，ドイツの学説の影響の下に日本では判例実務においてもっぱら発展してきた。

上記の設例の場合，Aの殺害（甲罪）とBの殺害（乙罪）とは本来，併合罪の関係にあるが，しかし，A宅への住居侵入（丙罪）と，甲罪・乙罪とはそれぞ

れ科刑上一罪の牽連犯の関係に立つことから，甲罪・乙罪・丙罪がすべて牽連犯となるというのが，かすがい理論である（住居侵入の後に3人を殺害した場合について，3つの殺人と1つの住居侵入について「最も重い罪の刑によって処断するべき」だとした，＊最決昭29年5月27日刑集8巻5号741頁）。

観念的競合によるかすがい　また，以上は牽連犯によるかすがいであるが，観念的競合によるかすがいもある。たとえば，本来併合罪である甲罪と乙罪について，それぞれ観念的競合の関係に立つ丙罪が存在するときには，甲罪・乙罪・丙罪が，科刑上一罪となるというのである。

判例では，たとえば，公衆衛生公衆道徳上有害な業務に就かせる目的で職業紹介を行った職業安定法違反の罪が，紹介をうけた者それぞれについて独立して成立し，併合関係に立つが，それらは，同時に，業として職業を紹介することを禁じていた労働基準法にも違反し，それは集合犯と考えられるから，紹介をうけた者の数にかかわらずに1罪が成立し，これと職業安定法違反の各罪とは，観念的競合の関係に立つから，科刑上一罪となる（＊最判昭33年5月6日刑集12巻7号1297頁）。

学説の対応　司法実務上は，このかすがい理論は確固たる判例理論となっている。しかしながら，学説の中には，本来併合罪であるべきものが，他の罪（かすがい作用をもつ犯罪）が成立することによって科刑上一罪として軽く処罰され，一事不再理効も広く認められることに対して疑問を呈する立場がある（全面的消極説）。

また，かすがい理論を限定的に適用するという立場（部分的積極説）もある。

その1つは，かすがい作用をもつ犯罪が，結びつけられる犯罪より重いか同一の場合にはかすがい理論を認め，軽い場合には，かすがいを認めず併合罪とするというものである。たとえば，設例では，かすがい作用をもつ住居侵入罪は殺人罪に比べて軽いのであるから，2つの住居侵入罪・殺人罪を牽連犯とした後（結局，殺人罪），2つの殺人罪が併合罪とされることになろう†。

---

† 観念的競合によるかすがいの場合には，全面的消極説も部分的積極説もいずれも，問題が残ろう。たとえば，部分的積極説では，かすがい作用の犯罪の方が軽い場合には，かすがいを認めないことになろうが，1つの集合犯（包括一罪）と，それと観念的競合の関係に立つ複数の犯罪とが科刑上一罪でないとすると，「1つの行為」という明らかに観念的競合に該当する場合でありながら，併合罪とせざるをえないことになる。これは観念的競合が科刑上一罪であることの明文があるのに，被告人に不利な解釈であり罪刑法定主義に反する。全面的消極説では，なおさら刑の軽重にかかわらずに「かすがい」を否定するのであるから，同様の問題に直面することになる。

9.4.2 共犯と罪数

狭義の共犯と罪数　判例によれば，幇助犯の個数は正犯の罪によって決するべきだが，それが1個の行為としてなされた場合には，1個の行為で数罪を犯したものとして，観念的競合になるとする（最決昭 57 年 2 月 17 日刑集 36 巻 2 号 206 頁）。この理は，教唆犯でも同様であろう。すなわち，この判例理論が妥当するならば，教唆者が，複数の正犯に対して同時に教唆した場合には，やはり観念的競合とするべきである（しかし，大判昭 2 年 10 月 28 日刑集 6 巻 403 頁は，反対に解していた。これは間接教唆の事例であるが，それぞれの間接教唆が併合罪になるとし，通常の教唆についても同様であるとしていた）。

共同正犯と罪数　大審院の判例によれば，共同正犯者の行為は，他の共同正犯者の行為もまた自己の行為の一部として評価するべきであり，したがって，共同正犯者 X が被害者 A を，共同正犯者 Y が被害者 B をそれぞれ強盗目的で殺害した場合には，観念的競合になるとしていた（大判大 5 年 11 月 8 日刑録 22 輯 1693 頁）。しかし，最高裁は，共同正犯者が複数の被害者に対して暴行傷害を負わせた場合について，暴力行為等処罰法 1 条の罪が被害者ごとにそれぞれ成立して，併合罪になるとしており（最決昭 53 年 2 月 16 日刑集 32 巻 1 号 47 頁），大審院判例のように，共同正犯者行為を一体の 1 つの行為とはみていないことは明らかである。

第10章
刑罰論

10.1 刑罰の種類とその内容

10.1.1 刑罰の種類——現行日本刑法

刑の種類

9条
死刑，懲役，禁錮，罰金，拘留及び科料を主刑とし，没収を付加刑とする

　刑法は，刑罰について，9条に列挙するものの他，追徴（19条の2）を加えた刑罰に限定している。

10.1.2 死　　刑

死刑の合憲性　**死刑**については，死刑廃止論が主張される。死刑廃止論は，違憲説と，合憲だが不当だとするものとに分かれる。

　判例は，一貫して死刑の合憲性を認めてきた（憲法36条の残虐な刑罰の禁止との関係につき，*最大判昭23年3月12日刑集2巻3号191頁，最大判昭30年4月6日刑集9巻4号663頁，憲法25条の生存権との関係について最判昭33年4月10日刑集12巻5号839頁参照）。なお，他の先進諸国のほとんどでは死刑は廃止ないし事実上廃止されている[†]。

死刑の判断基準　死刑の宣告ならびに死刑の執行は，一時減少したが，近年，宣告並びに執行が増加している。

[†] 死刑と残虐な刑罰につき，⇨2.4.2，死刑の廃止と正当防衛による相手の殺害の正当化との関係について⇨5.4.1。

死刑選択の基準については，**永山事件**判決において「死刑の選択は，犯行の罪質，動機，態様ことに殺害の手段方法の執拗性，残虐性，結果の重大性特に殺害された被害者の数，遺族の被害感情，社会的影響，犯人の年齢，前科，犯行後の情状など各般の情状を併せ考察し，その罪責が重大で，罪刑の均衡の見地からも極刑がやむえないと認められる場合に許される」とされ（*最判昭58年7月8日刑集37巻6号609頁），基本的には慎重な態度がとられている。

10.1.3 自 由 刑

種　　類　　現行法上の**自由刑**は，懲役・禁錮・拘留の3種である（9条）。その他，**労役場留置**（18条）は，罰金・科料が完納できない場合に労役に付すものであるが，この性格については，換刑処分であるか否かについて争いがある。

拘留は，1日以上30日未満（すなわち29日間を限度とする）である（16条）のに対して，**懲役・禁錮**は，1月以上20年以下の有期刑と，期間の定めのない無期刑とがある（12条・13条）。この有期の上限20年は，2004年にそれまでの15年を改正したものである。

ただし，有期の懲役・禁錮についても，刑を加重する場合には30年まで，また減軽する場合には，1月未満とすることができる（14条。上記改正前は，加重の場合の上限が20年であった）。

また，懲役には刑務作業が強制される。すなわち，懲役は，「刑事施設に拘置して所定の作業を行わせる」（12条第2項）。禁錮および拘留にはそれがない。ただし，受刑者が申し出た場合には刑務作業を許可することができる（いわゆる請願作業：刑事収容処遇93条）。

懲役と禁錮の区別　　現行法は，懲役と禁錮を区別し，おおむね破廉恥罪については懲役，政治犯・思想犯（77条〜79条，230条等）や過失犯罪の一部（117条の2，211条等）については禁錮としているとされる。しかし，破廉恥罪・非破廉恥罪の区別はそれほど明確ではない。多くの外国の立法例がとるように自由刑を単一刑とするべきだとする主張がある。**単一刑論**もさらに，禁錮刑単一化論と，懲役刑単一化論という，正反対の主張がある。

拘　　留　　拘留は自由刑であるにかかわらず，罰金よりも軽い刑罰だとされ（10条・9条），実際にも，科料とともに後に述べる法律上の付随的効果を伴わないことが多い。拘留のような**短期自由刑**については弊害が大きく廃止すべ

きだとする主張がある。

10.1.4 財産刑

財産刑の種類　財産刑としては，主刑としての**罰金・科料**†と，付加刑としての**没収**がある。没収についてはさらに換刑処分としての**追徴**がある（19条の2）。

　財産刑は，受刑者の経済力によって同じ刑罰であってもその効果（特に刑罰の感銘力）に違いを生じることになる。この点をある程度考慮して，スウェーデン・ドイツなど外国の立法例では，**日数罰金制**を導入しているところもある。日数罰金とは，責任に応じて日数を量刑し，さらにその一日当たりの罰金額を，被告人の経済力を考慮して算定するものである。日本でもこれを導入すべきだとする主張もある。しかし，結局はその総額が被告人の経済力に対応して定められるにすぎないともいえ，現行法下での量刑裁量とどれほど実質的な違いがあるかは疑問である。

罰　金　**罰金**は1万円以上（上限は刑法総則に規定はない），**科料**は1000円以上1万円未満である（15条・17条）。罰金と科料は，このように金額の多寡に違いがあるだけで，その他，執行の方法（刑訴490条），完納できない場合の労役場留置（18条），など共通している。ただし，科料は拘留と並んで法律上の付随的効果（資格制限・剥奪等）を伴わないことが多い。

　現行法で最も高額な罰金は，金融商品取引法（(旧)証券取引法）の両罰規定における，7億円であり（金融商品取引207条），独占禁止法上の5億円がこれに次ぐ（独禁95条）。企業活動に伴う刑罰については，売り上げ等に対する一定の割合の上限も考えられる。これは罪刑法定主義には反しないと思われる。

科　料　罰金等臨時措置法によって，刑法・暴力行為処罰法・経済関係罰則整理法の罪以外の罪について，規定する刑罰としての科料については，科料の額が一定の金額に倍数を乗じて定める場合を除いて，金額の定めがないものとして扱われる（同法2条）。その結果，原則として刑法17条に基づき1000円以上

---

†　この刑事罰としての科料と，行政罰としての過料は区別されなければならない。両者を口頭で区別するときは，あえて，科料（とがりょう），過料（あやまちりょう）とすることがある。過料の例としては，実際にも適用されることが少なくない，**住宅基本台帳法53条第2項の転居の不届出**など。過料の賦課は，刑事訴訟手続ではなく，個別の規定のほか，非訟事件手続法161条以下による。

1万円未満ということになる（地方自治体の条例の罰則で規定している場合にはこの法の規定の適用がないことに注意）。

労役場留置 財産刑である罰金・科料を完納できない場合には労役場に留置される（18条）。

この**労役場留置**の性格について，換刑処分説と，財産刑の特殊な執行方法にすぎないとするものとが対立している。また，労役場留置は，罰金納付について資力のない者に対する不利益な取り扱いであり，**憲法14条の平等原則に違反する**という主張もありうる（判例は，合憲とする（最大判昭24年6月7日刑集4巻6号956頁））。

没収・追徴 **没収**とは，犯罪に関係したものについて，その所有権を剥奪して国庫に帰属させる処分であり，立法例によっては，刑罰ではなくて独立した保安処分にしている場合も少なくない（ドイツ刑法73条以下）。

日本の刑法は，これを**付加刑**として，刑罰の範疇にとどめているが，所有者不明の場合や，犯人以外の者に属するものであっても一定の場合に没収を認めている（19条第2項）から，保安処分に近い†。

原則として没収・追徴は任意的である（19条第1項・19条の2）が，必要的な場合がある（後述）。

没　収

19条
①次に掲げる物は，没収することができる。
一　犯罪行為を組成した物
二　犯罪行為の用に供し，又は供しようとした物
三　犯罪行為によって生じ，若しくはこれによって得た物又は犯罪行為の報酬として得た物
四　前号に掲げる物の対価として得た物

19条第1項の一号を**犯罪組成物件**，二号を**犯罪供用物件**，三号を**犯罪生成物件**［**犯罪産出物件**］・**犯罪取得物件**・**犯罪報酬物件**，四号を**対価物件**，という。

犯罪組成物件とは，法律上犯罪の構成要素となるべき物である（大判明44年2月16日刑録17輯83頁）。たとえば，覚せい剤所持罪における覚せい剤がそれにあたる。

犯罪供用物件は，犯罪の構成要件たる行為自体に供した物（例：殺人における

---

† なお，刑罰ではない行政処分としての**没取**と混同してはならない。実務上これを没収と区別するために「ぼっとり」と読むことがある（たとえば，少年法24条の2の触法行為にかかるもの）。これは，刑罰の没収と対応するが，追徴に相当するものはない。

凶器) 以外に，周辺的にその犯罪に関連して使用された物も含むとされる。判例では，窃盗のための住居侵入に使われた鉄棒 (最判昭 25 年 9 月 14 日刑集 4 巻 9 号 1646 頁) や，いったん窃取した鶏を運搬しやすいように処置するために用いたナイフ (東京高判昭 28 年 6 月 18 日高刑集 6 巻 7 号 848 頁) 等がこれにあたるとされている。

犯罪生成物件 [**犯罪産出物件**] とは，通貨偽造罪における偽造通貨などである。**犯罪取得物件**とは，賄賂罪における賄賂 (これは必要的没収である)，有償で譲り受けた盗品 (最判昭 23 年 11 月 18 日刑集 2 巻 12 号 1597 頁) 等がある。**犯罪報酬物件**とは，犯罪行為の報酬として得た物であり，判例では売春業者に建物を提供した場合の家賃について報酬物件としたものがある (最決昭 40 年 5 月 20 日判時 414 号 47 頁)。

対価物件は，犯罪生成物件・犯罪取得物件・犯罪報酬物件の対価として得た物である。

没収は，刑法総則上は，裁量的なものである (「没収することができる」とあるにとどまるからである)。ただし，特別に必要的没収を定めている場合がある (例：賄賂罪 197 条の 5)。なお法定刑が拘留・科料のみの犯罪 (たとえば，侮辱罪 (231 条) については，没収を科することができない (20 条))。

19 条
　②没収は，犯人以外の者に属しない物に限り，これをすることができる。ただし，犯人以外の者に属する物であっても，犯罪の後にその者が情を知って取得したものでるときには，これを没収することができる

19 条第 2 項の**犯人以外の者に属しない**とは，犯人の所有にかかる場合のほか，判例によれば，所有者不明の場合 (最決昭 27 年 6 月 26 日裁判集 65 巻 425 頁)，法禁物 (最決昭 31 年 11 月 1 日刑集 10 巻 11 号 1525 頁) も含まれる。なお関税法の規定に基づく第三者没収について，所有者に弁解・防禦の機会を与えなかったことが，憲法 29 条第 1 項，憲法 31 条に違反して違憲であるとした判例は，数少ない最高裁の違憲判決の 1 つである (最大判昭 37 年 11 月 28 日刑集 16 巻 11 号 1593 頁)。

追　徴

19 条の 2
　前条第 1 項第三号又は第四号に掲げる物の全部又は一部を没収することができないときは，その価額を追徴することができる

追徴は没収の換刑処分である。被告人が目的物を費消・紛失した場合の他，付

合・混和・加工（民242条以下）により同一性が失われたとき，善意の第三者に譲渡した時等が，「没収できないとき」にあたり，その相当価額について**追徴**する。

新しい没収制度　没収・追徴は，有体物についてであり，また犯罪後の収益についてもできないとされてきたが，いわゆる**マネー・ロンダリング（資金洗浄）**への国際的な取組への対応から制定された，組織犯罪対策法は，犯罪からの収益・報酬ないし犯罪のために提供された資金等を犯罪収益とし，広く犯罪収益（抽象的な利益を含めた）を没収の対象としている（組織犯罪対策13条以下。薬物については同様に麻薬特例法が，同様の没収・追徴を規定している。麻薬特例19条以下）。

10.1.5　その他の不利益

刑罰の付随効果　刑罰の付随効果として，事実上の不利益と法律上の不利益とがある。

法律上の不利益　旧刑法は，付加刑として，**公権の剥奪**等を規定していた（旧刑31条，33条）。

現行刑法にはそのような規定はない。

ただし，法律上，刑罰に処せられたことあるいはその執行を受けたことが，一定の資格や許認可などについての制限の不利益をもたらすことがある（公選11条，斡旋利得行為処罰1条，国公38条・76条，地公16条・28条，裁判所46条，検察庁20条，弁護士7条，裁判員14条・41条・43条，公認会計士4条，薬事6条2号ロ，司法書士3条，医師4条，薬剤師5条，等）。

10.2　刑の適用

10.2.1　総　　説

総　　説　刑の適用は裁判官による。すなわち，**犯罪の証明**があった場合は原則として判決で刑の言い渡しをしなければならない（刑訴333条）。「犯罪の証明」は，犯罪論における「犯罪」の存在が刑事訴訟法上証明されたことを意味する。犯罪の証明があっても刑を言渡すことができないのが，**処罰阻却事由**

（⇨10.2.2）の存在する場合である。

<small>刑の軽重</small>　刑の適用にあたって，刑の軽重が問題となりうる（6条，47条，54条。刑の執行に関し，刑訴474条）。その基準を定めるのが10条である。

① まず主刑の刑種間の軽重は，原則として，死刑，懲役，禁錮，罰金，拘留，科料の順序による（10条第1項本文）。

①′ ただし，例外的に，無期禁錮は有期懲役よりも重く，有期禁錮の長期が有期懲役の長期の2倍を越えるときにも，禁錮の方が重い（10条第1項但書）。

② 刑種が同一の場合には，上限（長期・多額）についてまず比較し，それが同一である場合には，下限（短期・寡額）について比較する（10条第2項）。

③ ②でも軽重が区別できない場合，および2以上の死刑については，犯情によって軽重を決定する（10条第3項）。

10.2.2　処罰阻却事由

<small>処罰阻却事由</small>　「犯罪の証明」があっても，例外的に処罰することができない場合を一般に**処罰阻却事由**と呼ぶ。処罰阻却事由は実体的なものであり，これについては，実体裁判が対応するのが原則である。

<small>訴訟要件との比較</small>　処罰阻却事由の存在を理由とする場合は，実体裁判だが，訴訟要件については形式裁判が対応し，その欠如は，公訴棄却の裁判となるのが原則である。親告罪における告訴は「公訴提起の手続き」の1つであるから，告訴を欠いていれば，公訴棄却の判決がなされる（刑訴338条4号）。場所的適用範囲に反しての起訴も，「裁判権を有しない」ものとして，やはり**公訴棄却**の判決となろう（同1号）。

これに対して，刑訴法334条の**刑の免除**の判決が，処罰阻却事由であることについては異論はない。

<small>その他の処罰阻却事由</small>　問題はこの刑訴334条の刑の免除以外にも処罰阻却事由があるかである。①**免訴の判決**（刑訴337条3号・4号），②**犯人の死亡**，③**客観的処罰条件**も処罰阻却事由だとする見解があるが，妥当とは思われない。

①の免訴の判決については，刑事訴訟法は，免訴を無罪判決と同一に扱っている部分もある（たとえば刑訴183条，435条6号）が，刑事訴訟法上はむしろ形式裁判だとするのが通説である。

■ 10.2　刑の適用　　333

②については，公訴棄却の決定をするべきであり（刑訴339条4号），公訴棄却は，管轄違いとならんで形式裁判の典型とされる。

特に問題になるのは③である。これについて刑の免除（刑訴334条）が言い渡されるべきだとする†見解がある。しかし，たとえば事前収賄罪において，結局公務員に就任することがなかったのであれば，そのことによる公務への信頼・公務員の不可買収性は何ら侵害されていないと思われる。よって「犯罪の証明」がなく，無罪とするべきだと考える。

<small>刑の免除</small>　**刑の免除**は有罪の実体裁判である。「有罪」ではあるが，刑が免除されるのである（例：絶対的免除事由（80条，93条，244条，257条），必要的減免（43条但書，228条の3但書），任意的免除（36条第2項，37条第2項，113条，170条，173条，201条，211条第2項但書））。

刑の免除と刑の執行免除とは異なる。後者は，刑の言い渡しがなされた後でその執行が免除されるものである（例：外国判決（5条但書），刑の時効（31条），恩赦の1つ（恩赦8条））。

10.2.3　刑の適用の段階

<small>法定刑・処断刑・宣告刑</small>　刑の具体的適用は，**法定刑→処断刑→宣告刑**という経過をとる。法定刑に法律上の加減事由を加えて設定されたものを，処断刑という。最終的に裁判官によって被告人に言い渡される宣告刑は，処断刑の範囲内で，選択されることになる。刑の減軽の方法および加重減軽の順序を**加減例**とよぶ。

<small>法定刑と処断刑</small>　法定刑について，刑法上の根拠はないが，実務では複数の刑名（刑種）を規定している場合には，まずその刑名（刑種）を選択するべきだとされる（なお，69条は，減軽については，刑名を先に選択すべきことを規定している）。これに対して，処断刑の決定の順序については，規定がある。すなわち，72条は，加重減軽事由が複数存在する場合，その順序について，①再犯加重，②法律上の減軽，③併合罪の加重，④酌量減軽の順に行うことを規定している。

<small>①再犯加重</small>　再犯とは，その罪について有期懲役に処すべき場合に，前犯（「初犯」という場合もある）で懲役に処せられて，その執行を終わった

---

† 團藤重光『刑法綱要総論』（1990年）519頁。

日又は執行の免除を得た日，から5年以内に罪を犯した場合（56条第1項）である（特殊な場合として，56条第2項，第3項）。3犯以上についても，同様である（59条）（これらを総称して**累犯**とよび，特に2犯を再犯と呼ぶ）。「同様である」とは，本来の法定刑の2倍の長期の限度（57条）であって，累進的にさらに延長されることではない（なお，3つの罪についてそれぞれ再犯関係の存在が必要だとするのが判例である（最判昭29年4月2日刑集8巻4号399頁））。常習累犯強窃盗（盗犯3条）については，再犯の特別規定だと考えられるが，判例は，この場合も刑法56条の再犯加重の規定の適用を排除しないと解している（最決昭44年6月5日刑集23巻7号935頁）。

[2] **法律上の減軽**　**法律上の減軽事由**が複数競合する場合も，減軽は1回に限られる（68条本文（最判昭24年3月29日裁判集8巻455頁））。ただし酌量減軽（66条）の適用は法律上の減軽に加えて可能であるから（67条），それによってある程度は考慮することができるであろう。

減軽の方法については，68条の各号に規定がある。それによれば，以下の通り。
（1） 死刑⇨無期懲役・禁錮または懲役・禁錮10年以上
（2） 無期懲役・禁錮
　　　　　⇨懲役・禁錮7年以上
（3） 有期懲役・禁錮
　　　　　⇨短期×$\frac{1}{2}$〜長期×$\frac{1}{2}$
（4） 罰金⇨寡額×$\frac{1}{2}$〜多額×$\frac{1}{2}$
（5） 拘留⇨〜長期×$\frac{1}{2}$
（6） 科料⇨〜多額×$\frac{1}{2}$

自由刑について，1日以下の端数が生じた場合は，その端数を切り捨てる（70条）。

自首減軽　法律上の減軽事由のうち，**自首減軽**以外は，基本的には，すでに犯罪論において触れた（過剰防衛（36条第2項）・過剰避難（37条第1項但書）・法律の錯誤（38条第3項但書）・心神耗弱（39条第2項）・未遂（43条）・幇助犯（63条）。その他，刑法典各則で規定するものとしては，偽証・虚偽鑑定の自白（170条・171条）・虚偽告訴の自白（173条）・拐取罪の解放減軽（228条の2・228

条の3但書））。

> **42条**
> ①罪を犯した者が捜査機関に発覚する前に自首したときは，その刑を減軽することができる。
> ②告訴がなければ公訴を提起することができない罪について，告訴をすることができる者に対して自己の犯罪事実を告げ，その措置にゆだねたときも，前項と同様とする

自首とは，犯罪後，捜査機関に自発的に自己の犯罪事実を告げるものである（42条第1項）。親告罪について告訴権者に犯罪事実を告げた場合も同様である（同第2項）が，第1項の自首と区別して特に**首服**ということがある。減軽の根拠としては，①捜査への協力への恩恵，②犯罪の防止（特に予備・未遂），③事後的責任の減少，などが考えられる。

「捜査機関に発覚する前」とは，犯罪事実は判明しているが，犯人が誰かがわからない場合も含む（ひき逃げ事件で，車体・車体登録番号が発覚していた場合に，犯人は特定しているとしたものがある（東京高判昭46年10月27日刑月3巻10号1331頁）が，犯罪事実と犯人はすでに判明していて，犯人の所在だけが判明していない場合は含まれない（最判昭24年5月14日刑集3巻6号721頁）。自首は自ら名乗り出ることなく，他人を介してでもよい（最判昭23年2月18日刑集2巻2号104頁）。

リニエンシー　**リニエンシー**（leniency）とは，**量刑基準**と訳される。アメリカ独占禁止法において，量刑ガイドラインが定められており，直接にはこれを意味している。日本でも独占禁止法7条の2は課徴金についてであるが，談合行為などについて同法違反行為を申告した場合に課徴金を減免することとしている。これは，一種の自首減免であるが，この制度に基づき，事実上，公正取引委員会は告発をしないなどの措置がとられることとなっているから，刑事責任についても一定の効果が及ぶことになる。

3 併合罪加重　**併合罪**については罪数論において説明した（⇨9.3.5）。47条の「最も重い罪」の刑とは，再犯加重と法定減軽を経由したものにより判断する（72条）。

この点に関連して，科刑上一罪（54条）は，「最も重い刑」の文言が使われている。併合罪の場合と統一的に理解し，この場合も再犯加重・法律上の減軽の後の刑で比較するべきだとするものがある[†]が，72条の文理上からも無理がある（72条には併合罪に関しての規定はあっても科刑上一罪についての規定を欠くか

[†] 團藤・前掲書・465頁

らである）。判例も科刑上一罪については法定刑について比較するべきだとしている（大判大2年2月3日刑録19輯173頁，大判大3年11月19日刑録20輯2200頁，大判明42年3月25日刑録15輯328頁，等。なお，これを前提とした，最判昭28年4月14日刑集7巻4号850頁）。

<u>4 酌量減軽</u> **酌量減軽**は，情状により裁判官が裁量によって減軽するものである（66条）。他の加重減軽のあとでも，さらにこの酌量減軽をすることを妨げない（67条）。たとえば，36条第2項の過剰防衛について，「情状により，その刑を減軽し」た後で酌量による減軽が許される趣旨である。減軽の方法自体は，法律上の減軽の方法（68条・70条）が援用される（71条）。現行刑法66条が，単に「犯罪の情状に酌量すべきものがあるとき」と抽象的に規定し，裁判官の裁量を広く認めていることには問題がないわけではない。ドイツ刑法などにおいて酌量減軽についてもある程度の要件を規定していること（ドイツ刑46条）は参考になろう。

<u>量刑と宣告刑</u> 以上，**法定刑**から加重・減軽を経て**処断刑**がきまることになる。この処断刑が幅がある場合には，その幅の範囲内において，自由刑であれば刑期，財産刑であれば金額が決定される。これを**量刑**という。量刑については，日本では，法令に規定はない。また，**量刑ガイドライン**のようなものも，少なくとも公表されているものはない。一定の量刑相場に基づき，裁判官の裁量によっている。もちろん裁判官の裁量権を越えた量刑は量刑不当として，破棄事由になりうる（刑訴法38条，397条，411条）。

量刑を経て，実際に被告人に言い渡されるのが，**宣告刑**である。宣告刑については，原則として不定期刑などは許されない（⇨2.2.7）。自由刑であればその期間（ただし無期懲役・無期禁錮を除く），財産刑であれば，その金額が具体的に明示されることが必要である（ただし，少年については特別に**不定期刑**の言い渡しが許されている。少年52条，51条）。

10.2.4 刑の宣告

<u>総　説</u> 刑の**宣告**は，判決によって言い渡される。
主刑と付加刑の言い渡しと同時に，刑の執行猶予を認める場合にはその旨と執行猶予の期間，さらにそれに保護観察を付すべきときはその旨，未決拘留日数の算入の可否とその算入日数，罰金・科料については，労役場留置の期間

ないし日額も言い渡されることになる。

10.2.5 刑の執行猶予

趣　旨　**刑の執行猶予**は，情状により，宣告刑の執行を刑の言い渡しと同時に一定の期間猶予し（25条），その期間中に犯罪を犯さない等によって無事に経過すれば，刑の言い渡しの効力を失わせるもの（27条）である。執行猶予の付せられない有罪判決を，**実刑判決**という。

　執行猶予は，有罪判決によって，被告人に対してその犯した犯罪に対する司法制度による厳しい非難を示す一方で，被告人において，自身による改善傾向がみられる場合には，自由刑の執行に伴う弊害（社会との断絶，スティグマ）を回避し，執行猶予取消の威嚇の下で，被告人の改善・社会復帰を社会内で図るとともに，刑事施設の収容能力・収容費用の節減をも図るものだということができる。

　執行猶予については，その付与の条件がある程度法定されており，その適用の拡大の方向で何度か改正されている。

執行猶予の付与　執行猶予の付与の要件は，25条に規定するところである。**初度の執行猶予**と，**再度の執行猶予**がある。いずれも，その付与は情状による裁量であるが，再度の執行猶予は，「特に酌量すべきものがあるとき」として，より限定を加えている。

　執行猶予は，一定の範囲の懲役・禁錮・罰金に限られ，拘留・科料には，執行猶予を付与することはできない。執行猶予の期間は，1年以上5年以下である（25条）。

初度の執行猶予

25条
①次に掲げる者が3年以下の懲役若しくは禁錮又は50万円以下の罰金の言渡しを受けたときは，情状により，裁判が確定した日から1年以上5年以下の期間，その執行を猶予することができる。
　　一　前に禁錮以上の刑に処せられたことがない者
　　二　前に禁錮以上の刑に処せられたことがあっても，その執行を終わった日又はその執行の免除を得た日から5年以内に禁錮以上の刑に処せられたことがない者

罰金にも執行猶予をつけることはできるが，まれである[†]。

[†]　執行猶予付き有罪の場合，復権（27条）は，猶予期間の満了（最長5年）であるのに対し，実刑判決の場合は罰金刑でも法律上の復権（34条の2）は5年であることに注意。復権の点だけを考えれば，罰金の実刑よりも執行猶予付き懲役・禁錮のほうが有利な場合がありうる。

前科・前歴の意義　「禁錮以上の刑に処せられた」には，実刑だけでなく執行猶予つきも含まれるとするのが判例である（最判昭 24 年 3 月 31 日刑集 3 巻 3 号 406 頁）。判例は，刑法 25 条第 2 項の追加の 1953 年以前からこのように解していたが，この改正以降は，文理上もそのような解釈が妥当だということになろう。

　ただし，判例は，**余罪**との関係では，第 1 項の「禁錮以上の刑に処せられた」を実刑判決に限定し，執行猶予の範囲を広げている。つまり，併合関係にある数罪が別々に起訴されて，前訴において執行猶予つきの有罪判決が確定した場合，後訴において，「前訴の余罪が同時審判されていたとしたならば執行猶予を付すべきだった」と判断した場合には，25 条第 1 項に基づいて，執行猶予を付すことができる（最大判昭 28 年 6 月 10 日刑集 7 巻 6 号 1404 頁）。この法理は，1953 年改正後でも同様である（最大判昭 31 年 5 月 30 日刑集 10 巻 5 号 760 頁）。ただし，実刑判決と併合罪関係にある余罪については，執行猶予を付すことはできない（最判平 7 年 12 月 15 日刑集 49 巻 10 号 1127 頁）。

1 号と復権　禁錮以上の刑を言い渡されたことがあっても，復権＝「刑の言い渡しの失効」があった場合には，1 号の「刑に処せられたことがない」ことになる。具体的には，執行猶予期間の満了（27 条），刑の消滅（34 条の 2），特赦・恩赦による復権（恩赦法による「刑の言い渡しの失効」ないし罰金刑以下への減刑・恩赦 8 条・6 条），である。

2 号の意義　以前に禁錮以上の刑に処せられたとしても，その刑の執行の終了後，5 年を越えて禁錮以上の刑に処せられなかった場合には，初度の執行猶予を付すことができる。5 年を越えた場合には，前の犯罪との関連性・影響性が低い場合がありうることに配慮したものである。この規定は，かつては，7 年だったものが，1953 年の改正で，5 年に短縮された。

25 条
②前に禁錮以上の刑に処せられたことがあってもその執行を猶予された者が 1 年以下の懲役又は禁錮の言渡しを受け，情状に特に酌量すべきものがあるときも，前項と同様とする。ただし，次条第 1 項の規定により保護観察に付せられ，その期間内に更に罪を犯した者については，この限りでない

再度の執行猶予　①禁錮以上の刑の執行猶予中であって，②保護観察に付されていなかった者ついて，③宣告刑が，1 年以下の懲役・禁錮であって，④「情状に特に酌量すべきものがある」とき，にも執行猶予を付与するこ

■ 10.2　刑の適用

とができる (25条第2項)。これを**再度の執行猶予**と呼んでいる。

保護観察は，初度の執行猶予については裁量的，再度の執行猶予については必要的である (25条の2)。保護観察には，この執行猶予におけるもの (これを通常「4号観察」と呼んでいる。その手続は執行猶予者保護観察法による。) の他，仮釈放における保護観察 (予防更正33条第1項3号。いわゆる「3号観察」) の他，5つある (同法同条同項1号～3号，「5号観察」として売春防止26条)。執行猶予における保護観察は，**プロベイション** (probation) といわれるものである (これに対して，**パロール** (parole) は**保護観察付き仮釈放**に相当する)。

執行猶予者に対する保護観察は，1953年に再度の執行猶予の一環として25条の2として新設され，翌年には，初度の執行猶予にも適用が拡大されたものである (それに伴い，執行猶予者保護観察法が1954年に新設された)。

執行猶予に保護観察を付す場合には，有罪判決・執行猶予と同時に判決でその旨を言い渡す (刑訴333条第2項)。保護観察は，指導監督と補導援護であるが，それを保護観察官と保護司が行う。もっとも，保護観察官は数が少ないこともあり，民間の篤志家による保護司によるのが実際にはほとんどである。保護観察に付せられた者は，一定の住居を定めてそれを保護観察所の長に届け出る義務ならびに一般的遵守事項と特別遵守事項が課せられる (執行猶予保護観察5条)。この義務の不履行に対しては，引致状の発布による引致 (同10条)，留置 (同11条)，さらには，執行猶予の取消 (刑法26条の2第2号) に至る。

一般的遵守事項は，①善行の保持，②住所移転，1か月以上の旅行の許可，である (執行猶予保護観察5条。②については，2006年にそれまでの届出から許可に強化されたものである)。

執行猶予の取消は，**必要的取消** (26条) と**裁量的取消** (26条の2)
執行猶予の取消
とがある。執行猶予は，仮に刑の執行を「猶予」するものにすぎないから，執行猶予の言い渡しを受けた者について改善傾向が示されないなど，猶予すべき積極的な事由が消滅したと考えられる場合には，これを取消し，刑に服させることになる。取消の手続きは，検察官 (26条の2第2号の場合は保護観察所長) の請求により，裁判所が行う (刑訴349条，349条の2)。必要的取消であっても，当然に取消されるわけではなく，この手続きによる。取消は，決定による。これに対しては，即時抗告ができる (刑訴349条の2第1項・第5項)。26条の2第2号の取消であって，執行猶予の言い渡しを受けた者の請求がある場合には口頭弁論によらなければならない (刑訴349条の2第2項)。

必要的取消原因　必要的取消原因としては，以下の3つがある。
① 猶予期間中の犯罪に対する禁錮以上の実刑判決（26条1号）
② 猶予以前の犯罪に対する禁錮以上の実刑判決（26条2号）
③ 執行猶予言い渡し時には知られていなかった禁錮以上の実刑の前科の発覚（26条3号）

なお③は，実質的に不利益再審と同様の効果を認めることについて憲法上（憲39条）の疑義が指摘されている[†]。

裁量的取消原因　裁量的取消原因としては，以下の3つがある。
① 猶予期間中の犯罪に対する罰金の有罪判決（26条の2第1号）
② 保護観察の場合の遵守事項違反であって情状が重いもの（25条の2第2号）
③ 執行猶予言い渡し時には知られていなかった執行猶予付きの禁錮以上の前科の発覚（26条の2第3号）

26条の3の取消　再度の執行猶予ならびに余罪の執行猶予によって，同一人について複数の執行猶予が存在しうることになるが，そのうちの一部について26条ならびに26条の2による取消によって，取り消された場合でも，残りについて執行猶予を認めることは，本人の自覚的改善が事実上不可能になった以上無意味であり，その不合理を避けるために，この規定が設けられたものである。したがって，26条，26条の2による取消ができる場合は，検察官は，それによるべきであって，この26条の3による取消請求は，それらの取消要件を欠く場合に限られる。また，26条の3の取消についても検察官の請求が必要（刑訴349条，349条の2）である。

猶予期間の満了の効果

27条
刑の執行猶予の言渡しを取り消されることなく猶予の期間を経過したときには，刑の言渡しは，効力を失う

猶予期間の満了により，刑の言渡しはその効力を失う，すなわち**復権**を意味する（⇨10.2.5）。

[†]　團藤重光（編）『註釈刑法1』（1964年）214頁〔藤木英雄〕。

10.2.6 未決勾留算入

> **21条**
> 未決勾留の日数は，その全部又は一部を本刑に算入することができる

未決勾留算入の意義 　未決勾留日数は，本刑にその全部または一部を算入できる（21条）。算入するかどうか，算入の場合の日数についても裁量的である。これを **任意通算** ［**裁定通算**］という。ただし，上訴については **法定通算** がある（刑訴495条）。法定通算とは，法律上当然に通算される趣旨であって，裁判官において，任意通算のように裁判時に言い渡す必要はない（最判昭23年4月10日刑集2巻4号324頁）。

未決勾留算入の要件 　「**本刑**」に有期の懲役・禁錮・拘留が含まれることについては異論はない。無期の懲役・禁錮も含むとするのが判例である（最大判昭30年6月1日刑集9巻7号1103頁）。その算入は仮釈放に際して意味をもつ（「10年の経過」──28条）。罰金・科料について，異論はあるが，算入を認めるのが通説である。法定通算も財産刑への算入を前提としている（刑訴495条第3項）。実際に算入する場合には，換算日額を決定する必要が生じるが，法定通算の金額に拘束されない。

10.2.7 労役場留置

労役場留置の日額 　罰金・科料については判決であらかじめ労役場留置の期間を示す（18条第4項）。ただし一定の割合によって罰金額を日数に換算する方法で定めてもよいとされ，今日ではむしろそれが通例である。この割合，すなわち **日額** についても，基準はない。未決勾留の法定通算に関する刑訴法495条第3項の金額（4000円）に拘束されるものでもなく，また賃金水準や被告人の収入・資産等とも直接の関係はない。

10.3 刑の執行

10.3.1 総　説

刑の執行はその開始と終了がある。

期間計算　執行と終了に関連し，特に自由刑の刑の執行等について，期間計算の方法が必要である。

22条以下がそれを規定している。それによれば，「月」，「年」については実日数ではなく，**暦法的計算**がとられる（22条）。刑期は，有罪判決が確定した日から算入する（23条第1項）。ただし，現実に拘禁されていない期間は除く（22条）。刑期の初日は算入する。刑期が終了した場合，釈放は終了した日の翌日に行う（24条）。時効期間の初日も算入する（24条第1項）。

10.3.2　刑の執行の開始

収監状　死刑・懲役・禁錮・拘留の刑罰，すなわち，刑事施設への収容が必要な刑罰の執行にあたって，刑の言い渡しを受けた者が，勾留など拘禁されていない場合には，検察官は，その者を「呼び出し」，それに応じない場合には収容状を発する（刑訴484条。それまでの「収監状」は，2005年に収容状に改められた）。言い渡しを受けた者が，逃亡したとき，又は逃亡するおそれがあるときには，検察官は「呼び出し」を経由せずに直ちに収容状を発し，又は司法警察員をして発せしめることができる（刑訴485条，487条）。収容状は，刑の執行そのものではない。刑の執行それ自体は，原則として検察官の**執行指揮書**による（刑訴473条）。死刑については特別の規定がある（刑訴475条）。

すでに拘禁されている場合，すなわち未決として勾引ないし勾留されている場合や，別の犯罪の刑の執行ないしその執行のために既に刑事施設に収容されている場合等にはこれらの手続きを要しない。

死刑の執行　死刑は刑事施設内で絞首して執行する（11条）。死刑の執行は法務大臣の命令による（刑訴475条第1項）。この命令は，死刑の確定判決後，6か月以内にしなけばならないが，上訴権回復請求（刑訴362条以下），再審請求（刑訴435条以下），恩赦の出願・申出（恩赦施規1条以下，12条）がなされその手続きが終了するまでの期間，または，共同被告人の判決が確定するまでの期間は，算入しない（刑訴475条第2項）。また，言い渡しを受けた者が，心神喪失状態・懐胎しているときには法務大臣の命令で死刑の執行を停止し，上記期間も進行しない（刑訴479条）。実際にはこの「6か月以内」の制限は，再審請求などがない場合であっても守られないことが少なくない。

死刑の言い渡しを受けて，執行されるまでの間は，**未決の囚人**として，刑事施

設に拘置される (11条，刑事収容処遇3条)。死刑執行命令が，本人による再審請求等の特段の理由がないのに長期にわたって懈怠放置される場合には，一定の場合には残虐な刑罰 (憲36条) となりうる (なお，30年以上拘置された死刑囚に関する最決昭60年7月19日判時1158号28頁は，合憲と判断したが，本件は再審請求等が繰り返されていた事情もあった)。

　法務大臣の命令があると，5日以内にその執行をしなければならない (刑訴476条)。執行の方法は，刑事収容処遇法 (178条，179条) の他，絞罪器械図式 (明治6年太政官布告第65号) による (当該太政官布告は，法律と同様の効力を有し，法律主義に反しない (最大判昭36年7月19日刑集15巻7号1106頁))。

自由刑の執行　自由刑の執行は，刑事施設に拘置することによる (刑事収容処遇3条)。その執行の細則は刑事収容処遇法 (刑事収容施設及び被収容者等の処遇に関する法律) 等並びに関係法令による。警察の留置場は，刑事施設の代用施設となりうる (刑事収容処遇15条)。ただし，今日では，実際にはその例はほとんどない。警察留置場が代用監獄として問題になっていたのは，主に未決勾留についてであり，この点がまさに当時の監獄法改正問題の重要な論議の争点の1つであった。

財産刑の執行　財産刑の執行は，検察官の命令による (刑訴490条)。この命令は，執行力のある債務名義と同一の効力を有する (刑訴490条)。ただし，現実には特に少額の罰金・科料については民事の強制執行等は現実的ではなく，多くの場合には，労役場留置の執行による。

労役所留置　罰金・科料の財産刑について，その完納ができない場合に，労役場に留置する (18条第1項)。その他の財産刑 (没収・追徴) については，労役場留置はできない。労役場は，刑事施設に附設される (刑事収容処遇287条)。罰金・科料の有罪判決にあたっては，その言い渡しに際して，必ず完納できない場合における留置期間を言い渡すことが必要である (18条第4項)。

略式手続　なお，罰金については，正式裁判ではなく，略式手続によるものも多い (なお，2004年には即決裁判手続 (刑訴350条の2以下) も導入されている)。

　略式手続は，100万円以下の罰金・科料相当事件について，検察官が，被疑者の同意の上で，略式命令を簡易裁判所に請求し，簡易裁判所においては，罪となるべき事実，適用法令，科すべき刑および付随の処分等を略式命令によって示すことによってなされる (刑訴461条以下)。

検察官の略式命令請求を，通常「**略式起訴**」と呼んでいるが，命令の請求とともに通常の起訴がなされることが必要であり（刑訴462条），特別に「略式な起訴」が存在するわけではない（なお，刑訴463条参照）。略式命令に対しては，被告人は14日以内に正式裁判を当該簡易裁判所に対して請求することができる（刑訴465条）。正式裁判の請求が適法であるときは，通常の規定により審判をしなければならない。そして正式裁判の判決により，略式命令は効力を失う（刑訴469条）。
　逆に，正式裁判の請求期間の経過（14日を越えた場合）ないしは正式裁判の取下げ（刑訴466条。この取下げは，第1審の判決まですることができる）が，あった場合には，略式命令は確定判決と同一の効力を有する（刑訴470条）。正式裁判の請求を棄却する裁判が確定した場合も同様である（刑訴470条）。略式手続であっても，刑の執行については，正式裁判の確定判決の場合と同様である。

没収・追徴　　判例は，没収の目的物が押収されて検察官に保管されている場合には，没収の判決の確定と同時に没収の効力を生じるとしている（最判昭37年4月20日民集16巻4号860頁）。

10.3.3　刑の執行の終了

総　説　　刑の執行の終了は，現実的な刑罰権の執行の終了を観念させるとともに，刑を受けたことに伴う付随的効果についての基準となる。たとえば，34条の2の「刑の消滅」において，「刑の執行を終わり」の起算点となる。

刑の執行の終了　　死刑は執行の終了と共に刑も終了する。
　財産刑の実刑については，金額（罰金・科料・没収・追徴）ないしその物（没収）の完納によって終了する。不納付による労役場留置の場合，留置期間の満了ないしは，仮出場によって刑の執行は終了する（仮出場と仮釈放とではこの点が異なる）。
　自由刑についての実刑判決であれば，刑期の満了時である。これは，刑事施設収容後に仮釈放があっても，仮釈放時の残刑期間が経過してはじめて，刑の執行が終了したこととなる（ただし，保護観察の一時的な停止によって刑期の進行が停止する場合がある。予防更正42条の2）。つまり刑の執行の終了は，原則として仮釈放の有無とは無関係である。
　執行猶予付き自由刑・財産刑について，執行猶予が取り消されずに期間が満了すれば，刑の言い渡しそのものが効力を失う（27条）のであるから，刑の執行は

なかったことになる。執行猶予が取り消されれば，その刑の執行の終了は，当初からの実刑判決と同様である。

刑の執行の免除　刑罰の終了には，言い渡された刑罰がその内容について執行された場合だけでなく，刑の執行が免除された場合も含む。**刑の執行の免除**には，①恩赦によるもの（恩赦8条），②外国での刑の執行（5条但書），③刑の時効（31条），がある。

刑の時効　**刑の時効**とは，公訴時効（刑訴250条）とは異なり，刑を言い渡した判決が確定した後，刑の執行が行われずに一定期間が経過した場合に，刑の執行を免除するものである（31条）。刑の執行権が時効によって消滅するといってもよい。「免除」といっても，刑の時効が完成すれば，当然に刑の執行権が失われるのであり，何らの決定も必要ではない。

刑の時効は①死刑：30年，②無期懲役・禁錮：20年，③10年以上の有期懲役・禁錮：15年，④3年以上10年未満の有期懲役・禁錮：10年，⑤3年未満の懲役・禁錮：5年，⑥罰金：3年，⑦拘留・科料・没収：1年，である（32条）。

執行猶予・刑の停止期間中は，時効は進行しない（33条）。死刑・自由刑の時効は，刑の言い渡しを受けた者の拘束によって中断される（34条第1項）。この34条第1項の「その執行のために拘束することによって中断する」は，口語化以前では，「逮捕シタルニ因リ之ヲ中断ス」とあったものである。旧規定での逮捕とは，収容状による収容（当時の刑訴485条では，収監状による収監）と（旧）監獄法23条の逮捕だと解された[†]。しかし，現行法では広く，身体拘束の状態一般を意味することになる。この点について，死刑囚が30年以上，拘置（11条第2項）されていたことについて，拘置が死刑執行手続きの一環であるから時効が成立しないとした判例がある（東京地判昭60年5月30日判時1152号28頁・最決昭60年7月19日判時1158号28頁）。口語化によれば，このような拘置も「執行のための拘束」に含まれることになる。口語化を超えた，実質的な改正というべきであろう。

10.3.4　仮釈放

仮釈放　一般的に刑事施設からの満期前釈放を**仮釈放**（広義の仮釈放）という。現行法上の満了前釈放には，懲役・禁錮についての，「**仮釈放**」（28条。2005年改正前は，「仮出獄」といっていた）と，拘留・労役場留置についての

[†] 團藤重光（編）『註釈刑法1』（1964年）247頁〔大塚仁〕。

「仮出場」(30条) とがある。

仮釈放は，あくまでも，「仮の」釈放に過ぎず，刑の執行の終了ないし停止を意味しない。したがって，「仮釈放」の期間は，残刑期間であり，仮釈放が取り消されないでこの期間が満了することによって，刑の執行が終了したこととなる（通説。29条第2項が，仮釈放の処分を取り消した場合には，仮釈放中の期間を刑期に算入しないとすることからの反対解釈）。したがって，無期刑については，仮釈放における保護観察は事実上終身続くことになる。実際の運用はともかく，これは，実際的ではないと思われる。これに対して仮出場は，刑の終了を意味する（実務）。

要　件

28条
　懲役又は禁錮に処せられた者に改悛の状があるときは，有期刑についてはその刑期の3分の1を，無期刑については10年を経過した後，行政官庁の処分によって仮に釈放することができる

ここにいう「行政官庁」とは，地方更生保護委員会であり（予防更正12条第1項1号），同委員会は，刑事施設所長の申請により（同29条第1項）ないしは職権により（同第2項），委員を指名して，その委員において仮出場の場合を除き，必ず本人と面接した上で審理させ，その審理に基づいて，仮釈放の許可・申請棄却ないし仮釈放不相当の決定をする（同30条）。仮釈放の許可決定には，特別遵守事項が定められなければならない（同31条第3項）。仮釈放については，保護観察が必ずつけられる（同33条第1項3号）。

一方，拘留と労役場留置にかかる仮出場については，期間の制限はなく，いつでもできる（刑30条）。刑の終了であるから保護観察もなく，取消もない。

仮釈放の取消

29条
　次に掲げる場合においては，仮釈放の処分を取り消すことができる。
　一　仮釈放中に更に罪を犯し，罰金以上の刑に処せられたとき
　二　仮釈放前に犯した他の罪について罰金以上の刑に処せられたとき
　三　仮釈放前に他の罪について罰金以上の刑に処せられた者に対し，その刑の執行をすべきとき
　四　仮釈放中に遵守すべき事項を遵守しなかったとき

仮釈放の取消事由は，上記各号に列挙するところであるが，いずれも裁量的であって，必ず取り消さなければならないわけではない。

取消は，地方更正保護委員会において決定する（予防更正44条）。この取消決定に対しては，審査請求ができる（同49条）。仮釈放を取り消すときは，残刑期間については，釈放中の日数を算入しない（刑29条第2項，23条第2項）。

10.3.5　復　権

総　説　刑の言い渡しの効力が失効する場合を**復権**（**広義の復権**）という。
　復権には，刑法27条の執行猶予期間満了（⇨10.2.5），34条の2の刑の消滅，の他，恩赦法による，恩赦のうちの**大赦・特赦・復権**（**狭義の復権**）によるものがある（恩赦3条，5条，9条）。

刑の消滅　刑法34条の2の「**刑の消滅**」は，一定の期間の経過によって「刑の言い渡しの効果を失わせること」であり，「**前科の消滅**」あるいは「**法律上の復権**」ともいわれる。

　刑の言い渡しをうけたことによる付随的な効果としての不利益については既に述べた（⇨10.1.5）。また執行猶予の欠格事由・再犯加重などの要件ともなる。この不利益が永久に続けば，本人に対する不当な権利侵害であるとともに，社会復帰などを著しく阻害し，かえって刑事政策上も望ましくない。そのために，戦後1947年の刑法改正に際して新設されたものである。「前科の抹消」といっても，資格制限等との関係において，「刑の言い渡し」が失効するとの取り扱いを受けるものにすぎないから，検察庁などで作成・管理する前科登録，戸籍を管理する市町村で調製・管理する犯罪者名簿への抹消などの効果を当然にもたらすわけではない。

要　件　以下の要件を満足するとき，刑は消滅する。
① 禁錮以上の刑の執行を終わったか，その執行の免除を受けた者が，10年間，罰金以上の刑に処せられずに経過したとき（34条の2第1項前段）
② 罰金以下の刑の執行を終わったか，その執行の免除を受けた者が，5年間，罰金以上の刑に処せられずに経過したとき（34条の2第1項後段）

刑の免除の言い渡しの失効　なお，「刑の免除」も一種の有罪判決であるから，同様に「刑の免除の言い渡し」を受けた者が，その確定後，2年間，罰金以上の刑に処せられずに経過したときに刑の免除の言い渡しは失効する（34条の2第2項）。

事項索引

あ
アジャン・プロボカトゥール 274
あてはめの錯誤 187
　違法性の錯誤における―― 202
アメリカ模範刑法典（違法性の錯誤） 205
あれなければこれなし 81
アンシャン・レジーム 9
暗数 16
安楽死 134
　――についてのエンギッシュの分類 134

い
生駒（いこま）トンネル事件* 219
意思決定論 173
　やわらかな―― 173
意思自由論 173
　相対的―― 174
　絶対的―― 174
意思説（意欲説） 195
意思に基づく身体の動静 59
意思表示説
　（被害者の同意の） 130
意思方向説
　（被害者の同意の） 130
一元論 118, 127
一故意犯説 192
一罪論 313
一部実行全部責任 263
一厘事件* 116
一身的処罰阻却事由 275, 333
一般委任 31
一般化説 80
一般人危険感 246
一般人基準［標準］説 231
一般予防（論） 8, 9

委任命令 31
違法一元論（＝違法絶対論） 118, 127
　かたい―― 118
　やわらかな―― 118
違法（性） 56, 61, 62
違法（性）阻却事由［原由］ 111, 119
違法減少説
　（過剰防衛の――） 152
違法減少説
　（中止未遂の――） 250
違法推定機能
　（構成要件の――） 63
違法性阻却事由の錯誤 130, 156, 212
違法性の意識 202
違法性の錯誤 156, 202
　――説（違法性阻却事由の錯誤の） 187, 212
違法責任減少説
　（過剰防衛の――） 152
違法絶対論 118
違法相対論 118
違法阻却（一元）説
　（緊急避難の――） 159
違法二元論（＝行為無価値結果無価値二元論） 62
違法身分 288
　　―・責任身分区別説 288
違法類型 61
意味の認識（論） 201, 206
医療行為 132
岩手学テ事件* 45, 206
岩手県教組事件* 117
因果関係 66, 80
　――の中断論 81
　仮定的―― 82
　刑法上の―― 80

結果的加重犯の―― 91
行為者自身の行為の介在と―― 92
第三者の介入行為と―― 91
重畳的（ちょうじょうてき）―― 82
特殊事情の介在と―― 91
被害者自身の行為の介在と―― 92
不作為の―― 107
因果関係の錯誤 187, 194
因果共犯論（＝惹起説） 270, 271
因果的行為論 24
インフォームド・コンセント 132
陰謀罪 255

う
ウィニー事件 305
ウェーバーの概括的故意 200
ヴェルツェル 23
疑わしきは被告人の利益に 12

え
営業犯 315
英国騎士道精神事件** 155, 156
HS式高周波治療事件* 47
営利目的 65
疫学的証明 98
「エホバの証人」事件 133
エンギッシュの分類
　（安楽死の） 134

お
応報（刑） 7, 22
　絶対的―― 8
　相対的―― 8
　タリオ的―― 7
大阪芸大事件 117

349

大阪南港事件** 88, 93
大阪2度轢き事件 94
大場茂馬 24
遅すぎた結果実現 73
おとり捜査 293
斧事件* 156
小野清一郎 25
お遍路事件* 276〜278, 292
「おれ帰る」事件* 298, 300
恩赦 346

か
概括の故意 197, 198
解釈論 2
改正刑法草案 15
蓋然（がいぜん）性説 195, 196
改定律例（かいていりつれい） 14, 28
回避可能性
　違法の錯誤の―― 203
　結果――
　　（因果関係の） 95
　結果――
　　（過失犯の） 223
　結果――
　　（不作為犯の） 109
外務省機密漏洩事件* 121
書かれざる構成要件 64
確信犯 203
拡張解釈 37
拡張的正犯概念 264
確定裁判前［後］の併合罪関係 322
確定的故意 195
学派の争い（新旧両派の） 21
科刑上一罪 319
　法定外の―― 316
過激派内ゲバ事件** 139, 145, 146
加減身分（犯） 287
加減例 334
過失 211
　――同時犯 310
　――致死・傷害 221
　――の過剰防衛 154
　――の可能性の程度 220
　――の競合 228

――の共犯 228, 298
――の未遂 237
監督―― 227
管理―― 227
業務上―― 221, 226
構成要件的―― 57
自動車運転―― 226
重―― 221
単純―― 221
認識ある―― 221
認識なき―― 221
法の不知の―― 211
仮借防衛 146
加重主義 319, 323
加重単一刑主義 323
過剰避難 165
過剰防衛 148
かすがい理論 324
ガソリンカー事件* 38
かたい違法一元論 118
片面犯→へんめんてき
加担犯（＝狭義の共犯） 262
価値衝突類型 115, 116
課徴金 12, 118, 336
勝本勘三郎 24
可能性の程度 218
可能性の判断基準 218
可罰的違法性 115
神棚蝋燭事件* 102
カモ撃ち銃事件 39
空（から）ポケット事件 247
仮刑律（かりけいりつ） 14, 28
仮釈放 346
　――の取消事由 347
　広義の―― 346
仮出獄 346
仮出場 347
科料 329
過料 329
カルネアデスの板（事例） 159, 160
カロリナ刑法典 19
川治（かわじ）プリンスホテル事件* 227
環境犯罪 114
患者の同意 132

慣習・条理（不作為犯の形式的三分説の） 104
間接教唆 263
間接正犯 239, 290
間接幇助 264
完全責任能力 175
姦通罪 12, 15
カント 23
監督過失 227
観念的競合 319, 320
管理過失 227

き
黄色点滅信号事件** 96, 217, 225
危惧感（きぐかん）説 216, 218
危険運転致死傷罪 79
危険実現 86, 89
危険社会論 13
危険増加（理論） 86
危険創出 86, 89
危険犯［危殆犯］ 66, 75
　具体的―― 76
　準抽象的―― 76
　抽象的―― 76
危険引き受け 131
旗国主義 51
記述的構成要件要素 210
既遂 233
既遂故意 66
帰責
　客観的―― 80
　主観的―― 173
偽装自動車事故事件** 127
偽装心中事件* 129
危殆化（きたいか） 75
期待可能性（理論） 230
　――の錯誤 231
北（きた）ガス事件* 228
規範的因果関係 84
規範的構成要件要素 201
規範的責任論 173, 230
規範の保護範囲の理論 86
規範の保護目的論 86
基本犯 256
義務 96
　――犯（過失犯の） 215
　――犯（不作為犯の） 100

作為——
　　（不作為犯の）　103
注意——
　　（過失犯の）　215
合——的代替行為
　　（因果関係の）　87, 95
合——的代替行為
　　（過失の）　223
義務行為　120
義務衝突　167
木村亀二　24
客観主義刑法学　22
客観責任　174
客観説　220, 251, 266
客観的危険説→純客観説　244
客観的帰責　80
客観的帰属論　80, 86
客観的処罰条件　64, 79, 186, 333
客観的相当因果関係説　85
逆送　17, 178
客体の錯誤　188
客体の不能　247
旧過失論　215
旧刑法　14, 29
救護義務（違反罪）
　　（道交法の）　100
吸収一罪　316
吸収関係　315
吸収主義　319, 322
9種の予備罪　256
牛刀事件*　249, 254
旧派［古典派］刑法学　22
急迫性　138
教育刑　8
狭義の共犯　262
狭義の誤想防衛　156
狭義の責任能力　175
狭義の相当性　71
狭義の包括一罪　316, 317
教唆犯（きょうさはん）　262
　　——の未遂　274
矯正　8
強制（→強要行為）　59, 160, 230
行政刑法　2

行政罰　329
共同正犯　263
共犯　262, 306
　　——からの離脱　297, 298
　　——からの離脱と正当防衛　300
　　——形式の錯誤　284
　　——現象　261
　　——独立性説　274
　　——と錯誤　193, 282
　　——と正犯　262
　　——と中止　301
　　——と犯罪の時　43
　　——と身分　286
　　——の過剰　282
　　——の従属性・独立性　273
　　——の連帯性　273
　　——例　257
　　——論　261
　　狭義の——　262
　　承継的——　74, 298, 302
　　正犯なき——　293
　　必要的——　295
共犯概念　264
　　実質的——　264
　　消極的——　264
京（きょう）踏切事件**　95, 223
共謀共同正犯　267
共謀罪　258
業務主処罰　68
業務上過失　221
業務上失火　222
業務上特別義務者
　　（緊急避難の）　167
強要行為　59, 160, 230
　　——と緊急避難　160, 230
供用物件（没収の）　330
極端従属性説［形式］　275
挙動犯　77
許容行為　120
緊急救助　144
緊急行為　159
緊急避難　119, 159
　　——状況　161
　　——の補充性　163
　　攻撃的——　161
　　防御的［防衛的］——　161

禁錮　328
禁止の錯誤　204
　　——説（違法性阻却事由の）　212
近代派［新派］　21, 22
く
空気注射事件*　244
偶然防衛　145
具体的危険説　244, 245
具体的危険犯　76
具体的事実の錯誤　187
　　——の客体の錯誤　187
　　——の方法の錯誤　187
具体的符合説［具体的法定符合説］　191, 192
具体的予見可能性説（過失の）　218
熊撃ち事件**　93, 318
熊本水俣病事件控訴審判決*　217
くり小刀事件**　138, 139, 146, 148
久留米（くるめ）駅事件*　117
クレジット・カード　256
黒い雪事件*　206
クロロホルム事件**　71, 94
け
刑　327
　　——の加重（かちょう・かじゅう）　323, 334
　　——の減軽　335
　　——の時効　346
　　——の消滅　348
　　——の宣告　337
　　——の廃止　42
　　——の併科　322
　　——の変更　43
　　——の不遡及　41
経過措置（けいかそち）　42
傾向犯　65
形式裁判　333
形式的意義の刑法　1
形式的違法論　112
形式的客観説　238, 266
形式的三分説（不作為犯の）　104
形式犯　75

事項索引　**351**

刑事施設　328
刑事司法　16
刑事責任年齢　175, 178
刑事未成年（者）　178
継続（けいぞく）犯　74
KDD事件*　52
刑の執行　342
　　――の免除　348
刑の執行猶予　338
刑の免除　334
　　――の絶対的免除事由　334
　　――の相対的免除事由　334
刑法学　2
　　――における学派の争い　21
刑法消極主義　11
刑法積極主義　11
刑法総論　3
刑法（典）　1
　　――改正（日本）　15
　　――の口語化［現代用語化］
　　　15
刑務作業　328
啓蒙思想　19
契約（不作為犯の形式的三分説
　の）　104
激情犯　203
結果　66
結果回避可能性
　（因果関係の）　95
結果回避可能性
　（過失の）　222
結果回避可能性
　（不作為犯の）　109
結果回避義務　223
結果関係（原因―結果関係）
　（牽連犯）　321
結果行為（説）（自ら招いた責
　任無能力状況の）　179
結果地説（犯罪の地）　50
結果的加重（かちょう・かじゅう）
　犯　78, 186
　　――の因果関係　91
　　――の加重結果　186
結果としての相当性
　（正当防衛の）　149
結果の均衡
　（正当防衛の）　149

結果の不発生（未遂の）　235
結果犯　77
結果不発生のための積極的な
　行為［真摯な努力］（中止犯）
　249, 254
結果無価値（論）　24, 57, 113
結果予見（義務）　217, 218
結合犯　240, 241, 315, 317
欠効未遂　255
決定論　173
　　やわらかな――　173
原因行為（説）　179, 180
原因―結果関係
　（因果関係の）　80
原因―結果関係（牽連犯）　321
原因説　80
原因において違法な行為
　（の法理）　140, 169
原因において自由な行為
　（の法理）　60, 179
厳格故意説　204
厳格責任　174
厳格責任説　204
幻覚犯　245
喧嘩闘争（正当防衛における）
　142
現行刑法　15
現在の危難　161
限時法　44
限縮的正犯概念　264, 265
原則的　61
現代用語化（刑法の）　15
限定解釈　38
限定主観説（中止未遂の任意性）
　252
限定責任能力（者）　177
限定積極説（予備の共犯の）
　257
現場共謀　269
謙抑性［謙抑主義］　12
　共犯処罰の――　265
権利の濫用（らんよう）論
　141
牽連犯（けんれんはん）
　319, 320
こ
故意　184

――の構成要件関係性　199
――の個数（法定的符合説の）
　192
――の符合　187
――犯処罰の原則　185
ウエーバーの概括的――
　200
概括的――　198
構成要件的――　57
責任――　57
事前の――　199
事後の――　199
条件付き――　197
択一的――　198
不確定な――　197
未必の――　195, 197
故意ある道具　293
故意ある幇助的道具　267
故意説（違法性の錯誤の）　203
故意の過剰防衛　154
故意の規制機能
　（構成要件論における）　63
故意の連続性論（自ら招いた責
　任無能力状況での）　182
行為　59, 60, 66
　　――の主体　67
行為規範　55, 118
行為共同説　279
　　制限された――　280
行為支配説　291
行為時法　41
行為者　67
行為者基準［標準］説
　（期待可能性の）　231
行為者自身の行為の介在と因果
　関係　92
行為者責任（主義）　22
行為責任（主義）　22
行為地説（犯罪の地）　50
行為と責任の同時存在の原則
　179
行為犯［挙動犯］　77
行為無価値　24, 57, 113
行為無価値・結果無価値二元論
　114
行為類型　61
行為論　58

後期旧派　22
広義の後悔（中止犯）　252
広義の誤想防衛　156
広義の相当性　69
合義務的（代替）行為　83，87，95，223
攻撃的緊急避難　161
攻撃の意思　145，146
公権の解釈　45
合憲的限定解釈　36
公権の剝奪（はくだつ）　332
口語化（刑法の）　15
口実防衛　146
構成身分（犯）　287
構成要件　56，57
　——該当行為　67
　——該当事実　186
　——該当性　66
　——欠缺（けんけつ）の理論　247
　——に該当する　63
　——の実質的な重なり合い（錯誤論）　189
　——消極的——　213
構成要件的故意［過失］　57
構成要件符合説（錯誤論の）　191
公訴棄却
　——の決定　334
　——の判決　333
公訴時効　43
高速道路喧嘩（けんか）事件**　80，89
高速道路進入事件**　90，92
公的救助　148
交通戦争　226
交通反則金制度　225
強盗侵入事件*　129
光文社（こうぶんしゃ）事件　117，121
合法則的条件関係　83
合法ドラッグ　35
公務員　39
　みなし——規定　39
公務所　39
拘留（こうりゅう）　328
勾留（こうりゅう）　343

未決——算入　342
国外犯　52
国際刑法　50
国内犯　50
国民保護主義　52
誤想過剰避難　167
誤想過剰防衛　157
誤想避難　167
誤想防衛　155
　狭義の——　156
　広義の——　156
誇張従属性説［形式］　275
国家正当防衛　144
国家保護主義　51
ゴットン師事件**　272，284
古典派　22
個別化説　80，220，241
コンヴェンツィオン　176
混合惹起説　271
混合的方法　175
コンスピラシー　258
コンディチオ公式　81
コントロールド・デリバリー　293
こんにゃくだま事件*　206

さ

再間接教唆　264
罪刑の均衡　28，49
罪刑法定主義　27
最後の一服事件*　72
財産刑　329
最小［最小限］従属性説［形式］　275
再審　127
罪数論　313
裁定通算（＝任意通算）（未決勾留日数の）　342
再度の執行猶予　338，339
再犯　334
　——加重　334
裁判時法　41，43
罪名科刑分離説（共犯と身分の）　288
罪名科刑分離説（抽象的事実の錯誤の）　189
罪名従属性　273
罪名従属性説　278

罪名独立性説　278
裁量の取消　340
作為（犯）　99
作為義務（不作為犯の）　103
　——の発生根拠　103
錯誤　187
　違法性の——　202
　因果関係の——　194
　期待可能性の——　231
　客体の——　187
　共犯と——　282
　共犯形式の——　284
　具体的事実の——　187
　事実の——　187
　正当防衛における方法の——　193
　抽象的事実の——　188
　同意の——　130
　方法の——　191
　法益関係的——（説）　130
錯覚犯　245
札幌市電事件　121
猿払（さるふつ）事件*　33
残虐な刑罰　48，327，344
産出物件（没収の）　330
サンダル履き事件　210
三徴候説　135
三罰規定　68
三友炭坑事件→みつともたんこうじけん

し

寺院規則事件*　211
塩まき事件　273
資格制限　332
自救行為　170
資金洗浄　332
死刑　48，327，343
　——廃止論　136，327
死刑因事例　82
時効
　公訴——と不利益変更　43
　刑の——　346
自己決定（権）　132
自己損傷行為　128，271
自己答責性原理［理論］　86
事後の故意　197，199
事後法の禁止　27，28，41

事項索引　353

自己予備　256
事後予測　245
自殺関与　125
事実上の引き受け　106
事実的因果関係　84
事実の錯誤　156
事実の錯誤説（違法性阻却事由の錯誤の）　187
自首　336
自首減軽　335
自手犯　294
自招危難　168
自傷行為　128, 271
自招侵害　140
自傷他害のおそれ　176
自招防衛　140
自招避難　168
事前確認（法令適用の）　205
事前の故意　197, 199
自然犯・法定犯区別説　205
事前謀議　269
死体に対する殺人事件　243, 247
実刑判決　338
実行共同正犯　267
実行行為　69, 73, 234, 243
執行指揮書　343
実行従属性（説）　274
実行中止　236, 249
実行の着手　70, 234, 235, 238
　　──後の離脱　299
　　──時期　239
　　──前の離脱　298
実行未遂　235
執行猶予　338
執行猶予の取消　340
実在的競合（＝併合罪）　321
実質説　295
実質的違法論　111, 112
実質的客観説　238, 266
実質犯　75
実体的デュー・プロセス　28, 46
質的過剰　151
自動車運転　221, 226
指定医療機関　176
支配行為　291

支配領域性［領域支配性］　106
社会的責任論　173
社会的相当性　113, 124
社会的相当性説　113, 124
社会復帰思想　22
社会奉仕命令　8, 48
社会防衛論　22
シャクティパット事件**　101, 281
酌量（しゃくりょう）減軽　334, 337
惹起（じゃっき）説（＝因果共犯論）　270
重過失　221
宗教教団内リンチ殺害事件*　60, 160, 230
自由刑　328
集合犯（包括一罪の）　315, 317, 318
衆合犯（必要的共犯の）　295
集団犯（必要的共犯の）　295
自由主義の要請　28, 41
修正惹起説　270
住専事件*　297
重層的身分犯　289
従属性　273
　共同──　273
　罪名──　278
　実行──　274
　要素──　275
柔道整復師事件*　92
従犯　263
　──の教唆　264
修復的司法　9
週末拘禁　48
自由論　22, 173
主観主義刑法学　21
主観説（過失の予見可能性の）　220
主観説（正犯と共犯の区別の）　265
主観説（中止犯の任意性の）　251
主観説（不能犯の）　244
主観的違法要素　65, 115, 186
主観的帰責　80, 173

主観的構成要件　65
主観的相当因果関係説　85
主刑　329
縮小解釈　38
主体の不能　248
手段関係（目的―手段関係）（牽連犯の）　321
手段（として）の相当性（正当防衛の）　149, 150
手段の不能　248
手段の唯一性　163
十中八九事件**　107, 308
取得物件（没収の）　330
首服（しゅふく）　336
純客観説（未遂の危険性の）　243, 244
順次謀議　269
純主観説（未遂の危険性の）　244
純粋惹起説　270
準抽象的危険犯　76
所為　56
障害未遂［障碍未遂・障礙未遂］　236
消極説　257, 259, 267, 309
消極的一般予防　9
消極的共犯概念　264
消極的構成要件理論　213
消極的錯誤　202
消極的責任主義　174
消極的属人主義　51
消極的身分　280
承継的共犯　74, 298, 302
条件公式［条件関係］　81
条件説　81
条件付き故意　197
条件の付け加え（条件関係）　82
常習犯　203, 315
常習面会強請（共犯と身分）　288
情状（酌量減軽の）　337
状態犯　74
承諾殺人　125
少年　178
条理（不作為犯の形式的三分説）　104

条例　33
昭和35年決定＊　280
昭和50年判例＊　145
昭和54年決定＊＊　280
昭和46年判例
　（くり小刀事件）＊＊　145
植物状態患者　135
処断刑　334, 337
初度の執行猶予　338
処罰拡張類型　233
処罰阻却事由　332, 333
　一身的——　275
白石中央病院事件＊　228
白地（しらじ）委任　31
白地刑罰法規　31
自力救済　170
素人間における平行的評価　201
新・旧過失論　216
新旧両派の学派の争い　21
新・新過失論　216
心因反応　178
信越化学事件＊　227
侵害行為（攻撃行為）　136
侵害犯　75
侵害法益　136
人格障害　178
新過失論　215
神経症　178
人権宣言　28
　フランス——　28
人権保障　19
親告罪　37, 333
真摯な努力（中止未遂の）　249
侵襲行為　132
新宿バスジャック事件　178
心神耗弱　175, 177
心神喪失　175, 177
神水塗布事件　92
真正不作為犯　99
真正身分（犯）　287
親族相隠　275
親族相盗　275
身体刑　48
身体の動静　59, 60
人的処罰条件（＝一身的処罰条件）　275

人的不法　24, 113
新派［近代派］刑法学　21, 22
人民電車事件＊　76
信頼の原則　224
心理学的方法　175
心理強制説　20
新律綱領（しんりつこうりょう）　14, 28
心理的責任論　173
心理的幇助　272

す

随伴行為　316, 317
数故意犯説　192
数罪　313
　——論　313
数人一罪　279
数人数罪　279
推定的同意（承諾）　131
スコップ事件＊　307
スタシンスキー事件　267
スナックママ事件＊＊　277, 292
砂の吸引事件＊＊　71, 73, 93, 94, 194
スポーツ（行為）　121
炭焼きがま事件＊　105
すりこぎ事件　72
スワット事件＊＊　268

せ

請願作業　328
制禦（せいぎょ）能力　175
制限故意説　204
制限された行為共同説　280
制限従属性説［形式］　275〜277
制限責任説　204
政策説（中止未遂の）　250
政策説（必要的共犯の）　295
政治犯　328
精神鑑定　176
精神障害　178
精神的幇助（＝心理的幇助）　272
精神病質　178
精神分裂病（＝統合失調症）　175, 177
生成物件（没収の）　330
正　対　正　142
正当化　136

正当業務行為　121
正当行為　119
正当な医療方法（医学的適応性と医術的正当性）　132
正当防衛　119, 136
　——と喧嘩闘争　142
　——と離脱　300
　——における相当性　147, 149
　——における必要性　147
　——における方法の錯誤　193
　——の社会倫理的制限論　141
正犯　262
　——概念　264
　消極的——概念　264
生物学的方法　175
生命維持装置（レスピレーター）　135
生来的犯罪者　21
世界主義　50, 53
責任　173
　——能力　175
　——無能力（者）　175, 176
　——要件　175
　——要素　175
　規範的——　173
　完全——能力　175
　限定——能力　175
責任共犯論　270
責任減少説（過剰防衛の）　152
責任減少説（中止犯の）　250
責任故意［過失］　57
責任説（違法性の錯誤の）　203
　厳格——　204
　制限——　204
責任阻却説（緊急避難の）　159
責任なければ処罰なし　174
責任身分（共犯と身分）　288
堰根橋［関根橋］事件（せきねばしじけん）＊　162, 208
石油やみカルテル事件（価格協定事件）　207
石油やみカルテル事件（生産調整事件）＊　207

世田谷ケーブル事件＊ 310
折檻（せっかん）事件＊＊ 306
積極説 257, 259, 302
積極的一般予防 9
積極的加害意思 139, 145
積極的錯誤 202
接続犯 317, 318
絶対主義 19
絶対的意思自由論 173
絶対的応報論 8
絶対的強制下 129
絶対的不定期刑 40
　——の禁止 28
絶対的不能・相対的不能区別説 244
折衷説 220
折衷的相当因果関係説 85
前科 341
　——の消滅 348
前期旧派 20
先行行為 105
宣告刑 334, 338
全司法仙台事件＊ 117
選択刑 334
専断の医療行為 132
千日（せんにち）デパートビル事件＊ 227
全農林警職法事件＊ 36, 117
　　そ
そううつ病 177
臓器移植 135
相互利用補充関係（共同正犯の） 263
相対的意思自由論 174
相対的応報論 8
相対的不定期刑 40
相対的不能
　絶対的不能・——区別説 244
相当因果関係説 80, 83
　客観的—— 85
　主観的—— 85
　折衷的—— 85
相当性（実行行為と因果関係に関する）
　　狭義の—— 69
　　広義の—— 69

相当性（正当防衛の） 149
　結果としての—— 149
　手段としての—— 149
相当説 84
臓物（ぞうぶつ） 74, 197
遡及（そきゅう）禁止論 86, 87
遡及処罰の禁止 41
属人主義 49, 52
　消極的——
　　（＝国民保護主義） 51
　積極的—— 52
即成犯 74
属地主義 50
阻止義務 308
組成物件（没収の） 330
措置入院 176
尊厳死 133, 135
尊属殺違憲判決＊＊ 47
　　た
ダートトライアル事件＊＊ 131
ダーラム・ルール 176
代位処罰 68
対価物件 330, 331
対向犯 295
第三者正当防衛 144
第三者の介入行為と因果関係 91
第三の錯誤説 212
大赦（たいしゃ） 348
第２の北島丸事件 52
退避義務 148
対物防衛 143
代用監獄 344
大洋デパート事件＊ 227
代理処罰説（国際刑法の） 52
瀧川幸辰（たきかわゆきとき） 25
択一関係 315
択一的競合 82
択一的故意 197, 198
打撃の錯誤 191
多元論 118
他行為可能性 173
多重の身分犯 289
多衆犯 256
多衆犯［衆合犯，集団犯］ 295

他人予備 257
たぬき・むじな事件＊ 209
タバコ売場事件＊ 239
タリオ的応報（＝同害報復） 7
単一刑論 328
段階（的）過失 228
短期自由刑 328
単純一罪 313, 314
単純ひき逃げ行為 100
団体責任 261
単独正犯 261
断片性 11
ダンプカー強姦事件＊ 241
　　ち
千葉大チフス菌事件 98
着手（ちゃくしゅ）（実行の） 70, 234, 242
　——後の離脱（共犯の） 299
　——前の離脱（共犯の） 298
着手中止 236, 249
着手未遂 235
「チャタレイ夫人の恋人」事件＊ 203
注意義務違反 215
中間影響地（遍在説の） 50
中間説 302, 303
中止犯 236
中止未遂 236, 249
中止未遂犯 236
抽象的危険説［主観的危険説］ 244, 245
抽象的危険犯 76
抽象的事実についての客体の錯誤 188
抽象的事実の錯誤 187
抽象的符合説 188
抽象的法定符合説 191
懲役 328
懲戒 12
超過の内心傾向 65
重畳（ちょうじょう）的因果関係 82
挑発防衛 140
超法規的違法性阻却事由 119, 169

超法規的責任阻却事由　230
直接正犯　290
直罰規定　13
直近過失　229
治療行為　132
治療目的　132
　つ
追加刑主義　324
追及効（限時法の遡及的）　45
追徴　331
つかれず事件*　47
付け加え禁止原則　82
　　条件の――　83
　て
ディバージョン　13
適正法手続　47
適法行為　87
テスト郵便事件*　124
転嫁罰　68
電気窃盗　38
電気窃盗事件*　38
電子監視　48
電磁的記録　39
伝統的過失論（＝旧過失論）　215
　と
同意（患者の）　132
同意（被害者の）　122
　　――の錯誤　129
同意意思　128
同意殺人［承諾殺人］　125
同意傷害　126
統一的正犯概念　264
同意能力　129
東海大事件*　134
同害報復（＝タリオ的応報）　7
等価説　80，266
同価値論（不作為犯の）　103
　　作為との――　103
同価値性
　　法的――（法定的符合説の）　193
動機説　196
道義的責任　22
動機の錯誤　129
東京中郵事件　117
東京２度轢き事件*　93，94

道具
　　故意ある――　293
　　幇助的――　267
　　身分なき故意ある――　293
　　目的なき故意ある――　293
道具理論　291
統合失調症　177
同時傷害　279
同時傷害（承継的共犯における）　304
同時審判の可能性　321
同時存在の原則（行為と責任の）　179
同時犯　82，261，279，310
東大ポポロ事件　169
到達時説　240
導入預金事件（どうにゅうよきんじけん）*　297
盗犯等防止法の特例　158
動物愛護　77
豆腐屋事件**　147
都教組事件*　117
特異体質（被害者の）　91
毒入り砂糖事件*　239
毒入りジュース事件*　241
徳島市公安条例事件**　35
独自の錯誤説　213
特赦（とくしゃ）　348
特殊事情の介在と因果関係　91
特殊浴場無許可営業事件**　202，206，207
特定委任　31
特別関係　315
特別義務者　167
特別刑法　1，2
特別予防（論）　8
独立共犯処罰　274
独立性（共犯の）　273
　　共犯――　273
　　罪名――　278
独立予備罪　256，309
富井政章　24
トランク監禁追突事件*　91
鳥打帽子事件*　272
トレーラー事件　86，96，222
　な
内心的わいせつ傾向　65

内面的（犯罪論体系の順序）　56
永山（ながやま）事件　328
菜切包丁事件*　150
名古屋中郵事件*　117
ナチス刑法学　23
ナポレオン刑法典　20
　に
新潟監禁事件*　323
西船橋駅事件**　148，150，154
二重の危険の防止　53
二重の故意論　181
二重の絞り論　117
26条の３の取消　341
日額（にちがく）　342
日数罰金（にっすうばっきん）制　329
２度轢き事件
　　大阪――*　94
　　東京――*　94
二の太刀事件*　254，302
二分説［二元説］（緊急避難の不処罰根拠）　159
日本鉄工所事件　117
任意性（中止未遂の）　252
任意通算（裁定通算）
　　（未決勾留日数の）　342
任意的共犯　295
任意的減軽事由　235
認識ある過失　221
認識なき過失　221
認容説　195
　ね
練馬事件**　267
　の
ノー・アクション・レター　205
納金スト事件　231
脳死状態　135
脳死説　135
脳梅毒事件*　91
　は
ハイドロプレーニング現象事件*　219，220
漠然不明確（罪刑法定主義の）　34

場所的適用範囲 49
パターナリズム 126
裸の事実の認識 201
パチンコ店事件* 308
罰金 329
8種の予備罪 255
罰条 62
発送時説 240
羽田空港ビルデモ事件* 207
ハムラビ法典 7
早すぎた結果実現 70, 243
早すぎた構成要件実現 70
パロール 340
犯意 184
犯罪各論 55
犯罪共同説 278
　部分的―― 280
犯罪供用物件（没収の） 330
犯罪個別化機能 63
犯罪取得物件（没収の） 330, 331
犯罪産出物件
　（＝犯罪生成物件） 330, 331
犯罪生成物件（没収の） 330, 331
犯罪総論 55
犯罪組成物件（没収の） 330
犯罪地 42, 50
犯罪徴表説 22
犯罪の競合 313
犯罪の証明 332
犯罪の時 42
犯罪報酬物件（没収の） 330, 331
犯罪論 55
反対動機（形成）可能性 173
判断基準（相当因果関係説の） 84
判断基底（相当因果関係説の） 84
犯人（→行為者） 67
犯人以外の者に属しない（没収） 331
犯人の死亡 333
「ばんと開けるな」事件* 224
バンパー打ちつけ事件* 149
判例 45

　　――変更と違法性の意識 205
　　――変更と不利益変更禁止 45
　　――変更のパラドクス 205
ひ
被害者自身による治療妨害事件* 89, 92
被害者自身の行為の介在と因果関係 92
被害者なき犯罪 114
被害者の承諾 122
被害者の同意 119, 122, 130, 131
　　――における意思表示説 130
　　――における意思方向説 130
　　――の錯誤 129
　　行為者の側の――に関する錯誤 130
引き受け（事実上の） 106
被疑者 67
ひき逃げ 101
　単純――行為 100
ピクニック前夜事例 70
非決定論（＝自由論） 22, 173
ピケッティング 117
被告人 67
微罪処分 12
必要説（違法性の意識） 203
必要的共犯 256, 295
必要的減免 235
　　――事由 235
必要的取消 340
人違い（客体の錯誤） 187
避難意思 161
非難可能性 173
非犯罪化 12
比附援引（ひふえんいん） 29
非弁活動事件 296
百円チラシ事件** 202, 207
檜山丸（ひやままる）事件* 117
病院の火事事例 81
びょう打ち銃事件** 191, 192
評価規範 55

評価上の一罪 313
表現犯 65, 66
表象説（認識説） 195
平等原則 49
開かれた構成要件 63
被利用者基準説 240
ビルクマイヤー 22
ビンディング 22
ふ
ファミレス事件** 300
不安感説 216
フィリピンパブ事件* 142, 278
ブーメラン（現象） 213
フェッリ 21
フォイエルバハ 9, 20
不応為律（ふおういりつ） 29
不確定な故意 197
付加刑 329, 330
不可罰説 179
不可罰的［共罰的］事後行為 316
不可罰的［共罰的］事前行為 316
武器対等の原則 149
福岡県青少年保護育成条例事件** 36
フグ中毒事件* 219
符合（ふごう） 187
　具体的――説 191
　抽象的――説 188
　法定的――説 191
　法益――説 191
不作為での共犯 306
不作為の共犯 298, 306
不作為（犯） 99, 306
　　――による詐欺 100
　　――による殺人 101
　　――による放火 102
　　――の因果関係 107
　　――の未遂 237
不真正不作為犯 99
不真正身分（犯） 287
不正対正 142, 159
不正の侵害行為（正当防衛の） 142
不退去罪 100

358　事項索引

復権（ふっけん） 341
　　狭義の―― 348
　　広義の―― 348
　　法律上の―― 348
物的違法論 114
不定期刑 40, 337
蒲団（ふとん）むし事件* 84, 91
不能犯 235, 243
部分的犯罪共同説 280
不法共犯論 270
不法責任符合説 189
不法領得の意思 64
不要説（違法性の意識の） 203
フランクの公式 251
ブランコ事件 210
フランス人権宣言 28
ブルーボーイ事件* 133
プロイセン一般［普通］ラント法 19
プロベイション 340

へ

併科主義 319, 322
平均人基準［標準］説 231
併合罪 319, 321, 336
　　――の加重 334
　　確定裁判前［後］の―― 322
米兵ひき逃げ事件* 84
ヘーゲル 7
　　――派刑法学（ヘーゲリアーナー） 23
ベーリング 23
ベッカリア 20
ベランダ殺人事件** 73
遍在説（へんざいせつ） 50
弁識能力 175
片面的共同正犯 305
片面的共犯 298, 305
片面的幇助（へんめんてきほうじょ） 305

ほ

保安処分 15, 176, 330
防衛行為（反撃行為） 136
防衛の緊急避難［防御的緊急避難］ 161
防衛の意思 144

――必要説 144
――不要説 144
法益 10, 75
――関係の錯誤説 130
――衡量 114
――侵害説 114, 124
――性欠如説 124, 125, 137
――の均衡 161, 164
法益符合説 191
法確証の利益説 137
包括一罪 316
謀議（コンスピラシー） 258
　　共同―― 267
忘却犯 229
防禦的緊急避難 161
法実証主義 7
報酬物件（没収の） 330
法条競合 313, 315
幇助（ほうじょ）的道具 269
幇助犯 262, 263
　　――の教唆 264
法人処罰 67
法定外の科刑上一罪 316
法定刑 334, 337
法定減軽 335
法定的符合説［抽象的法定符合説］ 191
法定通算（未決勾留日数の） 342
法の不知 202
法の不知は恕せず［法の不知は害する］ 203
方法の錯誤 187
方法の錯誤（打撃の錯誤） 191
　　正当防衛における―― 193
方法の不能 248
法律主義 27, 30
法律上の減軽 334
　　――事由 335
法律説 250
法律なければ処罰なし 27
法律の錯誤 202
法令（不作為犯の形式的三分説の） 104
法令行為 119
北ガス事件→きたがすじけん
北大電気メス事件* 217, 219

保護観察 340
　　――付き仮釈放 340
保護義務 308
保護責任者不保護罪 100
保護主義 50
保護法益符合説 191
補充関係 315
補充性 11, 161, 165
　　――における相当性 164
　　――の原則 163
補充法規（補充規定） 32
保障人的地位 103
ホスト客自殺強要事件** 59, 129
保全法益 136
没取（ぼっしゅ） 330
没収（ぼっしゅう） 329, 330
ホテトル嬢刺殺事件** 150
ホテルニュージャパン事件* 227
ボワソナード 14
本位的一罪 313
本刑 342

ま

舞鶴事件（まいづるじけん） 169
マイヤー，M. E. 23, 55
牧野英一 24
マグナカルタ 21
マクノートン・ルール 176
マジックホン事件* 116
末期医療 133
マネー・ロンダリング 16, 332
丸正事件（まるしょうじけん） 121

み

未決拘留（みけつこうりゅう）日数 342
未決の囚人 343
未遂 233
　　――の教唆 274
　　――の故意の理論 72
　　――の処罰根拠 233
　　――の要件 233
　　――犯 65
自ら招いた限定責任状況（状態） 183

事項索引　　359

自ら招いた責任無能力状況
　（状態）60, 179
三友炭坑事件（みつともたんこ
　うじけん）121
みなし公務員規定　39
未必の故意（みひつのこい）
　195, 221
見張り　272
身分　286
　――犯　286
　――違法　288
　――加減　287
　――構成　287
　――責任　288
身分なき故意ある道具　293
宮城浩蔵　24
宮本英脩（みやもとひでなが）
　24
ミヨネット号事件　159
民主主義的要請　27
　む
無鑑札犬事件＊　211
無期禁錮　41
無期懲役　41
むささび・もま事件＊　209
　め
明確性の原則　28, 34
明証（めいしょう）115
迷信犯　245
命令　30, 31
　――委任　31
メタノール事件＊　203, 210
「目には目を歯には歯を」7
目張り事件＊　272
面会強請（常習面会強請）288
免訴の判決　333
　も
目的　65
目的刑　22
目的―手段関係（牽連犯の）
　321
目的説　113
目的的行為論　23
目的なき故意ある道具　293
目的犯　65

森永砒素（もりながひそ）ミル
　ク事件＊　216
　や
夜間潜水訓練事件＊＊　88
薬害エイズ事件厚生省ルート＊
　217, 223
薬害エイズ事件T大学ルート＊
　217, 223
やわらかな違法一元論　118
やわらかな決定論　173
　ゆ
唯一性　163
優越的利益説　124, 160
有責性　56
有楽（ゆうらく）サウナ事件＊
　219
雪かき事件＊　199
許された危険　216, 223
　よ
要素従属性　273, 275
養父殺害事件＊　102
要保護性の欠如　137
予見可能性　215, 217
予見義務　217
予見の対象　218
余罪　339
予測可能性　41
予備罪　255
予備の共犯　257, 298
予備の中止　258
予備の未遂　258
予防　174
　――刑論　7
　――論　7, 8
よろしくたのむ事件＊　254
　り
利益衡量説　137
離隔犯　239, 240
リスト　21
離脱（共犯からの――）298
　実行の着手後の――　299
　実行の着手前の――　298
立法者意思説（必要的共犯の）
　295
立法論　2

リニエンシー　336
略式起訴［略式手続き］345
領域支配性（支配領域性）106
量刑　337
量刑ガイドライン　337
量刑基準　336
利用者基準説　240
量的過剰　151
量的軽微類型　116
両罰規定　68
　る
類推解釈　37
累犯（るいはん）335
　れ
冷蔵庫牛乳事例　70
暦法的計算　343
レスピレーター　135
連座制　261
連続犯　318
連帯性（独立性）273
　ろ
労役場留置　328, 330
ローゼ・ロザール事件　193
65条と逆の場合　290
ロストボール事件　125
ロンブローゾ　21
論理的結合説　83
　欧　文
agent provocatuer　275
alic　179
Ancient Régime　9
conditio sine qua non　81
conspiracy　258
diversion　13
ex ante　245
ex post　243
informed consent　132
Konvention　176
liniency　336
money laundering　332
parole　340
picketing　117
probation　340
respirator　135
ultima ratio　12

条文索引

日本国憲法

7条	30
11条	36, 47, 75
13条	36, 47, 75
14条	42, 47, 49, 330
19条	36, 47
21条	12, 36, 47, 75
22条	47, 48
23条	47
24条	47
25条	331
28条	47
29条	47, 48, 331
31条	29, 30, 35, 36, 46～48, 75, 331
35条	47
36条	48, 327, 344
39条	13, 29, 30, 41, 42, 53, 341
73条	31～33
92条	31
94条	31, 33

大日本帝国憲法

76条	30

刑　　法

1条	1, 3, 4, 49～51, 55
2条	3, 50～52
3条	3, 50, 52
3条の2	50
4条	50, 52
4条の2	3, 4, 49, 50, 53
5条	4, 53, 334, 346
6条	3, 4, 29, 42～44, 49, 333
7条	3, 4, 39
7条の2	3, 4, 39, 40
8条	1, 3～5, 185
9条	4, 120, 327, 328
10条	328, 333
11条	343, 344, 346
12条	328
13条	328
14条	328
15条	329
16条	328
17条	329
18条	328～330, 342, 344
19条	330
19条の2	327, 329, 331
20条	331
21条	342
22条	343
23条	343, 348
24条	343
25条	43, 338～340
25条の2	340
26条	340, 341
26条の2	340, 341
26条の3	341
27条	338, 339, 341, 345, 348
28条	346, 347
29条	347, 348
30条	347
31条	334, 346
32条	346
33条	346
34条	5, 346
34条の2	4, 338, 339, 345, 348
35条	3, 4, 112, 119, 121, 132, 133, 135, 169, 170, 223
36条	3, 4, 119, 136, 138, 139, 147, 148, 152～155, 157, 158, 161, 334, 335
37条	3, 4, 119, 137, 160, 161, 164～167, 334, 335
38条	3, 4, 152, 153, 174, 184, 185, 188, 189, 195, 203, 204, 206, 208, 209, 211, 214, 285, 335

39 条	3, 4, 175〜177, 183, 184, 335
旧 40 条	3, 15, 176
41 条	3, 4, 178
42 条	3, 4, 335
43 条	3, 4, 69, 181, 234〜237, 249, 258, 259, 334, 335
44 条	3, 4, 237
45 条	3, 4, 321〜323
46 条	3, 321, 324
47 条	3, 323, 333, 336
48 条	3, 322〜324
49 条	3, 316, 322
50 条	3, 323
51 条	3, 324
52 条	3
53 条	3, 4, 322
54 条	3, 43, 72, 78, 188, 198, 319〜321, 336
旧 55 条	318, 319
56 条	4, 335
57 条	335
59 条	4, 335
60 条	3, 4, 69, 257, 262, 263, 265, 267, 268, 270
61 条	3, 4, 15, 69, 257, 262, 263, 276
62 条	3, 4, 262, 264
63 条	3, 4, 262, 335
64 条	3, 4, 237, 264
65 条	3, 4, 286〜290, 297
66 条	4, 153, 255, 335, 337
67 条	335, 337
68 条	235, 335, 337
69 条	334
70 条	335, 337
71 条	337
72 条	1, 3, 4, 55, 334, 336
旧 73 条	15
旧 74 条	15
旧 75 条	15
旧 76 条	15
77 条	1, 2, 55, 328
78 条	51, 256, 259, 328
79 条	51, 257, 309, 328
80 条	334
81 条	51
82 条	51
88 条	256
93 条	256, 334
95 条	63, 122
96 条の 2	15
96 条の 3	15
98 条	242
101 条	52
103 条	168
105 条	275
旧 105 条	278
107 条	99
108 条	1, 76, 315
109 条	76, 315
110 条	76, 315
113 条	256, 334
116 条	185
117 条	185
117 条の 2	185, 221, 222, 328
120 条	76
122 条	76, 185
124 条	162
125 条	76
126 条	77, 78
129 条	38, 221
130 条	77, 100, 123
132 条	79, 237
134 条	37, 168, 286
136 条	2
148 条	51, 65
153 条	256, 309
154 条	51
155 条	51
156 条	52
157 条	51, 211
158 条	51
161 条の 2	51, 256
162 条	51
163 条	51
163 条の 2	51
163 条の 3	51
163 条の 4	51, 256, 257, 259
163 条の 5	51, 259
164 条	51
165 条	51
166 条	51

169 条	69, 78, 79, 286
170 条	334, 335
172 条	122
173 条	334, 335
175 条	12, 75, 201
176 条	51, 64, 65
177 条	1, 51, 242, 286
178 条	51
179 条	51
181 条	242
旧 183 条	12, 15
184 条	2, 242, 286, 295
185 条	51, 75, 121
186 条	286
187 条	120
190 条	135, 199
193 条	52
194 条	288
195 条	52
196 条	52
197 条	52, 79, 186, 286
197 条の 2	52
197 条の 3	52
197 条の 4	52
197 条の 5	331
198 条	15
199 条	1, 7, 41, 47, 51, 57, 62, 63, 80, 99, 111, 120, 125, 188, 238, 256, 259, 334
旧 200 条	5, 15, 44, 47
201 条	234, 256
202 条	123, 125〜127, 131, 133
203 条	188, 256
204 条	1, 51, 233
205 条	51, 78, 186
旧 205 条第 2 項	15, 47, 157
207 条	279, 304
208 条	242
208 条の 2	35, 79, 225
208 条の 3	74, 139, 295, 309
209 条	185, 214, 221, 222
210 条	57, 62, 63, 72, 80, 111, 185, 221, 222, 225, 226
211 条	57, 62〜64, 80, 111, 125, 185, 221, 222, 225, 226, 334
212 条	125, 286
213 条	123
214 条	123
217 条	76
218 条	76, 100, 101, 199
旧 218 条第 2 項	15
220 条	15, 44, 51, 117, 288
221 条	51
224 条	51, 123, 315
225 条	51, 65, 286, 315
226 条	51
227 条	51
228 条	51
228 条の 2	335
228 条の 3	256, 334, 335
230 条の 2	186
231 条	264, 331
234 条	76, 77, 122
235 条	1, 27, 64, 74, 115, 190, 199, 211
236 条	1, 51
237 条	256, 259
238 条	51
239 条	51
240 条	51, 78, 186
241 条	51
242 条	171
244 条	275, 334
245 条	38
246 条	27
247 条	299
252 条	123, 286
253 条	289
254 条	125, 190, 199
256 条	197
257 条	275, 334
261 条	74, 188, 211
264 条	1

旧 刑 法

31 条	332
33 条	332
366 条	38

改正刑法草案

12 条	100
16 条	180

17 条 …………………………………… 180
97 条 …………………………………… 176

イタリア刑法

110 条 …………………………………… 264

スイス刑法

12 条 …………………………………… 180

ドイツ刑法

2 条 …………………………………… 45
13 条 …………………………………… 100
16 条 ………………………… 123, 185, 214
17 条 …………………………………… 203
21 条 …………………………………… 177
28 条 …………………………… 268, 269
34 条 …………………………………… 160
35 条 …………………………… 160, 162
129 条 ………………………………… 258
216 条 ………………………………… 125
323 条 a ……………………………… 180

〈以下, 五十音順〉

アメリカ合衆国連邦憲法

修正 5 条 ……………………………… 46, 47
修正 14 条 …………………………… 46, 47

安全で快適な千代田区の生活環境の整備に関する条例

15 条 …………………………………… 34
25 条 …………………………………… 34

あん摩マッサージ指圧師, はり師, きゆう師等に関する法律

12 条 …………………………………… 47

医 師 法

4 条 …………………………………… 332
17 条 …………………………… 287, 315
31 条 …………………………… 287, 315

恩 赦 法

3 条 …………………………………… 348
5 条 …………………………………… 348
6 条 …………………………………… 339
8 条 ……………………… 334, 339, 346
9 条 …………………………………… 348

恩赦法施行規則

1 条 …………………………………… 343
12 条 ………………………………… 343

会 社 法

960 条 ………………………………… 2, 315

火炎びんの使用等の処罰に関する法律

2 条 …………………………………… 53

学校教育法

11 条 ………………………………… 112

議院における証人の宣誓及び証言等に関する法律

6 条 …………………………………… 2

(旧) 監獄法

23 条 ………………………………… 346

(旧) 麻薬取締法

4 条 …………………………………… 182

金融商品取引法

207 条 …………………………… 49, 329

刑事収容施設及び被収容者等の処遇に関する法律

2 条 …………………………………… 344
8 条 …………………………………… 344
71 条 ………………………………… 344
72 条 …………………………… 328, 344
146 条 ………………………………… 344

刑事訴訟法

38 条 ………………………………… 337
149 条 ………………………………… 37

183条	334
213条	120, 206
217条	98
218条	98
250条	346
333条	332, 340
334条	333, 334
337条	42
338条	49, 333
339条	334
349条	340, 341
349条の2	340, 341
350条の2	344
362条	343
397条	337
411条	117, 337
435条	333
461条	344
462条	345
463条	345
465条	345
466条	345
469条	345
470条	345
473条	343
474条	333
475条	120, 343
476条	344
479条	343
484条	343
485条	343
旧485条	343
487条	343
490条	329
495条	342

軽犯罪法

| 1条 | 264 |
| 3条 | 264 |

検察庁法

| 20条 | 332 |

公職選挙法

| 11条 | 332 |

公職にある者等のあっせん行為による利得等の処罰に関する法律

| 1条 | 332 |

公認会計士法

| 4条 | 332 |

国際的な協力の下に規制薬物に係る不正行為を助長する行為等の防止を図るための麻薬及び向精神薬取締法等の特例等に関する法律

| 19条 | 332 |

国立大学法人法

| 19条 | 39 |

国家公務員法

2条	39
16条	33
38条	332
76条	332
102条	33
110条	258

裁判員の参加する刑事裁判に関する法律

14条	332
41条	332
43条	332

裁判所法

| 46条 | 332 |

酒に酔つて公衆に迷惑をかける行為の防止等に関する法律

| 4条 | 180 |

執行猶予者保護観察法

5条	340
10条	340
11条	340

私的独占の禁止及び公正取引の確保に関する法律

| 7条の2 | 336 |

条文索引　365

89条 …………………………2	37条 …………………………117
95条 ……………………49, 329	61条 …………………………117
95条の2………………………68	64条 …………………………258

司法書士法

3条 …………………………332

住宅基本台帳法

53条 …………………………329

出入国管理及び難民認定法

71条 …………………………309

少年法

20条 …………………………178
51条 …………………………337
52条 ……………………41, 337

商品取引所法

旧91条 ………………………68

心神喪失等の状態で重大な他害行為を行った者の医療及び観察等に関する法律

42条 …………………………176

生活保護法

86条 …………………………69

精神保健及び精神障害者福祉に関する法律

24条 …………………………176

組織的な犯罪の処罰及び犯罪収益の規制等に関する法律

3条 …………………………271
13条 …………………………332

大気汚染防止法

3条 …………………………32
13条 …………………………32
33条の2………………………32

地方公務員法

3条 …………………………39
16条 …………………………332
28条 …………………………332

地方自治法

14条 …………………………33

鳥獣の保護及び狩猟の適正化に関する法律

83条 …………………………210

著作権法

199条 …………………………2

通貨及証券模造取締法

1条 …………………………203
2条 …………………………203

盗犯等ノ防止及処分ニ関スル法律

1条 ……………142, 155, 158
3条 …………………………335

動物の愛護及び管理に関する法律

44条 ……………………77, 143

道路交通法

22条 …………………………76
44条 ……………………32, 211
65条 …………………………35
72条 ……………………100, 104
117条 ………………100, 101, 104
117条の4……………………294
118条 ………………76, 185, 211
119条 ……………………32, 211
119条の3…………………185, 211
119条の4……………………211
120条 …………………………211
121条 ……………………75, 211
125条 …………………………226

日本電信電話株式会社等に関する法律

19条 …………………………40

売春防止法

26条 …………………………340

破壊活動防止法
- 38 条 …………………………………309
- 39 条 …………………………………256
- 40 条 …………………………………256

爆発物取締罰則
- 1 条 …………………………………244
- 10 条 …………………………………53

罰金等臨時措置法
- 2 条 …………………………………329

犯罪者予防更正法
- 12 条 …………………………………347
- 29 条 …………………………………347
- 30 条 …………………………………347
- 31 条 …………………………………347
- 33 条 …………………………………340
- 42 条の 2 ……………………………345
- 44 条 ……………………………347, 348
- 49 条 ……………………………347, 348

非訟事件手続法
- 161 条 …………………………………329

人質による強要行為等の処罰に関する法律
- 5 条 …………………………………53

人の健康に係る公害犯罪の処罰に関する法律
- 4 条 …………………………………68
- 5 条 …………………………………80

風俗営業等の規制及び業務の適正化等に関する法律
- 49 条 …………………………………2

福岡県青少年健全育成条例
- 31 条 …………………………………36

不正競争防止法
- 21 条 …………………………………16

弁護士法
- 7 条 …………………………………332

- 72 条 …………………………………296
- 77 条 …………………………………296

暴力行為等処罰ニ関スル法律
- 1 条ノ 2 ………………………………53
- 2 条 …………………………………288

保健師助産師看護師法
- 42 条の 2 ……………………………37
- 44 条の 3 ……………………………37

母体保護法
- 28 条 …………………………………133
- 34 条 …………………………………133

民事訴訟法
- 197 条 …………………………………37

民　　法
- 242 条 …………………………………332
- 697 条 …………………………………104
- 709 条 …………………………………34
- 720 条 ……………………………156, 161
- 820 条 …………………………………104
- 877 条 …………………………………104

薬剤師法
- 5 条 …………………………………332

薬　事　法
- 2 条 …………………………………48
- 6 条 …………………………………332

横浜市空き缶等及び吸い殻等の散乱の防止に関する条例
- 8 条 …………………………………34
- 28 条 …………………………………34

労働基準法
- 121 条 …………………………………69

労働組合法
- 1 条 …………………………………116

条文索引　367

判例索引

**大判明 36 年 5 月 21 刑録 9 輯 874 頁
　　電気窃盗事件……………………………38
大判明 37 年 12 月 20 日刑録 10 輯 2415 頁……276
大判明 42 年 1 月 22 日刑録 15 輯 27 頁…………321
大判明 42 年 3 月 11 日刑録 15 輯 210 頁…………321
大判明 42 年 3 月 16 日刑録 15 輯 258 頁…………322
大判明 42 年 3 月 25 日刑録 15 輯 328 頁…………337
大判明 42 年 11 月 1 日刑録 15 輯 1498 頁…………43
大判明 43 年 2 月 28 日刑録 16 輯 349 頁…………321
大判明 43 年 5 月 17 日刑録 16 輯 877 頁……………42
大判明 43 年 6 月 17 日刑録 16 輯 1220 頁…………321
**大判明 43 年 10 月 11 日刑録 16 輯 1620 頁
　　一厘事件…………………………………116
大判明 43 年 11 月 1 日刑録 16 輯 1812 頁
　　……………………………………320, 322
大判明 43 年 11 月 24 日刑録 16 輯 2118 頁……43
大判明 44 年 2 月 16 日刑録 17 輯 83 頁…………330
大判明 44 年 3 月 16 日刑録 17 輯 380 頁…………310
大判明 44 年 3 月 16 日刑録 17 輯 405 頁…………286
大判明 44 年 6 月 16 日刑録 17 輯 1202 頁…………50
大判明 44 年 6 月 23 日刑録 17 輯 1252 頁…………43
大判明 44 年 8 月 25 日刑録 17 輯 1510 頁………289
大判明 44 年 10 月 9 日刑録 17 輯 1652 頁………288
大判大元年 12 月 20 日刑録 18 輯 1566 頁………122
大判大 2 年 2 月 3 日刑録 19 輯 173 頁…………337
大判大 2 年 3 月 18 日刑録 19 輯 353 頁…………286
大判大 2 年 7 月 9 日刑録 19 輯 771 頁…………272
大判大 2 年 11 月 18 日刑録 19 輯 1212 頁………301
大判大 3 年 4 月 29 日刑録 20 輯 654 頁……………66
大連判大 3 年 5 月 18 日刑録 20 輯 932 頁………290
大判大 3 年 6 月 20 日刑録 20 輯 1289 頁………241
*大判大 3 年 7 月 24 日刑録 20 輯 1546 頁
　　空ポケット事件…………………………247
大判大 3 年 9 月 21 日刑録 20 輯 1719 頁………287
大判大 3 年 11 月 19 日刑録 20 輯 2200 頁………337
大判大 4 年 2 月 10 日刑録 21 輯 90 頁…………104
*大判大 4 年 8 月 25 日刑録 21 輯 1249 頁
　　鳥打帽子事件……………………………272
大判大 5 年 8 月 28 日刑録 22 輯 1332 頁………241
大判大 5 年 11 月 8 日刑録 22 輯 1693 頁………326
大判大 6 年 2 月 26 日刑録 23 輯 134 頁…………321

*大判大 6 年 9 月 10 日刑録 23 輯 999 頁……244, 248
大判大 6 年 11 月 9 日刑録 23 輯 1261 頁………198
大判大 7 年 2 月 16 日刑録 24 輯 103 頁…………318
大判大 7 年 7 月 2 日新聞 1460 号 23 頁…………288
*大判大 7 年 11 月 16 日刑録 24 輯 1352 頁
　　毒入り砂糖事件…………………………239
**大判大 7 年 12 月 18 日刑録 24 輯 1558 頁
　　養父殺害事件……………………………102
大判大 9 年 6 月 3 日刑録 26 輯 382 頁…………286
大判大 10 年 5 月 7 日刑録 27 輯 257 頁…………292
大判大 11 年 2 月 4 日刑集 1 巻 32 頁……………188
大判大 11 年 2 月 25 日刑集 1 巻 79 頁…………305
大判大 11 年 3 月 1 日刑集 1 巻 99 頁……………264
**大判大 12 年 4 月 30 日刑集 2 巻 378 頁
　　砂の吸引事件…………71, 73, 93, 94, 194, 200
大判大 12 年 5 月 26 日刑集 2 巻 458 頁……………92
大判大 12 年 7 月 2 日刑集 2 巻 610 頁…………301
大判大 12 年 7 月 14 日刑集 2 巻 658 頁
　　神水塗布事件………………………………92
*大判大 13 年 3 月 14 日刑集 3 巻 285 頁
　　炭焼きがま事件…………………………105
*大判大 13 年 4 月 25 日刑集 3 巻 364 頁
　　むささび・もま事件……………………209
大判大 13 年 8 月 5 日刑集 3 巻 611 頁…………205
大判大 13 年 12 月 12 日刑集 3 巻 867 頁………169
*大判大 14 年 1 月 22 日刑集 3 巻 921 頁………305
大判大 14 年 1 月 28 日刑集 4 巻 14 頁…………286
*大判大 14 年 6 月 9 日刑集 4 巻 378 頁
　　たぬき・むじな事件……………………209
大決大 15 年 2 月 22 日刑集 5 巻 97 頁…………210
大判大 15 年 12 月 14 日新聞 2661 号 15 頁………254
大判昭 2 年 9 月 9 日刑集 6 巻 343 頁………………81
大判昭 2 年 10 月 28 日刑集 6 巻 403 頁…………326
大判昭 2 年 12 月 20 日判例評論 17 刑 18………148
*大判昭 3 年 3 月 9 日刑集 7 巻 172 頁………305, 308
**大判昭 3 年 6 月 19 日新聞 2891 号 14 頁
　　豆腐屋事件………………………………147
大判昭 4 年 2 月 19 日刑集 8 巻 84 頁……………309
**大判昭 4 年 4 月 11 日新聞 3006 号 15 頁
　　京踏切事件………………………………95, 223
大判昭 5 年 2 月 7 日刑集 9 巻 51 頁………………168

大判昭 5 年 10 月 25 日刑集 9 巻 761 頁……………92
大判昭 5 年 12 月 12 日刑集 9 巻 893 頁……………322
大判昭 6 年 12 月 3 日刑集 10 巻 682 頁……………176
大判昭 7 年 1 月 25 日刑集 11 巻 1 頁………………142
大判昭 7 年 3 月 24 日刑集 11 巻 296 頁……………210
大判昭 7 年 6 月 14 日刑集 11 巻 797 頁
「男なら」事件……………………………………273
大判昭 8 年 9 月 27 日刑集 12 巻 1654 頁
……………………………………………142, 163
*大判昭 8 年 10 月 18 日刑集 12 巻 1820 頁……271
大判昭 8 年 11 月 30 日刑集 12 巻 2160 頁……159
大判昭 9 年 8 月 27 日刑集 13 巻 1086 頁………129
*大判昭 9 年 10 月 19 日刑集 13 巻 1473 頁……239
大判昭 9 年 11 月 20 日刑集 13 巻 1514 頁………289
*大判昭 9 年 11 月 26 日刑集 13 巻 1598 頁……278
大判昭 10 年 11 月 25 日刑集 14 巻 1217 頁………68
*大判昭 11 年 3 月 6 日刑集 16 巻 272 頁………253
*大連昭 11 年 5 月 28 日刑集 15 巻 715 頁………267
大判昭 11 年 12 月 7 日刑集 15 巻 1561 頁………145
大決昭 12 年 3 月 31 日刑集 16 巻 447 頁………212
**大判昭 12 年 6 月 25 日刑集 16 巻 998 頁
よろしくたのむ事件……………………………254
大判昭 12 年 9 月 21 日刑集 16 巻 1303 頁………253
*大判昭 12 年 11 月 6 日大審院判決全集 4 輯
1151 頁………………………………………143
**大判昭 13 年 3 月 11 日刑集 17 巻 237 頁
神棚蝋燭事件……………………………………102
大判昭 13 年 11 月 18 日刑集 17 巻 839 頁………302
大判昭 13 年 12 月 27 日刑集 17 巻 980 頁………318
*大判昭 15 年 8 月 22 日刑集 19 巻 540 頁
ガソリンカー事件…………………………………38
大判昭 16 年 7 月 17 日刑集 20 巻 425 頁…………43
大判昭 17 年 9 月 16 日刑集 21 巻 417 頁…………69
最判昭 23 年 2 月 18 日刑集 2 巻 2 号 104 頁……336
*最大判昭 23 年 3 月 12 日刑集 2 巻 3 号 191 頁
………………………………………………48, 327
*最判昭 23 年 3 月 16 日刑集 2 巻 3 号 227 頁……197
最判昭 23 年 4 月 10 日刑集 2 巻 4 号 324 頁……342
最判昭 23 年 4 月 17 日刑集 2 巻 4 号 399 頁……239
*最判昭 23 年 5 月 1 日刑集 2 巻 5 号 435 頁……282
最判昭 23 年 6 月 22 日刑集 2 巻 7 号 694 頁……43
最大判昭 23 年 7 月 7 日刑集 2 巻 8 号 793 頁……142
*最大判昭 23 年 7 月 14 日刑集 2 巻 8 号 889 頁
メタノール事件……………………………203, 210
*最判昭 23 年 10 月 23 日刑集 2 巻 11 号 1386 頁
…………………………………………………189
最判昭 23 年 11 月 18 日刑集 2 巻 12 号 1597 頁
…………………………………………………331

最判昭 23 年 12 月 24 日刑集 2 巻 14 号 1916 頁
…………………………………………………321
*最判昭 24 年 2 月 22 日刑集 3 巻 2 号 206 頁
…………………………………………………199
最判昭 24 年 3 月 29 日裁判集 8 巻 455 頁………335
最判昭 24 年 3 月 31 日刑集 3 巻 3 号 406 頁……339
*最判昭 24 年 4 月 5 日刑集 3 巻 4 号 421 頁
斧事件……………………………………………156
最判昭 24 年 5 月 14 日刑集 3 巻 6 号 721 頁……336
最大判昭 24 年 5 月 18 日裁判集 10 巻 231 頁……163
最判昭 24 年 6 月 7 日刑集 4 巻 6 号 956 頁……330
最判昭 24 年 7 月 9 日刑集 3 巻 8 号 1174 頁……253
最判昭 24 年 7 月 12 日刑集 3 巻 8 号 1237 頁…322
*最大判昭 24 年 7 月 22 日刑集 3 巻 8 号 1363 頁
強盗侵入事件……………………………………129
最判昭 24 年 7 月 23 日刑集 3 巻 8 号 1373 頁…318
最判昭 24 年 8 月 18 日刑集 3 巻 9 号 1465 頁
………………………………………………138, 144
最判昭 24 年 10 月 1 日刑集 3 巻 10 号 1629 頁
…………………………………………………317
東京高判昭 24 年 12 月 10 日高刑集 2 巻 3 号 292 頁
…………………………………………………239
*最判昭 24 年 12 月 17 日刑集 3 巻 12 号 2028 頁
仏心事件…………………………………………301
最大判昭 24 年 12 月 21 日刑集 3 巻 12 号 2048 頁
…………………………………………………321
最判昭 25 年 2 月 1 日刑集 4 巻 2 号 73 頁………31
最判昭 25 年 2 月 24 日刑集 4 巻 2 号 255 頁……317
*最判昭 25 年 3 月 31 日刑集 4 巻 3 号 469 頁
脳梅毒事件…………………………………………91
最判昭 25 年 7 月 6 日刑集 4 巻 7 号 1178 頁……292
**最判昭 25 年 7 月 11 日刑集 4 巻 7 号 1261 頁
ゴツトン師事件………………………272, 284, 285
最判昭 25 年 9 月 14 日刑集 4 巻 9 号 1646 頁…331
東京高判昭 25 年 9 月 14 日高刑集 3 巻 3 号 407 頁
…………………………………………………298
最大判昭 25 年 10 月 11 日刑集 4 巻 10 号 1972 頁
……………………………………………………45
名古屋高判昭 25 年 11 月 14 日高刑集 3 巻 4 号
748 頁…………………………………………239
最判昭 25 年 11 月 28 日刑集 4 巻 12 号 2463 頁
…………………………………………………203
最判昭 25 年 12 月 19 日刑集 4 巻 12 号 2577 頁
…………………………………………………318
最判昭 26 年 1 月 17 日刑集 5 巻 1 号 20 頁……182
最判昭 26 年 4 月 10 日刑集 5 巻 5 号 825 頁……315
最大判昭 26 年 5 月 30 日刑集 5 巻 6 号 1205 頁
……………………………………………………42

判例索引　369

最判昭26年6月7日刑集5巻7号1236頁……222
*最判昭26年7月10日刑集5巻8号1411頁
　　寺院規則事件……………………………211
*最判昭26年8月17日刑集5巻9号1789頁
　　無鑑札犬事件……………………………211
最判昭26年9月20日刑集5巻10号1937頁
　　……………………………………174, 186
最決昭27年2月21日刑集6巻2号275頁……129
仙台高判昭27年2月29日判特22号106頁……285
最決昭27年6月26日裁集65巻425頁……331
*最判昭27年9月19日刑集6巻8号1083頁…286
仙台高判昭27年9月27日判特22号178頁
　　…………………………………………276, 292
最大判昭27年12月24日刑集6巻11号1346頁
　　…………………………………………………30
最判昭27年12月25日刑集6巻12号1442頁
　　…………………………………………………44
*東京高判昭27年12月26日高刑集5巻13号
　　2645頁　こんにゃくだま事件……………206
*福岡高判昭28年1月12日高刑集6巻1号1頁
　　………………………………………………299
*※最判昭28年1月23日刑集7巻1号30頁……310
最判昭28年1月30日刑集7巻1号128頁……76
最決昭28年3月5日刑集7巻3号506頁……214
最決昭28年4月14日刑集7巻4号850頁
　　…………………………………………319, 337
最大判昭28年6月10日刑集7巻6号1404頁
　　………………………………………………339
最判昭28年6月12日刑集7巻6号1278頁……263
東京高判昭28年6月18日高刑集6巻7号848頁
　　………………………………………………331
札幌高判昭28年6月30日高刑集6巻7号859頁
　　………………………………………………302
最大判昭28年7月22日刑集7巻7号1562頁
　　…………………………………………………42
福岡高判昭28年11月10日判特26号58頁…249
最決昭28年12月24日刑集7巻13号2646頁
　　………………………………………………182
最判昭29年4月2日刑集8巻4号399頁……335
*最決昭29年5月27日刑集8巻5号741頁……325
※最決昭29年6月16日東高刑時報5巻6号
　　236頁…………………………………………244
札幌高判昭29年6月17日高刑集7巻5号801頁
　　…………………………………………………43
大阪高判昭29年7月14日裁特1巻4号133頁
　　………………………………………………127
最判昭29年9月19日刑集6巻8号1083頁…286
最判昭30年3月1日刑集9巻381頁…………39

最大判昭30年4月6日刑集9巻4号663頁…327
東京高判昭30年4月18日高刑集8巻3号325頁
　　………………………………………………212
最判昭30年6月1日刑集9巻7号1103頁
　　………………………………………………342
福岡高判昭30年6月14日判時61号28頁…230
最判昭30年10月25日刑集9巻11号2295頁
　　………………………………………………139
最判昭30年11月11日刑集9巻12号2438頁
　　………………………………………………171
名古屋高判昭31年2月10日高刑集9巻4号
　　325頁…………………………………………308
名古屋高判昭31年4月19日高刑集9巻5号
　　411頁…………………………………………182
東京高判昭31年5月8日高刑集9巻5号425頁
　　東京ポポロ事件…………………………169
最大判昭31年5月30日刑集10巻5号760頁
　　………………………………………………339
最大判昭31年6月27日刑集10巻6号921頁
　　…………………………………………………34
最決昭31年7月3日刑集10巻7号955頁…292
名古屋高判昭31年10月22日裁特3巻21号
　　1007頁………………………………………310
最決昭31年11月1日刑集10巻11号1525頁
　　………………………………………………331
最判昭31年12月11日刑集10巻12号1605頁
　　三友炭坑事件………………………………121
*最判昭32年1月22日刑集11巻1号31頁…142
*最判昭32年3月13日刑集11巻3号997頁
　　「チャタレイ夫人の恋人」事件……………203
*最高裁昭32年3月28日刑集11巻3号1275頁
　　………………………………………………106
広島高判昭32年7月20日裁特4号追録696頁
　　………………………………………………310
最判昭32年7月23日刑集11巻7号2018頁
　　………………………………………………318
*最決昭32年9月10日刑集11巻9号2202頁
　　………………………………………………253
最判昭32年10月3日刑集11巻10号2413頁
　　………………………………………………210
最大判昭32年10月9日刑集11巻10号2497頁
　　…………………………………………………42
*最判昭32年10月18日刑集11巻10号2663頁
　　堰根橋（関根橋）事件…………………162, 208
*最判昭32年11月19日刑集11巻12号3073頁
　　………………………………………………289
最大判昭32年11月27日刑集11巻12号
　　3113頁…………………………………………69

最大判昭 32 年 12 月 28 日刑集 11 巻 14 号
　3461 頁 ………………………………………28
最決昭 33 年 2 月 24 日刑集 12 巻 2 号 297 頁…145
浦和地判昭 33 年 3 月 28 日一審刑集 1 巻 3 号
　455 頁 ……………………………………302
最判昭 33 年 4 月 3 日裁刑集 124 巻 31 頁……112
最判昭 33 年 4 月 10 日刑集 12 巻 5 号 839 頁…327
最判昭 33 年 4 月 18 日刑集 12 巻 6 号 1090 頁
　……………………………………………221
＊最判昭 33 年 5 月 6 日刑集 12 巻 7 号 1297 頁…325
＊＊最大判昭 33 年 5 月 28 日刑集 12 巻 8 号 1718 頁
　練馬事件 ……………………266,267,269
最判昭 33 年 7 月 10 日刑集 12 巻 11 号 2471 頁
　納金スト事件 …………………………231
名古屋地判昭 33 年 8 月 27 日一審刑集 1 巻 8 号
　1288 頁　塩まき事件 …………………273
＊最判昭 33 年 9 月 9 日刑集 12 巻 13 号 2882 頁
　……………………………………………102
福岡高宮崎支判昭 33 年 9 月 9 日裁特 5 巻 9 号
　393 頁 ……………………………………220
最大判昭 33 年 10 月 15 日刑集 12 巻 14 号 3313 頁
　………………………………………………28
＊最判昭 33 年 11 月 21 日刑集 12 巻 15 号 3519 頁
　偽装心中事件 …………………………129
最判昭 34 年 2 月 5 日刑集 13 巻 1 号 1 頁……151
最判昭 34 年 2 月 27 日刑集 13 巻 2 号 250 頁
　ブランコ事件 …………………………210
広島高判昭 34 年 2 月 27 日高刑集 12 巻 1 号 36 頁
　……………………………………………302
最判昭 34 年 5 月 7 日刑集 13 巻 5 号 641 頁…186
東京高判昭 34 年 12 月 2 日東高刑特報 10 巻 12 号
　435 頁 ……………………………………302
＊最大判昭 35 年 1 月 27 日刑集 14 巻 1 号 33 頁
　HS 式高周波治療事件 …………………47
＊最判昭 35 年 2 月 4 日刑集 14 巻 1 号 61 頁
　………………………………………162,164
＊東京高判昭 35 年 2 月 17 日下刑集 2 巻 2 号 133 頁
　……………………………………………401
東京高判昭 35 年 4 月 19 日高刑集 13 巻 3 号
　255 頁 ……………………………………323
東京高判昭 35 年 5 月 24 日高刑集 13 巻 4 号
　335 頁 ……………………………………212
東京高判昭 35 年 7 月 15 日下刑集 2 巻 7＝8 号
　989 頁 ……………………………………190
東金簡判昭 35 年 7 月 15 日下刑集 2 巻 7＝8 号
　1066 頁 …………………………………230
＊最決昭 35 年 9 月 29 日裁判集 135 巻 503 頁
　昭和 35 年決定 …………………………280

最決昭 35 年 10 月 18 日刑集 14 巻 12 号 1559 頁
　……………………………………………244
盛岡地一関支判昭 36 年 3 月 15 日下刑集 3 巻 3＝
　4 号 252 頁 ……………………………156
＊広島高判昭 36 年 7 月 10 日高刑集 14 巻 5 号 310 頁
　死体に対する殺人事件 ……………243,247
最大判昭 36 年 7 月 19 日刑集 15 巻 7 号 1106 頁
　……………………………………………344
広島高判昭 36 年 8 月 25 日高刑集 14 巻 5 号 333 頁
　……………………………………………197
＊最判昭 36 年 12 月 1 日刑集 15 巻 11 号 1807 頁
　人民電車事件 ……………………………76
東京地判昭 37 年 3 月 17 日下刑集 4 巻 3＝4 号
　224 頁 ……………………………………254
＊最判昭 37 年 3 月 23 日刑集 16 巻 3 号 305 頁
　空気注射事件 …………………………244
最大判昭 37 年 4 月 4 日刑集 16 巻 4 号 345 頁…42
最判昭 37 年 4 月 20 日民集 16 巻 4 号 860 頁…345
東京高判昭 37 年 4 月 24 日高刑集 15 巻 4 号 210 頁
　……………………………………………244
最判昭 37 年 5 月 4 日刑集 16 巻 5 号 510 頁…214
最判昭 37 年 5 月 30 日刑集 16 巻 5 号 577 頁
　………………………………………………34
大阪地判昭 37 年 7 月 24 日下刑集 4 巻 7＝8 号
　696 頁 ………………………………………60
＊最決昭 37 年 11 月 8 日刑集 16 巻 11 号 1522 頁
　………………………………………257,309
最判昭 37 年 11 月 28 日刑集 16 巻 11 号 1593 頁
　……………………………………………331
＊名古屋高判昭 37 年 12 月 22 日高刑集 15 巻 9 号
　674 頁 ……………………………………134
大阪高判昭 38 年 1 月 22 日高刑集 16 巻 2 号 177 頁
　……………………………………………309
＊最判昭 38 年 3 月 15 日刑集 17 巻 2 号 23 頁
　檜山丸事件 ……………………………117
東京高判昭 38 年 12 月 11 日高刑集 16 巻 9 号
　787 頁
　サンダル履き事件 ……………………210
東京高判昭 39 年 8 月 5 日高刑集 17 巻 5 号 557 頁
　……………………………………………253
最決昭 39 年 12 月 3 日刑集 18 巻 10 号 698 頁
　舞鶴事件 ………………………………169
福岡地判昭 40 年 2 月 24 日下刑集 7 巻 2 号
　227 頁 ……………………………………302
＊最決昭 40 年 2 月 26 日刑集 19 巻 1 号 59 頁……271
＊最決昭 40 年 3 月 9 日刑集 19 巻 2 号 69 頁
　タバコ売場事件 ………………………239
最判昭 40 年 3 月 26 日刑集 19 巻 2 号 83 頁……69

判例索引　371

*最決昭 40 年 3 月 30 日刑集 19 巻 2 号 125 頁
　……………………………………286, 289
秋田地判昭 40 年 3 月 31 日下刑集 7 巻 3 号
　536 頁……………………………………311
京都地判昭 40 年 5 月 10 日下刑集 7 巻 5 号
　855 頁……………………………………310
最決昭 40 年 5 月 20 日判時 414 号 47 頁………331
大阪高判昭 40 年 6 月 7 日下刑集 7 巻 6 号
　1166 頁……………………………………127
*最決昭 40 年 9 月 16 日刑集 19 巻 6 号 679 頁
　……………………………………………271
*東京地判昭 40 年 9 月 30 日下刑集 7 巻 9 号 1828 頁
　……………………………………………101
*宇都宮地判昭 40 年 12 月 9 日下刑集 7 巻 12 号
　2189 頁　　毒入りジュース事件…………241
東京高判昭 41 年 4 月 18 日判タ 193 号 181 頁
　……………………………………………197
*静岡地判昭 41 年 4 月 19 日下刑集 8 巻 4 号 653 頁
　テスト郵便事件………………………124
大阪高判昭 41 年 5 月 19 日下刑集 8 巻 5 号 686 頁
　……………………………………………117
最判昭 41 年 6 月 14 日刑集 20 巻 5 号 449 頁
　……………………………………………224
*最決昭 41 年 7 月 7 日刑集 20 巻 6 号 554 頁……157
*最大判昭 41 年 10 月 26 日刑集 20 巻 8 号 901 頁
　東京中郵事件…………………………117
最判昭 41 年 12 月 20 日刑集 20 巻 10 号 1212 号
　……………………………………………224
最判昭 42 年 3 月 7 日刑集 21 巻 2 号 417 頁……286
東京高判昭 42 年 3 月 24 日高刑集 20 巻 3 号 229 頁
　……………………………………………241
最決昭 42 年 5 月 19 日刑集 21 巻 4 号 494 頁……44
最決昭 42 年 5 月 26 日刑集 21 巻 4 号 710 頁
　……………………………………………158
*最決昭 42 年 10 月 13 日刑集 21 巻 8 号 1097 頁
　……………………………………………224
*最決昭 42 年 10 月 24 日刑集 21 巻 8 号 1116 頁
　米兵ひき逃げ事件………………………84
大阪地判昭 43 年 2 月 21 日下刑集 10 巻 2 号
　140 頁……………………………………102
*最決昭 43 年 2 月 27 日刑集 22 巻 2 号 67 頁……183
大阪高判昭 43 年 3 月 12 日高刑集 21 巻 2 号
　126 頁………………………………………43
東京地判昭 43 年 4 月 13 日判時 519 号 96 頁
　………………………………………………74
最決昭 43 年 4 月 30 日刑集 22 巻 4 号 363 頁……68
*名古屋地岡崎支判昭 43 年 5 月 30 日下刑集 10 巻
　5 号 580 頁………………………………101

京都地判昭 43 年 11 月 26 日判時 543 号 91 頁
　……………………………………………242
最判昭 43 年 12 月 24 日刑集 22 巻 13 号 1625 頁
　非弁活動事件……………………………296
***最大判昭 44 年 4 月 2 日刑集 23 巻 5 号 305 頁
　都教組事件………………………………117
*最大判昭 44 年 4 月 2 日刑集 23 巻 5 号 685 頁
　全司法仙台事件…………………………117
盛岡地判昭 44 年 4 月 16 日判時 582 号 110 頁
　……………………………………101, 108
最決昭 44 年 6 月 5 日刑集 23 巻 7 号 935 頁
　……………………………………………335
*最大判昭 44 年 6 月 25 日刑集 23 巻 7 号 975 頁
　……………………………………………186
名古屋地判昭 44 年 6 月 25 日判時 589 号 95 頁
　すりこぎ事件………………………………72
最判昭 44 年 7 月 17 日刑集 23 巻 8 号 1061 頁
　……………………………………………264
*東京高判昭 44 年 9 月 17 日高刑集 22 巻 4 号 595 頁
　黒い雪事件………………………………206
大阪高判昭 44 年 10 月 17 日判タ 244 号 290 頁
　……………………………………………255
熊本地判昭 44 年 10 月 28 日刑月 1 巻 10 号 1031 頁
　……………………………………………317
*最決昭 44 年 12 月 4 日刑集 23 巻 12 号 1573 頁
　バンパー打ちつけ事件…………………149
最判昭 45 年 1 月 29 日刑集 24 巻 1 号 1 頁………66
*福岡高判昭 45 年 2 月 14 日高刑集 23 巻 1 号 156 頁
　……………………………………………171
大阪高判昭 45 年 5 月 1 日高刑集 23 巻 2 号 367 頁
　……………………………………………168
*大阪高判昭 45 年 6 月 16 日刑月 2 巻 6 号 643 頁
　フグ中毒事件……………………………219
最決昭 45 年 6 月 23 日刑集 24 巻 6 号 311 頁
　札幌市電事件……………………………121
*最決昭 45 年 7 月 28 日刑集 24 巻 7 号 585 頁
　ダンプカー強姦事件……………………241
最決昭 45 年 7 月 28 日判時 605 号 97 頁………224
*東京高判昭 45 年 11 月 11 日高刑集 23 巻 4 号 759 頁
　ブルーボーイ事件………………………133
東京高判昭 45 年 11 月 26 日東高刑時報 21 巻 11 号
　408 頁……………………………………169
最決昭 45 年 12 月 3 日刑集 24 巻 13 号 1707 頁
　………………………………………………74
*東京高判昭 46 年 3 月 4 日判タ 265 号 220 頁
　……………………………………………101
*福岡地久留米支判昭 46 年 3 月 8 日判タ 264 号
　403 頁……………………………………101

最判昭 46 年 4 月 22 日刑集 25 巻 3 号 492 頁
　第 2 の北島丸事件……………………………52
東京高判昭 46 年 5 月 24 日判タ 267 号 382 頁
　………………………………………………163
**最判昭 46 年 6 月 17 日刑集 25 巻 4 号 567 頁
　蒲団むし事件……………………………84, 91
最判昭 46 年 7 月 14 日刑集 25 巻 5 号 690 頁
　………………………………………………296
最決昭 46 年 7 月 30 日刑集 25 巻 5 号 756 頁…171
前橋地高崎支判昭 46 年 9 月 17 日判時 646 号
　105 頁………………………………………103
東京高判昭 46 年 10 月 27 日刑月 3 巻 10 号 1331 頁
　………………………………………………336
**最判昭 46 年 11 月 16 日刑集 25 巻 8 号 996 頁
　くり小刀事件……………138, 139, 145, 146, 148
東京地判昭 47 年 11 月 7 日刑月 4 巻 11 号 1817 頁
　………………………………………………244
東京高判昭 47 年 12 月 18 日判タ 298 号 441 頁
　………………………………………………242
東京高判昭 48 年 2 月 19 日判タ 302 号 310 頁…69
最決昭 48 年 3 月 20 日判時 701 号 25 頁
　大阪芸大事件………………………………117
*最大判昭 48 年 4 月 4 日刑集 27 巻 3 号 265 頁
　尊属殺違憲判決…………………………47, 49
*最大判昭 48 年 4 月 25 日刑集 27 巻 3 号 418 頁
　久留米駅事件………………………………117
*最大判昭 48 年 4 月 25 日刑集 27 巻 4 号 547 頁
　全農林警職法事件……………………36, 117
広島高岡山支判昭 48 年 9 月 6 日判時 743 号
　112 頁………………………………………102
*徳島地裁昭 48 年 11 月 28 日判時 721 号 7 頁
　森永砒素ミルク事件………………………216
*最大判昭 49 年 11 月 6 日刑集 28 巻 9 号 393 頁
　猿払事件………………………………………33
*最大判昭 49 年 5 月 29 日刑集 28 巻 4 号 114 頁
　………………………………………………320
最決昭 49 年 7 月 5 日刑集 28 巻 5 号 194 頁……91
最決昭 49 年 9 月 26 日刑集 28 巻 6 号 329 頁……47
神戸簡判昭 50 年 2 月 20 日刑月 7 巻 2 号 104 頁
　………………………………………………121
最判昭 50 年 4 月 3 日刑集 29 巻 4 号 132 頁……120
最決昭 50 年 5 月 27 日刑集 29 巻 5 号 348 頁…320
*名古屋高判昭 50 年 7 月 1 日判時 806 号 108 頁
　………………………………………………302
最判昭 50 年 8 月 27 日刑集 29 巻 7 号 442 頁
　日本鉄工所事件……………………………117
**最大判昭 50 年 9 月 10 日刑集 29 巻 8 号 489 頁
　徳島市公安条例事件…………………………35

最判昭 50 年 11 月 25 日刑集 29 巻 10 号 928 頁
　光文社事件…………………………117, 121
*最判昭 50 年 11 月 28 日刑集 29 巻 10 号 983 頁
　………………………………………………145
*最判昭 51 年 3 月 18 日刑集 30 巻 2 号 212 頁
　導入預金事件………………………………297
*札幌高判昭 51 年 3 月 18 日高刑集 29 巻 1 号 78 頁
　北大電気メス事件……………………217～219
最決昭 51 年 3 月 23 日刑集 30 巻 2 号 229 頁
　丸正事件……………………………………121
高知地判昭 51 年 3 月 31 日判時 813 号 106 頁
　………………………………………………148
*最判昭 51 年 4 月 30 日刑集 30 巻 3 号 453 頁……39
*最大判昭 51 年 5 月 21 日刑集 30 巻 5 号 1178 頁
　岩手県教組事件……………………………117
*大阪高判昭 51 年 5 月 25 日刑月 8 巻 4 = 5 号 253 頁
　ハイドロプレーニング現象事件…………219
*東京高判昭 51 年 7 月 14 日判時 834 号 106 頁
　二の太刀事件…………………………254, 302
最大判昭 51 年 9 月 22 日刑集 30 巻 8 号 1640 頁
　………………………………………………320
松江地判昭 51 年 11 月 2 日刑月 8 巻 11 = 12 号
　495 頁………………………………………299
横浜地川崎支判昭 51 年 11 月 25 日判時 842 号
　127 頁………………………………………269
最判昭 52 年 3 月 16 日刑集 31 巻 2 号 80 頁……296
*最大判昭 52 年 5 月 4 日刑集 31 巻 3 号 182 頁
　名古屋中郵事件……………………………117
**最判昭 52 年 7 月 21 日刑集 31 巻 4 号 747 頁
　過激派内ゲバ事件……………139, 145, 146
最決昭 53 年 2 月 16 日刑集 32 巻 1 号 47 頁……326
*新潟地判昭 53 年 3 月 9 日判時 893 号 106 頁
　信越化学事件………………………………227
**最決昭 53 年 3 月 22 日刑集 32 巻 2 号 381 頁
　熊撃ち事件…………………………93, 94, 318
最判昭 53 年 3 月 24 日刑集 32 巻 2 号 408 頁
　………………………………………………177
最決昭 53 年 5 月 31 日刑集 32 巻 3 号 457 頁
　外務省機密漏洩事件………………………121
*最決昭 53 年 6 月 29 日刑集 32 巻 4 号 967 頁
　羽田空港ビルデモ事件……………………207
最決昭 53 年 7 月 7 日刑集 32 巻 5 号 1011 頁…315
**最決昭 53 年 7 月 28 日刑集 32 巻 5 号 1068 頁
　びょう打ち銃事件……………………191, 192
東京高判昭 53 年 9 月 21 日刑月 10 巻 9 = 10 号
　1191 頁………………………………………219
大津地判昭 53 年 12 月 26 日判時 924 号 145 頁
　………………………………………………269

判例索引　373

京都地舞鶴支判昭54年1月24日判時958号135頁……310
**最決昭54年3月27日刑集33巻2号140頁……189
東京高判昭54年3月29日判時977号136頁……116
**最決昭54年4月13日刑集33巻3号179頁……280, 281
東京高判昭54年5月15日判時937号123頁……184
*最決昭54年11月19日刑集33巻7号728頁　有楽サウナ事件……219
最判昭54年12月14日刑集33巻7号859頁……321
*最判昭54年12月25日刑集33巻7号1105頁……242
東京高判昭55年1月30日判タ416号173頁……308
福岡高判昭55年7月24日判時999号129頁……142
*東京高判昭55年9月26日高刑集33巻5号359頁　石油やみカルテル事件（生産調整事件）……207
**最決昭55年11月13日刑集34巻6号396頁　偽装自動車事故事件……127, 128
*千葉地松戸支判昭55年11月20日判時1015号143頁……266, 269
*最決昭55年12月9日刑集34巻7号513頁……77
*札幌高判昭56年1月22日刑月13巻1＝2号12頁　白石中央病院事件……228
*東京地判昭56年3月30日刑月13巻3号229頁　KDD事件……52
東京高判昭56年4月1日刑月13巻4＝5号341頁……112
*大阪高判昭56年9月30日高刑集34巻3号385頁……183
最決昭56年12月21日刑集35巻9号911頁……197
最決昭57年2月17日刑集36巻2号206頁……326
最決昭57年4月2日刑集36巻4号503頁……214
最決昭57年5月25日判時1046号15頁　千葉大チフス事件……98
最決昭57年5月26日刑集36巻5号609頁……142
最決昭57年7月16日刑集36巻6号695頁……268
*福岡高判昭57年9月6日高刑集35巻2号85頁　熊本水俣病事件控訴審判決……217
東京高判昭57年9月21日判タ489号130頁……242
*最判昭57年9月28日刑集36巻8号787頁　つかれず事件……47

東京高判昭57年11月29日刑月14巻11＝12号804頁……163
東京地八王子支判昭57年12月22日判タ494号142頁……106
*名古屋高判昭58年1月13日判時1084号144頁……303
最決昭58年2月25日刑集37巻1号1頁……39
*最決昭58年7月8日刑集37巻6号609頁　永山事件……328
**横浜地判昭58年7月20日判時1108号138頁　最後の一服事件……72
東京地判昭58年8月10日判時1104号147頁……131
*東京地判昭58年8月23日判時1106号158頁……246
最決昭58年9月13日判時1100号156頁……176
**最決昭58年9月21日刑集37巻7号1070頁　お遍路事件……276～278, 292
東京地判昭58年9月22日高刑集36巻3号271頁……296
最決昭58年9月29日刑集37巻7号1110頁……320
最決昭58年10月26日刑集37巻8号1228頁……51
大阪地判昭58年11月30日判時1123号141頁……269
千葉地判昭59年2月7日判時1127号159頁……156
最決昭59年2月24日刑集38巻4号1287頁　石油やみカルテル事件（価格協定事件）……207
最決昭59年3月6日刑集38巻5号1961頁……197
東京地判昭59年4月24日刑月16巻3＝4号313頁　新宿バスジャック事件……178
鹿児島地判昭59年5月31日判時1139号157頁……292
最決昭59年7月3日刑集38巻8号2783頁……176, 177
最決昭59年7月6日刑集38巻8号2793頁……92
福岡地判昭59年8月30日判時1152号182頁……269
東京高判昭59年11月27日判時1158号249頁……177
東京地判昭60年3月19日判時1172号155頁……286
東京地判昭60年5月30日判時1152号28頁……346

福岡高判昭 60 年 7 月 8 日刑月 17 巻 7 = 8 号 635 頁 ……………………………………141
最決昭 60 年 7 月 19 日判時 1158 号 28 頁 ………………………………………344, 346
東京高判昭 60 年 10 月 15 日判時 1190 号 138 頁 ……………………………………145
最決昭 60 年 10 月 21 日刑集 39 巻 6 号 362 頁 ………………………………………222
**最大判昭 60 年 10 月 23 日刑集 39 巻 6 号 413 頁
　福岡県青少年保護育成条例事件 ……………36
長崎地佐世保支判昭 60 年 11 月 6 日判タ 623 号 212 頁 ……………………………269
大阪簡判昭 60 年 12 月 11 日判時 1204 号 161 頁 ………………………………………167
福岡高那覇支判昭 61 年 2 月 6 日判時 1184 号 158 頁 ………………………………96
*札幌地判昭 61 年 2 月 13 日刑月 18 巻 1 = 2 号 68 頁
　北ガス事件 ……………………………228
*福岡高判昭 61 年 3 月 6 日高刑集 39 巻 1 号 1 頁 …………………………………253
*札幌高判昭 61 年 3 月 24 日高刑集 39 巻 1 号 8 頁
　雪かき事件 ……………………………199
**最決昭 61 年 6 月 9 日刑集 40 巻 4 号 269 頁 ……189
**最決昭 61 年 6 月 24 日刑集 40 巻 4 号 292 頁
　マジックホン事件 ……………………116
堺簡判昭 61 年 8 月 27 日判タ 618 号 181 頁 ……164
名古屋高判昭 61 年 9 月 30 日高刑集 39 巻 4 号 371 頁 ……………………………310
大阪地判昭 61 年 10 月 3 日判タ 630 号 228 頁 ………………………………………222
高松高判昭 61 年 12 月 2 日高刑集 39 巻 4 号 507 頁 …………………………51, 208
仙台地石巻支判昭 62 年 2 月 18 日判時 1249 号 145 頁 ……………………………127
**最決昭 62 年 3 月 26 日刑集 41 巻 2 号 182 頁
　英国騎士道精神事件 ……………155, 156, 158
最決昭 62 年 4 月 10 日刑集 41 巻 3 号 221 頁 …………………………………………125
大阪地判昭 62 年 4 月 21 日判時 1238 号 160 頁 ………………………………………128
**大阪高判昭 62 年 7 月 10 日高刑集 40 巻 3 号 720 頁 ……………………………304
**最決昭 62 年 7 月 16 日刑集 41 巻 5 号 237 頁
　百円チラシ事件 ……………………202, 207
*東京高判昭 62 年 7 月 16 日判時 1247 号 140 頁
　牛刀事件 …………………………249, 254
大阪高判昭 62 年 7 月 17 日判時 1253 号 141 頁 ………………………………………286

**千葉地判昭 62 年 9 月 17 日判時 1256 号 3 頁
　西船橋駅事件 ……………………148〜150, 155
東京地八王子支判昭 62 年 9 月 18 日判時 1256 号 120 頁 …………………………149
*大阪高判昭 62 年 10 月 2 日判タ 675 号 246 頁
　スコップ事件 ……………………………307
*岐阜地判昭 62 年 10 月 15 日判タ 654 号 261 頁 ……………………………………246
名古屋高判昭 63 年 2 月 19 日高刑集 41 巻 1 号 75 頁 ……………………………50
東京地判昭 63 年 4 月 5 日判タ 668 号 223 頁 …140
*最決昭 63 年 5 月 11 日刑集 42 巻 5 号 807 頁
　柔道整復師事件 ………………………92
*東京高判昭 63 年 5 月 31 日判時 1277 号 166 頁
　東京 2 度轢き事件 ………………………93, 94
**東京地判昭 63 年 6 月 9 日判時 1283 号 54 頁
　ホテル嬢刺殺事件 ……………………150
東京地判昭 63 年 7 月 27 日判時 1300 号 153 頁 ………………………………………305
**最決平元年 3 月 14 日刑集 43 巻 3 号 262 頁 ……220
福岡高宮崎支判平元年 3 月 24 日高刑集 42 巻 2 号 103 頁 ………………………129
**最決平元年 6 月 26 日刑集 43 巻 6 号 567 頁
　「おれ帰る」事件 ……………………298, 300
**最判平元年 7 月 18 日刑集 43 巻 7 号 752 頁
　特殊浴場無許可営業事件 ………202, 206, 207
*最判平元年 11 月 13 日刑集 43 巻 10 号 823 頁
　菜切包丁事件 ……………………………150
**最決平元年 12 月 15 日刑集 43 巻 13 号 879 頁
　十中八九事件 ……………………107, 308
大阪高判平 2 年 1 月 23 日高刑集 43 巻 1 号 1 頁 ………………………………………308
*最決平 2 年 2 月 9 日判時 1341 号 157 頁 …199, 201
*東京高判平 2 年 2 月 21 日判タ 733 号 232 頁
　目張り事件 ……………………………272
*大阪地判平 2 年 4 月 26 日判タ 764 号 264 頁 …299
東京地判平 2 年 11 月 15 日判時 1373 号 145 頁 ………………………………………239
*最決平 2 年 11 月 16 日刑集 44 巻 8 号 744 頁
　川治プリンスホテル事件 ………………227
**最決平 2 年 11 月 20 日刑集 44 巻 8 号 837 頁
　大阪南港事件 ……………………………88, 93
*最決平 2 年 11 月 29 日刑集 44 巻 8 号 871 頁
　千日デパートビル事件 …………………227
*大阪地判平 3 年 5 月 21 日判タ 773 号 265 頁
　大阪 2 度轢き事件 ………………………94
仙台地気仙沼支判平 3 年 7 月 25 日判タ 789 号 275 頁 ………………………………51

判例索引　375

*最判平 3 年 11 月 14 日刑集 45 巻 8 号 221 頁
　大洋デパート事件·····················227
東京地判平 3 年 12 月 19 日判タ 795 号 269 頁
　·······································199
長崎地判平 4 年 1 月 14 日判時 1415 号 142 頁
　·······································184
*東京地判平 4 年 1 月 23 日判時 1419 号 133 頁
　世田谷ケーブル事件··················310
浦和地判平 4 年 2 月 27 日判タ 795 号 263 頁···254
*最決平 4 年 6 月 5 日刑集 46 巻 4 号 245 頁
　フィリピンパブ事件·············142, 278
**最決平 4 年 12 月 17 日刑集 46 巻 9 号 683 頁
　夜間潜水訓練事件·····················88
大阪地判平 5 年 7 月 9 日判時 1473 号 156 頁···92
*最決平 5 年 10 月 12 日刑集 47 巻 8 号 48 頁
　「ぱんと開けるな」事件···············224
最決平 5 年 10 月 29 日刑集 47 巻 8 号 98 頁···318
*最決平 5 年 11 月 25 日刑集 47 巻 9 号 242 頁
　ホテルニュージャパン事件············227
最判平 6 年 6 月 30 日刑集 48 巻 4 号 21 頁···158
東京地判平 6 年 10 月 17 日判タ 902 号 220 頁
　·······································297
**最判平 6 年 12 月 6 日刑集 48 巻 8 号 509 頁
　ファミレス事件······················300
最決平 6 年 12 月 9 日刑集 48 巻 8 号 576 頁······50
東京地判平 7 年 1 月 31 日判時 1559 号 152 頁
　·······································317
*横浜地判平 7 年 3 月 28 日判時 1530 号 28 頁
　東海大事件··························134
*大阪高判平 7 年 11 月 9 日高刑集 48 巻 3 号 177 頁
　·······································292
**千葉地判平 7 年 12 月 13 日判時 1565 号 144 頁
　ダートトライアル事件·················131
最判平 7 年 12 月 15 日刑集 49 巻 10 号 1127 頁
　·······································339
名古屋高判平 8 年 1 月 31 日判タ 908 号 262 頁
　···44
最判平 8 年 2 月 8 日刑集 50 巻 2 号 221 頁
　カモ撃ち銃事件·······················39
東京地判平 8 年 3 月 28 日判時 1596 号 125 頁
　·······································253
*東京地判平 8 年 6 月 26 日判時 1578 号 39 頁
　宗教教団内リンチ殺害事件········60, 160, 230
*最判平 8 年 11 月 18 日刑集 50 巻 10 号 745 頁
　岩手学テ事件······················45, 206
*最判平 9 年 6 月 16 日刑集 51 巻 5 号 435 頁···138
大阪地判平 9 年 6 月 18 日判タ 1610 号 155 頁
　·······································253

**東京高判平 9 年 8 月 4 日高刑集 50 巻 2 号 130 頁
　·······································133
大阪地判平 9 年 8 月 20 日判タ 995 号 286 頁···304
*最決平 9 年 10 月 30 日刑集 51 巻 9 号 816 頁···294
東京高判平 10 年 3 月 25 日判時 1672 号 157 頁
　·······································286
大阪高判平 10 年 6 月 24 日高刑集 51 巻 2 号 116 頁
　·······································166
大阪高判平 10 年 7 月 16 日判時 1647 号 156 頁
　·······································127
松江地判平 10 年 7 月 22 日判時 1653 号 156 頁
　·······································162
*東京高判平 11 年 1 月 29 日判時 1683 号 153 頁
　パチンコ店事件······················308
釧路地判平 11 年 2 月 12 日判時 1675 号 148 頁
　·······································306
最判平 12 年 2 月 29 日民集 54 巻 2 号 582 頁
　「エホバの証人」事件·················133
**札幌高判平 12 年 3 月 16 日判時 1711 号 170 頁
　折檻事件····························306
*最決平 12 年 12 月 20 日刑集 54 巻 9 号 1095 頁
　生駒トンネル事件····················219
大阪地判平 13 年 1 月 30 日判時 1745 号 150 頁
　·······································148
*東京高判平 13 年 2 月 20 日判時 1756 号 162 頁
　ベランダ殺人事件·····················73
*東京地判平 13 年 3 月 28 日判時 1763 号 17 頁
　薬害エイズ事件 T 大学ルート····217, 218, 223
札幌地判平 13 年 5 月 10 日判タ 1089 号 298 頁
　·······································254
*東京地判平 13 年 9 月 28 日判時 1799 号 21 頁
　薬害エイズ事件厚生省ルート····217, 218, 223
広島高松江支判平 13 年 10 月 17 日判時 1766 号
　152 頁·······························162
**最決平 13 年 10 月 25 日刑集 55 巻 6 号 519 頁
　スナックママ事件··········277, 278, 292
名古屋高判平 14 年 8 月 29 日判時 1831 号 158 頁
　·······································300
**大阪高判平 14 年 9 月 4 日判タ 1114 号 293 頁
　································157, 193
***最判平 15 年 1 月 24 日判時 1806 号 157 頁
　黄色点滅信号事件···········96, 217, 225
*最決平 15 年 2 月 18 日刑集 57 巻 2 号 161 頁
　住専事件····························297
*最決平 15 年 5 月 1 日刑集 57 巻 5 号 507 頁
　スワット事件························268
*最決平 15 年 7 月 10 日刑集 57 巻 7 号 903 頁
　新潟監禁事件························323

**最決平 15 年 7 月 16 日刑集 57 巻 7 号 950 頁
　　高速道路進入事件……………………………90, 92
　最決平 15 年 11 月 4 日刑集 57 巻 10 号 1031 頁
　　………………………………………………………320
**最決平 16 年 1 月 20 日刑集 58 巻 1 号 1 頁
　　ホスト客自殺強要事件……………………59, 129
**最決平 16 年 2 月 17 日刑集 58 巻 2 号 169 頁
　　被害者自身による治療妨害事件…………89, 92
**最決平 16 年 3 月 22 日刑集 58 巻 3 号 187 頁
　　クロロホルム事件…………………71, 94, 243
　広島高判平 16 年 3 月 23 日公刊判例集未登載
　　………………………………………………………242

*最決平 16 年 7 月 13 日刑集 58 巻 5 号 360 頁…225
**最決平 16 年 10 月 19 日刑集 58 巻 7 号 645 頁
　　高速道路喧嘩事件………………………80, 89, 91
　最判平 17 年 4 月 14 日刑集 59 巻 3 号 283 頁…321
**最決平 17 年 7 月 4 日刑集 59 巻 6 号 403 頁
　　シャクティパット事件……………………101, 281
**最決平 18 年 3 月 27 日刑集 60 巻 3 号 382 頁
　　トランク監禁追突事件…………………………91
　京都地判平 18 年 12 月 13 日判タ 1229 号 105 頁
　　ウィニー事件………………………………………305

最後までお読みいただいた方へ

　本書の執筆に着手してからほぼ10年が経過しました。その原稿の一応の完成を見たのが昨年末でしたが、それは、本書として与えられた分量の4倍を超えるものでした。本書が教科書であるために、またライブラリとして刊行される性質上、断腸の思いでそれを削減・再構成し、体系論を割愛して判例の解説を加え、学習上の必要な議論のみを取り上げたのが本書です。基本体系はごく普通の一般的なものに基づいています。ここで「一般的な体系」とは、「因果関係の《起点》としての実行行為（＝実行行為概念）を前提とした体系」を意味しています。体系書が、詳細な論証によって新しい体系を提示するものを意味するとすれば、本書はあくまでも教科書であって、体系書ではないのです。

　わたくしの考えている体系とは、実行行為概念を必要としないものであり、それは究極には因果と規範の問題から構成されるべきものです。体系論というと《行為無価値論と結果無価値論の対立》を念頭におかれる方がおられるかもしれません。確かにその両者の対立が《前世紀》の限られた一時期において一定の意味をもったことは否定できませんが、今日ではその理論対立は相対化しています。本教科書でも、両説の対立について教科書として必要な限度で触れました。そして、あえていえば、わたくしは行為無価値論をとることはできません。行為無価値論は実行行為概念と強く結びつくものだからです。だからといって、行為無価値論をとらないことが、従来の結果無価値「論」をとることを意味しないことも明らかにしたつもりです。

　たしかに、実行行為概念を否定する立場は、非「行為無価値論」だという意味で、従来の（＝実行行為概念を前提とする）結果無価値論と、解釈論的な帰結を共通することが多かったかもしれません。

　具体的には、故意過失は責任要素として説明されました。主観的違法要素を原則として認めませんでした。また、共犯論についてもごく普通の因果共犯論の議論しか紹介していません。したがって初学者にとっては、「本書が結果無価値論に立っている教科書だ」と理解したとしても、強ち間違いだとまではいえないでしょう。本書では独自の体系の展開を封印したからです。

　《何も特別なものはない》ことを目指したところに、本書が「教科書」である所以があります。ただ、今の段階でいえることは、行為無価値論と結果無価値論といわれているものから刑法学を図式的に理解して欲しくないということです。結果無価値論が処罰謙抑型であり、行為無価値論が処罰志向型というわけでもなく、さらに仮にそうだとしても、だ

からといってどちらが正しいことにもなりません。判例実務において行為無価値論ないし結果無価値論が直接的に言及されることがないように，解釈論の結論を導くにあたって，「行為無価値論ないし結果無価値論からはこうなるはず［べき］だ」式の論旨がとられるとすれば，それは誤った体系だといわざるをえません。最初に刷り込まれた立場によって個別解釈論の結論も自動的に決まるとすれば，それは単なる党派刑法学に過ぎないのであって，「自分で考える」ことの対極にあるものだと信じるからです。

しかしながら，教科書だから「信じていないこと」を書いても許されるという割り切りは一切ありませんでした。実行行為概念を前提とする一般的体系による場合，そもそも問題設定自体が自分の本意にそぐわない場合もでてきます。「わたくしの結論を示していない場合には判例の理論に従って欲しい」（「本書の使い方」参照）とは，そのような場合なのです。もし本書を引用していただく場合には，「〜とされている」，「とするのが一般的である」という記述と，「（本書では）〜と考える」という記述の書き分けに留意していただければ幸いです。

実行行為概念を前提とする一般的体系は天動説のようなものです。日常的な感覚からは，太陽が地平から上り地平に沈むのが自然のこととして見えるように，実行行為を前提とする犯罪論体系は，直感（＝国民の健全な意識）に訴えかけるものがあるでしょう。しかし，一見分かりやすくても，本当に検討しなければならない微妙な問題になると，さまざまな不都合がでてきます。天動説が，その不都合を解消するために次々に補助円を加えて複雑の度を極めていかざるをえなくなったと同様に，最近の一部の学説に典型的にみられるような細かな場合分け等による精緻化・精密化が今後さらに進行し，解釈論がますます難解なものになるとすれば，根本的な疑問をもたざるをえません。解釈論とは，刑事司法の一端にすぎないのですから，より単純なモデルで説明できればそれに越したことはないのです。そしてこのような体系理解は判例実務における運用・理解にも通じるものがあると考えています。これまで，錯誤論ではなくて故意の認定の問題だと考え，実行の着手時期という問題設定それ自体があまり意味がないとし，また因果論における条件説・相当説（一般化説）への疑問を示してきたのはこういった体系について断片的にお答えしたものです。

今後は，その完成を目ざすとともに，その先のものを求めて，研究を続けてゆきたいと考えています。

 plvs vltra

著者紹介

齋野　彦弥（さいの　ひこや）

1958年生まれ
　東京大学法学部卒業，ケンブリッジ大学
　大学院中退
　北海道大学大学院教授等を経て
現　在　横浜国立大学法科大学院教授

主要著書・論文

『故意概念の再構成』（有斐閣，1995年）
『刑法各論』（共著，青林書院，1998年）
『情報・秩序・ネットワーク』（共著，北海道大学図書刊行会，1999年）
『判例経済刑法大系 3　刑法』（共著，日本評論社，2000年）
『経済現象と法』（共著，商事法務，2003年）
『刑法2各論』［第2版］（共著，有斐閣，2003年）
『ロースクール刑法総論』（共著，信山社，2004年）
『基本判例 刑法総論』［第2版］（共著，法学書院，2006年）
『基本判例 刑法各論』［第2版］（共著，法学書院，2006年）

ライブラリ　法学基本講義＝12
基本講義　刑法総論

2007年11月25日 ©　　　　　初 版 発 行
2009年 1月25日　　　　　　　初版第3刷発行

著　者　齋野彦弥　　　　発行者　木下敏孝
　　　　　　　　　　　　印刷者　加藤純男
　　　　　　　　　　　　製本者　石毛良治

【発行】　　　株式会社　新世社
〒151-0051　東京都渋谷区千駄ヶ谷1丁目3番25号
☎(03)5474-8818(代)　　サイエンスビル

【発売】　　　株式会社　サイエンス社
〒151-0051　東京都渋谷区千駄ヶ谷1丁目3番25号
営業☎(03)5474-8500(代)　振替 00170-7-2387
FAX☎(03)5474-8900

印刷　加藤文明社　　　製本　ブックアート
《検印省略》

本書の内容を無断で複写複製することは，著作者および出版者の権利を侵害することがありますので，その場合にはあらかじめ小社あて許諾をお求めください。

サイエンス社・新世社のホームページのご案内
http://www.saiensu.co.jp
ご意見・ご要望は
shin@saiensu.co.jpまで．

ISBN978-4-88384-117-2

PRINTED IN JAPAN

ライブラリ法学基本講義

基本講義 債権各論 I
契約法・事務管理・不当利得

京都大学教授　潮見 佳男 著

A5判上製／352頁／本体2780円（税抜き）

契約法を中心に，まず理解しておくべきアウトライン・基本的概念・考え方を示した格好の入門テキスト．法学部で学ぶべきミニマムエッセンスあるいは法科大学院における前提知識を手際よく整理．行き届いた解説、読みやすい章単位による従来にない入門書．2色刷．

【主要目次】
契約の基礎　契約の成立　契約の効力　同時履行の抗弁・危険負担・第三者のためにする契約　契約の解除　売買（1）成立面での諸問題　売買（2）売買の効力（その1）：総論・権利の瑕疵担保責任　売買（3）売買の効力（その2）：物の瑕疵担保責任ほか　贈与　貸借型契約総論・消費貸借　使用貸借　他

発行　新世社　　　　発売　サイエンス社

ライブラリ法学基本講義

基本講義 債権各論Ⅱ
不法行為法

京都大学教授　潮見 佳男 著

A5判上製/240頁/本体2200円（税抜き）

不法行為法の基本的な考え方，全体像を示した格好の入門テキスト．法学部で学ぶべきミニマムエッセンスあるいは法科大学院における前提知識を簡潔に解説．丁寧な記述，配慮の行き届いた構成による清新な書．2色刷．

【主要目次】
不法行為制度　権利侵害　故意・過失　因果関係　損害　損害賠償請求権の主体　損害賠償請求に対する抗弁(1)　損害賠償請求に対する抗弁(2)　使用者の責任・注文者の責任　物による権利侵害　共同不法行為・競合的不法行為　差止請求と損害賠償　名誉毀損および人格権・プライバシー侵害　医療過誤・説明義務違反　自動車損害賠償保障法上の運行供用者責任

発行　新世社　　　発売　サイエンス社